AF508899

GÉOGRAPHIE UNIVERSELLE

PUBLIÉE SOUS LA DIRECTION DE
P. VIDAL DE LA BLACHE
ET L. GALLOIS

TOME IX

ASIE DES MOUSSONS

PAR

JULES SION

Professeur à l'Université de Montpellier

PREMIÈRE PARTIE

CHINE - JAPON

LIBRAIRIE ARMAND COLIN

GÉOGRAPHIE UNIVERSELLE

Tome IX

ASIE DES MOUSSONS

Première Partie

GÉNÉRALITÉS — CHINE — JAPON

LIBRAIRIE ARMAND COLIN

GÉOGRAPHIE UNIVERSELLE

publiée sous la direction de

P. VIDAL DE LA BLACHE ET L. GALLOIS

L'ouvrage comprendra 15 tomes :

Tome   I. — *Les Iles Britanniques*, par Albert Demangeon, professeur à l'Université de Paris.

Tome   II. — *Belgique, Luxembourg, Pays-Bas*, par Albert Demangeon, professeur à l'Université de Paris.

Tome   III. — *États scandinaves* (Suède, Norvège, Danemark). — *Régions polaires septentrionales*, par Maurice Zimmermann, chargé de cours à l'Université de Lyon.

Tome   IV. — *Europe centrale* (Suisse, Allemagne, Pologne, Tchécoslovaquie, Autriche, Hongrie, Roumanie), 2 vol., par Emmanuel de Martonne, professeur à l'Université de Paris.

Tome   V. — *Russie d'Europe et d'Asie. — États de la Baltique*, par Pierre Camena d'Almeida, professeur à l'Université de Bordeaux.

Tome   VI. — *La France*, 2 vol., par L. Gallois, professeur à l'Université de Paris.

Tome   VII. — *Europe méditerranéenne* (Espagne, Portugal, Italie, Péninsule des Balkans), 2 vol., par Jean Brunhes, professeur au Collège de France.

Tome VIII. — *Asie occidentale*, par Raoul Blanchard, professeur à l'Université de Grenoble. — *Haute Asie*, par Fernand Grenard, ministre plénipotentiaire.

Tome   IX. — *Asie des Moussons* (Inde, Indochine, Insulinde, Chine, Japon), 2 vol., par Jules Sion, professeur à l'Université de Montpellier.

Tome   X. — *Océanie*, par Paul Privat-Deschanel, professeur au Lycée Condorcet. — *Régions polaires australes*, par Maurice Zimmermann, chargé de cours à l'Université de Lyon.

Tome   XI. — *Afrique septentrionale et occidentale*, 2 vol., par Augustin Bernard, professeur à l'Université de Paris.

Tome   XII. — *Afrique orientale, équatoriale et australe*, par Fernand Maurette, agrégé de l'Université.

Tome XIII. — *Amérique septentrionale* (Canada et États-Unis), 2 vol., par Henri Baulig, chargé de cours à l'Université de Strasbourg.

Tome XIV. — *Mexique et Amérique centrale*, par Max. Sorre, professeur à l'Université de Lille.

Tome   XV. — *Amérique du Sud*, 2 vol., par Pierre Denis, agrégé de l'Université.

GÉOGRAPHIE UNIVERSELLE

publiée sous la direction de

P. VIDAL DE LA BLACHE

ET

L. GALLOIS

TOME IX

ASIE DES MOUSSONS

par

J. SION

Professeur à l'Université de Montpellier.

PREMIÈRE PARTIE

GÉNÉRALITÉS — CHINE — JAPON

LIBRAIRIE ARMAND COLIN

103, BOULEVARD SAINT-MICHEL, PARIS

1928

GÉOGRAPHIE UNIVERSELLE

L'ASIE DES MOUSSONS

INTRODUCTION

Le centre du continent asiatique s'oppose à la périphérie méridionale et orientale. D'un côté, c'est le pays des hauts plateaux steppiques où errent des pasteurs barbares; de l'autre, les contrées riches des dons de la nature, du travail des sédentaires, parées du prestige des vieilles civilisations. Dans cette bordure s'isole l'Asie antérieure. On y revoit quelques-uns des aspects de l'Asie centrale, les bassins arides, le peuplement en oasis le long des montagnes, la fragilité de l'humanité que notre siècle y trouva déchue. Or de l'Inde à la Malaisie et au Japon s'étend un monde tout différent, qui connut celui de l'Iran et de la Méditerranée, mais par des relations trop limitées pour qu'il perdît son originalité. Monde complexe et infiniment varié : un Norvégien ressemble plus à un Andalou qu'un Pendjabi à un Cinghalais. Mais, sauf dans les montagnes et les silves équatoriales, la culture sédentaire y règne partout sans partage. Si les empires qu'elle nourrit furent singulièrement instables, les civilisations ont montré une extraordinaire force de résistance, et contre les assauts répétés des hordes de la steppe centrale, et contre les transformations imposées par l'Europe.

Il a fallu une logique imperturbable à ceux qui ont voulu dériver du milieu physique les civilisations indienne et chinoise. On peut seulement indiquer qu'il leur assurait une base ample et solide. De grands peuples, capables d'absorber les envahisseurs, pouvaient se développer à l'aise dans ces plaines démesurées, terminées en vastes deltas, enrichies des limons enlevés à l'Asie intérieure. Un autre principe de fécondité est le climat, avec ses alternances saisonnières de vents de terre et de mer. Il marque d'une si profonde empreinte l'Inde et l'Extrême-Orient qu'on peut appeler ces régions l' «Asie des moussons». Il tend à reporter bien au delà du tropique la luxuriance de la végétation tropicale, à permettre loin vers le Nord et dans le continent des cultures comme celle du riz. Or le propre de ces cultures est de procurer sur un espace très restreint une abondance d'aliments et de travail. Grâce à elles, des densités égales à celles des régions industrielles de l'Europe sont fréquemment atteintes dans des contrées purement rurales. L'Asie des moussons nourrit plus de la moitié de l'humanité. Mais la mort y pullule comme la vie, même hors des régions exposées aux éruptions et aux séismes. L'excès ou le défaut de l'eau fait dépendre toute la subsistance de ces fourmilières d'un climat essentiellement capricieux. Le duel constant entre les peuples de cultivateurs et les nomades attirés par leurs richesses amoncela ruines sur ruines.

Le contact de l'Europe a provoqué une crise économique et morale qui entraîne bien des souffrances et des laideurs comme rançon des progrès réalisés ou espérés. D'autre part les Européens ont lié au leur l'avenir de l'immense Asie mystérieuse, et ils ont ainsi introduit une formidable inconnue dans les destinées de l'Europe, de sa civilisation[1] (pl. I et II).

BIBLIOGRAPHIE

É. ARGAND, La tectonique de l'Asie (*Congrès géologique international*, C. R. de la 13ᵉ session, Liége, 1924, I, p. 171-372; résumé de CH. JACOB, dans *Annales de Géogr.*, XXXIV, 1925, p. 97-112). — L. GALLOIS, L'Extrême-Orient et le Pacifique (*Annales de Géogr.*, XXXI, 1922, p. 244-259; situation politique depuis la guerre). — R. GROUSSET, *Histoire de l'Asie*, 2ᵉ éd., Paris, 1928, 3 vol. (synthèse bien informée; bibl.). — *Guides Madrolle*, en particulier : *Chine du Nord, Corée* (1911); *Chine du Sud, Java, Japon* (1916); *Tonkin du Sud* (1907); *Indochine du Nord* (1923); *Vers Angkor* (1913), Paris. — K. HAUSHOFER, *Geopolitik des Pazifischen Ozeans*, Berlin, 1924. —C. K. LEITH, Les ressources minières de l'Extrême-Orient (*Journal des Économistes*, 15 décembre 1926, p. 447-457). — ARCH. LITTLE, *The Far East*, Oxford, 1905. — ALLISTER MACMILLAN, *Seaports of the Far East*, Londres, 1923-1926. — EUG. PITTARD, *Les races et l'histoire*, Paris, 1924. — ÉLISÉE RECLUS, *Géographie universelle* : VII, *L'Asie orientale*; VIII, *L'Inde et l'Indochine*, Paris, 1882-1883, 2 vol. (a conservé une grande valeur par les descriptions régionales, les notes ethnographiques). — K. RITTER, *Erdkunde von Asien*, Berlin, 1832-1859. — W. SIEVERS, *Asien*, Leipzig, 1904 (cartes, bibl.). — ED. SUESS, *La face de la terre*, traduction EMM. DE MARGERIE, Paris, 1897-1918, 7 vol. (reproduit nombre de cartes géologiques; copieuses bibliographies). — H. YULE, *The book of Ser Marco Polo the Venetian*, 4ᵉ éd. revue par HENRI CORDIER, Londres, 1921, 2 vol.

Revues consacrées à l'Asie : *Asien*. — *Bulletin du Comité de l'Asie Française*. — *Bulletin de l'École Française d'Extrême-Orient* (tables dans t. XXI, 1921). — *Journal Asiatique*. — *Journal of the Royal Asiatic Society of Great Britain and Ireland*. — *Journal of the Asiatic Society of Bengal*, — *of the Bombay Branch of the Royal Asiatic Society*. — *Revue du Pacifique*. — *The Asiatic Review*. — *The Far Eastern Review*. — *T'oung Pao, Archives pour servir à l'étude de l'histoire, des langues, de la géographie et de l'ethnographie de l'Asie orientale*.

1. Nous sommes heureux de dire ici combien nous devons à la science et à l'amitié des orientalistes français : MM. SYLVAIN LÉVI, JULES BLOCH, GRANET, PRZYLUSKI, ainsi qu'à celles de M. CH. JACOB. Nous remercions encore tous ceux qui nous ont donné des renseignements ou procuré des documents.

Pour la transcription des noms chinois, nous avons suivi le système de M. VISSIÈRE; M. REVON a bien voulu nous conseiller pour celle des noms japonais. Pour l'Inde et l'Insulinde, nous avons adopté des graphies qui se rapprochent le plus possible de la prononciation française, sauf pour certains vocables passés dans l'usage sous une autre forme. Comme elles s'écartent souvent de l'orthographe officielle, l'index alphabétique indique celle-ci en même temps que la forme employée dans cet ouvrage.

LE BOUDDHA DE KAMAKOURA (JAPON).

Kamakoura, à 18 kilomètres au Sud de Yokohama, sur la baie de Sagami, contient les ruines de nombreux temples, palais et tombeaux.
Au voisinage, dans un paysage japonais typique, la grande statue en bronze du Bouddha.

G. U., t. IX, Pl. I.

HAUTS FOURNEAUX ET ACIÉRIES D'HAN-YANG (CHINE).

Un aspect de l'Asie moderne. Au delà de la rivière Han, le port et la ville de Han-keou, puis la plaine du Fleuve Bleu, parsemée ici de quelques monticules.

____

ÉTUDES GÉNÉRALES

____

CHAPITRE PREMIER

LE CLIMAT

I. — LE MÉCANISME DES MOUSSONS

Supposons qu'un océan couvre toute l'Asie orientale et que le climat dépende seulement de la latitude. A l'équateur, il y a une zone de basses pressions, de pluies abondantes; deux maxima de température et de précipitations se présentent peu après les équinoxes où le Soleil passe au zénith de la Ligne, mais ils sont peu supérieurs aux minima. De chaque côté, les basses pressions attirent les vents qui viennent des hautes pressions tropicales : ce sont les alizés, qui soufflent du Nord-Est dans l'hémisphère boréal, du Sud-Est dans l'autre. Dans la zone tropicale du Nord, le Soleil passe encore deux fois au zénith, à des dates de plus en plus voisines du 21 juin à mesure qu'on se rapproche du tropique; au tropique, les deux maxima se confondent, et nous avons seulement deux saisons : un été qui accapare la pluie, un hiver qui n'en a guère. Les régions tempérées sont caractérisées par l'instabilité du temps, par la prédominance des vents d'Ouest, par la diminution des précipitations vers les hautes latitudes où l'évaporation est naturellement moins active. Le beau et le mauvais temps y dépendent du passage des aires cycloniques (dépressions barométriques où le vent converge et subit des mouvements ascendants).

Cette ordonnance est troublée par la présence d'un continent. L'hiver, il se refroidit davantage que les mers voisines, et la pression est plus élevée que sur celles-ci. Il devient le siège d'un anticyclone, d'une aire de hautes pressions, décroissantes vers la périphérie à partir d'un centre où l'air descend des couches supérieures pour diverger ensuite. Ces vents qui s'échappent tournent en spirale dans le sens des aiguilles d'une montre. Leur origine les rend froids et secs. Inversement, pendant l'été, la terre plus chaude que l'Océan devient une aire cyclonique. Elle attire les vents marins. Il y a de nombreuses chances pour que cet air chargé de vapeurs les condense en se refroidissant, soit par son ascension à l'intérieur de la dépression barométrique ou devant une montagne, soit par la rencontre de masses d'air froid. Ainsi, quelle que soit la latitude, un régime analogue à celui des tropiques tend à s'établir, avec l'opposition entre un hiver sec et un été humide. Seulement ce régime est déterminé, non plus par le mouvement apparent du Soleil, mais par l'alternance de vents continentaux l'hiver, de vents marins l'été. Ce sont ces vents saisonniers qu'on appelle moussons, de l'arabe *mausim* qui signifie « saison ». Comme l'Asie est le continent le plus vaste, et comme les centres d'action atmosphériques y sont peu éloignés des océans, nulle part au monde les moussons ne sont aussi régulières, aussi étendues en latitude. La situation de notre domaine sur les faces orientale et méridionale de l'anticyclone asiatique lui vaut en hiver des vents qui viennent généralement du Nord-Est. Sa position par rapport aux basses pressions continentales de l'été donne alors aux vents la direction du Sud-Ouest, parfois du Sud-Est. Ils apportent la majeure partie des pluies nécessaires aux cultures; aussi la mousson du Sud-Ouest est par excellence « la mousson ».

Telle est la théorie. Une étude un peu moins schématique va pleinement la confirmer dans ses grandes lignes. Mais en même temps elle nous fera entrevoir l'extrême complexité d'un mécanisme dont certains rouages sont encore inexpliqués ou inconnus.

L'HIVER. — En cette saison, l'anticyclone asiatique, le plus fort et le plus vaste de la planète, a son principal centre vers le lac Baikal (fig. 1). La pression moyenne de janvier est de 777 mm. 5 à Irkoutsk, de 771 mm. 5 à Pékin. Un centre secondaire s'établit sur le Pendjab (Péchaver, 765 mm. 1). D'autre part une aire de basses pressions occupe le Nord du Pacifique vers les Kouriles. Une seconde, beaucoup plus étendue, comprend la zone équatoriale au Sud de l'isobare hivernale de 760 millimètres; à l'intérieur se creuse un minimum sur l'Australie qui est alors en été. Cette disposition des centres d'action atmosphériques met toute l'Asie de l'Est et du Sud sous l'empire des vents continentaux, de la mousson hivernale. Elle s'installe progressivement dès la fin de septembre, aussi bien dans les régions septentrionales, voisines du maximum qui apparaît en ce mois sur le Baikal, que dans l'Indochine, un maximum secondaire se formant sur le Sud-Est de la Chine. Elle s'annonce souvent par des tempêtes soudaines. Les vents qu'elle amène alors sur la façade orientale de l'Asie sont relativement constants et souvent très forts, parce que la distance est courte entre les maxima et les minima de pression (de Han-keou à Mindanao, la différence est de 12 mm. et parfois de 20). A cette époque la navigation est parfois difficile, voire impossible pour les voiliers. La côte occidentale du Japon est balayée par de telles vagues que les vapeurs postaux ne peuvent souvent aborder à Niigata. Les puissants courriers européens ont parfois mis cinq jours de Hongkong à Changhaï, dans le redouté canal de Formose. Par contre, ces vents restent faibles dans les parages de l'Inde où la différence de pression est moins considérable. La direction ordinaire du vent est celle que l'on peut attendre sur le côté oriental d'un anticyclone : Nord-Ouest dans la Chine septentrionale, centrale et dans le Japon, Nord-Est dans les régions plus méridionales où la mousson renforce l'alizé normal. Il faut faire exception pour une partie de l'Insulinde, où le vent est dévié vers le Sud-Est par les basses pressions de l'Australie.

Or la Sibérie orientale est en hiver le pôle du froid; aussi la rigueur des influences continentales se fait sentir plus grièvement encore sur la côte Est de l'Asie que sur celle de l'Amérique, si analogue à certains égards, et c'est

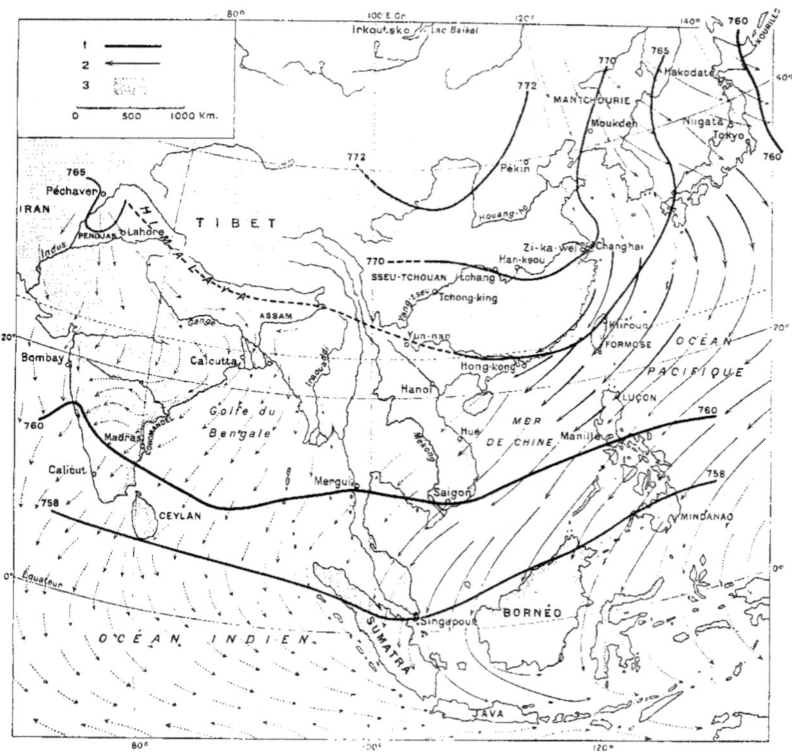

Fig. 1. — Distribution des pressions et des vents en janvier.

1, Lignes d'égale pression (isobares; pression en millimètres); 2, Trajectoires des vents; les flèches sont d'autant plus longues que les vents sont plus constants; d'autant plus grosses qu'ils sont plus forts; 3, Régions ayant leur maximum de pluies en saison froide. — Échelle, 1 : 55 000 000.

l'une des régions où la limite des neiges approche le plus de l'équateur (pl. III, C). Pékin, presque sous le parallèle de Naples, a en janvier une température moyenne de — 4°,7; Moukden, de — 13°. A la latitude de Port-Saïd, l'observatoire français de Zi-ka-wei, près de Changhaï, note alors 3°,17 seulement, moins qu'à Dunkerque, tandis que Lahore, situé aussi par 31° latitude Nord, a plus de 12°. Jusqu'à son extrémité méridionale, la Chine a des hivers beaucoup plus rigoureux que l'Inde. Calcutta, bien qu'un peu plus loin de l'équateur, a une température de janvier (18°,4) supérieure à celle de Hong-kong (15°,8) et même de Hanoï (17°,3). La raison en est surtout qu'à l'Est les vents subarctiques ne sont pas arrêtés par un écran montagneux comme celui qui protège la plaine du Gange. Cela est si vrai que les villes de l'intérieur, malgré leur situation continentale qui devrait leur valoir des froids plus vifs, ont une température très supérieure à celle de la côte quand elles sont abritées du vent (Itchang, 5°,6; Tchong-king, 9°,2). A des latitudes plus basses, la différence entre l'Est et l'Inde s'atténue jusqu'à disparaître. Saigon a presque la température de Calicut.

Le régime anticyclonique vaut à la majeure partie de l'Asie un hiver sec, un air limpide. La nébulosité n'atteint alors que 4 (sur 10) à Tokyo, 2 à Pékin, 1 et même 0,3 sur l'Indus (7 à Paris). Toutefois, là-bas comme en France, le relèvement de la pression après une période pluvieuse peut déterminer un temps brumeux, avec de moindres oscillations de la température qu'en temps sec. A Changhaï, où la nébulosité dépasse 6 en janvier, ce voile s'abat souvent quand l'anticyclone du Baikal s'est allongé jusqu'au Japon et déclanche sur sa face orientale des vents du Nord-Est, qui ont le temps de se charger d'humidité. Les plaines intérieures de la Chine, les profondes vallées du Tonkin restent longtemps cachées sous les nuages; par contre, les montagnes du Tonkin, au-dessus de 1 500 mètres, ont le ciel clair du Yun-nan, dont le nom signifie « le pays au Sud des nuages », c'est-à-dire la cuvette nébuleuse du Sseu-tchouan.

Le règne de l'anticyclone, avec ses vents continentaux et descendants, est aussi celui des pluies rares, ou nulles dans certaines contrées. C'est la règle dans l'immense majorité des stations : le minimum de précipitations se place en hiver. Pourtant quelques-unes ont alors leur maximum. Ce sont celles des côtes montagneuses qui reçoivent de plein fouet les vents de la mousson hivernale, et qui condensent alors les vapeurs venues du Nord, tandis qu'en été le relief les met à l'abri de la mousson du Sud-Ouest. Un exemple typique est celui de Formose, où Kiiroun, au Nord-Est, a son maximum en décembre, son minimum en saison chaude, tandis que c'est l'inverse au Sud-Ouest. Sur une plus grande échelle, c'est aussi le cas du Japon, de Ceylan, de plusieurs îles malaises. Les rivages voisins de Madras et de Hué sont aussi rangés d'ordinaire dans cette catégorie de pluies de moussons hivernales. En réalité, il y a bien moins un renversement des saisons pluvieuses, comme dans le cas précédent, qu'un retard du maximum jusqu'à octobre ou novembre, suivi d'une baisse très sensible dès janvier ou février. Au Coromandel, les pluies de cette période sont sûrement dues, non à la mousson du Nord-Est, mais à des retours offensifs de la mousson estivale par des tempêtes venues de l'Est ou du Sud-Est. Pour l'Annam, M. Chassigneux les explique par le tracé des côtes, l'élévation du relief, les mouvements généraux de l'atmosphère, mais aussi par des perturbations atmosphériques locales qui se creusent alors sur la mer de Chine encore tiède. Il rappelle également que l'automne est la saison où l'Annam est le plus souvent abordé par les typhons et leurs formidables averses.

Tel est l'aspect ordinaire de l'hiver. Mais il ne reste pas toujours pareil à lui-même. La puissance des anticyclones s'accroît bien de septembre à janvier, pour décliner ensuite et s'effacer en mai; mais ce n'est nullement par une marche régulière. Au lieu des moyennes mensuelles, qui nous donnent seulement les résultantes de cette évolution, examinons la réalité jour par jour : nous verrons une marche saccadée, avec des à-coups qui déterminent, là-bas comme en

Europe, des alternatives de beau et de mauvais temps. Seulement les anticyclones sont relativement stables; aussi le temps de l'hiver asiatique est beaucoup moins incertain que celui de l'été asiatique et de l'hiver français. Pourtant il arrive. que les anticyclones se renforcent ou s'affaiblissent, s'étalent ou se rétractent. Or une augmentation de pression signifie d'ordinaire une diminution de température et de précipitations. A Zi-ka-wei, le mois de janvier 1918 a eu la pression maximum du dernier demi-siècle, 772 mm. 49 (moyenne, 770 mm. 20); ce fut aussi la seule année où janvier fut absolument sec, avec une température moyenne de — 0°,03 seulement, un minimum de — 9°,6.

Mais l'influence des anticyclones s'exerce surtout en refoulant ou en laissant circuler des perturbations dont le rôle est essentiel dans l'Est de l'Asie, les dépressions continentales. Ce sont, les unes, de vrais cyclones aussi violents que les typhons, les autres, des aires de basse pression semblables à celles qui, venant de l'Atlantique, rendent si variable le climat de Paris. Comme elles, ces dépressions se transportent d'Ouest en Est, suivant certaines routes plus fréquentes (fig. 2). Celles de la Sibérie et de la Chine sont très souvent attirées par la dépression des Kouriles; elles se creusent dès qu'elles atteignent la mer, jusqu'à faire descendre le baromètre de 30 millimètres en un jour à Hakodaté, et déchaînent

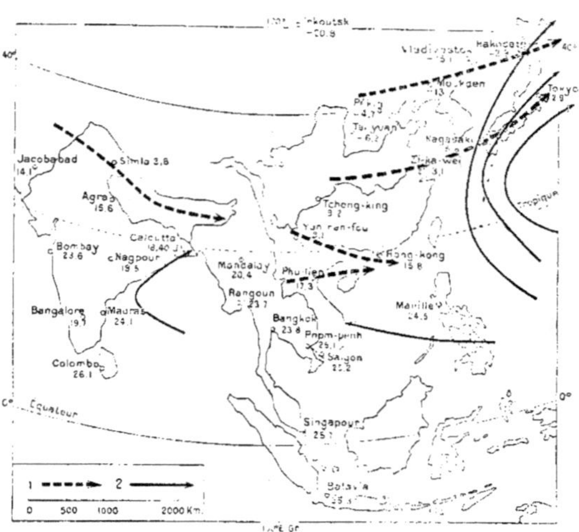

Fig. 2. — Dépressions continentales et typhons en janvier.

1, Trajectoires des dépressions continentales; 2, Trajectoires des typhons. — Les chiffres indiquent la température moyenne du mois le plus froid. — Échelle, 1 : 85 000 000.

alors des vents de tempête. Aucun mois n'en est exempt, mais elles sont plus nombreuses en saison froide, surtout en mars-avril. Si nous les étudions dans le bulletin mensuel de Zi-ka-wei, nous voyons qu'elles déterminent à leur arrivée, sur leur face orientale, des vents de Sud-Ouest et de Sud-Est; la température se relève; l'air qui, dans ces immenses tourbillons dont le diamètre atteint parfois plusieurs centaines de kilomètres, a passé sur la mer laisse tomber ses vapeurs en pluies souvent orageuses. A leur arrière, sur leur face occidentale, soufflent des vents du Nord et du Nord-Ouest; ils entraînent toujours un fort abaissement de température, accompagné souvent de pluies plus considérables que les premières. Prenons comme exemple février 1924. Le 3, haute pression, 772 mm. 07; minimum très bas, — 4°,6; temps sec. Puis le baromètre descend; l'humidité relative atteint le chiffre exceptionnel de 99,7 et commence à se condenser. Le 7, passe le centre de la dépression en marche du Sseu-tchouan aux Kouriles; le minimum de la nuit se relève à 9°,8; la pluie (16 mm. 3) de ce jour représente le maximum de ce mois, et elle continue à tomber, tandis que la pression augmente et que la température descend. Comme février 1924 fut signalé par de nombreuses dépressions qui s'attardèrent près des côtes, les pluies furent le double de la moyenne, et il y eut de longs brouillards épais. Le mois suivant fut remarquable au contraire par ses froids tardifs, ses pluies en déficit, son retard de la végétation : c'est que l'anticyclone du Baikal eut une persistance exceptionnelle qui écarta les dépressions. En décembre 1923, la disposition des isobares fut anormale par l'installation à demeure d'une aire de hautes pressions entre les fleuves Jaune et Bleu, tandis que la Mantchourie avait des pressions relativement faibles ; les dépressions furent rejetées vers ce couloir bien au Nord du Yang-tseu. Aussi le mois fut exceptionnellement beau vers Changhaï, sans les tempêtes qu'amènent souvent les aires cycloniques ; mais les pluies ne furent que le tiers de la normale, et les récoltes furent très menacées. Il arrive que l'anticyclone sibérien soit attiré par une dépression continentale : alors ses vents froids arrivent avec la violence glaciale des *cold waves* des États-Unis, dues à un mécanisme analogue. En janvier 1916, le thermomètre était monté à 20° à Changhaï au moment où passait le centre d'une dépression ; la vague de froid du 24 l'abaissa à — 14° sur le sol, avec un relèvement de pression de 13 millimètres. En décembre 1923, l'arrivée d'une dépression fit monter le thermomètre à 18°,8 le 25, soit 6° de plus qu'à l'ordinaire ; elle fut suivie par un coup de froid (— 7°,2 le 31), d'autant plus pénible que le vent descendait en rafales du Baikal, où l'on aurait observé une température de — 42° et une pression de 810 millimètres.

Ainsi l'hiver de la Chine et du Japon est une lutte constante entre l'anticyclone sibérien et les dépressions continentales, celui-là avec ses journées sèches et froides, celles-ci avec leur temps instable, leurs tourmentes, leur succession de vagues de chaud et de vagues de froid ; surtout ce sont elles qui interrompent l'aridité de l'hiver.

Au Tonkin, les dépressions suspendent souvent aussi l'action de l'anticyclone et créent la possibilité de grains orageux pareils à ceux de l'été. Le temps de la mousson hivernale, caractérisé de novembre à février par un ciel froid et clair, est alors coupé par de courtes périodes de temps chaud où l'on se croirait en plein été ; les Européens abandonnent les lourds vêtements de drap pour reprendre le costume de toile, le thermomètre peut dépasser 30° pendant toute une semaine.

Dans la plaine indienne, l'Himalaya est longé par des dépressions pluvieuses, dont les neuf dixièmes viennent de la Méditerranée par l'Iran. On ne les a pas suivies au delà de l'Assam, mais, comme les dépressions de l'Asie orientale nous sont souvent signalées dès le Yun-nan, on peut se demander si ce ne sont pas les mêmes qui déterminent le temps depuis l'Atlantique jusqu'au fond du Pacifique. L'Inde, au delà du 21ᵉ parallèle, et le Sud de l'Indochine échappent à leur action, et par suite aux chances d'ondées bienfaisantes, du moins de ce chef.

L'ÉTÉ. — A mesure que la chaleur augmente au printemps, le continent, attire l'air de la mer (fig. 3). En avril, le vent est déjà en plein Sud-Est à Changhaï et à Hanoï. Il entraîne de la vapeur. Pourtant la mousson d'été, avec les fortes averses caractéristiques, ne s'établit qu'en mai ou juin. Elle débute d'ordinaire brusquement, après des journées chaudes, des brises légères et variables, par des

Phot. A. M. Heron. Geol. Survey India.

A. — LA MOUSSON PLUVIEUSE DANS LES MONTS HIMALAYA.

Le Makalou, dans le massif de l'Everest.

Phot. Philippine Bureau of Science.

B. — L'ARRIVÉE DE LA MOUSSON PLUVIEUSE AUX PHILIPPINES.

Le volcan Mayon. Sud-Est de Luçon.

Phot. H. R. Davies.

C. — LA MOUSSON D'HIVER DANS LE NORD DE LA CHINE.

A Tien-tsin, le Pei-ho est complètement gelé et peut être traversé à pied; ciel très clair; arbres dépouillés de feuilles.

Phot. W. D. Jones, Cop. Univ. of Chicago Press.

A. — UN FLEUVE DU DECCAN EN SAISON SÈCHE.

La Bhima, à l'Est de Poona. Tout le lit est rempli l'été. A l'arrière-plan, coulées basaltiques.

Phot. Geol. Survey India.

B. — UN FLEUVE DU DECCAN EN CRUE.

La Kaveri à la sortie du plateau de Mysore, dont on remarquera le relief très usé. Rapides.

rafales de vent, accompagnées d'ondées souvent orageuses. Puis viennent les grandes pluies de l'été. La mousson commence plus tôt vers le Sud et y dure aussi plus longtemps : jusqu'à la mi-septembre vers Changhaï, à la mi-octobre vers Singapour (pl. III, A et B).

Dans l'Inde, le changement de temps est si soudain, si radical, qu'il justifie le terme anglais : *the burst of the monsoon*, « l'explosion de la mousson ». Les courants de pluie arrivent dans ces régions desséchées avec la violence d'un fleuve

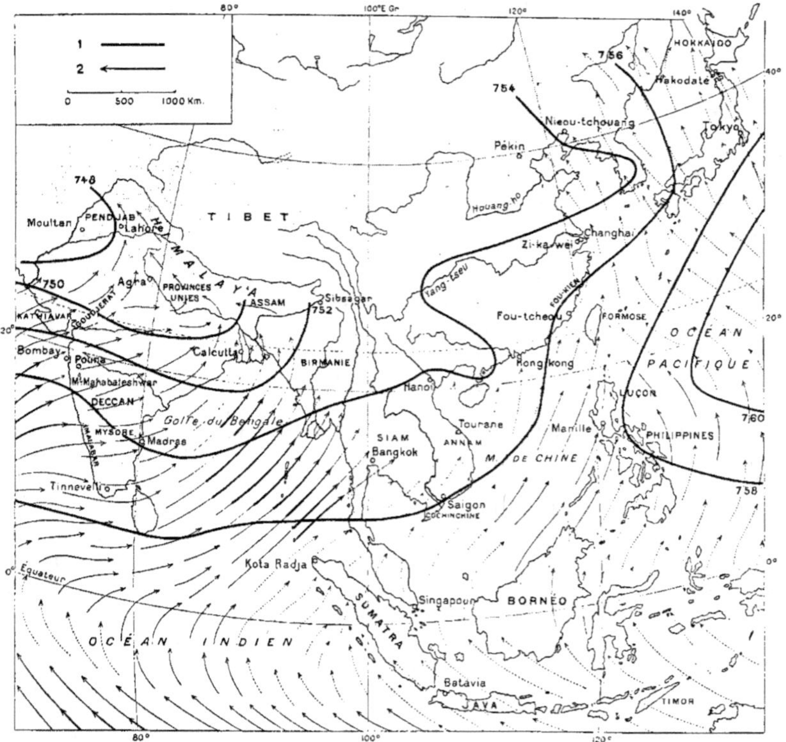

Fig. 3. — Distribution des pressions et des vents en juin.

1. Lignes d'égale pression (isobares; pression en millimètres); 2, Trajectoires des vents. — Les flèches sont d'autant plus longues que les vents sont plus constants, d'autant plus grosses qu'ils sont plus forts. — Échelle, 1 : 55 000 000.

qui a rompu ses barrages; ils apportent à Bombay 522 millimètres en juin au lieu de 14 en mai, au mont Mahabaleshwar 1 208 millimètres au lieu de 35. Or, si le changement est très rapide à Bangkok, à Saigon, à Hong-kong, surtout aux Philippines, nulle part il n'y a pareil écart entre deux mois consécutifs. La différence est de un à deux à Changhaï, contre un à dix dans le Nord-Ouest du Deccan; Tokyo passe progressivement de 134 millimètres en avril à 149 en mai, à 160 en juin. Sans doute, la transition est mieux ménagée dans l'Asie orientale que dans l'Inde, du fait que celle-là n'a pas de vraie saison sèche grâce aux dépressions continentales. Mais surtout il arrive dans celle-ci, au début de l'été, beaucoup plus d'air, beaucoup plus humide, et cela tout d'un coup.

Voyons en effet la distribution des pressions en juin. C'est presque l'inverse de janvier. Une aire de hautes pressions se rencontre sur le Pacifique dès les îles Bonin et les Mariannes. Une autre séjourne sur l'océan Indien et l'Australie, avec son centre au Sud-Est de Maurice. Le continent asiatique réchauffé se trouve presque entièrement à l'intérieur de l'isobare 757, avec trois minima, le premier dans le Nord de la Chine (Pékin, 753,6), le second vers le Tonkin (Phu-lien, 754,8) et le troisième dans le Pendjab (Moultan, 746,9). Donc le continent fait appel aux vents de l'Océan, qui tournent autour de cette aire cyclonique : vents du Sud-Ouest dans l'océan Indien, du Sud et du Sud-Est au-dessus de la latitude de Changhaï, du Sud-Est dans les parties de l'Insulinde proches de l'anticyclone australien. A l'inverse de janvier, ils sont faibles et variables dans les mers de Chine, très forts et constants dans l'océan Indien. En effet, le minimum du Pendjab est de beaucoup le plus creusé, le plus puissant. D'autre part, de ce côté, la courbe de 752 millimètres n'est qu'à 6 100 kilomètres de la courbe de 770 de l'anticyclone de Maurice; du côté de Pékin, elle est à 9 800 kilomètres de celle de l'anticyclone du Pacifique Nord. Il en résulte que le second est peu intéressé par la dépression asiatique, et que le premier au contraire va participer à son agitation. L'alizé qu'il émet sur sa face septentrionale vers le Nord-Ouest est dévié par le minimum du Pendjab : la mousson de l'Inde n'est pas autre chose que la continuation de l'alizé austral. Ainsi l'air qui arrive au Malabar ne vient qu'en faible partie des mers voisines; la masse a parcouru plus de 7 000 kilomètres sur des mers chaudes : de là l'intensité extraordinaire des pluies indiennes. Mais pourquoi la soudaineté de leur début? En mai, l'aire de basses pressions indiennes était encore distincte de celle qui correspond à la zone équatoriale; celle-ci formait comme un fossé où se jetait l'alizé austral. Une fois ce fossé comblé par cet afflux d'air, la pente devient continue des hautes pressions de Maurice aux basses pressions du Pendjab; l'alizé y dévale rapidement dès que l'attraction de celles-ci se fait sentir sur lui sans aucune interruption et que la dépression barométrique de l'équateur ne l'arrête plus au passage. Au contraire, sur la façade orientale de l'Asie, l'élan des vents pluvieux est rompu au Sud par le passage sur les terres de l'Indochine et de l'Insulinde. Plus au Nord, ils n'arrivent que sous une impulsion et avec un volume relativement faibles, en luttant contre des vents continentaux encore assez fréquents. Il y a donc transition et non opposition entre les deux saisons. On a l'impression que la mousson chinoise procède de mers relativement proches, tandis que la mousson indienne a son origine dans les lointains de l'hémisphère austral.

Une fois établie, la mousson d'été amène partout des pluies très abondantes, par averses violentes, et presque partout elle produit le maximum annuel des précipitations. Mais il ne faut pas se la figurer comme un courant continu de la mer vers la terre, comme une averse interminable pendant des mois. Ici encore, derrière l'apparence simplifiée des moyennes mensuelles, il faut chercher la réalité dans le cours quotidien du climat. On s'aperçoit ainsi que la mousson, de par son caractère cyclonique, crée un temps instable, moins certes que celui de la Bretagne par exemple, mais avec une différence de degré et non pas de nature. On insistera plus loin sur son aspect spasmodique dans l'Inde. Mais de même à Manille, à Hanoï, en Chine, il ne pleut pas continuellement. Et il ne

.eut pas du seul fait que le continent est balayé par l'air marin. Le bulletin mensuel de Zi-ka-wei signale à plusieurs reprises, en mai-juillet 1915, « le règne de la mousson normale », avec ses vents constants du Sud-Est, de la mer; or ce furent « de très belles journées ensoleillées, chaudes, *sans pluie* ». En juin, parfois en juillet, ces parages peuvent avoir une chaleur très pénible par la saturation de l'air, où l'humidité relative reste longtemps à 92, 95 p. 100; mais aucune pluie ne tombe de ce ciel brumeux. Pour qu'il y ait condensation, un refroidissement est nécessaire. Il peut être dû, dans une large mesure, à l'influence des reliefs, même bien en avant de ceux-ci : c'est un facteur essentiel pour l'Inde, et sûrement pour d'autres régions. Mais en plaine ce refroidissement nous semble subordonné au passage d'une dépression baromé-trique, qui produise une ascension de l'air humide et mette en contact des vents de température iné-gale. Au début de l'été, dans l'Est de l'Asie, la plupart de ces dépressions ont une origine continen-tale; elles provoquent de fortes précipitations dans cet air saturé, soit par les orages qui les accompa-gnent, soit par les vents du Nord-Ouest, qui déga-gent le temps; la tempéra-ture, d'abord abaissée par la pluie et par ces vents, remonte avec le baro-mètre (fig. 4). L'influence de ces dépressions, sem-blables à celles de l'hiver,

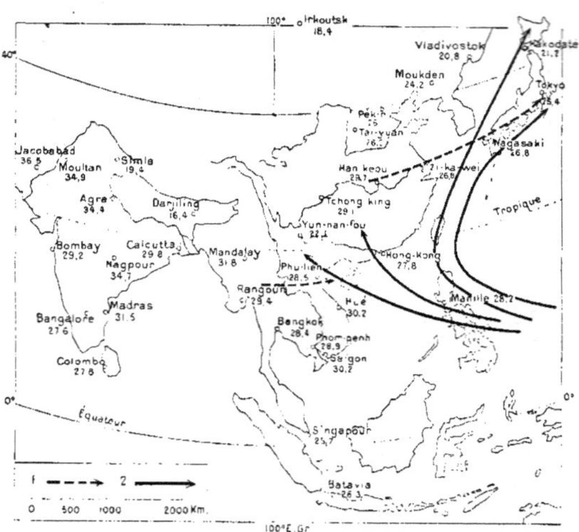

Fig. 4. — Dépressions continentales et typhons en juin.

1, Trajectoire des dépressions continentales; 2, Trajectoires des typhons. — Les chiffres indiquent la température moyenne du mois le plus chaud. — Échelle, 1 : 85 000 000.

apparaît, par exemple, en mai 1923. Ce fut un mois ensoleillé, de pression assez élevée, de température douce, presque sec jusqu'au 24, malgré la prédo-minance des vents marins du Sud-Sud-Est; puis le passage de dépressions continentales amena de très fortes averses. Au Japon, les « pluies des prunes », du 15 juin au 15 juillet, si utiles pour le repiquage du riz, sont dues aux dépres-sions venues du Yang-tseu. Au Tonkin, les dépressions continentales substi-tuent au vent normal de Sud-Est un vent de Nord-Ouest, qui amène de grandes pluies au Tran-ninh, mais qui redescend dans le delta comme un fœhn; ces « vents du Laos » font monter le thermomètre d'Hanoï au-dessus de 40°, dessèchent la végétation et les rizières dont ils peuvent ruiner la récolte d'automne. D'autres dépressions viennent de la mer, et, parmi celles-ci, les typhons. On sait les dangers de ces bourrasques cycloniques pour les navigateurs, même pour le littoral : celle d'août 1922, aggravée par un raz-de-marée, aurait coûté la vie, près de Swatow, à 200 000 victimes. Elles naissent dans le Pacifique, géné-ralement sous le tropique, s'avancent vers les côtes de l'Asie, puis beaucoup rebroussent chemin vers le Nord-Est, décrivant ainsi une parabole. Les anticyclones semblent jouer le rôle d'un môle qui les repousse et les oblige à le longer. Pendant l'hiver, celui de la Sibérie les tient éloignées des rivages asiatiques, l'Annam excepté. Mais en mai ils semblent le suivre dans sa retraite vers le Nord, et leur trajectoire se moule sur le rebord de l'anticyclone qui vient de se constituer dans le Pacifique. De plus en plus nombreux dans les mois suivants, ils se propagent de plus en plus loin vers le Nord et vers l'Ouest jusqu'en septembre, mois où ils sont le plus nombreux (quatre à cinq en moyenne). Puis la zone dangereuse revient vers l'Indochine en même temps que les basses pressions reculent vers le Sud. Or ces typhons amènent des averses formidables. A Baguio (Philippines), celui de juillet 1911 fit tomber 1 168 millimètres en vingt-quatre heures (la plus forte quantité qui ait été recueillie en un jour dans aucune station de la Terre) et 2 m. 239 en quatre jours. Naturellement de pareils déluges relèvent les moyennes mensuelles, et il est certain que les typhons sont pour beaucoup dans les pluies de toute l'Asie orientale. Sans doute il ne faut pas exagérer leur rôle[1]. Mais, à côté des typhons violents, il existe des dépressions marines moins creusées, capables cependant de susciter des orages et des pluies considérables. D'elles dépend en grande partie la physionomie de la saison. Ainsi août 1920 fut signalé vers Changhaï par des calmes prolongés, des chaleurs accablantes, par une humidité constante, élevée, mais sans aucune condensation; la sécheresse fut désastreuse dans le Nord de la Chine. La raison en était dans l'absence des dépressions marines, maintenues loin du continent par l'établissement précoce d'un régime de hautes pressions au Nord du Fleuve Bleu. On peut donc se demander si les pluies du début de l'été ne résultent pas des dépressions continentales; celles de la fin, des dépressions océaniques. Dans l'afflux d'air humide apporté par la mousson, ce seraient elles qui déclancheraient la condensation. Et l'on s'expliquerait ainsi l'alternance de périodes sèches et de périodes d'averses orageuses, selon la pression et le vent, alternance maintes fois répétée et vraiment caractéristique de l'été.

CARACTÈRES GÉNÉRAUX. — Le climat de moussons ressemble au régime tropical par l'opposition entre la sécheresse de l'hiver et l'humidité de l'été. Mais il amène ce contraste dans des régions auxquelles leur latitude devrait assurer des pluies mieux réparties : çà et là au voisinage de l'équateur, et surtout dans les régions tempérées. Il fait pénétrer en été les influences maritimes loin dans la masse asiatique; ainsi il lui vaut une température plus fraîche, des pluies abondantes. Mais en hiver il fait régner les influences continentales jusque sur les côtes; la sécheresse de l'air où prédominent les vents de terre rend rigoureux l'hiver même à de basses latitudes, et le fait suivre d'un relèvement rapide de la température qui peut devenir torride. Aussi l'amplitude thermique devient beaucoup plus considérable que sur la face occidentale de l'Eurasie, soumise

1. Pour distinguer le climat des mers de Chine et celui de l'océan Indien, on a dit que dans celles-là « la mousson d'été ne se manifeste pas directement, et qu'en réalité l'année se divise en deux parties, la saison des typhons, et la période de décembre à juin où ils sont moins nombreux ». Mais l'ouvrage du P. Froc, sur les typhons, montre que leur maximum ne coïncide nullement avec celui des pluies et que, même en septembre, ils ne font sentir leur effet que sur la périphérie du continent. De plus, le bulletin mensuel de Zi-ka-wei indique nombre de mois très pluvieux sans aucun typhon qui puisse en être responsable (juin 1915 : 252 mm.; moyenne, 185). Enfin la distinction entre les faces Sud et Est de l'Asie s'atténue, si l'on songe au rôle joué par les cyclones du golfe du Bengale, analogues aux typhons du Pacifique.

constamment à l'action modératrice de la mer; elle est de 22º,5 à Tokyo, 30º,7 à Pékin, contre 11º,6 à Lisbonne. Sans doute l'écart se réduit vers l'équateur. Mais jusque dans l'Indonésie les moussons tendent à introduire leur rythme contrasté, avec ses fortes oppositions.

La sécheresse de la saison froide peut être plus ou moins longue, plus ou moins complète. Si nous calculons le pourcentage des pluies tombées dans le mois le plus sec par rapport au total annuel des précipitations, nous voyons qu'il reste élevé, proche du chiffre de Paris (5,3 p. 100), dans deux régions bien différentes, Hokkaido (4,8 à Hakodaté) et l'Ouest de l'Insulinde (4,6 à Kota Radja). Dans le premier cas, cette égalité dans la répartition annuelle est due aux nombreuses pluies cycloniques de l'hiver; dans le second, à ce que le soleil, toujours proche du zénith, conserve à l'air une grande richesse hygrométrique toute l'année : près de l'équateur, toutes les oppositions saisonnières tendent à s'atténuer. Viennent ensuite le vieux Japon (Tokyo, 3,6 p. 100), la région de Changhaï (3) et de Fou-tcheou (2,9). Mais cette partie de la Chine est encadrée entre d'autres moins favorisées. Au Nord du 35e parallèle, Pékin et Nieou-tchouang ont des hivers très secs (0,3). L'écart entre les saisons est beaucoup moins marqué au Sud de la Chine; cependant le pourcentage se réduit à 1,5 à Hong-kong et à Hanoï. Dans une zone trop méridionale pour être visitée par les dépressions continentales de l'hiver, Saigon n'a que 0,2. Des valeurs analogues se retrouvent dans quelques îles de la Malaisie (Manille, 0,6; Timor, 0,2). Mais c'est surtout dans l'Inde que la sécheresse s'exagère. L'Assam, la région la plus épargnée, n'a pourtant que 0,6 p. 100 de ses précipitations en décembre; malgré les pluies d'hiver le long de l'Himalaya, Lahore n'a que 0,5, et Calcutta, 0,4. Dans le Deccan et la Birmanie, la sécheresse est presque complète en saison froide (0,1 à Pouna; 0,08 à Rangoun). Enfin, sur presque toute la côte occidentale de l'Inde, dans le Sind et le Radjpoutana, toutes les stations ont au moins un mois sans une goutte d'eau; de ses 6 m. 807, le mont Mahabaleshwar ne reçoit que 1 millimètre en février. Dans l'Inde occidentale, le Deccan et la Birmanie, les dépressions ne mettent jamais en échec le triomphe des vents continentaux l'hiver; ce sont les pays des moussons sous leur forme extrême.

Généralement, il y a un maximum de pluies, qui se place en juin ou juillet au Nord de l'équateur. Mais parfois on observe deux maxima, l'un au début de l'été, l'autre à la fin. Dans la zone tropicale, on est tenté de les expliquer par le double passage du Soleil au zénith. Il en est bien ainsi près de l'équateur, mais pour une zone assez étroite; déjà, dans une grande partie de l'Insulinde hollandaise, ils proviendraient plutôt, selon Braak, des courants ascendants qui se forment aux changements de moussons, époques de brises faibles et variables. En général, le double maximum correspond tantôt à la montée et à la descente de la vague pluvieuse entre les basses et les hautes latitudes, tantôt à des conditions topographiques locales, tantôt à la fréquence des dépressions cycloniques.

Les pluies de l'été ont pour effet de diminuer la chaleur de cette saison. A Batavia, on a pu calculer que le refroidissement causé par 1 millimètre de pluie est de 0º,15 à 0º,34 selon les mois; les fortes averses de l'après-midi font souvent tomber la température plus bas que celle de la nuit. Or, si les averses de moussons n'ont pas une intensité supérieure à celles de l'Europe occidentale, elles peuvent conserver cette intensité bien plus longtemps. Tandis que dans le bassin de la

Seine la plus forte quantité recueillie dans un jour a été de 88 millimètres, la très grande majorité des stations de Java ont un maximum pour 24 heures supérieur à 200 millimètres dans la plaine, à 350 dans la montagne. Ce maximum a dépassé 1 mètre dans les montagnes de l'Assam, à Luçon, à Formose. On devine combien de pareilles ondées abaissent la température. Dans les régions tempérées, leur influence n'apparaît guère ·dans les moyennes mensuelles, mais elle est très marquée sous les tropiques, où le maximum de température devance la saison des pluies. Elle s'accuse surtout dans l'Inde, et en particulier dans ses plaines. Agra a 4°,4 de moins en juillet qu'en mai, parce que les précipitations s'élèvent de 16 millimètres en mai à 246 en juillet. A Bombay comme en de nombreuses stations tropicales, un maximum se place en avril ou en mai; un second survient en automne après le retrait de la mousson. L'année de l'Inde se divise ainsi en trois saisons : une saison froide et sèche en hiver, une saison brûlante au printemps, et en été une saison pluvieuse assez froide pour mériter le nom d'hivernage. Ce régime est moins net au Siam et en Cochinchine; il disparaît au Nord de Tourane. La raison de cette nouvelle différence entre les façades méridionale et orientale de l'Asie semble être que la seconde est exposée encore au printemps aux vents continentaux glacés; l'Inde au contraire est protégée par l'Himalaya, et la température peut s'y élever dans un air sec jusqu'à égaler celle du Sahara.

Un trait essentiel du climat des moussons, c'est la grande variation des pluies d'année en année. Cela se comprend, s'il est vrai qu'elles dépendent d'un élément aussi irrégulier que la fréquence des dépressions continentales et maritimes. A Zi-ka-wei, où nous disposons d'une série d'observations s'étendant sur un demi-siècle, le rapport de l'année la plus humide à la plus sèche est de 2,24 (il est inférieur à 2 dans les villes européennes, sauf sur la Méditerranée). Et, si l'on étudie les relevés mensuels, on voit que juillet a reçu seulement 3 millimètres en 1886 contre 306 en 1903; août, 12 en 1901 contre 343 en 1886. L'écart est encore plus grand en hiver (janvier, 0 mm. en 1918, 197 en 1887). Or il suffit d'une période sèche de dix jours pendant les semailles et le repiquage du riz pour compromettre toute la récolte. En Chine, le rapport des années extrêmes ne dépasse 3 qu'exceptionnellement. Cependant les provinces situées au Nord du Fleuve Bleu sont soumises à de terribles sécheresses; celle de 1920 y fit plus de 15 millions de victimes; au Fou-kien il y a une sécheresse meurtrière tous les huit ou neuf ans. Aux Philippines, un même mois peut être tantôt très sec, tantôt très humide; des périodes de plus de cent jours consécutifs sans une goutte d'eau contrastent avec des inondations causées par des pluies de plus de 500 millimètres en un ou deux jours. Mais c'est surtout l'Inde qui se distingue fâcheusement par l'écart des années extrêmes : 3,5 à Bombay, 4,5 à Madras, plus de 9 dans les Provinces Unies, le Deccan, la Birmanie centrale. Dans l'Asie orientale, en effet, la richesse de l'air en vapeur d'eau peut varier selon la température et la pression, mais dans des limites assez rapprochées. Dans l'océan Indien, elles s'espacent beaucoup plus, puisque cette humidité a une origine plus complexe et plus lointaine. L'Inde est par excellence le pays des famines. Nulle part au monde une population aussi dense ne dépend aussi étroitement de pluies aussi aléatoires. Mais les années de sécheresse et « de vaches maigres » apparaissent fréquemment dans les Annales de la Chine et de l'Annam, avec leur cortège d'épidémies, de troubles sociaux et politiques.

En pays de mousson, la prospérité de l'humanité est particulièrement instable, parce que ces fourmilières de paysans attendent toute leur subsistance d'un mécanisme extrêmement compliqué, où il suffit d'un rouage inactif pour abolir l'efficacité de tous les autres. Nous commençons seulement à soupçonner son amplitude : il y a un rapport entre les pluies de l'Inde et la situation atmosphérique vers Maurice et le Chili, peut-être en Méditerranée. Nous croyons que le cycle de la mousson ne dépasse guère une altitude de 4 000 mètres (Hildebrandsson), et même dès 2 000 mètres on a constaté souvent le règne permanent du contre-alizé au-dessus des vents saisonniers; pourtant il y a lieu de penser que les couches inférieures ne sont pas sans subir l'action des courants supérieurs. C'est l'océan atmosphérique de la planète entière qu'il faudrait sonder chaque printemps pour prévoir si l'Asie recevra assez de pluies pour nourrir son pullulement d'humanité.

II. — CLASSIFICATION DES CLIMATS

Le jeu des moussons amène les combinaisons les plus variées selon la latitude, les conditions locales de pression et de relief. Les diversités climatiques ainsi créées peuvent cependant se ramener à quelques types généraux, où nous entreverrons certains traits des grandes unités régionales. Le critère primordial de cette classification qui va de l'équateur à 50° latitude Nord est naturellement la température. Immédiatement après vient l'humidité, non seulement par le total annuel des précipitations, mais aussi et surtout par leur répartition annuelle. Dans les pays de moussons, un élément essentiel est en effet la durée de la saison sèche[1] (fig. 5 et 6.).

CLIMAT ÉQUATORIAL. — Le climat équatorial est celui où la chaleur et l'un de ceux où l'humidité varient le moins. La moyenne annuelle reste supérieure à 25°, l'amplitude annuelle ne dépasse pas 5°. C'est, des grandes régions de la Terre, celle où il pleut le plus, grâce à son morcellement en presqu'îles, en archipels montagneux. Nous y ferons une distinction selon qu'il existe ou non une saison sèche. Dans le *type de Malacca*, il n'y a aucun mois sec; nulle part la différence entre les saisons n'est aussi faible. Il s'étend sur la majeure partie de l'Insulinde, et, grâce aux pluies cycloniques d'hiver, il arrive jusqu'à 16° latitude Nord dans Luçon. Au contraire, l'influence des anticyclones asiatiques en janvier sur les côtes occidentales de Luçon et du Deccan, celle de l'anticyclone australien en juillet dans le Sud-Est de l'Insulinde y provoquent une saison sèche très caractérisée : ce sera le *type du Malabar*. Sa durée atteint six mois au Sud de Bombay, au Nord de Manille, au Nord-Est de Java, dans Timor. Les précipitations restent d'ordinaire considérables; pourtant, si l'on observe sur les côtes exposées aux vents d'Ouest des précipitations égales à celles du premier type, les régions orientales reçoivent beaucoup moins d'eau. Il y a sous l'équateur des régions qui souffrent de la sécheresse.

---

1. « Nous appelons mois sec un mois où la somme des précipitations mesurée en millimètres est inférieure au double de la température mesurée en degrés centigrades » (DE MARTONNE). — Il a semblé inutile de créer une catégorie spéciale pour les régions à maximum hivernal de pluies : celles-ci se présentent sous tous les climats et n'entraînent pas des conséquences aussi importantes que la durée des pluies.

CLIMATS CHAUDS. — Nous appellerons *climats chauds* ceux qui, en dehors de la zone équatoriale, ont au moins deux mois où la température moyenne dépasse 25° en été, au plus quatre en hiver où elle n'atteint pas 10°. Dans cet immense domaine qui comprend la majeure partie de l'Asie des moussons, la durée et la rigueur de la saison sèche augmentent presque régulièrement de l'Est

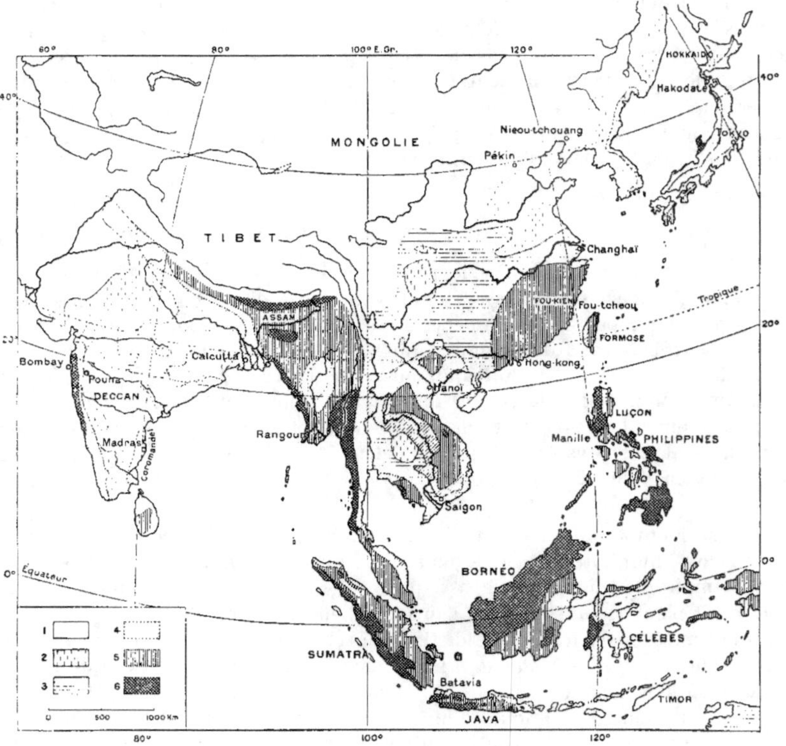

FIG. 5. — Les pluies dans l'Asie des moussons. — Échelle, 1 : 55 000 000.

Importance des précipitations : 1, De 0 à 500 millimètres; 2, De 500 à 1 000 millimètres; 3, De 1 000 à 1 500 millimètres; 4, De 1 500 à 2 000 millimètres; 5, De 2 000 à 3 000 millimètres; 6, Plus de 3 000 millimètres.

vers l'Ouest. La région du Pacifique est en effet visitée par les dépressions continentales qui lui valent des pluies d'hiver, par des typhons qui amènent de grosses averses juste au moment où la mousson d'été commence sa retraite vers le Sud. Or ces deux facteurs n'interviennent que dans une partie limitée de l'Inde, et dans une mesure beaucoup plus faible. D'où l'opposition entre ses pluies et celles de l'Extrême-Orient, opposition qui se retrouve dans la température.

On peut rapporter au *type de Hong-kong* le Japon méridional, le bassin du Yang-tseu à partir de la cuvette du Sseu-tchouan, la Chine méridionale sauf les plateaux du Yun-nan, les deltas du Tonkin et de l'Annam septentrional. La saison sèche dure au plus deux mois : tel est le trait le plus essentiel et le plus heureux de ce climat. Et même il n'y a aucun mois sec dans les parties les plus fréquemment parcourues par les dépressions barométriques : le Japon, le Fleuve Bleu en aval de Han-keou, la côte de Changhaï à Fou-tcheou. Les pluies dépassent

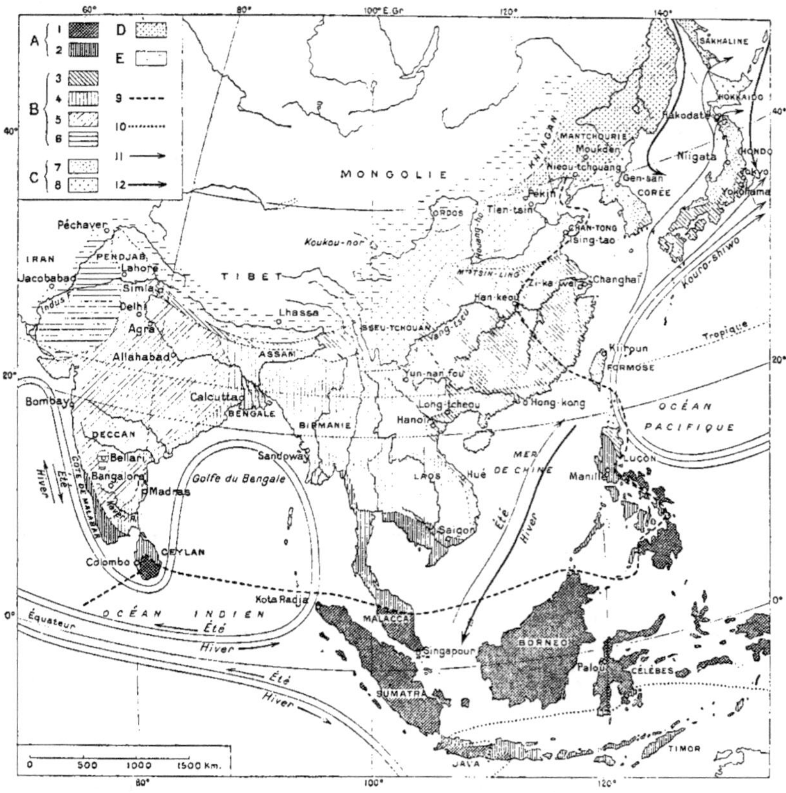

FIG. 6. — Les types de climat de l'Asie des moussons. — Échelle, 1 : 55 000 000.

A. Climats équatoriaux et subéquatoriaux : 1, Type de Malacca; 2, Type du Malabar. — B. Climats chauds : 3, Type de Hong-kong; 4, Type de Calcutta; 5, Type de Delhi; 6, Type de l'Indus. — C. Climats tempérés : 7, Nuance tempérée; 8, Nuance froide. — D. Climat froid. — E. Climat des hautes steppes. — 9, Limite Nord et Ouest des régions sans aucun mois sec; 10, Limite Sud de ces régions; 11, Courants marins chauds; 12, Courants marins froids.

en général 1 mètre et même 2 mètres sur les côtes bien exposées. Par contre, les hivers sont refroidis par les vents sibériens. La chaleur ne s'élève pas autant que dans l'Inde, et le printemps n'est pas ici la saison brûlante du Pendjab.

Il y a lieu de rapprocher de ce climat celui de l'Assam oriental, humide toute l'année, et même celui de l'Himalaya jusqu'à l'altitude de 3 000 mètres où l'on trouve la même moyenne annuelle qu'à Paris. Simla, par 2 160 mètres, a bien trois mois inférieurs à 10°, mais avec un seul mois sec.

Le *type de Calcutta* sera celui des régions chaudes ayant plus de deux mois secs, généralement de cinq à six. Ici encore, sur les côtes orientées vers la mousson estivale, les pluies peuvent être fort copieuses, mais la saison sèche est très marquée. Sur le littoral birman, Sandoway reçoit par an 5 m. 375, mais 14 millimètres seulement de décembre à avril. Les cuvettes intérieures, comme la haute Birmanie, les régions de sol trop perméable, comme le bas Laos, portent déjà dans leur végétation l'empreinte de l'aridité. Le maximum thermique d'avril-mai est partout très net; la saison sèche se divise, comme dans toute l'Inde, en un hiver assez froid et un printemps très chaud. L'hiver étant moins rigoureux qu'en Chine, l'amplitude est moins considérable.

Avec le *type de Delhi,* nous arrivons à des régions où la durée de la période sèche dépasse six mois; huit mois à Agra et dans une partie du Deccan; dix mois à Lahore et dans le Sud-Est de la péninsule qui serait si aride sans ses canaux. Les dépressions hivernales agrandissent ce domaine aux dépens du suivant le long de l'Himalaya, mais leur effet est très localisé et nullement comparable à celui des dépressions chinoises. Presque partout il tombe moins d'un mètre d'eau. La culture du riz est encore étendue, mais celle du blé prédomine, et sa limite correspond assez bien à celle de ce type vers le Bengale. Le climat est continental : l'amplitude augmente de 11°,4 à Calcutta à environ 18° vers Agra et le Gange supérieur.

Le *type de l'Indus* est la variété la plus continentale des climats chauds et la plus sèche de l'Asie des moussons. Nous le limiterons aux régions recevant moins de 500 millimètres de pluie; ce sont d'ordinaire des pays de steppes clairsemées et de modelé semi-éolien, mais il y a de vrais déserts vers la bordure de l'Iran : Jacobabad a 105 millimètres seulement, avec des extrêmes absolus de — 1°,7 et 52°,2. Ici le régime des moussons ne se signale que par des méfaits sans aucune compensation. Des variétés atténuées de ce type pourraient être signalées dans quelques stations du Deccan, comme Bellari.

CLIMATS TEMPÉRÉS. — Dans la zone tempérée, plus de quatre mois ont une température inférieure à 10°, et quatre mois au plus, inférieure à 0°. Elle commence au Nord de ces monts Tsin-ling qui font une limite si tranchée entre la Chine du Sud et celle du Nord, le pays du riz et celui du blé. La saison sèche est plus courte en Chine que dans l'Inde, grâce à la fréquence des dépressions issues de la Mongolie. Au Japon elle est abrégée et par celles-ci et par celles qui ont emprunté la vallée du Yang-tseu et par les typhons. On peut distinguer une variété maritime, sans aucun mois sec, une variété continentale et, dans chacune, une nuance tempérée et une nuance froide séparées par l'isotherme de — 2° dans le mois le plus froid; cette ligne limite en effet les régions où la neige reste plusieurs mois sur le sol, ce qui influe sur la végétation et le régime des fleuves. Dans la variété maritime, les pluies dépassent 900 millimètres et parfois même 1 500 sur les rivages exposés à la mousson d'hiver; mais elles diminuent vers le Nord à mesure qu'on s'approche de mers plus froides. La nuance tempérée sera celle du Sud de la Corée et du Nord de Hondo (Niigata, 1°,4 et 25°,4); la nuance froide, celle de Hokkaido et du Nord de la Corée (Gen-san, — 3°,1 et 23°,1). Dans la variété continentale, le Chan-tong (Tsing-tao, — 0°,4 et 24°,9) est plus favorisé que Tien-tsin (— 4°,1 et 26°,1), non seulement par cette moindre amplitude, mais par des pluies mieux réparties et plus abondantes (718 mm. au lieu de 487). Mais, dans toute cette zone tempérée, l'hiver est déjà rigoureux, et il tend à devenir vraiment sec sur le continent.

MANTCHOURIE ET RÉGIONS INTÉRIEURES. — La Mantchourie appartient à la région froide dès ses ports méridionaux. A Moukden, la température moyenne de janvier est de — 13°. Mais l'été y est chaud (24°,2 en juillet); ses précipitations assez abondantes et régulières permettent la culture intensive du millet et du blé. Ainsi la mousson pluvieuse corrige les effets de l'anticyclone sibérien.

Vers l'intérieur du continent, il est encore difficile de préciser l'extension des pluies estivales. Leur limite n'atteint la mer d'Okhotsk qu'au delà de 60° latitude Nord; elle semble courir le long du Grand Khingan et approcher du Koukou-nor. La fertile cuvette de Lhassa bénéficie de la mousson indienne. Mais le contraste entre ces hauts pays et l'Asie périphérique est tel que la limite la plus intéressante paraît celle des steppes où il semble que, sauf dans les montagnes, les précipitations n'atteignent pas 100 millimètres. Nous caractériserons donc l'intérieur du continent comme les régions des hautes steppes arides.

III. — QUELQUES CONSÉQUENCES DES MOUSSONS

Multiples sont les effets des moussons. Leurs vents sont parmi les plus constants et les plus réguliers, avec ceux des hautes latitudes australes. Sur les côtes orientales de l'Asie, ils peuvent faire varier le niveau moyen de la mer de 0 m. 50 à 1 m. 50 selon les saisons. Ils rapprochent ou repoussent du littoral les courants marins. Dans le Nord de l'océan Indien et dans la mer de Chine, le courant se renverse de l'été à l'hiver, tout en conservant une vitesse qui atteint dans le Sud-Ouest du golfe du Bengale 150 ou même 180 kilomètres par jour. Les vents du Sud-Ouest dans l'océan Indien et les parages de la Cochinchine, ceux du Nord-Est de l'Annam au Japon sont assez violents pour arrêter la pêche et la circulation des jonques. Ils retardent même les puissants vapeurs; on risque une mauvaise traversée, si l'on va pendant l'été de Marseille à Colombo et Saigon; pendant l'hiver, d'Hanoï à Changhaï et Yokohama.

Tombant par grosses averses, les pluies de moussons ne s'infiltrent qu'en faible partie, ce qui est fâcheux pour la végétation, les nappes souterraines, l'irrigation. Elles s'attaquent au relief avec une puissance que n'atteignent jamais les fines pluies parisiennes. Dans les régions à longue saison sèche, sur l'Indus et même au Deccan, aux confins de la Mongolie, le relief est modelé tour à tour par les actions éoliennes et par des torrents aussi violents qu'éphémères. Au Yun-nan, le ciel est troublé l'hiver par d'abondantes chutes de poussière, tandis que l'été les crues bloquent souvent les villes des plaines.

Le régime des rivières est naturellement très irrégulier. De grands fleuves se réduisent l'hiver à de minces filets d'eau au milieu de larges plages de galets, de sables parfois relevés en dunes; puis ils se gonflent subitement à un niveau et avec une rapidité qui font l'effroi des riverains, des ingénieurs : qu'on relise les *Bâtisseurs de Ponts*, de Kipling. Cette soudaineté catastrophique, en rapport avec l'« explosion de la mousson », est surtout le fait de l'Inde et particulièrement du Deccan. Mais elle se présente partout, à un moindre degré, et elle peut se répéter plusieurs fois par saison, puisque les pluies d'été ont un caractère spasmodique. Les neiges ne contribuent à ce régime que dans l'Himalaya, les Alpes du Sseu-tchouan, les Tsin-ling. Leur effet est de hâter la crue, surtout dans la plaine hindoue où la chaleur précède les pluies, de la faire monter à un niveau plus élevé quand les premières pluies tièdes accélèrent leur fusion; mais ensuite elles donnent un peu plus de stabilité aux hautes eaux. Dans les pays de moussons, les variations des fleuves sont parmi les plus considérables que l'on connaisse. Le rapport des hautes aux basses eaux dépasse 100 pour les affluents méridionaux du Gange. La Kaveri roule en été 38 000 mètres cubes à la seconde. Dans la boucle du Yang-tseu, en cluse il est vrai, on observe des traces d'inondation à 40 mètres au-dessus du niveau hivernal (pl. IV, A et B).

Ces gonflements arrêtent souvent la navigation. D'autre part elle doit chômer tout l'hiver dans les rivières peu profondes. A cet égard la Chine du Centre et du Sud est plus favorisée que l'Inde, puisque la sécheresse de l'hiver y est moins complète et beaucoup plus courte. C'est l'une des raisons pour lesquelles la batellerie y joue un rôle si important. Les fertiles alluvions découvertes sont recherchées pour les cultures riches; malheureusement les flaques abandonnées par l'inondation sont des foyers de malaria. Les villes chinoises se prolongent sur les laisses par des faubourgs de huttes en roseaux, qui disparaissent l'été; des agglomérations temporaires se créent chaque hiver dans les sites favorables aux transactions, et certaines, en s'élevant sur un tertre ou sur une digue, sont devenues des cités permanentes. Sur les eaux continentales, la pêche aussi prend un caractère saisonnier, comme nous le verrons pour le lac cambodgien. Pour se garantir des inondations, beaucoup de peuplades juchent leurs habitations sur des pilotis parfois hauts de 2 à 3 mètres (pl. IX, B).

Le cours des saisons n'imprime pas le même rythme à l'activité humaine que dans les contrées de l'Europe tempérée. Les ondées diluviennes de l'été, surtout à leur début, l'interrompent, comme en France les neiges de l'hiver. C'est le moment où les indigènes se claquemurent dans leurs villages, laissant grandir le riz, auquel suffit alors une surveillance intermittente. Ils mettent à profit ces loisirs de l'été, comme les montagnards français ceux de l'hiver, pour vaquer aux travaux intérieurs, ou préparer ceux de la belle saison, çà et là pour l'industrie domestique. Les travaux des champs se placent au début et à la fin des grandes pluies pour les cultures qui dépendent de celles-ci, pendant toute la saison sèche pour nombre de cultures presque aussi essentielles.

L'intensité des averses estivales restreint tout labeur à la saison sèche pour bien des corporations. L'extraction de la houille et des minerais devient très difficile dès l'arrivée de la mousson; les sauniers quittent alors les lagunes. C'est pendant le règne des vents continentaux que les bûcherons abattent les bois, pour les faire flotter quand les pluies gonfleront les rivières, que l'on recueille les résines, la laque, la cannelle, la cire. Les tribus primitives débroussaillent alors par l'incendie les coins choisis pour leurs cultures temporaires. Surtout c'est lorsque ces vents ont desséché le sol que l'on voyage par voie de terre. A cette époque les Annamites visitent les marchés des montagnes; les caravanes du Tonkin s'organisent vers les confins chinois et le Laos; les colporteurs chans et birmans visitent le Tran-ninh; les pèlerins gagnent les sanctuaires lointains; les missionnaires, les administrateurs et les touristes choisissent cette période pour leurs randonnées dans l'intérieur. Un pittoresque va-et-vient grouille sur les sentiers, tandis que les rivières trop basses ne portent guère alors que des barques de pêcheurs. Ainsi la saison froide est l'époque de la circulation sur les routes, mais non sur les fleuves, et cela ne laisse pas que d'être gênant pour des pays dépourvus de rails. D'autre part, dans les régions comme l'Inde, où le maximum thermique survient en avril-mai, toute vie s'arrête en ce printemps torride ou ne se poursuit qu'au prix d'extrêmes fatigues. Cette chaleur sèche, puis l'atmosphère de serre, lourde et moite de l'été font fuir les Européens vers les « villes de santé » établies sur les hauteurs, — complément nécessaire de toute colonie tropicale.

Il faudrait chercher pour chaque pays la durée de la suspension d'activité imposée par le climat et constituer comme un calendrier économique. Bien des traits de la vie populaire, même de la vie militaire et politique, dépendent de ce rythme. D'autre part, longtemps encore, les souffrances qu'entraînent les famines menaceront la stabilité politique et sociale des États, peut-être même la paix. Un climat aussi variable est un grave obstacle à tout développement continu dans la vie des peuples.

BIBLIOGRAPHIE

J. Hann, *Handbuch der Klimatologie*, t. II et III, Stuttgart, 1910 et 1911. — Al. Supan, Die Verteilung des Niederschlags auf der festen Erdoberfläche (*Petermanns Mitteil. Ergänzungsheft* 124, 1898). — S. S. Visher, Tropical climates from an ecological viewpoint (*Ecology*, IV, 1923, p. 1-10).

Sur l'Asie des moussons : C. Passerat, Les pluies de mousson en Asie (*Annales de Géographie*, XV, 1906, p. 193-212; voir XVI, 1907, p. 360-361). — R. P. Aloys Froc, *L'atmosphère en Extrême-Orient*, 2ᵉ éd., Paris, 1920. — Observatoire magnétique, météorologique et sismologique de Zi-ka-wei (Changhaï) : A. *Bulletin des observations* (publication annuelle); B. *Revue mensuelle*; C. *La pluie en Chine*, par R. P. L. Froc, 1912; D. *La température en Chine*, par R. P. H. Gauthier, 3 vol., 1918; E. *Atlas of the tracks of 620 typhons*, par R. P. L. Froc, 1920. — Annual report of the Royal Observatory, Hong-kong. — Annual report of the Central Meteorological Observatory of Japan, Tokyo. — Report of the Colombo Observatory. — Bulletin of the Weather Bureau, Manila Central Observatory. — G. Le Cadet, Le climat du delta du Tonkin (*Bull. économique de l'Indochine*, XIV, 1911, p. 757-776; voir *Annales de Géogr.*, XXI, 1912, p. 462-464); Régime pluviométrique de l'Indochine (*Bull. économique de l'Indochine*, XX, 1917, p. 1-50). — E. Chassigneux, Les dépressions continentales et le climat du Tonkin (*Revue de Géogr.*, VII, 1913, fasc. 2); Comment expliquer le régime des pluies de l'Annam? (*Bull. Assoc. de Géographes français*, février 1927, p. 18-20).

Voir aussi les bibliographies du Japon, de l'Inde, de l'Insulinde.

CHAPITRE II

LA VÉGÉTATION ET LES CULTURES

Un trait heureux du climat des moussons, pour la végétation, c'est la coïncidence de la chaleur et de pluies généralement abondantes. Elle permet d'aller très loin vers le Nord à de nombreuses plantes qui supportent des hivers rigoureux pourvu qu'elles aient beaucoup d'eau pendant leur période végétative. Ainsi les bambous, que l'on considère souvent comme une délicate plante des tropiques : l'un des motifs favoris de l'art chinois est une touffe de bambous ployant sous la neige, et on les retrouve jusque dans Hokkaido. Ainsi encore, quoique plus frileux, l'arbre à thé, le grand palmier *Chamærops excelsa*, le riz, qui prospèrent dans le centre de Hondo. Dans le Sud de cette île, par 35° latitude Nord, les forêts ont une exubérance qui fait pressentir celle de l'équateur. Grâce aux pluies d'été, certains aspects de la végétation tropicale se prolongent bien plus avant sur la face orientale que sur le littoral atlantique de l'Ancien Monde.

I. — LES ZONES DE VÉGÉTATION

Comme les zones climatiques, auxquelles elles correspondent dans une large mesure, les zones de végétation se distinguent par la température, mais aussi par la durée de la saison sèche, dont l'importance l'emporte sur celle du total annuel des pluies. Le repos de la végétation est déterminé bien moins souvent par le froid de l'hiver que par l'interruption des pluies; c'est d'elles surtout que dépend l'aspect du paysage.

La zone équatoriale. — La forêt équatoriale a la même extension que le type climatique de Malacca, avec ses chaleurs constantes, ses pluies supérieures à 1 m. 50 et (condition essentielle) sans aucun répit prolongé. Dans ces limites, la silve malaise est aussi dense, impénétrable, que celles du Congo et de l'Amazone. Tous les végétaux sont adaptés à l'influence continue d'une humidité abondante; les feuilles des arbres, tantôt petites et finement pennées, tantôt larges, coriaces et luisantes, sont persistantes. La taille moyenne des arbres supérieurs atteint 30 à 40 mètres, mais un certain nombre s'élèvent bien au-dessus. Leur couvert abrite un étagement de plantes amies de l'ombre, des arbres de 10 à 15 mètres, de grandes fougères, des bananiers, de petits palmiers. Quand le sol ne disparaît pas sous l'amoncellement des frondaisons tombées, on y trouve des herbes dicotylédones, des mousses, des plantes humicoles. Les arbres sont chargés d'une quantité d'épiphytes ligneux ou herbacés, c'est-à-dire de plantes qui leur demandent un support, mais sans se nourrir aux dépens de leur hôte comme le font les parasites. Telles sont les orchidées, la famille la plus riche en espèces dans la péninsule malaise où les « chasseurs de plantes » viennent chercher ces fleurs étrangement contournées et colorées, beaucoup d'aroïdées, des fougères et même quelques palmiers. Les palmiers grimpants (rotang) relient les troncs par des cordages épineux qui dépassent quelquefois 200 mètres et que le coupe-coupe tranche à grand'peine. Nombre de grosses lianes s'enlacent aux branches pour venir épanouir en pleine lumière leurs corolles souvent éclatantes. La superposition de quatre ou cinq étages de végétation, l'enchevêtrement des plantes basses, grimpantes et des racines aériennes donnent aux ténèbres moites du sous-bois un aspect d'exubérance désordonnée, de grandeur chaotique et hostile. L'uniformité du milieu favorise également une multitude d'espèces qui peuvent par suite se remplacer mutuellement. Aussi est-ce un trait distinctif de la forêt équatoriale que l'infinie variété des espèces arborescentes. Alors que chacune des futaies européennes se compose de quelques essences seulement, on voit côte à côte en Malaisie les arbres les plus divers. Cependant certaines familles, largement représentées, presque confinées à la zone équatoriale du moins sous forme arborescente, peuvent servir à définir la flore équatoriale. Parmi la foule des monocotylédones, citons d'abord les palmiers. Bien qu'ils atteignent 35° latitude Nord au Japon, ils n'ont tout leur épanouissement que dans les régions équatoriales et himalayennes. Dans la forêt malaise, ce sont le plus souvent des individus isolés, dominant la futaie de leur taille élancée; ou bien ils se groupent au bord des rivières, et alors ils étalent au-dessus d'un tronc fort court de vastes rosettes pennées; ou bien encore ils se mêlent au peuple du sous-bois. Les *Pandanus* portent une ou plusieurs couronnes de feuilles étroites qui rappellent celles de graminées géantes. Les scitaminées comprennent, parmi leurs genres les plus connus, les bananiers et diverses de ces plantes à épices si recherchées jadis par les *conquistadores*, aujourd'hui encore par les Chinois : le gingembre, le cardamome, etc. Si les bambous vont loin vers le Nord, c'est seulement près de l'équateur qu'ils se développent dans toute leur puissance, en épais fourrés de tiges hautes de 30 à 40 mètres. Les fougères comptent beaucoup d'espèces, les unes épiphytes, les autres arborescentes, mais qui ne jouent jamais le rôle principal, ni par le nombre des individus, ni par leur taille. Ce sont peut-être ces familles qui donnent la note la plus originale dans l'ensemble de cette flore. Mais la masse de la forêt est constituée par des arbres dicotylédones. Les familles les plus représentées en Malaisie, après les orchidées, ce sont les légumineuses, qui ont nombre de tribus étrangères aux pays européens et de formes ligneuses, les euphorbiacées, remarquables souvent par leur hauteur et leur latex, les rubiacées, parmi lesquelles le caféier et le *Cinchona* (quinquina), les anonacées, les mélastomacées, les pipéracées, les urticacées, dont l'*Artocarpus incisa* ou arbre à pain, et le gros contingent des *Ficus*, dont souvent les racines aériennes font tout un bosquet autour de la souche originelle (le banyan ou figuier des pagodes), les lauracées (cannellier), les guttifères (*Garcinia*), les nombreuses diptérocarpées qui dominent parfois et donnent une grande partie des bois commerciaux (pl. V, A).

Les forêts *subéquatoriales* couvrent les premières pentes de certaines montagnes où les pluies sont très abondantes, mais s'interrompent pendant plusieurs semaines. Ainsi le Malabar, la côte birmane, probablement les massifs littoraux du Cambodge et de l'Annam, une partie des Philippines. C'est également dans cette catégorie que nous rangerons, jusqu'à 1 500 mètres, le Sikkim et les chaînes himalayennes voisines, avec cette différence que, si les pluies sont mieux réparties, la latitude introduit des hivers assez froids. Les descriptions de ces pays indiquent, en les exagérant peut-être, les ressemblances avec la silve malaise, la densité de la végétation parfois impénétrable, l'étagement des arbres chargés d'épiphytes et de lianes. Mais déjà dans le type le plus humide, au Pégou, les arbres les plus hauts perdent en partie leurs feuilles à la saison sèche; les arbres toujours verts ne forment que les étages inférieurs moins exposés à l'évaporation. La flore proprement équatoriale y perd nombre de ses représentants. Si l'on dresse le tableau des familles qui comptent le plus d'espèces dans chaque région, on voit que les orchidées arrivent en tête, comme dans la péninsule de Malacca, mais que deux familles des plus importantes dans celle-ci, les anonacées et les mélastomacées, ne figurent pas ailleurs dans ce tableau. Les euphorbiacées tiennent le troisième rang en Malaisie, le cinquième en Birmanie, le sixième au Malabar, le dixième au Sikkim, et il semble que cet ordre soit bien celui de l'appauvrissement général. Les palmiers dépassent de beaucoup cent cinquante espèces en Malaisie; or il n'y en a que vingt au Malabar et dix-huit au Sikkim. Les diptérocarpées, si caractéristiques de la Malaisie avec soixante-treize espèces, se réduisent à vingt-six en Birmanie, à douze au Malabar. Par contre l'importance des graminées s'accroît, et en particulier des bambous, trois fois plus nombreux au Pégou que vers Singapour.

La zone tropicale. — Les forêts tropicales correspondent à des régions où la saison sèche s'allonge et s'aggrave. Les plus proches de la forêt équatoriale sont les forêts de teck dont le bois imputrescible est très recherché pour les constructions navales. Mêlé à d'autres essences, le teck se trouve dans l'Est de Java (nuance sèche du type du Malabar), dans le haut Laos, la Birmanie septentrionale et le Nord-Est du Deccan (type de Calcutta). Il est loin d'égaler les géants de la silve équatoriale, par la grosseur du tronc, par sa taille qui atteint à peine 25 mètres. Pendant la saison sèche, il perd toutes ses feuilles, de même que la très grande majorité des arbres qui l'accompagnent : voilà un trait qui marque le contraste avec la Malaisie dès la variété la plus humide de la forêt tropicale. Un autre est la moindre densité de la végétation. Les lianes sont moins nombreuses et plus minces; les épiphytes, rarement ligneux, se retirent vers les cimes; les arbustes sont peu touffus, et, sauf dans les fourrés de bambous, la forêt offre peu d'obstacles à la circulation. Les graminées associées au teck forment rarement un tapis continu; le sol apparaît souvent : ainsi c'est déjà une « association ouverte », par opposition à l'association fermée de la silve malaise. La plupart des plantes herbacées meurent ou entrent en vie ralentie quand finissent les pluies; elles fleurissent en général à leur retour, et, dans l'ensemble, il y a plus de fleurs que dans la forêt équatoriale, parce qu'il y a plus de lumière.

A mesure que les pluies deviennent moins abondantes et plus courtes, la végétation tropicale doit se transformer pour s'adapter à la sécheresse : elle

Phot. *Indie in Beeld.*

A. — FORÊT ÉQUATORIALE A DELI (SUMATRA).

Hauteur des pluies : 3 mètres. Aucun mois sec.

Phot. Philippine Bureau of Science.

B. — INTÉRIEUR DE LA MANGROVE A MINDORO (PHILIPPINES).

Les arbres à racines découvertes sont des *Rhizophora conjugata*. Hauteur des pluies : 3 mètres.

Phot. W. D. Jones, Cap. Univ. of Chicago Press.

A. — DÉSERT DE THAR (RADJPOUTANA).

Hauteur des pluies : 200 à 300 millimètres. Dix mois secs.

Phot. Bourne and Shepherd, Calcutta.

B. — PAYSAGE SEMI-ARIDE DU PENDJAB.

Oasis de palmiers auprès d'un puits. Hauteur des pluies : 550 millimètres. Dix mois secs.

devient plus xérophile. La *forêt-savane* prédomine dans les régions tropicales où la période sèche dure de cinq à huit mois. Elle doit son nom à ce que les arbres, isolés ou en bouquets, parsèment le tapis de hautes graminées. Ils se rapetissent à bien moins de 20 mètres; les troncs et les branches deviennent souvent massifs et noueux; le sous-bois est très réduit, ainsi que les lianes. On voit apparaître des xérophytes, plantes grasses ou épineuses, tandis que les hygrophytes sont confinés aux stations où le sol est toujours humide. Ici l'influence du sol intervient en effet davantage que vers l'équateur. La xérophilie s'accuse plus encore dans les sols trop perméables, les graviers, les calcaires, surtout sur cette roche si poreuse et stérile qu'est la latérite. Ainsi en Birmanie les forêts d'eng (*Dipterocarpus tuberculatus*) se rencontrent sur la latérite, parfois sur les cailloutis et les sables. Le tronc a l'écorce fendillée, écaillée, les branches noueuses et tortueuses; les lianes sont rares et peu grimpantes : autant de caractères xérophiles. Entre les eng croissent des bambous, des fourrés maigres et bas, beaucoup de graminées et de cypéracées entremêlées de nombreuses plantes à fleurs. Sur les alluvions profondes et proches des rivières, l'aspect et la composition de la végétation sont bien différents. Les arbres, qui appartiennent souvent aux mêmes espèces que ceux des forêts tropicales humides, ne dépassent guère la hauteur de l' « herbe à éléphant » qui couvre le sol; le feuillage s'étale en couronne aplatie. Dans les régions de la Birmanie où les inondations se répandent chaque année, c'est la *forêt marécageuse*[1]. De grands arbres, hauts de 20 mètres, en dominent d'autres beaucoup plus petits, chargés de nombreuses lianes, qui ne dépassent pas le niveau maximum de l'eau et émettent une foule de rameaux extrêmement longs, sinueux, enchevêtrés. Peu d'herbes, sauf des carex, mais beaucoup d'épiphytes (orchidées, fougères, mousses); çà et là, des clairières couvertes en saison sèche de graminées à tiges molles, qui forment des prairies flottantes lors des crues. Les grands deltas tropicaux semblent avoir eu à l'origine une végétation mixte, des savanes à côté de forêts de ce type. Les *forêts-clairières*, si vastes sur les plateaux gréseux du Laos, rappellent les forêts d'eng, mais en plus sec, avec des résineux très espacés, presque sans ombre.

Une formation plus xérophile encore est la *forêt épineuse*. Les arbres, hauts de 15 à 20 mètres, ne verdissent que pendant les pluies; les feuilles se réduisent, et beaucoup deviennent des aiguillons. L'arbre caractéristique, avec les mimosées, est l'acacia, par son port, sa fréquence, ses nombreuses espèces : l'*Acacia catechu* (khair), l'*Acacia arabica* (babul) donnent la note dominante au paysage dans les parties les plus arides de la haute Birmanie et du Deccan. Presque pas d'épiphytes, peu de plantes herbacées, mais un sous-bois épais où s'enlacent une multitude de lianes épineuses. Un maquis de ce genre se rencontrait jadis sur les croupes du Pendjab. La plaine gangétique, en amont du Bengale, conservait encore au temps du Bouddha d'assez grandes forêts qui séparaient les clans. D'après les arbres qui entourent les villages, il semble que ce furent des forêts-savanes; pourtant, les fourrés de rosiers, si fréquents et si drus dans les terrains abandonnés, feraient penser aux forêts épineuses.

Ces forêts clairsemées passent insensiblement aux formations herbacées des zones chaudes. La *savane*, où des graminées hautes de 2 à 3 mètres, souvent entièrement desséchées et calcinées la moitié de l'année, sont mêlées çà et là à

---

1. Ce type de forêt existe aussi à Sumatra et à Bornéo.

des arbrisseaux ou même à des arbres, est assez vaste dans l'Est de l'Insulinde, le Cambodge, le Bengale, le Nord-Ouest du Deccan. Mais souvent elle a été étendue loin de son domaine primitif par le déboisement et les feux de brousse allumés à chaque saison chaude. Il semble que ce soit le cas, en particulier, pour les terres noires du Bérar, pour une grande partie des « Patana » de Ceylan, couvertes tantôt de buissons tantôt de bambouseraies. La *steppe* est confinée, dans la zone tropicale, à la région climatique de l'Indus; un tapis de graminées ligneuses laisse largement le sol à découvert; il est piqueté de buissons parfois épineux (pl. VI, A et B).

Les *montagnes* de la zone intertropicale offrent des associations végétales particulières dont nous verrons quelques exemples en Indonésie. D'autres formations spéciales accompagnent les *rivages*. Les laisses marines sont plus rapidement conquises par les plantes que sous les latitudes tempérées, comme l'a montré le repeuplement du Krakatoa après son explosion. Sur le sable mobile apparaissent d'abord des plantes rampantes qui se fixent par leurs racines adventices; puis des arbustes, souvent des *Pandanus*. Les plages balayées par la marée sont couvertes d'une curieuse formation, la mangrove, qui cerne de sa ceinture verte les lagunes et les baies abritées. Parmi les arbres qui la composent, les plus caractéristiques, les plus proches des flots sont les palétuviers, en particulier le *Rhizophora mucronata*. Ils sont armés pour résister aux vagues par leurs racines arquées qui s'enfoncent dans la vase comme des cordes d'ancre; à la sécheresse, par la xérophilie de leurs feuilles à cuticule épaisse. Quand on pénètre dans l'intérieur, ils cèdent la place à des essences très variées, qui n'ont plus besoin de s'étayer ainsi sur un réseau de racines, mais qui ont des pneumatodes, racines pointues qui se dressent hors de la boue pour amener de l'oxygène aux parties souterraines. Les lagunes plus éloignées de la mer, de sol moins salin, sont bordées surtout par le *Nipa fruticans*, palmier à courte tige, qui parfois couvre à lui seul d'immenses espaces (Sumatra). Avec son développement de feuillage, la mangrove ne peut prospérer que là où la transpiration est réduite par des pluies abondantes, surtout par la nébulosité. Aussi manque-t-elle quand l'intérieur a une végétation xérophile, sauf à l'embouchure de l'Indus et d'autres fleuves qui diminuent la salinité marine. Elle s'étend au Nord-Est jusqu'à Kiou-siou, mais, comme formation fermée, ne dépasse pas 25° latitude Nord. Les palétuviers sont exploités sans mesure, parce qu'ils fournissent du charbon et du tannin excellents : aussi, sur les arroyos de la Cochinchine et du Tonkin, ils ne subsistent plus qu'en broussailles. Il faudrait les laisser se régénérer, et cela non seulement pour leur utilité industrielle. En retenant les vases par leurs racines, ils préparent le dépôt des alluvions qui deviendront des rizières; ils s'opposent à l'érosion des berges, et, resserrant le cours des rivières, ils leur font creuser un chenal (rivière de Saigon). La mangrove est des plus précieuses pour la culture et la navigation dans les deltas tropicaux (pl. V, B).

AU DELA DU TROPIQUE. — Alors que la végétation tropicale est souvent séparée nettement de la végétation tempérée par le désert, elles se mélangent en Asie dans la zone de transition que forme le Sud de la Chine et du Japon (type de Hong-kong). Dans ce domaine subtropical, les pluies sont abondantes toute l'année, si l'hiver est assez rigoureux pour déterminer un repos périodique.

Aussi prédominent des végétaux ligneux (à Hong-kong, ils forment la moitié du total des espèces, contre un onzième seulement à Ischia) et toujours verts. Dans les régions les plus favorisées par la continuité des pluies et la fertilité du sol, règnent, et surtout régnaient, des forêts humides, moins luxuriantes que celles de la Malaisie, mais composées aussi d'arbres hygrophiles ne perdant pas leurs feuilles. Seulement celles-ci sont beaucoup plus petites, du genre du laurier et du myrte, plus dures et coriaces; elles ont souvent des réserves d'eau dans des tissus aquifères. Ainsi les plantes commencent à se protéger contre la transpiration, moins à cause de la sécheresse climatique que de la sécheresse physiologique, due au refroidissement du sol l'hiver. Les frondaisons sont moins riches : beaucoup de grandes lianes, mais sans la variété et les dimensions de celles de l'équateur; même appauvrissement pour les épiphytes. Très souvent la forêt cède la place — soit du fait de l'homme, soit parce que le climat ou le sol lui conviennent moins — à des buissons d'arbustes toujours verts, parsemant un tapis de plantes herbacées dont beaucoup ont des fleurs éclatantes. Les collines de la Chine méridionale portent soit des fourrés d'arbrisseaux inextricables, soit de hautes herbes enlacées de plantes grimpantes. Parmi les essences arborescentes, la note dominante est donnée par les palmiers, les bambous dont la taille varie, vers Canton, du bambou nain « tuyau de pipe » au bambou « conduite d'eau » qui atteint 20 mètres, par plusieurs familles malaises qui vont jusque dans le Sud de Hondo. Mais d'autres familles sont plus typiques, et par leur parfaite adaptation, et par le nombre des espèces et des individus. Ainsi surtout les ternstrémiacées qui comprennent les *Eurya* et le genre *Camelia*, si répandu, auquel appartient le théier qui caractérise les régions à pluies ininterrompues. Elles s'associent aux magnolias, aux très nombreuses lauracées, parmi lesquelles le camphrier, aux chênes à feuilles persistantes, parfois très voisins de l'yeuse, qui dominent dans les bosquets du Sud de la Chine et du Japon. Beaucoup d'essences sont recherchées pour leur latex, leur résine : tels le camélia oléagineux, le *Rhus vernicifera*, le *Stillingia sebifera* ou arbre à laque. D'autre part, des éléments septentrionaux s'introduisent, et même l'emportent dans les forêts dégradées par l'homme. Dès Canton, on rencontre beaucoup de conifères, qui sous les tropiques sont d'ordinaire confinés aux montagnes, et des arbres à feuilles caduques, comme le chêne, le châtaignier, le frêne, le micocoulier. Les bambous voisinent avec des pins et des « arbres feuillus » très semblables à ceux d'Europe; on plante côte à côte la canne et la pomme de terre : ainsi s'accuse le caractère mixte de cette zone, malgré la supériorité des facteurs méridionaux.

Le climat de la zone tempérée, dans sa nuance maritime, convient à la forêt, mais à la forêt d'arbres à feuilles caduques. Dans la Corée et le Nord du Japon, les bois ressemblent à ceux de l'Europe atlantique. Sauf quelques-uns, comme les magnolias, presque tous les arbres sont dépouillés l'hiver et appartiennent à des espèces très proches des espèces européennes, chênes, hêtres, érables, noyers, mêlés à quelques conifères. Seulement la flore est beaucoup plus variée : une même essence forme rarement tout un massif. Et la puissance du sous-bois, le développement des plantes grimpantes et des épiphytes dénotent une végétation plus drue. Ces traits disparaissent dans les peuplements purs de conifères, qui occupent les dunes, les collines sèches et s'étendent bien au delà des feuillus en altitude et en latitude.

Dans le Nord de la Chine et la Mantchourie, qui ont un climat continental, des hivers secs et glacés, les derniers traits tropicaux s'effacent. Sur le versant Nord des Tsin-ling, les espèces du Nord et celles du Sud se mêlent encore; il y a cinq ou six espèces de magnolias, beaucoup de petits chênes épineux analogues au chêne-kermès, et les bambous montent jusque dans la zone des rhododendrons. Mais on y récolte aussi nombre des plantes de Pékin. Les montagnes bordières du Tche-li ont un aspect tout septentrional par leurs bois formés, jusqu'à 2 000 mètres, de bouleaux et de noisetiers; les pentes arides sont couvertes de broussailles et de gazons raides. Dans la Grande Plaine croissent d'assez nombreuses essences arbustives : *Paulownia imperialis, Catalpa, Gleditschia sinensis, Sophora japonica*, et le mûrier à papier. Mais il est probable que les plaines et les plateaux lœssiques, comme les régions semblables de l'Europe, ont toujours été le domaine de steppes où l'arbre est très subordonné aux graminées. Par là, ces régions annoncent les dépressions de l'Asie centrale, bien que l'aridité en soit beaucoup moins marquée et que la culture ait pu en éliminer l'élevage. Et d'autre part les vastes forêts de la Mantchourie, si elles sont très composites à l'Est de Ghirin, avec leurs cèdres, leurs chênes, leurs châtaigniers, leurs érables, annoncent dans le Grand Khingan la taïga sibérienne par la prédominance des conifères, surtout des mélèzes.

II. — *LA DÉGRADATION DE LA NATURE*

Dans bien des régions où la culture n'a pas pris possession définitive du sol, la végétation a cependant été appauvrie et détériorée par l'intervention imprévoyante de l'homme. Les défrichements temporaires, les feux de brousse ont abouti trop souvent à une dégradation progressive de la forêt, même dans les régions tropicales les plus favorisées. Le premier terme est le passage de la silve originelle à la « forêt secondaire ». Pour leurs écobuages, les populations primitives savent choisir les cantons les plus fertiles, qui leur sont désignés par les précieuses essences à bois dur. Une fois abattues, celles-ci ne recouvrent que très lentement le sol abandonné; leur croissance est peu rapide; les diptérocarpées, par exemple, sont mal armées pour se disséminer. Or les formations herbacées se substituent aisément à la forêt amoindrie, sous le climat des moussons. Les graminées du genre *Imperata* (appelées « herbe à paillotte » en Indochine, *lalang* en Malaisie) ont « un pouvoir envahissant extraordinaire; c'est un des fléaux de l'agriculture et des forêts dans tous les pays tropicaux » (Aug. Chevalier). Elles sont aidées par la légèreté de leurs graines à aigrettes, par leurs puissants rhizomes qui résistent aux feux de brousse. Aucun obstacle ne peut les arrêter, sinon un épais couvert forestier. Si le feu cesse quelques années, un grand nombre d'espèces ligneuses réussissent à s'implanter, et leur ombre tue l'herbe à paillotte. Seulement ce sont des essences à bois tendre, bien moins utiles, mais beaucoup plus rapides dans leur croissance que les bois durs de la silve primitive; les bois de valeur disparaissent. Si le sol est ingrat, la végétation secondaire prend l'aspect de la forêt-clairière : de petits arbres espacés, entre lesquels croissent des graminées consumées chaque printemps. Souvent le mal est plus grave encore : sauf dans les massifs reculés, la forêt tonkinoise a cédé la place à des landes de graminées et de fougères, piquetées de loin en loin par de chétifs arbustes qui se ramifient au ras du sol. Le dernier terme de la dévastation est la steppe, qui ne présente plus d'arbrisseaux parmi ses herbes courtes; ce sont les *nui-troch*, les « montagnes nues », si vastes dans le haut Tonkin; le reboisement y est très difficile, et la plupart sont condamnées à une éternelle stérilité. Les grandes bambouseraies des chaînes birmanes succèdent souvent à des forêts épuisées par l'écobuage. Au Deccan, la forêt à feuilles caduques, qui représente la végétation originelle, a été généralement remplacée en dehors des cultures par des fourrés de buissons épineux. Même en Malaisie, les botanistes déplorent la dégradation de la superbe végétation de jadis. Ces dévastations sont anciennes; mais elles se sont beaucoup étendues depuis trois à quatre décades. De vastes coupes ont été faites pour les plantations européennes, les travaux publics, les villes. A mesure de la pacification, les tribus sauvages ont défriché les marches boisées qu'elles laissaient intactes autour de leurs territoires. La forêt disparaît avec une rapidité vertigineuse en Indochine; aussi le régime torrentiel des rivières s'accroît, au grand dam des cultures et des ports deltaïques.

Il en est de même en Chine. Partout où les Chinois se sont établis éclate cette haine de l'arbre, qui est presque un trait ethnique. Souvent la forêt est anéantie; les broussailles mêmes qui tendent à la remplacer sont détruites, soit pour leurs feuilles qui servent d'engrais, soit pour leur bois d'autant plus recherché que le combustible se raréfie (pl. XVII, B). La végétation résiste mieux dans le Midi plus humide, mais ici encore l'approche d'un village s'annonce par la ruine de toute végétation spontanée. Le Japon se distingue heureusement par le respect de celle-ci, dont il sait utiliser toutes les ressources avec une ingéniosité qui contraste avec l'incurie chinoise; pourtant, de nombreuses futaies ont déjà été converties en forêts secondaires.

III. — *L'UTILISATION DE LA NATURE*

Dès ses origines, le peuplement fut facilité ou contrarié non seulement par le nombre d'espèces utiles, mais aussi par la vigueur de la végétation. La forêt dense de l'équateur commence seulement à être vaincue. Ses ressources nutritives ont été singulièrement exagérées; elle maintient dans l'isolement et retarde le progrès; dès qu'on veut cultiver, elle s'y oppose par sa puissance écrasante, par la vigueur avec laquelle renaît la végétation. Encore aujourd'hui, le défrichement est partout très pénible, souvent dangereux par les maladies qui en sont la rançon. Les indigènes eux-mêmes redoutent les « fièvres des bois ». On comprend que la silve malaise soit le refuge des tribus primitives. Ce n'est pas que la civilisation ne puisse s'y épanouir, témoin l'état jadis si prospère de Palembang, en pleine futaie marécageuse; mais son anéantissement montre combien les œuvres de l'homme y sont fragiles en face d'une nature formidable. Java, le Malabar nourrissent de très fortes densités. Et pourtant, sous l'équateur, les populations vigoureuses semblent les montagnards, et c'est peut-être à eux qu'est réservée la mise en valeur du bas pays. Elle consistera dans les cultures de plantations. Jadis ce furent les épices qui attirèrent les *conquistadores* dans « les Indes »; aujourd'hui ce sont, en proportions très variables selon les besoins du marché, le manioc, la canne, le café, le quinquina, le caoutchouc et le palmier à huile (*Elœis guineensis*). Il semble que ces régions, encore presque désertes sauf Java, constituent d'immenses réserves de terres vierges pour les générations à venir;

ce seront des colonies d'exploitation, dans toute la force du terme, où une poignée d'Européens dirigera le travail des masses indigènes qu'il faudra y implanter. Nulle part ne s'impose davantage le recours à la science, à l'hygiène tropicale, à la technique agricole.

A mesure que s'introduit une saison sèche, l'humanité a moins de peine à prendre possession du sol. Les forêts tropicales sont beaucoup plus faciles à essarter, en raison de leur moindre densité, et généralement de la possibilité de les détruire par le feu au printemps. Là où elles voisinent avec des silves équatoriales, on n'exploite souvent encore que les bois des premières. Malgré son humidité constante, la forêt subtropicale n'a pas arrêté la colonisation chinoise, qui a profité de sa propension à dégénérer en maquis, et qui a mis à profit son mélange d'espèces tropicales et tempérées. Néanmoins, elle paraît avoir opposé plus d'obstacles que la forêt clairsemée de l'Inde et surtout que les steppes de la Chine septentrionale. Ce sont là des pays où il semble que, dès le début, il n'y ait eu qu'à pousser la charrue. En Insulinde, les régions de savanes, comme les plateaux de Sumatra, Bali, nourrissent plus de 100, parfois de 200 habitants au kilomètre carré, contre 5 seulement dans les silves épaisses de Bornéo sur un sol bien plus fertile; les États de Sumatra les plus puissants, les plus rebelles à la conquête s'étendaient dans des régions découvertes (Atjeh, pays Gajo et Batak).

Les contrées les plus arides, celles du Nord-Ouest et du Sud-Est de l'Inde, dépendent uniquement de l'irrigation; c'est là que, par la réfection et le développement des canaux indigènes, la science européenne s'est faite créatrice de populations. Même dans les régions humides de l'Asie des moussons, l'irrigation est bien souvent le signe de toute culture intensive. Son rôle n'est pas seulement de conquérir le désert, ni d'étendre le domaine des plantes qui demandent beaucoup d'eau et qui, sans elle, seraient réduites aux alluvions inondées par les crues. Il est aussi, et surtout, de parer aux irrégularités qui signalent les pluies de moussons. Quand elles cessent pendant dix jours, l'évaporation anéantit les récoltes; pour préserver la vie végétale pendant ces éclaircies, les ingénieurs de l'Inde et du Tonkin comptent qu'il faut un litre d'eau par seconde et par hectare. Dans la province javanaise de Sourabaia, en cinq ans, la proportion des rizières où la récolte a manqué n'a été que de 0,1 à 3,2 p. 100 dans les régions irriguées; elle s'est élevée à 32,3 p. 100 dans certains cantons qui disposent seulement des pluies, pourtant abondantes et relativement régulières dans ces parages. Autre bienfait de l'irrigation : un végétal ne demande pas la même quantité d'eau pendant toute son évolution; seule elle peut suivre ces variations. Et par suite elle augmente le rendement du simple au double dans les rizières de Java; elle permet cette amélioration de la qualité, que les techniciens placent aujourd'hui au premier rang de leurs préoccupations. Elle favorise encore la substitution à des plantes de peu de rapport, comme le millet, de cultures plus riches, la canne, le riz, le blé. Enfin les cultures propres à la saison sèche consomment moins d'eau que celles de l'été, mais elles ont plus besoin encore d'un arrosage constant dans bien des régions qui sont en hiver presque dépourvues de précipitations.

La nécessité de l'irrigation est plus ou moins impérieuse selon le climat et les plantes. Mais son utilité est générale; elle fut reconnue de bonne heure par des peuples très divers, qui l'ont souvent associée à la religion. Un rituel shintoïste japonais du Xe siècle mentionne parmi les plus grands crimes, avant

Phot. Service Photogr. Indochine.

A. — LABOUR DE RIZIÈRES AVEC LES BUFFLES.
That-khé province de Langson. Tonkin.

Phot. Service Photogr. Indochine.

B. — REPIQUAGE DU RIZ.
That-khé province de Langson. Tonkin. Travail en commun.

A. — NORIA A BRAS DU YUN-NAN (POMPE A CHAINE).

B. — UNE NORIA EN ANNAM, PROVINCE DE QUANG-NGAI.

même le meurtre et l'inceste, « renverser les digues des rizières, combler les canaux d'irrigation, ouvrir les vannes des étangs où l'on conserve l'eau des pluies ». Dans plusieurs régions de l'Inde, c'est œuvre pie de vaincre l'aridité. Il y aurait, pour les historiens et les sociologues, à rechercher l'origine et la propagation des divers procédés, réservoirs, puits, canaux, des instruments variés et ingénieux qui élèvent l'eau au niveau des champs, des règles de sa répartition. Nous ne pouvons encore que pressentir l'importance de ces faits; mais l'irrigation suppose la solidarité de ses bénéficiaires, tous intéressés à créer ou à réparer les digues et les rigoles; elle les associe dans une œuvre commune où la rigueur du droit de propriété doit se relâcher. Les Javanais ont un agencement parfait pour distribuer les eaux, mais à condition de conduire tout leur travail selon les indications des ingénieurs hydrauliciens, qui exercent un véritable « despotisme éclairé ». Dans l'antiquité, certains grands systèmes d'irrigation n'ont pu être menés à bonne fin que par une autorité centrale obéie sur un vaste espace, ni conservés intacts que pendant les périodes de prospérité nationale. Par là le paysan est tiré de son isolement et associé à la fortune de ses co-usagers de l'eau (pl. VIII, A et B).

Une action convergente s'exerce dans la lutte contre les fleuves si irréguliers, aux crues bienfaisantes par leurs limons, mais souvent dévastatrices. Nous verrons, à propos des fleuves Jaune et Rouge, l'extrême difficulté de parer à leurs méfaits; disons seulement ici que les travaux d'endiguement contribuent, avec l'irrigation, à renforcer le lien social et postulent peut-être plus encore un État bien organisé. Par contre, c'est surtout à des efforts individuels, bien qu'ici aussi le travail de l'un profite souvent aux autres, qu'est due une pratique très répandue dans les pays tant soit peu accidentés : la division des pentes, même faibles, en terrasses pour faciliter l'arrosage et pour empêcher la descente des terres. Le rapport est évident avec l'intensité des pluies de mousson et de leur puissance érosive.

Les principales plantes cultivées accomplissent leur évolution pendant les pluies estivales. Cependant quelques-unes sont semées à l'automne et récoltées au printemps. L'humidité nécessaire leur est fournie soit par les dernières averses de la mousson, soit par les réserves emmagasinées dans le sol, soit çà et là par les pluies et les rosées de l'hiver. On comprend que la nature et l'importance de ces cultures varient beaucoup selon la durée, la rigueur, la température de la saison sèche, et aussi selon l'étendue de l'irrigation. Dans le Nord de l'Inde, la distinction est très marquée entre la récolte *kharif* (automne) et la récolte *rabi* (printemps). La première comprend le riz, le maïs, le millet, des légumineuses, le coton. Mais, sauf le millet et les pois, ces espèces ne pourraient supporter le froid de l'hiver gangétique; aussi cèdent-elles alors la place à des plantes plus résistantes, le blé, l'orge, le trèfle, le pavot, la moutarde, le lin. Ainsi des cultures tropicales alternent avec des cultures tempérées. Sur la côte de Coromandel, où la chaleur ne cesse pas, cette distinction s'atténue; de nombreuses espèces peuvent pousser hiver comme été, pourvu que l'irrigation leur procure assez d'eau, et il en est ainsi dans la zone équatoriale. Très souvent, il est possible d'obtenir du même champ deux récoltes par an; on voit l'immense avantage sur l'agriculture européenne. Seulement, c'est au prix d'une quantité de travail et d'engrais qui ne peut être fournie partout, il s'en faut de beaucoup. Aussi est-il bien plus fréquent que la terre se repose plusieurs mois après l'une des cultures. Mais le

paysan s'arrange pour qu'une partie de son domaine soit en kharif, une autre
en rabi. La première est généralement considérée comme la principale; c'est elle
qui produit les plus forts rendements et qui doit nourrir la population pendant la
majeure partie de l'année. Mais la seconde dépasse l'importance des « cultures
dérobées » européennes. Elle allège dans une certaine mesure la détresse qui suit
un été trop sec. Elle est souvent moins pénible que celle de l'été; ainsi, au Tonkin,
elle se fait à la houe, à la charrue attelée de jeunes animaux trop faibles
pour labourer une rizière. Les mêmes principes fertilisants ne sont pas toujours
extraits du sol; on peut introduire, après le riz, les pois qui restituent l'azote au
sol. Un assolement rationnel peut ainsi se former.

Le riz. — Le riz semble avoir son origine dans les deltas tropicaux de l'Asie;
mais nous ignorons où et quand il fut remarqué parmi tant d'autres plantes des
marécages et considéré comme un don divin, parfois même comme l'incarnation
d'un dieu. Il a une foule de variétés (plus de neuf cents en Malaisie) nées sous
l'action du milieu naturel et de la culture, assez différentes comme biologie et
comme valeur nutritive. On les range en trois espèces principales : 1° le riz
gluant (*Oryza glutinosa*), employé pour l'alcool et les gâteaux; 2° le riz de
montagne (*O. montana*), la plante parfois très drue des défrichements, des terrains
non submersibles, mais bien arrosés par les pluies; 3° le riz ordinaire (*O. sativa*),
de beaucoup le plus fréquent : il comprend le riz flottant, qui s'allonge jusqu'à
6 mètres au fur et à mesure de l'inondation, et qui est une ressource importante
dans des pays comme le Cambodge et la Cochinchine, où des cuvettes restent
longtemps remplies par la crue. Le riz ordinaire exige surtout de l'eau en abondance pendant la période végétative; on compte qu'il lui faut à Java 10 000 mètres
cubes par hectare, et davantage dans les régions de moindre nébulosité, de plus
forte évaporation. Il est indifférent aux froids de l'hiver, puisque c'est en Asie
une plante annuelle; une moyenne d'été de 20° lui suffit; il pousse, assez médio-
crement il est vrai, jusqu'à Hokkaido et en Mantchourie. Ainsi il peut croître
dans toutes les zones climatiques de l'Asie des moussons; grâce à l'irrigation, il
prospère sur le bas Indus, avec un total annuel de 200 millimètres, comme à
Sumatra avec plus de 3 mètres. Il préfère les alluvions des deltas, les terres
meubles où l'eau circule aisément, mais on le trouve sur des sols très divers,
pourvu qu'ils puissent être submergés. Seulement l'époque et le nombre des
récoltes varient selon le régime des précipitations. En Cochinchine, toutes les
variétés accomplissent pendant l'été la majeure partie de leur période végétative,
et la date moyenne de la récolte est la fin de janvier. Au Tonkin, où l'opposition
entre les saisons est moins accusée, la principale culture du riz a lieu de juillet
à novembre (« récolte du dixième mois » annamite); mais en certaines régions
on sème en décembre-janvier, et on récolte en mai-juin (« récolte du cinquième
mois »). En Annam, il y a en plus une moisson d'avril, et, au Phu-yen, on peut
voir sur pied, en même temps, des plants à tous les degrés de leur développement.
Ainsi deux récoltes de riz peuvent à la rigueur se succéder sur le même champ,
mais le fait est rare, et son extension n'est pas à souhaiter même dans les régions
les mieux irriguées, car on épuiserait vite le sol, et une submersion constante
empêcherait la nitrification naturelle.

Les rizières sont généralement divisées en menues parcelles de 20 à 60 mètres de côté. On les entoure de petits talus pour y retenir une couche d'eau de

15 à 40 centimètres; elles doivent être un peu inclinées, de sorte que l'eau en mouvement amène l'oxygène à la plante et que le surplus s'écoule dans des rigoles.
Dès les premières averses de la mousson, le paysan commence à retourner la
glèbe humide, débarrassée de souches et de pierres, avec des araires primitifs
traînés par des bœufs ou par ces buffles qui sont les associés du travail dans les
rizières tropicales. Les herbes et, le cas échéant, les engrais sont ensevelis dans la
terre, qui doit être convertie en une vase liquide bien homogène. Parfois on se
contente d'y semer le grain à la volée. Mais, en général, on a préparé une pépinière de jeunes plants, qu'on repique dans la rizière alors inondée, à des intervalles réguliers de 0 m. 30 (pl. VII, A et B). Pendant la période végétative,
le travail se ralentit; il faut seulement veiller à ce que l'eau ne recouvre jamais
le sommet des plants, et ouvrir à propos les vannes pour conserver une quantité d'eau qui, théoriquement, devrait aller en décroissant du repiquage à la
maturité; si les herbes sont trop envahissantes, on les sarcle, et on chasse les
essaims d'oiseaux friands des grains. La récolte est proche lorsque l'épi jaunit
et s'incline alourdi; alors les pluies deviennent inopportunes, et il est utile de
faire écouler l'eau complètement pour améliorer le grain. On moissonne à la
faucille, on transporte les gerbes sur l'aire où elles sont égrenées sous le pied
des animaux ou battues au fléau. On obtient ainsi le paddy, où le grain est
encore couvert de ses téguments, et c'est ainsi qu'on le conserve. Le décortiquage se fait, soit dans de grandes usines pour l'exportation, soit à mesure des
besoins pour l'alimentation indigène. A Java, le battement des pilons révèle
de loin les villages cachés sous la verdure, et le silence est de règle pendant la
préparation de la plante divine.

La culture du riz est très pénible et malsaine : après chaque saison pluvieuse,
il faut réparer les digues; tous les travaux se font dans la boue liquide jusqu'au
genou, sous une chaleur d'autant plus exténuante qu'elle est humide. D'où vient
donc son extraordinaire diffusion? Elle a permis d'utiliser d'immenses marécages
où d'autres céréales ne venaient pas. Son rendement est très supérieur à celui
du millet et du blé. En Cochinchine, la moyenne varie de 1 500 à 2 000 kilogrammes de paddy à l'hectare; elle dépasse 2 500 dans les provinces du Centre.
En Birmanie, les rendements de 3 000 kilogrammes sont fréquents; d'aucuns
vont jusqu'à 6 500. De plus le riz n'occupe le sol que pendant une courte durée,
qui peut se réduire à quatre mois pour les variétés hâtives, et il le laisse ensuite
libre pour d'autres plantes. La multitude de ses variétés permet de l'introduire
dans des milieux assez divers; la coexistence de rizières hautes et basses, de
variétés semées et coupées à des dates différentes diminue, si elle ne l'annihile
pas, le risque que la récolte vienne à manquer complètement. Le riz est de digestion facile, avantage important dans les régions chaudes et humides où les
autres céréales causent des dyspepsies. Comparé au blé, il a une teneur supérieure
en amidon, mais il est moins riche en matières azotées et grasses. Aussi les Asiatiques ajoutent-ils à leur ration de riz, qui est de 625 grammes par jour en
Cochinchine, de 1 hl. 8 par an au Japon, des aliments plus azotés, sous forme
de légumineuses (les espèces de haricots, de pois, de fèves sont très nombreuses et très répandues), de condiments, et, pour les peuples qui ne mangent
pas de viande, ou bien de laitage (Indiens), ou bien de poisson frais, salé, séché
(Chinois, Indochinois).

Malgré la nécessité de ces adjuvants, le riz est la plante qui peut nourrir le plus d'habitants sur une surface donnée. Les fortes densités des campagnes asiatiques s'observent en général dans des régions de rizières. Dans les Provinces Centrales de l'Inde, il suffit par tête de 60 ares dans le Sud et l'Est, pays de rizières, au lieu de 80 dans la vallée de la Narbada, productrice de blé. Les districts du Bihar qui ont une forte proportion de rizières réussissent à nourrir leurs habitants sans que ceux-ci doivent recourir à l'immigration temporaire comme les habitants de districts voisins, aussi fertiles et irrigués, mais adonnés au blé[1].

La culture exige une main-d'œuvre abondante, patiente, minutieuse. Mais, si les labours réclament tout l'effort de l'homme, d'autres travaux aussi essentiels et plus prolongés, le repiquage, la récolte, le décortiquage, peuvent être confiés à des femmes, à des enfants dont il faut des nuées. Les pays de rizières correspondent à des sociétés très prolifiques[2].

Par sa parfaite adaptation aux conditions naturelles et sociales, le riz est certes la céréale caractéristique de l'Asie des moussons. Les damiers de rizières en menues parcelles, tantôt miroitantes, tantôt vertes ou jaunies selon la saison, sont l'élément essentiel des paysages les plus fréquents[3]. Le riz prédomine dans certaines régions au point d'y donner lieu à une véritable monoculture, qui n'est pas sans inconvénient, puisqu'elle fait dépendre toute la subsistance d'une récolte toujours aléatoire. Ce sont des pays d'exportation, pourvu que la densité de la population ne retienne pas les grains pour la consommation locale : la Birmanie, où le riz couvre neuf dixièmes de la surface cultivée, la Cochinchine, le Siam. Dans l'Inde, cette proportion varie de 3 p. 100 dans le Pendjab à 74 p. 100 dans l'Est du Bengale. Elle atteint 45 p. 100 à Java, où l'extension du riz est favorisée par le gouvernement malgré sa politique de plantations. Elle est de 60 à Formose, de 52 à 60 dans Hondo. En Chine, les greniers à riz sont la vallée du Yang-tseu et les environs de Canton; chaque année, ils expédient des centaines de milliers de tonnes dans les provinces du Nord, où dominent les céréales tempérées. Le riz ne cesse de se propager, même quelquefois sur des terrains qui ne lui conviennent pas, à mesure que les tribus primitives apprennent à l'apprécier au contact des Aryens dans l'Inde, des Chinois vers le Tibet, des Malais en Indonésie. C'est pour elles une façon de gagner leur brevet de civilisés. A Java et au Japon, la limite supérieure des habitations coïncide avec celle du riz. Et cependant il est bien exagéré de dire, comme on le répète, que le riz est la nourriture essentielle de l'Inde et de l'Extrême-Orient. D'abord, les chiffres précités n'indiquent pas que souvent les rizières portent d'autres cultures alimentaires en saison froide. Nombreuses sont les parties de l'Inde et de la Chine où le riz alterne avec le blé, celui-ci en hiver, celui-là en été. Nombreuses aussi, les régions où les surfaces consacrées au riz sont infimes à côté des surfaces réservées à d'autres céréales, surtout dans la zone tempérée et le type climatique de Delhi. On rapporte les locutions chinoises où « prendre un repas » se dit « manger du riz »;

1. Toutefois on a calculé à Java que la culture du riz ne peut à elle seule nourrir plus de 200 à 250 habitants au kilomètre carré; au delà de ce chiffre, on doit importer. Souvent les maxima de densité s'observent en Asie dans des régions qui joignent aux rizières des cultures pour l'exportation (Bengale oriental, Travancore, etc.).

2. On a souvent dit que la culture du riz, à la différence de celle du blé, exige l'entr'aide villageoise et plus de solidarité. S'il n'a pas été exagéré, le fait reste à préciser.

3. Il faudrait voir si le plan des villes ne rappelle pas maintes fois le tracé des digues qui sont souvent les seuls chemins au milieu des rizières : tel est parfois encore le cas au Japon. Or ces digues sont généralement disposées en damier. Ce serait une explication, à côté des influences religieuses, pour le tracé si fréquent des rues à angle droit.

les anciens pèlerins chinois ne manquaient pas de noter si le riz poussait dans les pays visités. Mais une grande partie des Chinois, surtout il est vrai dans le Nord, vit d'autres céréales, de légumineuses, et ne mange du riz que comme jadis les paysans européens de la viande. C'est pour les classes populaires un aliment de luxe, le signe convoité d'une supériorité sociale. Il en est de même dans l'Inde, où les gens du riz se distinguent de ceux du blé et du millet, dans l'Indonésie, où le manioc, les ignames, le sagou sont si répandus et si utiles. Ce qui reste vrai, c'est que les progrès du bien-être chez les Asiatiques se traduisent par une augmentation du nombre des mangeurs de riz.

AUTRES CULTURES. — Parmi les autres plantes alimentaires, les plus répandues sont le sorgho et le millet, deux graminées très plastiques. Au premier, dont les tiges parfois hautes de 4 mètres produisent beaucoup de fourrage, sont consacrés surtout des sols argileux, assez fertiles; le second, de taille moitié moindre, se contente de sols siliceux, de terrains accidentés. Leurs graines, très nutritives, renferment plus de matières grasses et azotées que le riz, mais leur rendement est très inférieur. Bien qu'on rencontre certaines de leurs multiples variétés dans des régions très humides, leur principal mérite est de supporter la sécheresse grâce à leurs profondes racines; ils demandent bien moins de travail que le riz. Aussi les trouve-t-on chez les civilisés qui veulent utiliser des terrains non submersibles ou n'ont pas assez de main-d'œuvre et d'engrais. Et surtout chez les primitifs qui ne pratiquent pas l'irrigation : il est significatif que, chez les païens de la péninsule malaise, le premier pas vers la nourriture civilisée soit la culture du millet; puis vient celle du maïs, et enfin seulement celle du riz. Originaire d'Amérique, le maïs s'est déjà largement répandu en pays tropical partout où le sol est profond, fertile et pas trop humide; c'est souvent le succédané du riz dans les pays moins pluvieux, et il arrive à nourrir des populations denses. Le blé est avec l'orge une plante de culture hivernale sous les tropiques (Inde), ou bien une plante de climat tempéré (Chine du Nord). Dans l'Inde, c'est une culture subordonnée à celles de l'été, qui lui laissent cinq mois seulement, au lieu des neuf à dix des blés d'hiver européens; son rendement est bas (7,7 quintaux par hectare, au lieu de 16 pour le riz) et aléatoire. Les légumineuses, très diverses, sont une ressource importante, surtout dans les régions tempérées : d'après des textes chinois du VIIIe siècle, elles ont permis de grandes migrations du Kan-sou au Chen-si. La canne à sucre aurait son origine entre le Bengale et l'Annam. Les meilleures conditions sont une moyenne annuelle de 23°, deux mètres de pluies, un sol meuble et riche; elle peut s'accommoder d'une saison sèche. Elle réussit donc surtout dans les plaines alluviales des types climatiques du Malabar, de Hong-kong, de Calcutta. Le thé se contente d'arènes assez pauvres, et il peut monter jusqu'à plus de 1 800 mètres à Ceylan. C'est l'une des plantes subtropicales qui exigent le moins de chaleur (il lui suffit dans les Nilgiri de 16°,5 en août). Mais il demande une humidité constante, l'hiver, parce que c'est la saison de la reproduction, l'été, parce que son feuillage se défend mal contre la transpiration. Aussi correspond-il aux types climatiques de Malacca et de Hong-kong, même à celui du Malabar là où le relief assure des pluies de toute saison. La cueillette et la préparation des feuilles sont de ces travaux longs et minutieux qui occupent toute la famille.

Le coton. — Le coton, le principal textile de l'Asie, est indigène dans l'Inde sous ses deux grandes variétés, arborescente et herbacée; en Indonésie, les primitifs vont récolter dans la brousse les gousses du cotonnier sauvage. D'autre part, il a été introduit dans l'Extrême-Orient jusqu'en Corée, et il atteint le 38e parallèle dans Hondo. C'est presque exclusivement comme plante annuelle qu'on le sème, et ainsi il a pu s'étendre dans des régions déjà soumises au gel l'hiver. Il demande des températures moyennes de 15° à 18° pendant six mois, de 25° pendant deux mois, une humidité considérable (qu'elle provienne de la pluie ou de l'irrigation), mais sans excès. Des pluies trop abondantes font pourrir le fruit. Aussi n'est-il guère cultivé, en dehors de ce qui suffit aux besoins locaux, dans la zone équatoriale, particulièrement à Java où sa fibre est plus grossière que dans l'Inde. Les sols qui lui conviennent le mieux, comme les fameuses terres noires du Deccan, sont ceux qui contiennent toujours un peu d'humidité, les terres fertiles et profondes où sa racine pivotante s'enfonce aisément. C'est une plante délicate, qui veut une main-d'œuvre abondante et soigneuse pour donner les fibres longues et fines recherchées par l'industrie européenne. Les peuples primitifs et même les Chinois, se contentant de qualités médiocres, lui consacrent peu de travail. Mais, dans des régions comme le Goudjerat où la culture est très soignée, elle implique toute une série de défonçages et de fumures en saison chaude, de labours répétés, de sarclages après les semailles de juin; en octobre, soit au début de la floraison, il faut encore retourner la glèbe pour l'empêcher de durcir et de se dessécher. La cueillette commence en janvier et dure jusqu'en avril; elle doit recommencer quatre ou cinq fois à mesure de la maturité. Avant de les filer, il faut débarrasser les fibres de leurs graines. On voit la série d'opérations, les unes pénibles, les autres n'excédant pas les forces d'un enfant.

La sériciculture. — Le domaine de la sériciculture est beaucoup plus réduit que celui du coton : la soie est, en effet, un produit de luxe et non la matière essentielle du vêtement asiatique. Le mûrier est peut-être l'une des plantes cultivées les moins exigeantes comme sol et comme climat, puisqu'il est indigène à Java et qu'il prospère dans le Nord du Japon. Il ne peut cependant être utilisé que si, après la cueillette des feuilles, les nouvelles pousses reçoivent assez de chaleur pour se reconstituer avant l'hiver, ce qui suppose une température moyenne de 13° pendant trois mois. A la différence des « vers à soie sauvages », dont les cocons alimentent d'ailleurs une industrie assez considérable, le bombyx du mûrier accepte la domestication. Dans l'Asie des moussons, la plupart des races sont polyvoltines : elles donnent plusieurs pontes par an, comme la chaleur humide laisse porter au mûrier plusieurs feuillaisons; d'où une production beaucoup plus considérable qu'en Europe. Pendant l'éducation, il faut que la température ne descende pas au-dessous de 15°. Ainsi la sériciculture semble convenir spécialement au type climatique de Hong-kong, avec la constance de sa tiédeur humide pendant la belle saison. Mais elle a pu excéder ses limites, parce que les magnaneries créent le climat du ver à soie, au prix sans doute de dépenses et d'efforts supplémentaires. On a remarqué que le climat équatorial ne lui convient guère; à Java, l'excès d'humidité entraîne pour le bombyx une grande mortalité, une dégénérescence rapide. Dans l'Inde, la sériciculture est assez récente, encore restreinte, à cause de la température excessive du printemps, dit-on. Mais ces localisations s'expliquent peut-être autant par les conditions sociales que par le milieu physique. L'entretien des magnaneries donne un travail de tous les instants pendant l'éducation. Ici encore, c'est un travail de femmes et d'enfants. Comme on peut faire quatre et cinq éducations par an, il y a de la besogne toute l'année, alors qu'en Europe c'est une besogne supplémentaire, répartie sur quelques semaines seulement. On voit la liaison avec les pays de population dense.

LE BAMBOU. — Par la diversité de ses variétés et de leur taille, le bambou est l'un des végétaux les plus répandus et les plus utiles. De son bois, solide, élastique, on fait les piliers et les poutres des maisons; avec les tiges fendues et reliées par des rameaux, on façonne les claies qui forment les murs et les planchers. Les toits en chaumes de bambous sont complètement imperméables. Les populations primitives lui empruntent les armes du guerrier, l'attirail du chasseur et du pêcheur. L'ingéniosité chinoise en tire une grande partie du mobilier, des escabeaux et des lits aux nattes et aux récipients obtenus en coupant les tiges près des nœuds. C'est la matière première de certains vêtements et chapeaux, des sandales. Les jeunes pousses sont mangées comme légumes; les souches servent à fabriquer du charbon. Le batelier recourt aux bambous des rives pour ses avirons, ses voiles, ses radeaux, le toit de sa cabane; le paysan, pour les conduites d'eau, les claies, les paniers. On a pu dire sans trop exagérer que « le bambou suffit au Chinois pour ses ustensiles, comme le riz pour sa nourriture ». Il en est de même dans la plupart des pays de moussons.

La végétation spontanée de l'Asie offrait donc à l'humanité nombre de plantes utiles, d'autant plus précieuses que beaucoup d'espèces sont assez plastiques pour que leurs multiples formes se prêtent à des acclimatations très diverses; d'autant plus aussi que beaucoup ont un cycle végétatif très rapide; la combinaison de la chaleur et de l'humidité estivales leur permettent de l'accomplir pendant les quelques mois des pluies; après quoi, leur place sera prise par des plantes d'affinités tempérées; de cette heureuse combinaison naissent l'abondance et la variété des ressources. Ajoutons que plusieurs fournissent la matière première des industries domestiques, si actives encore; celles-ci remplissent les intervalles des travaux champêtres et ces chômages imposés par l'irrégularité des pluies toute une saison ou même toute une année : en pays de moussons, c'est une sauvegarde presque nécessaire contre la famine.

La diversité de la production, l'accumulation singulière de matières nutritives créées par la culture justifient les densités surprenantes des régions les plus fertiles, et celles-ci entraînent à leur tour l'extrême morcellement de la propriété rurale. La fécondité de la famille est une obligation religieuse; en Chine, en Annam, le culte des ancêtres l'impose pour assurer sa perpétuité. Mais n'est-elle pas stimulée par le milieu physique? Il la rend possible, en donnant de quoi manger à ces multitudes d'enfants qui assaillent le voyageur dans le moindre village chinois. Il la rend profitable aux parents, car un caractère essentiel de cette agriculture, c'est d'exiger bien plus de main-d'œuvre que l'agriculture européenne, mais d'une main-d'œuvre qui peut être celle de femmes et d'enfants (pour le riz, le coton, la soie, le thé). Ainsi la famille si prolifique de l'Inde et de l'Extrême-Orient, étroitement groupée autour du père qui dirige le labeur, trouve dans ces pratiques un appui qui la soutiendra peut-être quand l'évolution des idées tendra à la dissocier et à la restreindre. D'autre part, l'irrigation renforce d'un lien économique la cohésion de groupes plus vastes : le paysan ne peut espérer une bonne récolte que par des travaux collectifs; il ne peut, comme les fermiers d'Europe, se désolidariser des voisins. N'y aurait-il pas un rapport entre ces conditions de l'activité et cet esprit grégaire si marqué dans le monde indo-sinien? On a l'impression que, si les sociétés asiatiques ont conservé une prodigieuse stabilité à travers une histoire si tumultueuse, la nature les a singulièrement aidées à maintenir intactes quelques-unes de leurs règles essentielles. Cela soit dit, s'entend, sans expliquer le culte des ancêtres par le rendement du riz. La futilité du déterminisme géographique, nous allons la vérifier en constatant la diversité des « genres de vie » dans des milieux physiques très semblables.

BIBLIOGRAPHIE

Sur la végétation, A. F. W. Schimper, *Pflanzengeographie auf physiologischer Grundlage*, Iéna, 1898. — E. Warming, P. Graebner, *Lehrbuch der ökologischen Pflanzengeographie*, Berlin, 1918. — J. D. Hooker, *Flora Indica*, Londres, 1855; *Flora of British India*, Londres, 1872-1897, 7 vol. — L. Diels, Ueber die Pflanzengeographie von Inner-China (*Zeitschrift Ges. Erdkunde Berlin*, 1905, p. 748-756). — Aug. Chevalier, Premier inventaire des bois du Tonkin (*Bull. économique de l'Indochine*, XXI, 1918, p. 497-524, 762-884; XXII, 1919, p. 495-552). — L. D. Stamp, *The vegetation of Burma*, Londres, 1925.
Sur les cultures, G. Capus et D. Bois, *Les produits coloniaux*, Paris, 1912. — A. Oppel, *Der Reis*, Brême, 1890. — C. Bachmann, Der Reis (*Beihefte zum Tropenpflanzen*, XIII, 1912, p. 209-386); Die geographische Verbreitung des Reisbaues und seine Intensität in den Monsunlandern (*Petermanns Mitt.*, LVIII, 1912, p. 15-16). — H. Brenier, Répartition saisonnière des cultures et pluviométrie en Indochine (*Bull. économique de l'Indochine*, XI, 1908, p. 573-579; voir *Annales de Géogr.*, XVIII, 1909, p. 272-274).

CHAPITRE III

LES GENRES DE VIE

Parmi les ressources qu'offre la nature et parmi les modes de travail, l'homme fait un choix qui varie selon les peuples et qui n'est pas forcément rationnel. Des techniques différentes sont ainsi nées pour l'exploitation d'un milieu identique : ce sont les « genres de vie », selon l'expression de Vidal de la Blache. Ils se sont améliorés au cours des âges. Mais parfois, arrivés à un certain degré de perfection, ils ne l'ont pas dépassé; ils se sont figés, même s'ils se propageaient hors des régions auxquelles ils convenaient. Nous allons essayer de les classer dans l'ordre de complexité croissante, dans la mesure où ils représentent une utilisation complète, intensive des ressources naturelles, où ils permettent des densités élevées et des formations politiques dépassant le cadre du clan pour s'étendre à celui de l'État, où ils favorisent la floraison de la civilisation (fig. 7).

I. — NOMADES ET DEMI-NOMADES

Chasseurs et pêcheurs. — Dans l'Asie des moussons, il ne reste guère de peuplades qui ignorent totalement la culture. C'est cependant le cas pour les Negritos de la péninsule malaise, les Semang. Ils vivent exclusivement du produit de leur chasse et de leur pêche, des racines et des fruits de la forêt. Pas d'animaux domestiques, pas d'armes sauf leurs flèches empoisonnées, aucun vêtement sinon une ceinture de feuilles. Beaucoup se contentent de s'abriter sous une roche surplombante ou derrière un simple écran de palmes liées assez étroitement pour que la pluie ne le perce pas. D'autres, pour se protéger contre les fauves, établissent leur hutte entre les branches d'un arbre, parfois à 10 mètres au-dessus du sol. Dans cette existence, rien qui arrête l'instinct de migration si puissant chez certains sauvages, et l'on connaît des groupes de Semang qui ne séjournent jamais plus de trois jours en un endroit. Ils partent dès que le gibier ou les fruits se font plus rares, abandonnant sans regret ces abris qu'il leur sera facile de retrouver ailleurs. A ce degré de barbarie, l'homme n'a aucune attache avec le sol; il parcourt indifféremment tout l'espace où il retrouve les mêmes conditions de vie. Du moins, sans doute, tout l'espace où il ne rencontre pas de compétiteurs. Car, chez les Bassap (Nord-Est de Bornéo), nous voyons que les territoires de chasse sont strictement délimités, le plus souvent par les faîtes qui entourent un bassin fluvial; ils ne se risquent pas sur ceux des voisins; aussi sont-ils divisés en tribus de dialectes très différents. Tels sont aussi les Koubou qui vagabondent par groupes de quinze à cinquante dans les silves épaisses du Sud-Est de Sumatra, et les Negritos des Andaman, auxquels les Anglais n'ont pu enseigner la culture. Cependant on rencontre déjà chez ceux-ci un commencement de fixation, mais temporaire : ils ont de grandes huttes où ils logent en commun jusqu'à plus de cent, mais ils ne les occupent qu'à certaines saisons. Même prédominance de la vie nomade chez les Malais Orang-Laut, répandus depuis Malacca jusqu'à l'Australie. Les pirogues de ces pêcheurs portent cinq à six personnes, avec le foyer à une extrémité et, à l'autre, l'auvent de nattes qu'il est facile d'installer sur le sol quand on débarque. Elles errent par deux ou par trois le long des côtes, à la recherche du poisson ou des fruits; elles ne s'arrêtent quelques semaines sur une plage que lorsque le vent de mousson devient trop violent.

Ces populations sont les plus misérables. Constamment exposées à la famine, émiettées en groupes infimes, elles sont réduites à un total de quelques milliers d'individus, qui ont cherché un refuge dans les silves et les mers de la zone équatoriale. C'est un genre de vie qui disparaît. Ses derniers représentants vont l'abandonner au contact de populations plus avancées. Tantôt celles-ci leur ont fait connaître de nouveaux besoins : le Bassap qui s'est habitué à manger du riz prend l'idée de cultiver. Tantôt le pays s'est transformé : les Toala du Sud-Ouest de Célèbes ont dû abandonner la chasse pour la culture, à mesure que les populations côtières ont fait reculer la forêt devant la savane et que le gibier est devenu plus rare.

Tout en demandant aux ressources spontanées la majeure partie de leurs aliments, plusieurs peuplades commencent à les combiner avec la culture. Elles savent déjà faire un choix parmi les espèces végétales, multiplier celles qui leur sont utiles en élaguant l'exubérance de la nature. Certains Negritos coupent les broussailles au-dessous des arbres fruitiers et sèment leurs graines dans les clairières. Quelques « Bohémiens de mer » des îles Mergui, tout en vivant surtout de poissons et de coquillages, plantent parfois des dourians et des bananiers; mais la plantation et l'entretien des arbres demandent bien peu de soins. C'est une commode ressource pour les gens des Moluques que le palmier sagou, mais il les dispense de l'effort, et leur paresse a préparé leur esclavage. La culture ne commence vraiment que lorsqu'une tribu remplace un coin de forêt par un champ de racines ou surtout de céréales.

La culture nomade. — Presque tous les « sauvages » sont parvenus à ce que nous appellerons le stade de la culture nomade. Il se retrouve avec des variantes insignifiantes dans toutes les montagnes, dans l'intérieur des grandes îles malaises. Nous l'étudierons en particulier chez les Moï qui habitent les hauteurs de l'Annam méridional.

Ce qui le caractérise, c'est l'écobuage, cette forme de culture primitive qui consiste à semer ou planter sur brûlis pour en tirer deux ou trois récoltes. Réduite à des survivances en Europe, elle est générale dans les régions tropicales où l'existence d'une saison sèche facilite la combustion des arbres abattus. Elle se pratique dans la forêt dense, mais mieux encore dans la forêt subtropicale moins humide et dans la savane, pourvu que le sol soit assez profond et humique.

Nous lui donnerons le nom de *ray*, qui désigne dans la montagne annamite le coin
de forêt ainsi exploité. Au début de l'hiver on coupe les broussailles, on tranche
les grands arbres à 1 mètre de terre; à la fin de cette saison, on y met le feu, et
on étale les cendres. Naturellement on ne peut guère labourer dans un champ qui
reste encombré de souches; on se contente en général de creuser avec un bâton des
trous où les femmes déposent quelques grains de riz. En même temps et sur le

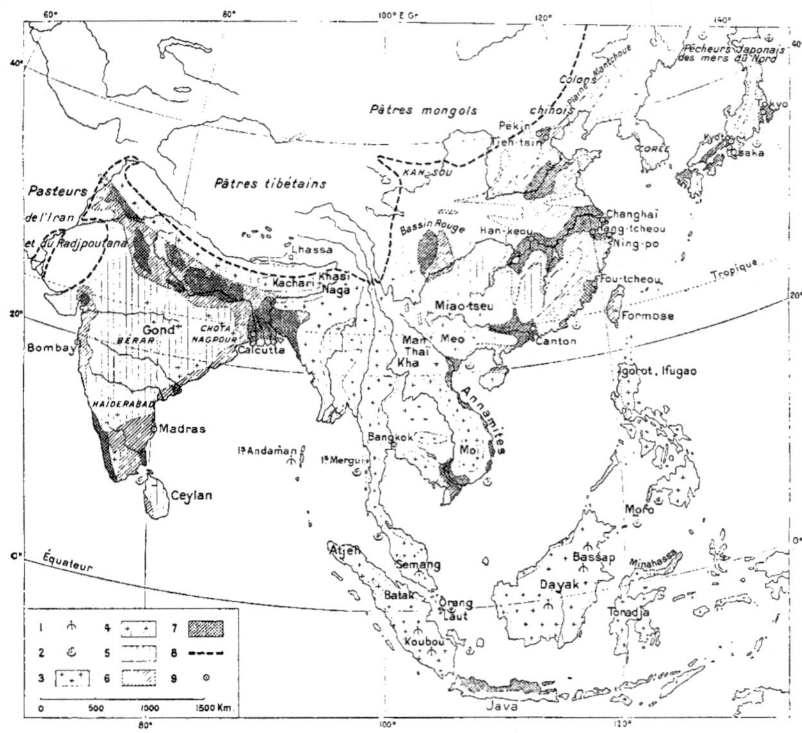

Fig. 7. — Les genres de vie dans l'Asie des moussons.

1, Chasseurs; 2, Pêcheurs; 3, Cultures nomades; 4, Cultures nomades et sédentaires; 5, Cultures sédentaires, où
la population est inférieure à 100 habitants au kilomètre carré; 6, Cultures sédentaires, où la population varie entre
100 et 200 habitants au kilomètre carré; 7, Cultures sédentaires, où la population dépasse 200 habitants au kilomètre
carré; 8, Limite orientale et méridionale des régions où domine la vie pastorale; 9, Villes de plus de 500 000 habitants. —
Échelle, 1 : 55 000 000.

même terrain, les Moï sèment du maïs qui mûrira avant le riz et permettra d'attendre sa récolte, des courges, des patates, des ignames, etc. (pl. IX, A). Ceux
des indigènes qui ne sont pas en contact avec des populations plus civilisées
ne s'occupent ensuite du ray que pour le défendre contre les animaux au
moyen de palissades et de pièges. Vers la fin de la saison des pluies vient la récolte
qui se prolonge sur plusieurs mois, à mesure que mûrissent des variétés plus tar-
dives. Le rendement dépend uniquement des précipitations, plus régulières il
est vrai dans les montagnes que sur les plaines. Il peut être élevé la première

année, mais il diminue dès la seconde; après trois ou quatre ans au plus, il faut abandonner le ray épuisé par la culture et peut-être autant par l'entraînement du sol sous les violentes pluies de mousson. D'où cette nécessité d'attaquer sans cesse de nouvelles parcelles forestières, qui fait du ray une culture essentiellement nomade. Ce nomadisme a été parfois exagéré. Chez les Moï, comme chez la plupart des primitifs, chaque tribu a son territoire bien défini où nul n'oserait empiéter; elle ne déplace ses cultures qu'à l'intérieur de ses frontières. Seulement les ray s'éloignent de plus en plus du village, parfois à un jour de marche; il faut alors y construire, soit des abris temporaires, soit un nouveau village, tandis que les huttes de l'ancien, envahi par la jungle, ne logent plus que les reptiles et les paons. Les Moï entretiennent des jardins près de leurs cases, mais ils ont peu d'arbres fruitiers, à cause de leurs migrations. Dans le Nord de Célèbes, où les populations sont plus sédentaires, les villages s'annoncent au contraire par l'apparition dans la forêt d'arbres fruitiers qui peu à peu se substituent aux essences spontanées.

Cette culture primitive est loin de suffire à assurer une subsistance régulière. Soit insuffisance de rendement, soit imprévoyance, les Moï n'ont plus de grains deux ou trois mois avant la récolte. Alors c'est le retour saisonnier à des modes de vie plus rudimentaires encore. La hotte sur le dos, ils s'enfoncent dans la forêt pour y chercher les feuilles tendres, les fruits, les tubercules; tout animal devient comestible, et les voyageurs sont exposés à manger des omelettes aux abeilles. Cette « cueillette » pour la nourriture se combine d'ailleurs avec la cueillette pour le trafic, qui fournit de précieux moyens d'échanges, la cire, la cannelle, le caoutchouc de lianes. Elle s'accompagne de la chasse et de la pêche, qui procurent, non plus l'essentiel de la nourriture, mais un appoint dont le prix, chez les Moï, se marque à l'ingéniosité des engins : arcs, arbalètes, pièges à détente. Ces piètres cultivateurs sont obligés de conserver l'adresse, les sens aiguisés, la patience du sauvage. Leur subsistance doit encore se compléter par l'élevage. Tous possèdent des porcs, des chèvres, des volailles; ceux de la forêt subtropicale, où les arbres assez espacés laissent pousser de l'herbe, ont des bovidés, parfois nombreux; sur les plateaux de l'Annam méridional, le prix des objets s'indique en têtes de buffles. Mal nourris, ces animaux ne donnent pas tout ce qu'on pourrait en attendre; ils ne servent ni aux transports, ni parfois à la culture. L'élevage est moins perfectionné encore que celle-ci. Pourtant il offre, avec quelques perspectives intéressantes pour l'avenir économique de ces montagnards, la possibilité de l'unir à la culture par un lien qui semble inconnu aux peuples beaucoup plus avancés des plaines. Les écobueurs recourent donc à des ressources plus variées que bien des sédentaires étroitement spécialisés dans la riziculture. Mais le total reste maigre, et la population infime. La densité des montagnes, en Indochine, est évaluée à 3, et encore est-ce en comptant bien des peuplades plus à l'aise.

Par ses déplacements, le ray sollicite l'éparpillement des habitations en petits hameaux, pour rester à portée des brûlis. Mais souvent l'insécurité entraîne la concentration en villages fortifiés (fig. 8). La disposition du groupement et celle de l'habitation doivent admettre bien des facteurs sociologiques; ainsi, la maison commune des villages moï, où logent les célibataires, ou encore, çà et là, leurs maisons qui s'allongent jusqu'à 50, 100, même 215 mètres, pour abriter plusieurs dizaines de familles. Mais l'influence du milieu naturel agit sur le choix

Phot. Dir. Services Écon. Indochine

A. — MOI DÉFRICHANT UN RAY.

Djiring, haut Don-naï. Ray déjà cultivé autrefois, dont la végétation est restée basse.

Phot. Service Photogr. Indochine

B. — CASE MOI.

Région de Biên-hoa (Cochinchine). Longues cases élevées sur pilotis.

Phot. Philippine Bureau of Science.

A. — TERRASSES DES IFUGAO (NORD DE LUÇON).

Les versants sont souvent taillés, sur une hauteur de 1000 mètres, en gradins soutenus,
quand la terre est ébouleuse, par des murailles de rocs ou de galets.

Phot. Lua fong.

B. — RIZIÈRES IRRIGUÉES (DELTA DE CANTON).

L'eau est distribuée par tout un réseau de canaux. Villages cachés dans les arbres.
Au fond, les collines qui limitent le delta.

des matériaux : le bambou est utilisé pour les parois et souvent pour les toitures; le bois peut le remplacer dans le haut Tonkin. Chez la plupart des montagnards indochinois, sauf ceux qui occupent la forêt subtropicale moins humide, ou quelques tribus misérables, la case est portée par des pilotis hauts de 1 m. 50 à 5 mètres (pl. IX, B). C'est une défense contre les pluies de la mousson et les animaux. Il en est de même chez les Thaï et les Cambodgiens des plaines. Mais la différence essentielle est que les demeures temporaires des écobueurs sont moins bien construites, moins confortables, et cela d'autant moins qu'ils sont plus nomades; les Meo du haut Tonkin bâtissent des cases étroites, grossières, qui les protègent à peine du froid[1].

Les conséquences du ray s'étendent à la vie sociale. Peut-être comprennent-elles ce curieux communisme signalé dans la région d'Attopeu, où le sol, les instruments, la récolte restent en commun : la culture nomade ne peut transformer le champ en objet de propriété privée, et ses produits, de même que ceux des expéditions de chasseurs, doivent être répartis entre tous, puisque ses travaux ont réclamé l'entr'aide de tous. D'une façon générale, le village a sa vie propre, mais il peut s'unir aux autres groupes de la même tribu pour une action collective, qui est généralement belliqueuse. La guerre peut avoir bien des causes dans ce chaos de petits groupes où le voisin est presque toujours l'ennemi héréditaire. L'une d'elles est le ray, qui crée un besoin constant de terres nouvelles. Sans doute la forêt peut ordinairement se régénérer, au moins sous une forme dégradée; mais les anciens ray sont souvent livrés au feu chaque hiver, soit pour améliorer les pâturages, soit pour chasser les fauves. Alors l'humus n'a pas le temps de se reconstituer. Aussi voyons-nous aujourd'hui plusieurs tribus moï obligées, pour cultiver, de défricher au-dessus ou au-dessous de leur habitat préféré; d'autres, n'ayant plus assez de terre, cherchent à s'en procurer par la force.

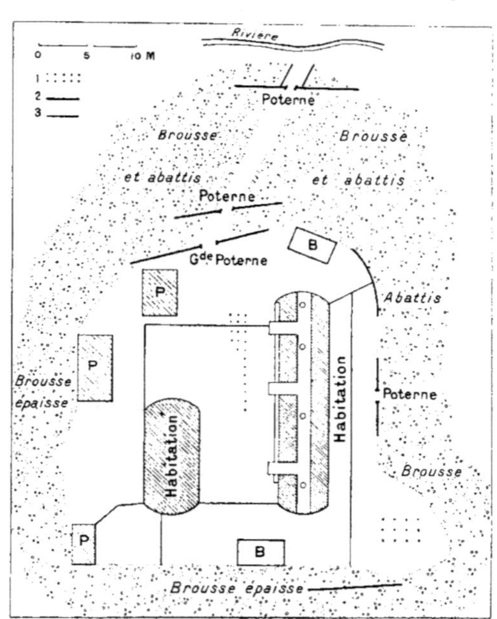

Fig. 8. — Un village moï fortifié, d'après H. Maitre.

Dans la grande hutte allongée, couloir central, avec foyers communs, entre deux lits de camp; à gauche, couloirs vers une vérandah. — B, Enclos à buffles; P, Porcheries. — 1, Bananiers; 2, Fortes palissades; 3, Palissades secondaires, hautes de 1 mètre au plus.

<hr>

1. Sur les déplacements, la structure des villages et leurs rapports avec la végétation, voir les exemples cités pour l'Insulinde (IVe Partie, 2[o] volume).

Une autre cause de guerre, c'était la chasse aux esclaves. Dans un pays où il n'y a pas de richesse foncière, la fortune est représentée par le nombre de bras qu'on peut contraindre au travail. De tribu à tribu, tout était prétexte pour faire des prisonniers, que souvent on allait vendre aux Laotiens ou aux Annamites. Ceux-ci ont maintes fois razzié les montagnards, qui descendaient chaque été dans la plaine pour enlever des captifs. Aussi les tribus les plus sauvages sont elles-mêmes fortement métissées. Souvent elles sont séparées des plaines par une ceinture de populations soumises aux grands États voisins; c'est dans cette zone que se tiennent les marchés où les montagnards viennent troquer les produits de la cueillette et de l'élevage contre les jarres, les gongs, surtout contre le sel dont le besoin les oblige à ces relations avec des voisins détestés.

Avec ses répercussions économiques et sociales, l'écobuage a marqué de son empreinte les races les plus diverses, soit qu'elles aient habité la montagne de toute antiquité, soit qu'elles y aient été refoulées par les conquérants des plaines. Mais toutes semblent présenter une longue acclimatation, qui les immunise contre ces « fièvres des bois » si redoutées par les Annamites qu'elles leur défendent l'accès du haut pays. De là cette singulière stratification ethnique du haut Tonkin (fig. 9). Jusqu'à 400 mètres les flancs des montagnes sont occupés par des Tho; de 400 à 800 mètres, par les Man; au-dessus, par les Meo. Or il est presque impossible pour les Man et les Meo de descendre au-dessous de leur limite sans s'étioler en quelques mois. Il y a là un curieux problème de géographie médicale. Bien peu de populations dépendent de l'altitude à ce point. Certaines, comme en Annam et au Laos, préfèrent les sommets où la forêt subtropicale n'offre pas au défrichement les obstacles de la forêt de plaine; d'autres, comme en Birmanie, évitent au contraire les crêtes, qui disparaissent sous les nuées pendant l'été, et s'établissent sur les flancs où le soleil brille l'hiver, tandis que les brumes remplissent les dépressions. La légende oppose la santé et la vaillance du montagnard à la faiblesse maladive de l'homme des bas pays.

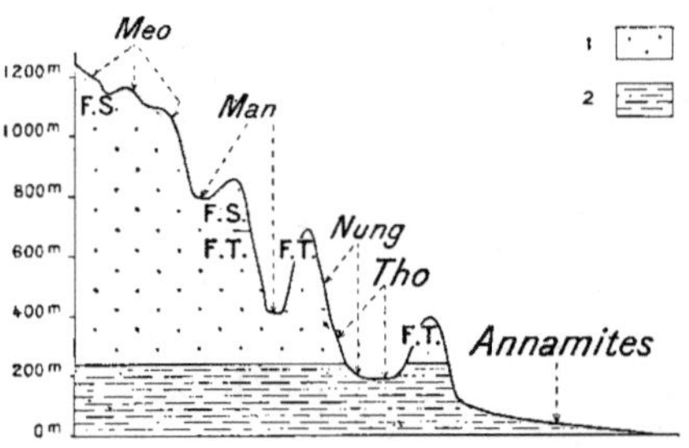

Fɪɢ. 9. — Répartition en altitude des populations au Tonkin.

1, Culture par ray (riz de montagne, maïs); habitations plutôt disséminées, faible densité; 2, Rizières irriguées; habitations plutôt groupées, forte densité. — F. T., Forêt tropicale; F. S., Forêt subtropicale, très souvent dégradée ou remplacée par des landes.

Cette culture primitive ne suffit pas à tirer une population de la misère et de la barbarie. Elle restreint son horizon à celui des clairières temporaires. Et elle a ce grand défaut de nécessiter, pour peu d'hommes, d'immenses espaces de terrain. Dans le haut Tonkin il faut en effet attendre dix ans, plutôt même vingt à trente ans, pour qu'un peu d'humus se reconstitue et qu'on puisse revenir sur le même champ. On a trop lieu de déplorer les suites de cet immense déboisement, la recrudescence des inondations, l'envasement des ports. Pour les éviter, beaucoup jugent nécessaire d'interdire l'écobuage et de parquer les écobueurs dans les vallées, bon gré mal gré. Dans l'Inde, les forestiers anglais leur assignent des cantonnements où leurs dégâts sont moins funestes, et les surveillent pour réprimer les abus. Mieux vaut peut-être, en effet, leur faire leur part que de supprimer les seules populations capables d'habiter et d'exploiter ces futaies fiévreuses. D'autant plus que leur genre de vie pourrait se corriger sur place.

Il présente, en effet, au-dessus du Moï, des types plus évolués. Chez certains Meo apparaît une technique agricole plus avancée : ils emploient un araire de bois primitif, mais bien approprié à la nature du sol; ils utilisent le fumier de leur bétail, qu'ils nourrissent à l'étable, et par l'élevage ils sont très supérieurs aux Annamites. En se généralisant, ces procédés permettraient de rendre aux champs leur fertilité et de ne plus les déplacer aussi souvent. L'écobuage amélioré peut ainsi conduire à une densité relativement élevée, comme chez les Batak de Sumatra, chez quelques Moï pacifiques dont les villages ont un air de prospérité. Même, quand il est pratiqué sur un territoire suffisamment étendu et fécond par une population laborieuse, il peut donner des rendements très supérieurs à ceux qu'obtiennent certains sédentaires des plaines. Le riz des Dayak excite parfois la jalousie des nonchalants Malais de Bornéo; les habitants des molles vallées laotiennes ne vivraient pas sans celui des Kha. Ces faits sont assez rares, mais ils se multiplieront à mesure que le « pays sauvage » sera pacifié, du moins là où la pauvreté du sol n'exige pas de longues jachères. Quand ils auront la certitude de ne plus être razziés, les indigènes quitteront leurs bourgs fortifiés pour fonder des villages plus petits dans des sites plus propices à la culture et aux échanges. C'est ce que nous voyons au Darlac (Laos), dans les monts Lushai (Assam). A Célèbes, les Hollandais ont imposé aux Toradja cette création de villages permanents, qui a eu les plus heureux effets en donnant l'habitude d'un travail plus régulier et du commerce; elle a transformé les Minahassa, qui étaient il y a cinquante ans de belliqueux « chasseurs de têtes », en une population pacifique et riche. On est en droit d'attendre beaucoup de nombreuses tribus montagnardes, à condition de les surveiller, de limiter leurs déplacements, de les protéger contre leurs voisins des plaines.

II. — *LES SÉDENTAIRES*

Il n'y a nullement un abîme entre la culture nomade et la culture sédentaire, dont la forme la plus répandue dans l'Asie des moussons est la rizière inondée. Bien des populations déjà avancées pratiquent l'une ou l'autre selon les circonstances, ainsi les Thaï du Laos et du Tonkin. Bien des montagnards écobueurs n'ignorent pas que les dépressions humides offriraient des rendements plus élevés. Les Moï évitent d'ordinaire les régions marécageuses où, dit leur proverbe, « le cri des grenouilles donne la fièvre »; pourtant, sur le cours supérieur de la Sé-san et du Don-nai, ils savent les aménager et même irriguer des terrasses étagées; aussi nulle part dans les massifs indochinois Odend'hal n'a vu une population aussi dense, ni ces villages de cent à cent cinquante maisons reliés par de bonnes routes. Chez les Meo et les Man du Tonkin, la culture des rizières tend aussi à se développer, soit à l'exemple de leurs voisins Thaï, soit parce que le ray a déjà trop appauvri le sol de leurs forêts. Ce serait le moment d'étudier les répercussions sociales de ce progrès.

Il est déjà accompli chez plusieurs tribus montagnardes de Luçon, en particulier chez les Ifugao. Ce sont d'admirables cultivateurs. Jusqu'à plus de

1 300 mètres, ils ont découpé les versants escarpés en terrasses, soutenues par des murs hauts parfois de 6 à 10 mètres; ces gradins vertigineux sont irrigués par des canaux longs de plusieurs kilomètres, qui franchissent les ravins, et l'arrosage est minutieusement réglementé. Aussi obtiennent-ils de forts rendements d'un riz très parfumé dont ils savent sélectionner la semence. Cela ne les empêche pas de chercher une partie de leur nourriture dans la cueillette et l'élevage, ni surtout de recourir au ray, mais à un ray très perfectionné. Sur des pentes accessibles seulement à ces vigoureux grimpeurs, ils creusent des cavités bordées de tertres en croissant, qui empêchent la terre de descendre, et ils y plantent des camotes (patates douces); naturellement ces terrains restent productifs plus longtemps que les flancs ravinés des plateaux Moï. Ainsi leur économie utilise toutes les ressources du milieu par une adaptation presque parfaite. Dans leur cas, le ray nous semble aussi rationnel que la culture sédentaire. Il permet de mettre en valeur des terrains plus pauvres, plus accidentés, difficiles à arroser; le riz humide est plus exposé aux maladies, il demande des pluies plus régulières et des soins plus fréquents (pl. X, A).

Or ces tribus de Luçon, qui rappellent les Cévenols par une véritable science de la culture en montagne et par leur labeur acharné, sont par ailleurs des barbares. Récemment encore, c'étaient de farouches chasseurs de têtes, engagés dans des vendettas constantes. Même opposition d'une intelligente technique agricole et de mœurs féroces chez les indigènes de Formose, les Khasi et les Naga de l'Assam. Il est trop évident que la culture sédentaire ne suffit point à créer les formes supérieures de la civilisation, surtout chez des peuplades qui s'enferment dans le cadre étroit d'une vallée en évitant tout contact avec l'étranger.

Cependant les conséquences de cette technique sont profondes. Bien rarement on voit dans les pays de pur ray une densité aussi élevée, des groupements comprenant plus de 5 000 individus, parfois concentrés en bourgs populeux comme les *rancherias* des Igorot (Luçon), des artisans aussi habiles dans le travail du bois et des métaux, dans la céramique. Les maisons sont l'un des indices les plus apparents de cette supériorité; elles sont faites pour durer, parfois ornées de sculptures, plus confortables que les huttes des écobueurs et même que bien des masures chinoises. Cette aisance est obtenue par la culture du riz humide et ses gros rendements. Mais elle suppose un labeur plus intense, surtout plus prolongé et plus industrieux que les besognes du ray. Il faut élever et réparer une multitude de digues, creuser tout un réseau de rigoles, parfois découper les pentes en terrasses bien nivelées, constamment reconstruire les murs de soutènement. Or tout le monde est solidaire dans ce travail, car une brèche pratiquée dans un remblai insuffisant ruinerait la récolte du village entier, les rizières se commandant dans la plupart des vallées. Les arrosages sont étroitement réglementés chez certains païens des Philippines. Chez les Kachari de l'Himalaya oriental, quand la sécheresse menace, le chef du village ordonne des travaux d'adduction, et tous les hommes sont contraints d'y participer. Cette solidarité fortifie la cohésion du groupe, mais elle n'entraîne plus le semi-communisme de quelques écobueurs. Chez les Ifugao, les champs de camotes, après la récolte, redeviennent propriété collective, parce qu'ils retournent alors à la brousse; mais les rizières sont soumises à la propriété privée, parce qu'elles exigent un pénible aménagement et qu'elles ne cessent pas de produire. Fréquemment dans l'Insulinde, quand un village renonce au riz sec pour le riz humide, la propriété privée se développe aussitôt : la terre acquiert alors de la valeur, tandis que dans le système du ray elle n'en avait presque aucune et qu'elle restait indivise entre les membres du groupe. Et déjà chez quelques montagnards de Luçon naissent ce morcellement extrême de l'exploitation, cette dispersion des maisons pour rester à portée du travail, qu'on retrouve dans les grandes agglomérations des deltas.

Si tous les cultivateurs sédentaires ne sont pas des civilisés, tous les civilisés de notre domaine sont des cultivateurs sédentaires. Nulle part les écobueurs n'ont dépassé le cadre de la tribu, et presque tous sont des populations refoulées. Dans la péninsule de Malacca, les Malais apportent en même temps aux peuples de l'intérieur l'Islam, avec toutes ses conséquences intellectuelles, sociales, et le riz humide, si bien que « la démarcation entre le païen et le musulman est ici tracée par l'irrigation ». L'irrigation, ou la culture intensive du blé, qui n'est pas moins stable, ont été à la base de toutes les nations asiatiques, de tous les États qui ont compté pour l'histoire ou pour la pensée. Nous étudierons ce mode de vie d'abord en Chine, où il a pris une forme étrange par ses limitations.

La Chine. — Le type de culture chinois est fixé depuis longtemps jusque dans ses procédés les plus menus. Tels nous les voyons, tels ils nous sont décrits par un ouvrage daté de 1210, le *Keng-tche-tou*, dont les dessins nous montrent la même charrue qu'aujourd'hui, toujours attelée d'un seul buffle, les mêmes instruments d'irrigation, la même façon de soigner riz, mûriers et vers à soie.

Cependant, il est curieux de voir combien les Chinois ont introduit de plantes étrangères, même de celles sur lesquelles repose aujourd'hui leur système de culture. Le riz lui-même n'est pas indigène dans ces confins de l'Asie centrale d'où viendraient les Chinois. A l'état sauvage, son principal habitat est dans les deltas qui se succèdent de l'Inde orientale à l'Annam. C'est dans la Chine du Sud que l'on trouve les plus anciennes traditions historiques sur sa culture, et c'est de là qu'elle se propagea vers les premiers États chinois. Toutefois elle y arriva anciennement, puisque le riz est mentionné parmi les « cinq céréales », au viiie siècle avant J.-C., avec deux espèces de millet, l'orge et un haricot qui est sans doute le soja. A la même époque les historiens font remonter l'introduction du chanvre, qui était alors le principal textile, quoique le mûrier fût connu depuis longtemps. Selon une tradition erronée, l'expédition du général Tchang-kien (iie siècle avant J.-C.) aurait rapporté une foule de plantes de l'Iran et de l'Asie centrale. En réalité ne vinrent alors que la vigne et la luzerne; la Chine possède bien des espèces indigènes des genres *Vitis* et *Medicago*, mais on ne savait guère en tirer parti. Il s'écoula plusieurs siècles entre le moment où l'on commença à consommer le raisin et celui où, à l'imitation des agriculteurs de Tourfan, on se mit à fabriquer du vin. Ce qu'il faut retenir de la légende de Tchang-kien, c'est le souvenir mythique que beaucoup de plantes et de procédés agricoles sont originaires du monde iranien, soit que les Chinois les aient connus dans le Turkestan, longtemps imprégné de civilisation iranienne, soit qu'ils les doivent aux navigateurs arabes par lesquels s'exerça sur eux l'influence de la Perse, comme aussi celle de l'Inde et des pays méditerranéens. D'origine iranienne sont plusieurs légumes et des arbres : pistachier, grenadier, noyer, etc. Les Chinois apprirent du royaume indien de Magadha en 647 à bouillir le sucre; de l'Égypte, à le raffiner, seulement à l'époque mongole. Pour le coton, l'Inde était fameuse depuis longtemps dans le monde hellénique, alors qu'en Chine une robe de coton était encore au vi^e siècle un luxe impérial et que la culture ne se répandit guère avant le xiiie siècle. Sous la dynastie des Ming, ce fut le maïs, et plus tard encore les missions firent connaître la pomme de terre. Or ces deux plantes américaines se répandent très rapidement aujourd'hui dans les montagnes des confins mongols et tibétains; selon l'abbé A. David, ce sont elles qui en ont rendu possible le peuplement.

Ainsi les Chinois doivent peut-être moins à leur flore indigène qu'à celle de régions très éloignées, et surtout de l'Asie occidentale. Leur mérite est d'avoir su choisir les espèces qui pouvaient s'adapter à leur milieu, sans doute avec bien des tâtonnements dont témoigne leur lenteur à accepter de nouvelles venues aussi utiles que le coton. Un autre fait montre leur hésitation à adopter des usages essentiels à leur genre de vie actuel : le thé, aux premiers siècles de notre ère, semble avoir été un légume ou un remède, et nous n'avons aucune preuve que sa culture se soit généralisée avant le viiie siècle.

Ce qui est plus étrange encore, c'est le peu de ressources que les Chinois tirent de leur faune et le rôle secondaire que jouent chez eux les animaux domestiques. En effet, depuis l'antiquité, les Chinois sont essentiellement un peuple de cultivateurs sédentaires, opposés aux pasteurs nomades qui les entouraient. Rarement contraste est plus accusé entre des genres de vie qui d'ordinaire passent de l'un à l'autre par toute une série de nuances. Les Chinois se désintéressent autant de l'élevage que s'y appliquent les Mongols, les Tartares et les Mantchous. Ils l'abandonnent complètement aux autres races. Au Yun-nan, les aborigènes non sinisés ont des bœufs, les Lolo des moutons, tandis que les Chinois possèdent seulement des porcs et des volailles. Ce sont les seuls animaux dont ce peuple mange la viande. Aucun laitage n'entre dans son alimentation. Il possède des bœufs dans le Nord, des buffles dans le Centre et dans le Sud, mais il n'utilise que leur force de travail. Encore leur proportion au sol occupé paraît-elle bien faible dans une civilisation fondée sur la charrue. La prairie est un aspect ignoré en Chine.

Ce mépris de l'élevage étonne d'autant plus que la région où s'est cristallisée la nation chinoise, dans les plaines de la Terre Jaune, a souvent une « vocation pastorale ». Et de fait, aux origines, l'élevage n'était pas aussi insignifiant qu'aujourd'hui. Les nobles lui consacraient des parcs boisés et mangeaient de la viande. Au iie siècle avant J.-C., on cite de grands haras, des troupeaux de moutons en vue d'expéditions militaires. Mais dès cette époque, semble-t-il, les Chinois des plaines s'adonnaient de préférence à la culture, et laissaient volontiers l'élevage aux gens des marches : peut-être y avait-il là une symbiose, analogue à celle du Sahara, entre les sédentaires des oasis, cultivateurs, et les nomades, pasteurs? Or, à mesure que la culture devint plus intensive, que la rizière irriguée remplaça les champs de millet sur brûlis, on obtint de telles récoltes dans les plaines qu'on en élimina les pâtis et qu'on négligea ceux des marches ou des montagnes. On en vint même à oublier les techniques qui, par l'écobuage et l'élevage, permettaient la mise en valeur des régions accidentées. Tout l'effort du paysan se concentra sur la culture des dépressions fertiles, comme dans le Languedoc les gros rendements de la vigne sur les alluvions ont fait renoncer au soin des troupeaux et à l'utilisation des garrigues. Ainsi serait né, dans notre hypothèse, ce genre de vie qui dédaigne l'élevage et les moindres reliefs. Une fois entrée dans les habitudes, cette spécialisation se serait maintenue par la seule force de la coutume dans tout le domaine de l'expansion chinoise, même dans des pays où rien ne la justifiait plus. Ce qui est certain, c'est que cet exclusivisme étrange tire sa force d'une tradition, et non d'une adaptation rationnelle aux facteurs géographiques.

Il entraîne en effet cette conséquence que le Chinois néglige toute terre qui ne conviendrait pas à ses procédés de culture, mais à l'élevage. Il ne tire aucun parti des régions accidentées. Sans doute, le bas des pentes est généralement divisé en terrasses, jusqu'à une altitude d'autant plus forte que la population est plus dense. Sur la bordure du Sseu-tchouan, elles dépassent 800 mètres; dans les montagnes voisines de la Mongolie, elles remédient à la violence des pluies qui ravinent les versants. Les murs, en pierres sèches ou maçonnées, donnent l'impression d'un travail colossal et d'une technique qui doit remonter à des milliers d'années. Sans doute aussi, les collines sont souvent vouées aux cultures arbustives, le thé et le mûrier dans le Sud, les arbres à suif, à vernis, ou les chênes sur lesquels vivent les « vers à soie sauvages ». Mais cette occupation est très restreinte par rapport aux immenses étendues des montagnes. Elle s'arrête devant des reliefs infimes. Près de Han-keou se dressent quelques croupes de 15 à 20 mètres; immédiatement c'est un pays laissé en friches, alors que la plaine alluviale est morcelée à l'infini par le damier des rizières. Les hauts pâturages, si nous étions en Europe, nourriraient des millions de bovidés et de moutons; or c'est la solitude, souvent affreuse, car les bois ont été saccagés. L'empreinte géographique de l'expansion chinoise, c'est la destruction de la forêt, qui trace ses limites dans les pays neufs comme les marches tibétaines. Cette dévastation s'aggrave trop souvent par le ravinement des torrents. Lorsque le Ngan-houei fut colonisé à nouveau après les ravages des Tai-ping, les montagnes furent déboisées et dépouillées de leurs arènes qui obstruèrent des rivières jadis navigables. Dans les plaines, on ne trouve guère d'arbres qu'auprès des maisons et des sépultures; aussi est-ce là seulement qu'ont persisté beaucoup d'espèces animales.

Les plaines n'ont pas en effet un pouce de terre perdu. Tout l'effort du paysan se concentre sur elles, alors qu'en Europe les guérets se complètent par les prairies ou même par les landes où vont paître les troupeaux qui les fertilisent. Le Chinois ignore ce rapport rationnel entre l'agriculture et l'élevage. N'ayant pas de fumier, il y supplée en apportant dans ses champs les boues des canaux, les limons des rizières, les déchets les plus variés et les plus immondes, surtout l'engrais humain dont l'odeur imprègne tout le pays. Nos agronomes admirent mille procédés curieux dans l'art d'accommoder les détritus; Richthofen prétendait même que l'expansion chinoise s'arrêtait là où ils devenaient insuffisants, parce que la population ne suffisait pas à engraisser ses champs.... Bien ingénieuses aussi sont les pratiques de l'irrigation, qui se diversifient selon les conditions locales, en employant des instruments simples, commodes, peu coûteux, comme du reste tout le matériel rural : soit le panier en bambou tressé, soit l'écope à balancier, soit la pompe à chapelet, mue par les bras ou par les pieds, soit ces grandes norias actionnées par le courant, dont certaines atteignent 10 mètres de diamètre et peuvent arroser 70 hectares en vingt-quatre heures. L'irrigation joue un tel rôle qu'elle a suscité toute une réglementation. Ainsi, dans la cuvette de Tcheng-tou, le gouverneur délègue un mandarin d'un grade élevé pour surveiller les prises d'eau. Le système de canalisation est si parfait que toutes les terres reçoivent en temps voulu l'eau dont elles ont besoin; la répartition est si équitable que personne ne réclame jamais. Dans chaque village, les conseils de notables sont responsables si les canaux fonctionnent mal. Il serait intéressant de comparer ces règles à celles des huertas de Valence ou de Perpignan, et aussi de rechercher dans l'histoire comment elles se sont formées, peut-être transformées en passant des oasis turcomanes aux plateaux lœssiques où l'irrigation est si nécessaire et si difficile, puis aux alluvions des grands fleuves, où il faut lutter contre l'excès de l'eau autant que contre son défaut. Il faudrait suivre, à travers ces milieux si divers, l'adaptation de la technique et de l'organisation des eaux, qui peuvent avoir fortifié la cohésion de la commune rurale (pl. X, B).

Ainsi engraissé et arrosé, le champ reçoit les façons culturales les plus minutieuses et les plus fréquentes : binages, sarclages, etc. C'est un véritable jardinage, d'autant plus absorbant que les instruments, très primitifs, visent plutôt au bon marché qu'à alléger la fatigue. Le Chinois épargne sur tout, sauf sur sa peine. Mais aussi il obtient beaucoup. Dans le Sud, il fait produire parfois deux ou trois récoltes sur le même sol. La récolte du riz, à la fin de l'été, est

Fig. 10. — Culture du riz, d'après un dessin chinois (extrait du *Keng-tche-tou*).

Les semailles dans la rizière couverte d'eau.

suivie au printemps de celles du blé, ou de l'orge, de l'avoine, de l'opium, des légumineuses. Ou encore les cultures se mêlent, comme dans la *coltura promiscua* de la Toscane. Au Bassin Rouge, l'oranger et le mûrier dressent leur dais sur le blé et le colza. Au Tche-li, le blé alterne avec les files de sorgho, avant d'être remplacé par les haricots soja. A l'embouchure du Fleuve Bleu, on plante le coton dans le blé. Notons que la Chine, plus encore que l'Inde, affectionne ces cultures, le riz, le coton, le mûrier, le thé, qui appellent des familles nombreuses (fig. 10 et 11).

Une culture aussi intensive suppose et, d'autre part, elle peut alimenter une très forte population. Un agronome américain qui l'étudia avec soin pour l'édification de ses compatriotes, King, estimait qu'il lui suffit de 6 à 7 ares de bonne terre pour nourrir une personne. Les régions semblables sont donc des pays d'exploitations et de propriétés naines, de densités atteignant celles des districts industriels d'Europe. Mais n'oublions pas que ces densités se limitent aux plaines, souvent surpeuplées; elles s'arrêtent aux moindres reliefs, qu'elles laissent soit au désert soit aux aborigènes.

Dans des pays aussi souvent désolés par la guerre étrangère ou civile que la Chine, on peut se demander si ce type de culture est solide, capable de se reconstituer facilement. La réponse doit varier selon les régions. La Terre Jaune a la singulière propriété de recouvrer elle-même sa fertilité sans apports étrangers; aussi la charrue a pu sillonner le Chen-si très peu de temps après la révolte musulmane. La Chine du Sud, au contraire, n'a réparé que lentement les ravages des Tai-ping, même dans des régions aussi fécondes que le Tcho-kiang; à plus forte raison sur les sols médiocres du Yun-nan les traces de l'insurrection musulmane sont encore visibles après un demi-siècle. En effet, la culture du riz par irrigation et par terrasses étagées ne peut se rétablir que très progressivement[1].

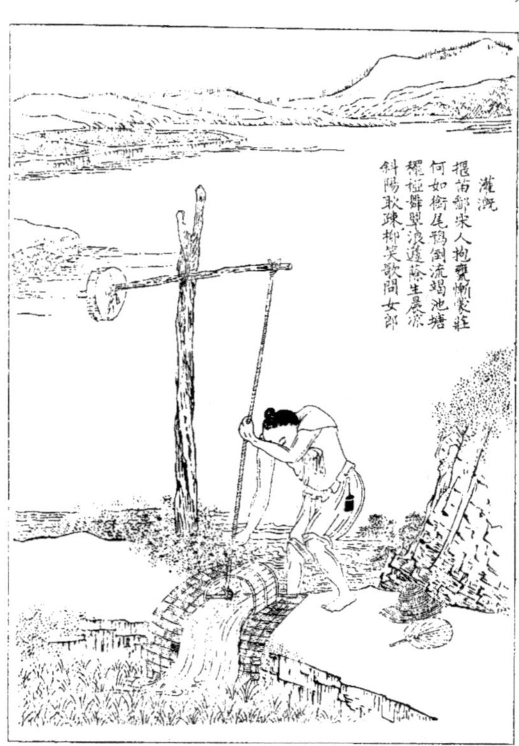

Fig. 11. — Culture du riz, d'après un dessin chinois
(extrait du *Keng-tche-tou*).

Irrigation des champs de riz après le repiquage.

L'effort de plusieurs générations est nécessaire pour restaurer cette œuvre des siècles dans un pays qui porte si profonde l'empreinte du travail humain.

Les traits essentiels de la culture chinoise se retrouvent dans tous les pays qui ont subi l'influence du Céleste Empire. Sans doute, le milieu naturel était semblable, mais l'histoire montre qu'il y a eu imitation, parfois servile. Ainsi en Corée, en Annam, bien que certaines pratiques des plus utiles n'aient pas

1. C'est faute de cette restauration que le Nord de Ceylan, jadis si prospère, est retourné à la silve déserte.

pénétré jusqu'au Tonkin (peut-être parce que relativement récentes?). Ainsi encore au Japon. Mais, si le Nippon de jadis ne savait guère mieux utiliser la montagne que le Chinois, du moins il y respectait la forêt : y a-t-il là un trait ethnique, ou l'indice que la densité n'était pas autrefois assez forte pour exiger le déboisement? Aujourd'hui la culture du Japon tend à devenir scientifique et, par conséquent, à combler les lacunes de son modèle chinois. Et le développement moderne de l'industrie, du commerce a créé dans l'archipel des modes complexes d'activité, dont l'extension est encore très réduite dans la Chine et même dans l'Inde.

L'INDE. — L'Inde est si diverse que des genres de vie archaïques ont pu s'y conserver, même parmi des populations entrées dans les cadres de la société indienne. Dans le Deccan, les villages comptent souvent quelques chasseurs de métier, qui ne sont pas moins de 32 000 dans le seul État de Haiderabad. La récolte des produits de la jungle constitue une ressource précieuse; au Chota Nagpour, 312 000 individus recueillent la laque, et, surtout en temps de famine, il leur est précieux de recourir aux productions spontanées de la nature. Des populations civilisées de la péninsule pratiquent l'écobuage dans les terrains accidentés où, après avoir produit du millet, la terre s'embroussaille pour trois à dix ans.

Mais, dans l'immense majorité des cas, la culture est assez soignée pour supporter la comparaison avec celle de la Chine (regrettons que cette comparaison n'ait pas tenté les techniciens). Comme le Chinois, l'Indien sait tirer un excellent parti de domaines exigus, à force de façons minutieuses. Il s'entend à l'irrigation, aux assolements, au choix des espèces selon le terrain et le climat; lui aussi sait associer les plantes, par exemple les pois semés avec le blé et les divers millets. Sa prétendue routine est souvent une expérience judicieuse, dont il serait intéressant de voir les variantes, non seulement selon le milieu naturel, mais aussi suivant l'ethnographie.

Cependant, si la culture rappelle celle de la Chine par la plupart de ses procédés, elle en diffère sur des points essentiels. Même dans les régions si denses où elle est portée à sa perfection, comme la plaine du Gange, elle ne paraît pas aussi intensive[1]. Dans l'Aoude, 29 p. 100 seulement de la surface utilisée portent plus d'une récolte par an, et cette proportion tombe à 3 dans la présidence de Bombay, à 0,6 dans le riche Bérar. La culture à la bêche semble bornée à quelques districts surpeuplés. On sait l'utilité des engrais, au point de semer des légumineuses pour les enfouir en vert; mais on n'applique pas à leur recherche la même ingéniosité que vers Nankin, et un souci de pureté rituelle fortifie des répugnances qu'ignore le Chinois. Les agronomes pensent que la rareté des engrais est la principale imperfection de cette technique, et plusieurs affirment que la terre s'épuise. D'après Crooke, beaucoup de « cultures dérobées » pourraient être introduites dans les Provinces Unies pour aider à passer les mois de disette; « mais les règles de la caste et la coutume empêchent d'utiliser ces sous-produits de la terre qui pourrait nourrir, s'il s'agissait de Chinois, 50 p. 100 de la population

---

1. Il y aurait à vérifier la comparaison de Slater : en Chine la culture du riz est très minutieuse; elle amène à exiger des enfants beaucoup de travail et le respect du père qui le dirige. Dans l'Inde, elle est beaucoup moins soignée et par suite elle n'impose pas une discipline familiale aussi rigoureuse; occupés non aux besognes des rizières, mais à la garde du bétail, les enfants sont beaucoup plus libres.

en plus ». Pour des motifs de même ordre, il n'y a ni les volailles ni les porcs, si nombreux et si précieux dans tout l'Extrême-Orient. Par contre, l'Inde l'emporte par la possession de millions de bovidés et d'ovins. Sans doute, elle est loin d'en tirer tout le parti possible, puisque le Brahmaniste ne mange pas de viande. Mais les familles de pâtres ne comptent pas moins de 3 271 000 personnes. Surtout chaque petit propriétaire a sa paire de bœufs, qu'il soigne avec l'amour du paysan français; le lait, sous forme de beurre clarifié (*ghi*), est un aliment substantiel qui manque au Chinois. Ce qui est plus important, c'est que ce bétail fournit l'engrais à la culture, bien qu'elle ne sache pas l'utiliser complètement. Et c'est, avant tout, qu'il va demander la plus grande partie de sa nourriture aux terres incultes. Ainsi il utilise les vastes jachères que le manque de bras ou d'attelages oblige à laisser vacantes, et les landes. Mais alors ces landes prennent une valeur. Jacquemont remarquait même dans le Pendjab que les villages les plus aisés sont ceux qui ont beaucoup de jungles, de pâtis : « la proportion du bétail aux habitants est beaucoup moindre dans ceux dont le territoire, uniformément riche et productif, est soumis à la culture; le régime des habitants y est plus misérable ». Par suite, on ne retrouve pas entre les terres cultivées et les autres le contraste qui éclate en Chine, mais une sorte de roulement : le sol est tantôt labouré, tantôt pacagé, en dehors de quelques coins stériles, abandonnés constamment aux broussailles, et en dehors des forêts, où l'Indien n'apporte pas la fureur destructrice du Chinois.

Ainsi, bien que l'élevage ne soit nullement l'objet d'autant de soins que la culture, bien que la liaison de l'un et de l'autre soit encore imparfaite, elle existe cependant. La technique indienne semble par là plus capable que la chinoise de devenir pleinement rationnelle. C'est un instrument de colonisation intérieure qui suppose plus de capital initial, et qui est plus fragile, puisque ce cheptel si nécessaire est exposé à des famines désastreuses, tandis que le Chinois n'aura besoin que de sa bêche. Mais il a cette immense supériorité de s'adapter à des régions accidentées et d'y répandre largement la vie, alors que la technique chinoise se cantonnerait dans quelques coins de vallées et laisserait tout le reste au désert. Le peuplement indien, nous semble-t-il, est étalé, cohérent, analogue à celui de la France. Le peuplement de la Chine revient aisément, en dehors des vastes plaines, au type de l'oasis; le relief le plus insignifiant s'y traduit par une « marche » inhabitée. Ne serait-ce pas une des raisons pour lesquelles les originalités régionales, même dans des régions de piètres collines, sont restées beaucoup plus accusées en Extrême-Orient que dans l'Inde?

Quelle peut être l'origine de ces diversités? Dès les premiers temps, les Chinois se sont étroitement spécialisés dans la culture, à un degré inconnu de tout autre peuple. Les Aryens, tout en se fixant, ont conservé l'empreinte de leur passé pastoral, peut-être ravivée par la religion (le culte de la vache), et les Pré-Aryens de l'Inde élevaient une foule de buffles pour leurs rizières. Or les steppes lœssiques auraient convenu à l'élevage aussi bien, sinon mieux, que les broussailles de la plaine du Gange. Dans les sociétés si traditionalistes de l'Asie, c'est à tout moment que l'explication géographique doit s'arrêter et invoquer le secours de l'histoire ou de la préhistoire.

III. — SÉDENTAIRES ET PASTEURS

Toutes les grandes civilisations asiatiques reposent sur la culture sédentaire, en lui subordonnant l'élevage ou même en le réduisant presque à rien. Or, partout elles confinent à des steppes, occupées de temps immémorial par des pasteurs nomades. D'où lutte constante entre deux genres de vie opposés. Le premier est le seul qui, du moins dans ces régions, ait créé des États vastes et stables, de la richesse, de la civilisation. Le second était celui de barbares, et de barbares infiniment moins nombreux que les sujets des grands empires. Mais alors il est curieux de voir combien, malgré cette écrasante supériorité numérique de la rizière sur la steppe, les sédentaires furent toujours incapables de contenir les nomades, chaque fois que les hordes parvinrent à s'unir pour la conquête. La raison en est-elle seulement dans leurs divisions? ou aussi dans la mobilité de leurs ennemis, auxquels leur mépris de l'élevage ne leur permettait d'opposer que bien peu de cavaliers? dans le contraste entre le tempérament de ces nomades avides d'exploits, de butin, et la passivité des paysans? La géographie médicale établira-t-elle l'influence débilitante des climats trop humides et de la riziculture dans les marais? Tout aussi régulière et quasi fatale que la conquête du sédentaire asiatique par le nomade était la transformation du conquérant, sitôt installé dans les plaines périphériques. Immédiatement, il subissait le prestige d'une civilisation supérieure, et peut-être l'action d'un climat si différent du sien; il imitait les mœurs de ses sujets. Il se trouvait d'ailleurs en trop petit nombre pour résister aisément à cette assimilation. Les Turcs et les Mongols dans l'Inde, les Mantchous en Chine ont été une aristocratie de parasites qui n'a laissé presque aucune trace sur la physionomie ethnique du pays. Ces éléments étrangers n'ont modifié en rien la vie populaire. Le laboureur ne leur a même pas emprunté ce qui pouvait perfectionner sa technique : il est frappant que la Chine, tant de fois soumise par des pâtres, n'ait rien voulu connaître de la vie pastorale même dans les confins mongols. Ces populations sont restées impénétrables par leur masse, et peut-être autant par leur extraordinaire fidélité à leur mode de vie. La civilisation s'y est maintenue malgré tant de fléaux, parce qu'elle repose sur le labeur, sur la routine même du paysan acharné à refaire les terrasses et les digues de ses rizières. Rien de plus naturel que les honneurs rendus en Chine à l'agriculture : c'est la consécration du genre d'activité qui oppose les sédentaires aux nomades voisins et qui leur a permis, si souvent subjugués, de conserver leurs mœurs, leur conception de la vie.

DEUXIÈME PARTIE

L'ASIE ORIENTALE

LA CHINE ET LE JAPON

CHAPITRE IV

LE RELIEF DE LA CHINE ET DU JAPON[1]

I. — *CARACTÈRES GÉNÉRAUX*

LE DRAINAGE DU CONTINENT VERS L'EST. — Richthofen, auquel nous devons
tant de vues d'ensemble comme de faits minutieusement observés au cours de
ses longues explorations, a insisté sur le contraste entre l'Asie centrale et les
régions périphériques de l'Extrême-Orient. Dans le Tibet et la Mongolie se juxtaposent des dépressions closes par des ceintures de montagnes, des pays sans
écoulement vers la mer, encombrés de cailloutis et de sables, couverts par une
maigre végétation de steppe. Au contraire, toute la Chine proprement dite est
drainée par de puissants fleuves qui vont recueillir les pluies tombées jusque sur
le rebord des plateaux tibétains à 5 000 kilomètres de la côte. Aussi le modelé
n'est pas resté inachevé comme dans les déserts, les régions arides. Plus varié,
mieux en harmonie avec la nature des roches, la structure du sous-sol, il porte
en chaque point la marque de l'érosion par les eaux courantes. On y trouve
aussi, il est vrai, des dépressions en cuvette. Des bassins plus ou moins fermés se

---

1. Termes géographiques chinois : *Chan*, montagne. — *Hai*, mer. — *Ho*, fleuve (dans le Nord.) —
Hou, lac. — *Kiang*, fleuve. — *King*, capitale. — *Ling*, col. — *Nan*, Sud. — *Pei*, Nord. — *Si*, Ouest.
— *Ta*, grand. — *Tong*, Est.
Termes géographiques japonais : *Gawa*, rivière. — *Nada*, partie de mer. — *San*, montagne. —
Shima, *To*, île. — *Yama*, montagne.
En Chine, depuis la réforme administrative de 1914, beaucoup de noms de villes ont été modi-
fiés. Les préfectures de première classe (*fou*) ont été remplacées par des cercles (*hao*). Les préfectures
de deuxième et de troisième classe (anciens *tcheou* et *ting*) ont été supprimées; on n'a conservé que
des sous-préfectures (*hien*). — Nous avons conservé les noms anciens, les seuls que l'on trouve dans
les atlas. L'index donne, à côté de chacun de ceux-ci, la forme officielle.
Voir les cartes générales de la Chine (fig. 31) et du Japon (carte hors texte en couleurs).

succèdent au Chan-si le long du Fen-ho; d'autres séparent les plateaux du Chen-si des monts Tsin-ling, et, au Sud de cette chaîne, le fleuve Han traverse une dépression dont l'altitude descend à 450 mètres. De même, au Sseu-tchouan, la région si peuplée à laquelle sa forme et la couleur du sol ont valu le nom de Bassin Rouge s'enfonce jusqu'à 433 mètres à Tcheng-tou, dans un épais massif dont les chaînes occidentales s'élèvent à plus de 5 000 mètres. Dans le Yun-nan, les plateaux sont troués de cavités dont un lac occupe souvent le centre. Qu'ils résultent du travail des eaux souterraines ou d'effondrements locaux ou — cas plus fréquent — d'un vaste bossellement de l'écorce terrestre, les bassins intérieurs ne sont pas rares en Chine. Mais, à la différence des cuvettes mongoles, ils sont drainés par un exutoire généralement superficiel qui les rattache à la circulation générale. Grâce à cette trouée dans les montagnes qui les enferment, ces dépressions fertiles entrent en relation avec le monde extérieur : ainsi le Sseu-tchouan par la voie du Yang-tseu. Les vallées qui rayonnent de l'Asie centrale se prêtent aux échanges, aux mouvements de population.

L'ABAISSEMENT DU RELIEF VERS L'EST. — Ce qui facilite encore les relations d'Ouest en Est, c'est que le relief s'abaisse assez graduellement dans cette direction. On descend vers l'Océan par une succession de paliers qui d'ordinaire se relèvent vers leur rebord oriental, mais sans qu'aucune chaîne méridienne vienne faire obstacle. Ces terrasses étagées sont limitées par des cassures ou des flexures de la croûte terrestre, qui s'alignent grossièrement du Sud-Ouest au Nord-Est et qui, au moins dans le Nord, se décomposent en arcs dont la convexité est tournée vers le Pacifique. Depuis la Sibérie jusqu'au golfe du Tonkin, elles séparent les hautes terres à l'Ouest, les régions basses à l'Est, obligeant souvent les fleuves à passer des unes aux autres par des rapides.

La dénivellation est plus considérable, plus brusque au Nord qu'au Sud. Les plateaux de Mongolie se relèvent à plus de 2 000 mètres dans le Grand Khingan, de 3 000 mètres dans le Wou-tai-chan, avant de venir tomber dans les dépressions de la Mantchourie et du Tche-li. Ceux du Chan-si dominent de haut la Grande Plaine chinoise qui s'étend entre eux et les monts du Chan-tong, ancien massif insulaire rattaché au continent par les alluvions. Au Sud du Yang-tseu, le ressaut devient beaucoup moins sensible. Entre la mer et les tables calcaires du Yun-nan, du Kouei-tcheou où beaucoup de villes sont à plus de 1 500 et même de 2 000 mètres, la transition est ménagée par un pays de collines, disposées en gradins dont le talus terminal n'est nulle part aussi raide que celui du Tai-hang-chan au-dessus du Tche-li. Ces basses montagnes forment la plus grande partie des provinces méridionales — et nous entrevoyons ici une des différences essentielles entre le Sud et le Nord de la Chine (fig. 12).

LA CHINE DU NORD ET LA CHINE DU SUD. — Comparons en effet les provinces orientales de l'Empire de part et d'autre du Fleuve Bleu. Au Nord, c'est une vaste plaine, parcourue par des rivières qui déposent chaque année une nouvelle couche de limon. L'irrigation, les communications sont aisées; une population généralement dense trouve à s'employer sur ce sol le plus souvent fertile, ou sur les routes, les canaux qu'utilise un trafic intense. Un immense espace s'ouvre à son activité dans la Grande Plaine chinoise, comme dans les campagnes mantchoues entre le Grand Khingan à l'Ouest et, à l'Est, ces chaînes

qui vont de l'Amour à Port-Arthur et ont longtemps protégé l'indépendance de
la Corée. Dans la Chine du Sud, plus de plaines, sauf dans quelques vallées
et quelques dépressions lacustres. Les montagnes n'atteignent pas de hautes
altitudes (dans l'Est, elles ne dépassent guère 1 500 m.), mais elles couvrent

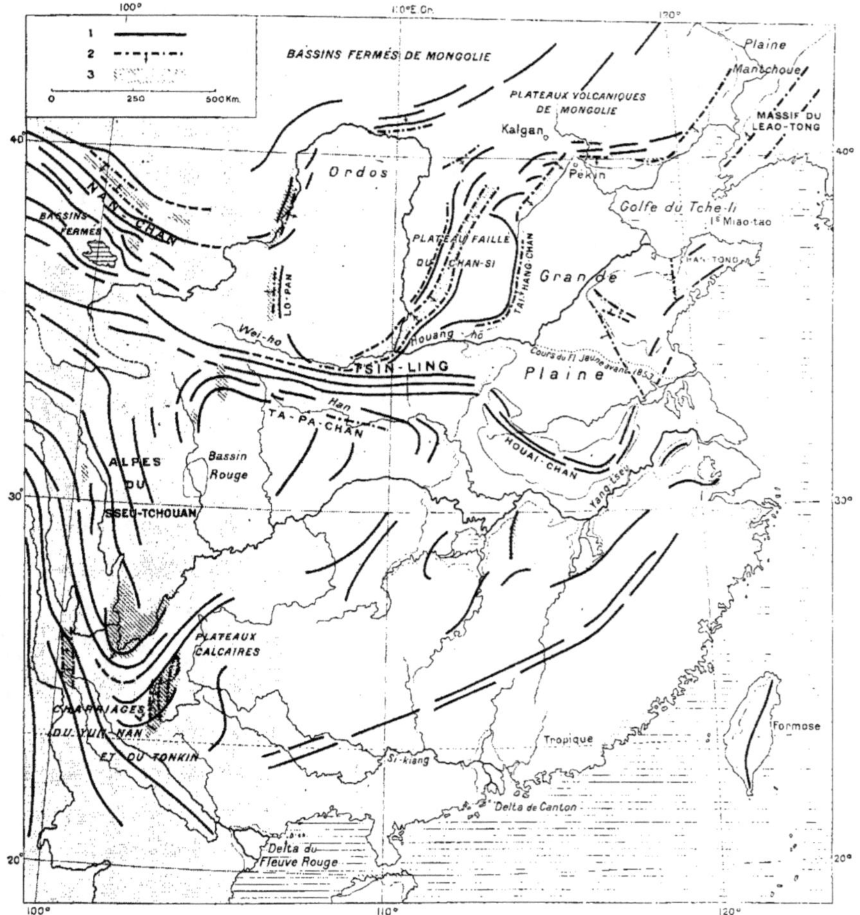

Fig. 12. — Carte tectonique de la Chine, d'après la carte séismique de la Chine, de Wong.
1, Plis et chevauchements; 2, Failles (la flèche indique les parties effondrées); 3, Régions séismiques. — On a laissé
en blanc les régions alluviales. — Échelle, 1 : 18 000 000.

presque tout le pays de leurs crêtes souvent escarpées. Plus de routes, mais des
sentiers rocailleux; les marchandises n'y sont plus transportées en voitures,
mais à dos de mulet ou d'homme. Des tribus d'aborigènes ont pu défier les
envahisseurs grâce à la sauvagerie de leurs montagnes. Le relief ne se prête pas
au pullulement de la race chinoise comme dans le Nord. Par contre, son contact

avec la mer convient mieux à la navigation. Du delta du Fleuve Rouge à celui du Fleuve Bleu, il se termine par une côte rocheuse, découpée en une multitude d'anses où s'abritent les jonques qui, plus au Nord, ne trouvent plus de refuges sur ce littoral bas, sablonneux, par lequel finit la Grande Plaine. La monotonie de ces plages et de ces bancs de vase n'est interrompue que par le massif du Chan-tong. Ici seulement, comme dans la presqu'île montagneuse du Leao-tong qui ferme de l'autre côté le golfe du Tche-li, réapparaissent les hauts rivages accidentés, les bons ports. Sur la bordure du continent comme à l'intérieur, la distribution des montagnes et des plaines explique quelques-uns de ces contrastes si frappants entre la Chine du Nord et celle du Sud.

Entre l'une et l'autre, vers l'Ouest, ils éclatent brusquement quand on franchit la barrière des Tsin-ling (pl. XI, A). Venant de l'Asie centrale s'enfoncer comme un coin jusque dans le Ho-nan, épais de 150 kilomètres avec une altitude moyenne de 2 500 mètres remarquablement constante, ils font une limite pour le climat, la végétation, la vie humaine. Le Nord connaît des hivers rigoureux, très secs, avec des vents violents, des trombes de poussière qui parcourent des plateaux chargés d'un limon singulièrement fertile, la Terre Jaune. Au Sud, le climat reste doux, même l'hiver; les pluies plus abondantes et plus régulières permettent des récoltes plus variées, bien que la Terre Jaune s'arrête généralement au rebord des Tsin-ling; le blé domine dans le Nord, et le riz dans le Sud avec le thé, la canne à sucre. C'est un peu au Sud du massif que disparaissent beaucoup de végétaux d'affinité méridionale : le palmier *Chamærops*, le bananier, l'oranger et des arbres à feuilles persistantes. A l'Est de 112° longitude, les chaînes des Tsin-ling s'abaissent; elles semblent dévier vers le Sud-Est, en diminuant de largeur et de cohésion comme d'altitude. A partir de Ngan-king, elles laissent la Grande Plaine s'unir à la vallée marécageuse du Yang-tseu et arriver jusqu'aux collines du Tcho-kiang. Du Fleuve Bleu au Fleuve Jaune et au Pei-ho, ce sont alors les mêmes aspects : plaines alluviales, rizières, étangs et canaux; ce sont les mêmes paysages, avec une lente dégradation de la nature méridionale. Rien ici ne pouvait arrêter l'expansion chinoise vers le Sud.

LES ARCS ET LES « GUIRLANDES » DU PACIFIQUE. — Quittons maintenant le continent pour les bords du Pacifique. Depuis les mers boréales jusqu'au voisinage de l'équateur, un même dessin se poursuit dans le tracé général du rivage asiatique et dans l'alignement des îles japonaises. C'est par une série d'arcs que se termine le continent, et ces courbes présentent toujours leur convexité vers l'Océan, comme celles qui limitent les hauts plateaux du Nord de la Chine. Ainsi les côtes toungouses, de l'embouchure de l'Amour à Gensan; puis celles de la Corée au Sud de ce port, de la Chine méridionale entre Changhaï et Haïphong, de l'Annam entre Vinh et le delta du Mékong. Pour les îles, il y a longtemps que l'on a remarqué leur distribution en « guirlandes », en arcs. C'est d'abord l'arc des Aléoutiennes suspendues, pour ainsi dire, entre l'Alaska et le Kamtchatka; puis celui des Kouriles, entre cette péninsule et Hokkaido. Les trois grandes îles qui constituent le vrai Japon, Hondo, Sikok et Kiou-siou, décrivent aussi un arc convexe vers le Pacifique, et un autre, celui des Riou-kiou, se détache au Sud jusqu'à Formose.

Ces archipels sont très rocheux, très élevés au-dessus des flots. Parmi les

Kouriles, les Riou-kiou, plusieurs îles se dressent à plus de 1 000 mètres presque d'un seul jet. Dans l'ancien Japon, on monte à 3 780 mètres sur le Fouji-yama, le point culminant de l'Empire jusqu'à la conquête de Formose (mont Morrison, 4 150 m.). Peu de plaines ou peu étendues; c'est l'une des causes de l'émigration japonaise. A voir la carte, on prendrait ces îles souvent si abruptes pour les sommets de nouvelles chaînes encore submergées dans leurs parties basses. Ces cordillères à demi noyées doivent être considérées comme le rebord des terres asiatiques. Vers l'Ouest, en effet, elles ne sont séparées du continent que par des mers peu profondes, dont les fosses ne dépassent guère 3 000 mètres. Vers l'Est, au contraire, la sonde atteint 8 513 mètres près des Kouriles, 9 800 mètres à 50 kilomètres à l'Est de Hondo, et encore plus de 5 000 mètres à l'Est de Kiou-siou. Les archipels reposent donc sur le socle qui porte le continent, mais à sa limite extrême, au delà de laquelle l'Océan commence par une dénivellation très rapide. Nous voici amenés par là à l'idée que l'Asie se termine vers le Pacifique, soit par de gigantesques cassures, soit par des rides en voie de formation. D'autant plus que ces îles, sur toute la longueur de leur alignement, sont secouées chaque année par des tremblements de terre souvent terribles; d'autant plus encore que la plupart de leurs montagnes sont des volcans, dont beaucoup restés en activité. Les archipels arqués de l'Asie orientale appartiennent à ce cercle de feu qui entoure le Pacifique. On ne compte pas au Japon moins de cent soixante-cinq volcans éteints et de cinquante-quatre volcans actifs.

II. — *LES FACTEURS DU RELIEF : PLISSEMENTS ET EFFONDREMENTS*

Suess a comparé les ondulations de l'écorce terrestre, dans ces régions, à des vagues qui seraient nées aux confins méridionaux de la Sibérie et se seraient propagées vers le Sud[1], traversant le centre et l'Est de l'Asie, avec une direction presque constante Ouest-Nord-Ouest–Est-Sud-Est. Ce sont les Altaïdes, auxquelles appartiennent le Tian-chan, le Kouen-lun, le Nan-chan et les Tsin-ling. Aux abords du lac Koukou-nor, Loczy distingue jusqu'à cinq chaînes alpestres parallèles; plus à l'Est, elles divergent et semblent disparaître sous la « Terre Jaune » qui couvre les reliefs de la Chine septentrionale. Leur direction primitive se retrouve dans la muraille que longe le Wei, c'est-à-dire dans le rebord des Tsin-ling, puis dans l'Ouest des monts Houai-chan.

Le système des Tsin-ling sépare deux régions différentes comme passé géologique et comme architecture du sol.

Le massif plissé de la Chine du Sud. — Dans la Chine du Sud-Est dominent les plissements. Des cuvettes du Sseu-tchouan à Changhaï et Canton, s'étend un massif où partout, sinon dans le relief actuel, du moins dans la disposition des strates, apparaissent des plissements Sud-Ouest–Nord-Est, d'une régularité, d'un parallélisme remarquables (pl. XXV, B). Sans le travail de l'érosion, la Chine du Sud-Est ressemblerait assez au Jura oriental, mais à un

---

1. Actuellement on pense plutôt que la poussée serait venue de l'Océan, ou que le Centre de l'Asie et la mer intérieure qui l'occupait en partie, la Tethys des géologues, ont été comprimés entre des massifs anciens situés, d'une part, au Sud de celle-ci, de l'autre, dans la Sibérie orientale et le Turkestan chinois. Mais bien des vues de Suess restent acceptables.

Jura qui s'étendrait sur 10 degrés de latitude et 20 degrés de longitude. A cette direction Sud-Ouest–Nord-Est, caractéristique de la Chine, a été donné le nom de direction sinienne. Préparés depuis l'Archéen, ces plissements se sont achevés pendant le Secondaire, après avoir été plusieurs fois arasés et recouverts par la mer. Au Jurassique, la Chine du Sud émergea définitivement, et, dès lors, elle ne subit plus de plissements, mais seulement des effondrements dans l'intervalle des anticlinaux. Vers le Nord, les plis siniens s'infléchissent en rencontrant la barre rigide des Tsin-ling; ils viennent s'y souder en prenant une direction Ouest-Nord-Ouest–Est-Sud-Est, très visible dans le Ta-pa-chan. Vers l'Ouest de la Chine méridionale, ils rejoignent d'autres systèmes de plissements, plus récents. Ces plis « indochinois » semblent parcourir toute la région où la Chine confine au Tibet et à la Birmanie, avec une direction Nord-Sud. Ils formeraient les massifs formidables des Alpes du Sseu-tchouan. Dans le Yun-nan et le Kouei-tcheou s'étend une vaste plate-forme, un Causse, de calcaires carbonifères. On a signalé des charriages importants dans le Yun-nan, et il paraît probable que les nappes du Tonkin proviennent de cette province, de telle sorte que le Sud de la Chine se serait avancé sur le Nord de l'Indochine. Mais, au voisinage du Tonkin comme à celui du Tibet, bien des recherches géologiques seraient encore nécessaires.

LES EFFONDREMENTS ET LES CASSURES DE LA CHINE DU NORD. — Si la structure de la Chine méridionale a été déterminée surtout par des plissements, celle du Nord est due surtout à des effondrements. Sans doute on y reconnaît des contractions de l'écorce terrestre, anticlinaux et synclinaux. Croisant parfois d'autres alignements, les plis siniens se poursuivent dans les péninsules du Chan-tong, du Leao-tong, et sans doute, au delà de celle-ci, dans les chaînes orientales disloquées de la Mantchourie; de même dans une grande partie de la Corée; de même le Grand Khingan, au moins vers le Nord, est une montagne plissée. Mais, ce qui caractérise toutes ces régions situées au Nord des Tsin-ling, c'est leur architecture tabulaire : des plateaux, hachés de fractures qui ont souvent donné issue aux laves, et des plaines d'effondrements. Les mers qui s'attardèrent vers le Sud de la Chine se sont retirées du Nord dès la fin de l'ère primaire, découvrant un continent qui s'étendait sans doute de la Mongolie au Japon. Après avoir été aplani par l'érosion pendant des milliers de siècles, il fut brisé par des failles, et la mer pénétra dans les parties affaissées. Ainsi le Japon fut séparé de la Corée. Dans le Ho-nan la chaîne des Tsin-ling fut rompue, et son extrémité orientale s'abaissa. Le massif du Chan-tong fut isolé et devint une île. Surtout une immense dépression se forma entre les monts du Chan-si, du Tche-li, du Grand Khingan à l'Ouest et, à l'Est, ceux du Chan-tong, du Leao-tong, de la Mantchourie orientale. Les mers qui envahirent la majeure partie de cette aire en ont disparu aujourd'hui, exception faite pour le golfe du Tche-li. Ailleurs, elles ont été comblées par les sédiments arrachés aux terres voisines; c'est par ces alluvions déposées dans un fossé tectonique qu'ont été formées les fertiles campagnes de la Mantchourie et de la Grande Plaine chinoise. Les plateaux de la Mongolie et du Chan-si se sont affaissés vers elles par une série de paliers, limités par des systèmes de fractures ou de flexures, sur les flancs desquels il y a eu souvent un léger tassement à l'Ouest, de sorte qu'on franchit une crête pour descendre d'un gradin à l'autre. Sauf au voisinage du Fleuve Jaune, où elle dévie vers le

Sud, la direction de ces accidents reste celle des plissements siniens, Sud-Ouest-Nord-Est ; de même, celle de la grande faille qui limite à l'Ouest la presqu'île par laquelle se ferme au Nord le golfe du Tche-li et qui paraît se prolonger en Mantchourie jusqu'au delà de Ghirin. Naturellement ces cassures ont favorisé l'activité volcanique.

LE VOLCANISME. — De Nankin à l'ancien cours du Fleuve Jaune, il y a une quantité de cônes et de coulées de lave. Le basalte ou le trachyte se trouvent à l'entrée du golfe du Tche-li, dans les îles Miao-tao et dans les deux péninsules voisines, dans les montagnes voisines de la frontière coréenne et très loin vers le Nord aux environs de Mergen. Au Nord-Ouest de Kalgan, le plateau de Mongolie est recouvert par des coulées de basalte sur plusieurs milliers de kilomètres carrés. Si les forces éruptives ont laissé moins de traces sur le rebord méridional du plateau, elles se décèlent près des tombes des Ming (Nankin) et apparaîtraient sans doute en bien d'autres endroits, si leurs dépôts n'avaient été ensevelis sous les limons. Tandis que, sauf près de la Birmanie et de la côte Sud-Est, elles sont presque inconnues dans la Chine du Sud, on peut considérer que les grandes plaines alluviales du Nord, préparées par des effondrements, reposent sur des produits volcaniques. Mais c'est surtout dans les arcs insulaires que les forces éruptives se manifestent ; assoupies en Chine, elles sont encore à l'œuvre au Japon (pl. XI, B).

Dans l'ensemble des archipels japonais, il est facile de reconnaître une certaine symétrie de structure. La terre principale, Hondo, recourbée en arc de cercle, est accompagnée au Nord comme au Sud d'une île étendue, et dans chacune de celles-ci pénètrent les alignements volcaniques d'un archipel secondaire, en forme d'arc : les Riou-kiou dans Kiou-siou, les Kouriles dans Hokkaido.

Parmi les Riou-kiou, on peut distinguer une rangée extérieure tournée vers le Pacifique, constituée surtout par des roches primaires, et une rangée intérieure d'îles plus petites, où l'on ne compte pas moins de quatorze volcans ; c'est exactement la disposition des Antilles, des îles Nicobar et Andaman, des Mariannes. Cet arc paraît s'attacher au Nord de Formose, où existe un groupe de volcans actifs, et se continuer dans l'intérieur de Kiou-siou par une ligne de volcans jusqu'au mont Aso.

L'arc qui lui fait pendant au Nord, celui des Kouriles, semble tout entier constitué par des roches volcaniques ; on y a dénombré trente-six volcans, dont la moitié en activité. Il vient traverser le Nord-Est de Hokkaido jusqu'à empiéter sur les chaînes centrales de cette île. Composées de terrains crétacés, de schistes cristallins et de granites, celles-ci s'étendent de part en part, déterminant les saillies du cap Yerimo au Sud, du cap Soya au Nord et, au delà de celui-ci, elles se prolongent dans la Cordillère principale de Sakhaline. Vers l'Ouest, au delà de la dépression marécageuse de Sapporo, Hokkaido s'élargit en un puissant massif volcanique, puis se rétrécit, se recourbe autour de la baie des Volcans, et, dans cette partie terminale, c'est la structure de Hondo qui s'annonce.

Telle que celle-ci a été décrite par Naumann en 1895, elle apparaît comme assez simple. Les montagnes de Hondo et de Sikok correspondraient à deux Cordillères en arc, tournant elles aussi leur convexité vers le Pacifique. Elles se rejoindraient à l'Ouest de Tokyo. Au point de rencontre, le long de fractures transversales, s'est produit un effondrement Nord-Nord-Ouest–Sud-Sud-Est, la *fossa magna*, et se sont dressés les volcans qui accompagnent le Fouji. D'autres séries de cassures ont contribué à morceler les plissements et à multiplier les phénomènes éruptifs. Ce sont d'abord des dislocations grossièrement parallèles à la direction générale de Hondo et de Sikok. Situées sur la zone extérieure de la Cordillère, elles y ont creusé des dépressions envahies par la Mer Intérieure ou suivies par les rivières, et amené au jour les matières en fusion. Ainsi, dans le Nord de Hondo, les volcans se succèdent à l'Ouest d'une suite de vallées longitudinales depuis Tokyo jusqu'au détroit de Tsougarou, et, au delà, la dépression de Sapporo continue la même aire d'affaissement. Vers l'Est de cette ligne médiane, peu de roches éruptives. Au contraire, sur les bords de la mer du Japon, on trouve des bassins d'effondrement dont chacun a été occupé par un massif volcanique, depuis le Sampei jusqu'à l'Iwaki et aux volcans du Sud-Ouest de Hokkaido. Les minutieuses études poursuivies par les géologues japonais n'ont guère modifié cette esquisse dans ses lignes essentielles, sauf dans le Nord de Hondo. Dans cette région, il n'y a pas de cordillère parallèle à la côte, mais bien plusieurs zones de plissement alignées Nord-Ouest–Sud-Est; la direction du littoral provient de fractures qui ont tranché obliquement ces plis. Mais pour le reste le schéma que nous venons de retracer ne paraît pas inexact. En particulier, l'importance de la *fossa magna* n'a pas été exagérée; ce grand alignement semble même se continuer très loin vers le Sud par les archipels des Schitchi-to et des Bonin.

III. — *LES FACTEURS DU RELIEF :*
MOUVEMENTS RÉCENTS DU SOL, ÉROSION

Il ne nous suffit pas de connaître la structure profonde du sous-sol avec ses dislocations; il nous faudrait étudier l'œuvre de l'érosion et voir si, dans ces régions comme dans bien d'autres, son évolution ne dépend pas de mouvements d'ensemble, de gauchissements relativement récents. Bien peu d'explorateurs se sont placés à ce point de vue; grâce surtout à Bailey Willis, nous possédons quelques faits très suggestifs et un début de synthèse, mais celle-ci reste locale et provisoire.

Les cycles d'érosion. — Des environs de Pékin aux cluses du Yang-tseu, nombre de rivières traversent les massifs par des vallées très encaissées, des cañons profonds parfois de 1 000 mètres à 1 200 mètres, qui témoignent d'un creusement actif et récent. Cette violence toute juvénile de l'érosion dans ces vieilles montagnes nous conduit déjà à supposer que celles-ci viennent d'être exhaussées par un immense mouvement d'ensemble. D'autre part, ces ravins abrupts s'entaillent souvent dans des vallées beaucoup plus larges, à fond plat, aux versants très adoucis; quand on sort des gorges, on découvre plus haut de vastes surfaces peu ondulées, qui décèlent une usure complète des anciens reliefs tectoniques par une érosion prolongée. La disposition de ces formes de maturité au-dessus de vallées très jeunes prouve l'existence d'au moins deux cycles d'érosion, dont le premier était déjà très avancé quand un changement du niveau marin l'interrompit, raviva l'érosion et fit débuter le second cycle.

Une analyse plus délicate a fait reconnaître jusqu'à quatre stades dans le Tche-li et le Chan-si. Les traces du plus ancien se sont conservées dans le massif

Phot. Geol. Survey China

A. — LES TSIN-LING A LA FRONTIÈRE OCCIDENTALE DU HO-NAN.

Vers les sources du Lo-ho. Chaînes de calcaires marmoréens, coupées de cluses profondes.

Phot. Francis Ruellan

B. — RELIEFS VOLCANIQUES DU JAPON.

L'étang de Taïsko, formé par une coulée de laves du volcan Yakegadake, en 1925.
36°20' latitude Nord, 137°40' longitude Est Greenwich.

Phot. Bailey Willis.

A. — LE WOU-TAI-CHAN (CHAN-SI).

Un des sommets arrondis du massif (2300 m.). Pagode marquant une piste de pèlerinage.

Phot. Bailey Willis.

B. GORGES DU TA-NING-HO, AFFLUENT DU YANG-TSEU (SSEU-TCHOUAN).

Escarpements calcaires. Au-dessus, topographie ancienne, très émoussée.

du Wou-tai-chan à l'Ouest de Pao-ting (pl. XII, A). Vers 2 400-3 000 mètres on voit de larges sommets arrondis, des dômes couverts d'une puissante couche d'argile sableuse. Leur niveau est à peu près constant; si l'on faisait abstraction des ravins qui les séparent, ils appartiendraient à une même surface presque plane. Cependant les couches ont été plissées pendant l'ère primaire. Nous sommes donc sur une pénéplaine, très ancienne comme le montre l'épaisseur des produits de décomposition. Bailey Willis croit qu'elle s'étendait au début du Tertiaire sur la plus grande partie de l'Asie orientale et centrale; les plissements siniens, les reliefs primaires avaient alors été arasés presque au niveau de la mer. Le milieu des temps tertiaires fut marqué par une surrection générale, accompagnée çà et là de fractures et de bossellements qui créèrent des bassins fermés. Les eaux courantes recommencèrent l'attaque des reliefs qui venaient de renaître; un second cycle commença. Celui-ci se poursuivit, non jusqu'à la sénilité comme le premier, mais jusqu'à la maturité. A son terme, les fleuves avaient réussi à drainer les dépressions les plus voisines de l'Océan; ils parcouraient de larges vallées entre des collines d'une faible altitude relative; des seuils insignifiants séparaient leurs bassins. Un affaissement graduel mit fin à ce nivellement. Pendant le troisième stade, les rivières dépourvues de pente déposèrent des alluvions que le vent remaniait; les montagnes s'ensevelirent sous la Terre Jaune; à l'Est, elles descendaient lentement vers des plaines d'inondation, d'où surgissaient des massifs insulaires comme le Chan-tong.

Le gauchissement quaternaire. — Le quatrième stade s'ouvre avec l'ère quaternaire. Elle est moins caractérisée, comme dans le Nord de l'Europe et de l'Amérique, par l'extension des glaces (les traces glaciaires sont rares dans l'Asie orientale, sans doute soumise à un climat aride) que par une immense surélévation du continent, un gauchissement d'une amplitude prodigieuse. Bien plus que les anciens mouvements orogéniques, c'est lui qui a façonné le relief actuel de l'Asie, avec ses « toits du monde » et ses cuvettes sans écoulement vers la mer. Des montagnes créées par les plissements ou les fractures, il ne restait que des collines ou des plateaux peu élevés, quand le gauchissement quaternaire vint les exhausser et, pour ainsi dire, les ressusciter. Alors qu'à la fin du Tertiaire l'Asie centrale s'abaissait peu à peu vers le Pacifique, le mouvement d'ensemble la souleva, marquant nettement sa limite par des flexures et des failles. Dans les régions ainsi redressées, des bossellements locaux creusèrent des dépressions fermées, des bassins intérieurs. En même temps, l'érosion acquit une force nouvelle. Les rivières, obligées de reprendre leur travail, approfondirent leur lit dans les plaines et les vallées larges qui résultaient des cycles antérieurs. De là, les cañons si fréquents (pl. XII, B); de là, cette superposition de formes mûres et de vallées jeunes; de là, aussi, la sauvagerie de certaines montagnes, encore accrue par le déboisement qui a précipité sous nos yeux le ravinement torrentiel. Ainsi, c'est au début d'un nouveau cycle d'érosion que nous assistons; c'est un mouvement d'ensemble presque contemporain de l'humanité qui a porté les massifs de l'Asie orientale aux hauteurs où nous les voyons aujourd'hui. Les plissements peuvent bien expliquer l'orientation de la plupart des reliefs, mais non leur altitude relative, qui varie suivant l'intensité du bombement quaternaire.

Les contrées parcourues par l'expédition américaine ne sont pas les seules où l'on reconnaisse plusieurs cycles d'érosion. Richthofen avait décrit les massifs du Chan-tong comme les fragments d'une pénéplaine soulevée, de date très reculée. L'Est du Tibet, les Alpes du Sseu-tchouan résultent aussi, suivant Loczy, d'« une plate-forme d'abrasion ». Parfois, les massifs qui séparent les vallées s'y étendent en plateaux à perte de vue. Pourtant les couches y sont redressées, ployées; l'horizontalité des sommets a été obtenue par le décapage des crêtes anticlinales. Si ces montagnes dépassent aujourd'hui 4 000 et même quelquefois 6 000 mètres, elles ne doivent pas ces altitudes au plissement indochinois, dont les saillies avaient été en grande partie nivelées, mais à un récent mouvement d'ensemble, qui suréleva l'Asie centrale. C'est à l'époque actuelle, dit Loczy, que par suite de ce redressement les grands fleuves originaires du Tibet oriental se sont encaissés dans ces cañons profonds parfois de plus de 2 000 mètres[1]. Peut-être, ajoutait-il, arriverait-on à des conclusions semblables pour les tables du Yun-nan et du Laos; peut-être leur sous-sol est-il composé de plis arasés, et les cluses sont-elles l'œuvre de l'érosion actuelle. Cette hypothèse semble avoir été vérifiée dans le Yun-nan oriental. Les plis himalayens y furent complètement nivelés; puis les surfaces de maturité furent disloquées, séparées en compartiments que l'on retrouve aujourd'hui à des altitudes très diverses, les unes constituant des plateaux mamelonnés ou de véritables causses à plus de 1 500 mètres, les autres abaissées dans les cuvettes lacustres. Puis, après une période de calme où les rivières accumulèrent des sédiments dans ces cavités, il y eut, après le Quaternaire inférieur, un soulèvement en masse, s'amplifiant du Sud au Nord, du golfe du Tonkin au Tibet. C'est alors que les fleuves indochinois et le Yang-tseu, dans la région de sa boucle, commencèrent à creuser leurs cluses; leur approfondissement, à plus de 1 000 et même 2 000 mètres en contre-bas des surfaces mûres, est l'œuvre d'une partie seulement des temps quaternaires[2].

Ainsi, de la frontière mongole au Tonkin, de nombreux faits s'accordent pour démontrer l'influence prépondérante sur l'orographie de mouvements du sol très récents et de l'érosion contemporaine. C'est sur elle qu'il faudrait insister dans nos descriptions régionales. Malheureusement, nous ne disposons que de renseignements rares ou incertains. Il est à souhaiter que les voyageurs étudient, non plus seulement la nature du sol et les alignements tectoniques, mais aussi ces phénomènes dont la connaissance permettrait seule une interprétation du relief vraiment rationnelle.

BIBLIOGRAPHIE

Études d'ensemble : outre les synthèses d'Ed. Suess et d'É. Argand, citées p. 2 : L. Gallois, La structure de l'Asie orientale (*Ann. de Géogr.*, XIV, 1905, p. 245-258; mise au point précieuse). — L. de Launay, *La géologie et les richesses minérales de l'Asie*, Paris, 1911. — Emm. de Martonne, L'évolution du relief de l'Asie centrale (*La Géogr.*, XXIII, 1911, p. 39-58). — F. von Richthofen, Geomorphologische Studien aus Ostasien (*Sitz. K. Preuss. Akad. Wiss.*, 1900, p. 888-925; 1901, p. 782-808; 1902, p. 914-975; 1903, p. 867-918). Voir aussi, du même auteur, les ouvrages capitaux, accompagnés

1. Gregory a proposé une autre explication du réseau hydrographique; elle paraît contestable, malgré des observations intéressantes.
2. Les documents que nous possédons sur les provinces orientales de la Chine du Sud sont trop vagues pour permettre aucune analyse du relief; on sait toutefois que, dans ce pays de très anciennes montagnes, les rivières encombrées de rapides sont en pleine activité de creusement.

de cartes géologiques, cités p. 105. — W. Volz, Der Ostasiatische Landstufenbau (*Petermanns Mitteil.*, LX-2, 1914, p. 174-178).

Études régionales : Bailey Willis, Research in China (*Carnegie Institution of Washington, Publ.* n° 54, 1906, 1907), 3 vol. et atlas. — A. Cholnoky, Kurze Zusammenfassung der wissenschaftlichen Ergebnisse meiner Reise in China und in der Mandschurei (*Verh. Ges. für Erdkunde zu Berlin*, XXVI, 1899, p. 251-261). — J. Deprat et H. Mansuy, Étude géologique du Yun-nan oriental (*Mémoires du Service géol. Indochine*, I, I, 1912) (voir résumé dans *Annales de Géogr.*, XXIV, 1914, p. 236-244, et, pour les vérifications nécessaires, *Ibid.*, XXXIII, 1924, p. 79). — W. Filchner, *Wissenschaftliche Ergebnisse der Expedition Filchner nach China und Tibet*, Berlin, 1906-1914, 11 vol., dont un atlas. — K. Futterer, Durch Asien, 2. Geologische Charakterbilder, Berlin, 1905-1911, 3 vol. — Geological society of China, Peking, *Bulletin*, vol. I, 1922. — Geological Survey of China, Peking, *Bulletin*, vol. I, 1919; *Memoirs*, vol. I, 1919. Ce Service a publié au t. X de ses *Memoirs* une *Geological Map of China*, à 1 : 6 000 000; il publie des cartes géologiques à 1 : 1 000 000, de toute la Chine (la première, Pékin et Tsi-nan, a paru en 1924), outre des cartes plus détaillées pour les mines, les abords des voies de communication et une carte du Kiang-sou, à 1 : 500 000 (1926). — La Tokyo Geographical Society a publié, en 1923, une *Geological Map of North China…, of Southern China*, 2 feuilles à 1 : 2 000 000. — Government general of Chosen, Geological Survey, publie depuis 1925 une carte géologique de la Corée, à 1 : 50 000, avec notices en japonais et en anglais. — J. W. et C. J. Gregory, The Alps of Chinese Tibet and their geographical relations (*Geogr. Journal*, LXI, 1923, p. 153-179 (continuation orientale de l'Himalaya, mouvement épeirogénique de l'Asie centrale). — W. H. Hobbs, Les guirlandes insulaires du Pacifique (*Annales de Géogr.*, XXXI, 1922, p. 485-495). — Imperial Geological Survey of Japan, *The Geology and mineral resources of the Japanese Empire*, Tokyo, 1926; accompagne une édition revisée de la *Geological Map of the Japanese Empire with Corean Peninsula*, à 1 : 2 000 000. Voir la commode carte géol. du Japon, à 1 : 7 500 000, de N. Yamasaki et J. Brunhes, dans *L'Illustration*, 5 janvier 1924. — B. Koto, An orographical sketch of Korea (*Journal College of Science, Imp. Univ. Tokyo*, XIX, 1903). — J. S. Lee, An outline of Chinese geology (*Geological Magazine*, LVIII, 1921, p. 259-265, 324-330, 370-378, 409-420). — E. Leprince-Ringuet, Étude géologique sur le Nord de la Chine (*Annales des Mines*, 9ᵉ série, Mémoires, XIX, 1901, p. 346-430). — L. de Loczy, *Die wissenschaftlichen Ergebnisse der Reise des Grafen Bela Szechenyi in Ostasien*, I, Budapest, 1893, avec atlas (important). — E. Naumann, *Über den Bau und die Entstehung der Japanischen Inseln*, Berlin, 1885; Neue Beiträge zur Geologie und Geographie Japans (*Petermanns Mitteil. Ergzh.* 108, 1893). — W. Obrutschew, *Aus China*, Leipzig, 1896, 2 vol. — Y. Ozawa, The post-Paleozoïc and late-Mesozoïc Earth-Movements in the inner zone of Japan (*Journal of the Faculty of Science, Imp. University of Tokyo*, II, I, 2, 1925, p. 91-104). — L. Pervinquière, Constitution géologique et ressources minérales de la Mandchourie et de la Corée (*Revue scientifique*, 1904, p. 545-552, cartes). — Eug. von Romer, Flüchtige Reiseeindrucke von den Randern Asiens (*Mitt. kais. kön. Geogr. Ges. Wien*, LIV, 1911, p. 48-67, 127-164; observations morphologiques intéressantes, surtout pour le Japon). — E. Tiessen, Das Südwestliche China (*Mitt. des Ferdinand von Richthofen-Tages*, 1911, p. 1-37; utile pour la tectonique). — K. Vogelsang, Reisen im nördlichen und mittleren China (*Petermanns Mitteil.*, XLVII, 1901, p. 241-250, 278-284; L, 1904, p. 11-19). — S. Yoshiwara, Geologic structure of the Riukiu Curve (*Journal College of Science, Imp. Univ. Tokyo*, XVI, 2, 1901).

LA CHINE

CHAPITRE V

LA CHINE DU NORD [1]

On pourrait définir la Chine du Nord « le pays de la Terre Jaune », définition incomplète, mais qui en indiquerait déjà l'un des traits essentiels. Sauf quelques plaines alluviales et sauf la péninsule du Chan-tong, elle est presque entièrement couverte par cette curieuse formation à laquelle le fleuve qui la traverse, la mer où aboutit celui-ci ont emprunté leur couleur et leur nom. Vers le Nord, la Terre Jaune fait la fertilité de la Mantchourie; vers le Sud, elle s'arrête presque partout à la barrière des Tsin-ling et des monts Houai; elle arrive même jusqu'au Yang-tseu près de Nankin, mais on n'en trouve plus guère de trace ailleurs dans le bassin du Fleuve Bleu, ni dans la Chine du Sud, et sa présence dans les seules régions septentrionales suffirait à créer leur originalité. Rien que dans la Chine des dix-huit provinces, la Terre Jaune s'étend au moins sur 630 000 kilomètres carrés.

Qu'est-ce que cette Terre Jaune? On y distingue des graviers, du sable, et — c'est la formation qui la caractérise, dont le nom est devenu celui de tout l'ensemble pour les géographes européens — du lœss. Comme celui de l'Alsace, le lœss chinois est une terre d'un jaune brun, très friable, composée de particules extrêmement ténues de sable et d'argile, mélangées de calcaire qui, à certains niveaux, se rassemble en concrétions bizarres. La masse est traversée par un réseau de conduits capillaires, presque toujours verticaux, qui se ramifient seulement vers le bas. Grâce à cette disposition, la Terre Jaune, perméable à l'excès, boit l'eau comme une éponge, tant que les pores n'ont pas été bouchés; par suite, pas de ruissellement à la surface, mais des routes boueuses. Autre trait distinctif, en relation peut-être avec ces tubulures verticales : la tendance à se décomposer en pans verticaux. On ne descend pas dans les vallées par des versants arrondis ou aplatis, mais par une succession de terrasses séparées par des abrupts souvent hauts de plus de 20 mètres; ainsi, près de Houai-king, dans le Ho-nan, le Houang-ho longe des falaises verticales de lœss dont il sape la base, provoquant l'éboulement de masses hautes de 30 mètres. Toutes les

1. Pour suivre les descriptions régionales, se reporter, soit aux croquis spéciaux qui les accompagnent, soit aux cartes générales de la Chine : carte tectonique, fig. 12, p. 57 (pour le relief); carte économique, fig. 27, p. 153; carte politique, fig. 31, p. 171.

vallées sont ainsi des gorges, limitées par des murailles, ce qu'explique en partie la circulation souterraine. En effet, sur un sol aussi poreux, l'eau s'infiltre jusqu'à la rencontre, soit d'un lit de concrétions calcaires, soit d'une roche imperméable dont elle suit désormais la pente comme un ruisseau souterrain; mais les parois de ce canal, la voûte qui le couvre s'écroulent de proche en proche jusqu'à atteindre la surface. Ainsi se creusent des cañons, comme celui que Michaelis vit dans le Chen-si, descendant à 266 mètres de profondeur par une série de vingt-cinq gradins. Des épaisseurs pareilles ne sont pas absolument exceptionnelles, du moins si l'on tient compte des formations associées au lœss typique. On a exagéré; mais les évaluations les plus modérées donnent encore à cet ensemble 400 mètres en quelques points du Kan-sou. Comme l'épaisseur de la Terre Jaune, son altitude varie de façon déconcertante. Si dans le Tche-li elle s'étale presque au niveau de la mer, elle monte fréquemment à plus de 2 000, même à plus de 3 000 mètres sur les bords du Koukou-nor, aux confins du Tibet. Et c'est la difficulté capitale dans une théorie sur l'origine du lœss : comment peut-il se trouver avec la même structure, les mêmes propriétés, dans la plaine et sur le haut des montagnes? Par cette singulière distribution, il comble toutes les cavités; il couvre les régions où il domine comme d'un manteau, que dépassent seules quelques crêtes raccordées aux dépressions par des pentes douces. Le relief primitif est enseveli, exactement comme il le serait sous une prodigieuse couche de neige. Rien de plus uniforme, bientôt de plus monotone, mais aussi de plus étrange au premier abord que les plateaux de la Terre Jaune; rien de plus captivant dans la littérature géographique que les pages où Richthofen nous décrit ceux du Chan-si. A perte de vue s'étendent des plaines jaunâtres, sans aucun relief, où il semble que des régiments de cavalerie pourraient manœuvrer à l'aise. Or, que l'on quitte la route : on rencontre un ravin profond de plusieurs dizaines de mètres. Suit-on le rebord? Un autre ravin aboutit au premier; il faut le contourner en s'écartant de la direction primitive; dans celui-ci aboutissent d'autres cluses qui se ramifient à leur tour. Bientôt le voyageur est perdu, qu'il soit resté sur ces plateaux si capricieusement découpés, ou qu'il soit descendu dans ce labyrinthe de cañons. Près d'un confluent, le pan triangulaire qui sépare les deux ruisseaux se rétrécit, toujours limité par des falaises à pic; à son extrémité il se réduit à une muraille, souvent large de 1 m. 50 seulement, au-dessus de véritables abîmes; puis il se divise en blocs aux faces verticales, et c'est une variété infinie de piliers terreux, de tours jaunâtres, où parfois les villageois ont perché une pagode ou un réduit fortifié (pl. XIII). Si la Terre Jaune était parfaitement homogène, ces régions seraient infranchissables. Heureusement, chaque falaise se divise en une série de terrasses, si bien que l'on a pu ménager des sentiers de l'une à l'autre. Le topographe croit voir les courbes de niveau toutes tracées sur les versants par la succession de ces gradins si réguliers. Chacun d'eux est cultivé avec le soin le plus minutieux. Et cependant, parfois, la contrée paraît d'abord déserte; pas de maisons sur ces mornes plateaux, sinon de loin en loin une hutte pour surveiller les récoltes. Où demeurent donc les habitants? Au-dessous de leurs champs (pl. XIV, A). Ils ont creusé leurs demeures dans le rebord qui sépare chaque gradin du gradin suivant, et l'on voit s'enfoncer dans le lœss des chambres blanchies avec la chaux des concrétions ou « gingembres pétrifiés », des fermes entières, des auberges qui pénètrent à plus de 50 mètres sous terre (fig. 32). Ces habitations qui semblent nous ramener à l'âge des cavernes ont leurs avantages : bon marché, dans des pays où il y a peu ou point de pierre et de bois, température toujours égale, solidité, car plusieurs ont logé la même famille pendant des siècles. Ainsi les champs s'étagent comme sur les degrés d'un amphithéâtre, devant des parois évidées d'où, lorsque passe un voyageur, tout un peuple d'abord invisible se précipite, comme tourbillonnent des guêpes au sortir d'un nid détruit (pl. XIV, B).

Tout ce peuple vit de culture, sauf dans quelques districts miniers. Aucune forêt sur les plateaux, trop secs et battus des vents. Quand l'homme en prit possession, c'étaient des steppes; ni bois épais, ni marécages ne s'opposaient à sa marche, au défrichement, et la charrue put sillonner aisément ces sols profonds sans cailloux. Comme partout où s'étend la Terre Jaune, comme en Picardie, en Alsace, en Hongrie, dans les Prairies et les Pampas de l'Amérique, ces régions devinrent par excellence le domaine des cultures. Celles-ci montent communément jusqu'à plus de 2 000 mètres dans le Chan-si, tandis que dans la Chine du Sud, plus favorisée cependant par le climat, elles s'arrêtent vers 600 mètres. Point n'est besoin de fumer le sol pour le rendre productif; les mêmes récoltes s'y succèdent depuis des siècles, sans que sa fécondité paraisse en souffrir (sauf dans quelques régions ravinées ou couvertes de sables par le vent du désert). Il semble, dit-on, réparer lui-même ses pertes, peut-être parce que la circulation capillaire ramène à la surface les sels dissous dans l'intérieur de la masse.

Cependant les plateaux de Terre Jaune, dans la majeure partie du Kan-sou, du Chen-si, même du Chan-si, sont parmi les provinces les moins peuplées et les plus misérables de la Chine. C'est qu'ils manquent d'eau. Cette terre poreuse absorbe si vite les pluies qu'un été sec ruine la récolte partout où l'on ne peut irriguer, ce que l'encaissement des vallées rend généralement impossible; les puits n'atteignent les nappes souterraines qu'à des profondeurs de 40 et 60 mètres. Il n'y a guère d'année, dit Obrutschew, où l'une ou l'autre des provinces du Nord ne souffre de sécheresses très meurtrières causées par les vents du désert [1]. En somme, au moins pour la technique chinoise, le lœss n'a vraiment la fertilité qu'on lui attribue que là où il s'étale en couche relativement mince dans les vallées et les plaines d'alluvions, là où sa surface reste à proximité des nappes souterraines ou à portée des arrosages.

D'autre part, la difficulté des communications a pu influer sur l'évolution historique, comme elle contrarie aujourd'hui le développement économique. Il s'agit, en effet, de pays découpés par des cañons enchevêtrés, entre lesquels le chemin passe souvent par des faîtes de partage à peine assez larges pour le porter, parfois même minés par-dessous, de façon à présenter le profil d'un rail. Ailleurs le sentier s'est encaissé de lui-même, le sol étant désagrégé par la circulation et emporté par le vent; on voyage fréquemment au fond d'une tranchée entre des murailles hautes de 20 à 30 mètres (pl. XXXI, B). Il en est ainsi, par exemple, pour l'une des routes stratégiques les plus importantes, celle de Si-ngan à Lan-tcheou. Pour éviter les ravins, elle suit le plus longtemps possible le fond des grandes vallées; elle ne s'en écarte que vers leur origine, lors-

---

1. Sowerby pense que la Chine du Nord s'assèche, à cause de l'insouciance des paysans, qui détruisent la végétation sur le lœss, et de l'avance continue des sables du Gobi et de l'Ordos par vent de Nord-Ouest. Mais en réalité cette avance est arrêtée net par l'augmentation des pluies vers l'Est.

qu'elles deviennent si étroites qu'il faut craindre les éboulements. Elle se continue alors par des chemins creux dominés par des parois d'au moins 15 mètres, sa largeur se réduit à 2 m. 50, et, de place en place seulement, des garages permettent la rencontre des carrioles, qui doivent signaler de loin leur approche. Qu'on se représente la marche d'une armée dans de telles conditions : elle ne pourra quitter les routes, et il sera facile de l'arrêter dans ces défilés ou sur le bord des précipices. Mais, si elle parvient à s'établir dans ces régions, elle pourra prolonger indéfiniment une guerre de partisans dans ce labyrinthe. Des principautés ont pu ainsi maintenir leur indépendance contre la centralisation impériale. Aussi les souverains chinois ont toujours eu pour politique de barrer l'entrée de la Terre Jaune, par la construction de la forteresse de Tong-kouan au coude du Houang-ho, par celle de la Grande Muraille qui devait protéger le Chen-si contre les nomades de l'Ordos, par le choix de villes de cette région comme résidences.

L'ORIGINE DU LŒSS. — Quelle peut être l'origine de la Terre Jaune, avec ses caractères si spéciaux, avec l'incroyable diversité des altitudes où l'on peut l'observer? Richthofen a vu dans le vent la cause première, essentielle, de sa formation. A l'époque où se déposa le lœss, dit-il, l'Est de la Chine était occupé par des bassins sans écoulement vers la mer, analogues à ceux de la Mongolie. Dans l'intérieur de ces cuvettes, autour de lacs salés en voie de dessèchement, s'étendaient des steppes désertiques, comme celles que parcourent, dans le Gobi, des ouragans de sable assez épais pour cacher le soleil. Or la désagrégation des roches, si active dans les régions de ce genre, livre à ces tourbillons des masses de débris qu'ils roulent, qu'ils rendent de plus en plus ténus, qu'à la fin ils emportent en nuées de poussière. Après la bourrasque, si ces particules tombent sur un sol complètement dénudé, le vent pourra les déplacer sans cesse. Mais il n'en sera pas de même dans une steppe : les herbes les arrêteront; près de chaque touffe, il y aura un amas de poussière, une dune en miniature fixée par cette touffe. Bientôt la plante disparaîtra, enterrée ainsi que ses voisines, mais d'autres naîtront sur le sol ainsi exhaussé, favoriseront à leur tour la naissance de ces mottes, et la plaine s'élèvera peu à peu, tout en conservant son aspect de steppe. Ainsi deux agents sont à l'œuvre : le vent, qui pulvérise les rocailles et transporte les poussières, la végétation qui fixe celles-ci. On comprend dès lors la présence du lœss à des altitudes où le ruissellement n'eût pu constituer de dépôts de ce genre; seul le vent peut le porter assez haut pour combler les cavités des montagnes. Quant aux tubulures ramifiées, ce sont les traces laissées par les racines et les tiges des herbes ensevelies; elles nous montrent dans la Terre Jaune « le cimetière d'innombrables générations de plantes ». Tout semble donc s'expliquer dans l'hypothèse de Richthofen, la théorie éolienne, si l'on admet que chaque bassin de lœss a été jadis une dépression steppique.

A cette théorie, vraiment belle dans sa forte simplicité, diverses objections ont été présentées. Dans leur ensemble, elles nous amènent à insister sur le rôle du ruissellement, rôle que Richthofen avait indiqué, mais en le subordonnant par trop à celui du vent. Cette tendance se voit déjà chez Loczy (fig. 13). Pour lui, le lœss ne se dépose pas dans une steppe désertique. Pour arrêter ses éléments si fins, il faut une végétation assez drue; on trouvera celle-ci, non au centre de la dépression fermée, mais sur le rebord montagneux où se condensent les nuées,

où s'écoule l'eau de fonte des neiges. Ainsi le versant Nord du Nan-chan, avec
ses pluies d'été régulières, avec ses herbes qui atteignent le genou, a des murailles
de lœss hautes de 170 mètres, tandis que vers l'Est elles disparaissent à mesure
que les pluies diminuent. Le lœss, dont les molécules ont tourbillonné dans le
désert sans s'y fixer, ne se constitue donc que dans des régions beaucoup plus
humides, généralement sur les pentes des montagnes qui circonscrivent les dépressions. Mais souvent le ruissellement l'entraîne plus bas, l'étale au loin dans la
plaine, et ce lœss ainsi remanié couvre beaucoup plus d'espace que le lœss de
pure origine éolienne. Ce processus, bien observé dans le Kan-sou, explique
mieux que la théorie de Richthofen pourquoi le lœss est plus épais sur le rebord
des bassins.

Bailey Willis prête aux eaux courantes un rôle beaucoup plus important

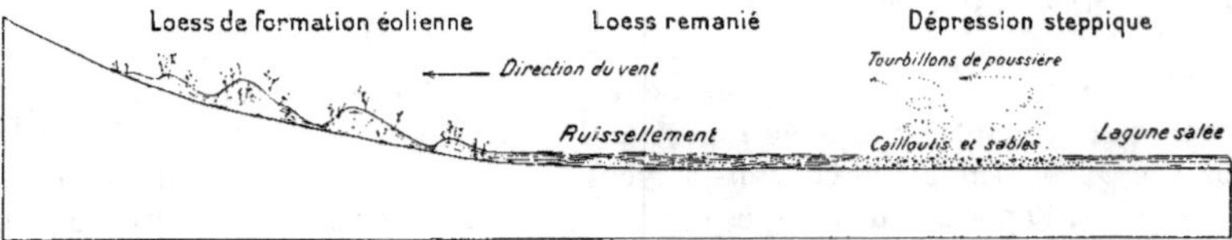

Fig. 13. — Formation du lœss, suivant Loczy.

encore. L'un des mérites de sa théorie est justement de marquer la relation entre
la formation du lœss et l'évolution hydrographique. Notons tout de suite que,
d'après ses observations, la Terre Jaune — ce que Richthofen appelle lœss —
ne comprend pas seulement un limon pulvérulent, mais aussi du sable et des
graviers, même dans les régions typiques. Toutes ces matières proviennent des
sols profonds qui recouvraient l'ancienne pénéplaine de l'Asie orientale, des
résidus de sa désagrégation superficielle. A la fin de l'ère tertiaire, quand survint
une époque de sécheresse, cette couche meuble fut dépouillée de sa végétation,
exposée aux vents et aux pluies qui la décapèrent et entraînèrent ses débris.
Transportés alternativement par ces deux forces, par le vent sur les vastes
plaines et pendant la saison sèche, par les pluies ruisselantes dans les vallées et
pendant la saison humide, ces débris furent en grande partie réduits en une
fine poussière, le lœss, mais toujours mêlée d'éléments plus grossiers. En aval
des dépressions semi-désertiques, ces débris descendaient les vallées creusées dans
un cycle antérieur, — la seconde phase décrite par Bailey Willis, — les comblaient,
remplissaient les bassins lacustres et s'étendaient sur les plaines d'inondation
voisines du Pacifique. Mais les particules les plus légères étaient reprises par le
vent, emportées sur les flancs des montagnes et s'amoncelaient sur les versants
les mieux abrités. Pendant ce voyage, tous ces dépôts se décomposaient, s'oxy-
daient; une fois fixés, ils se chargeaient de sels fertilisants, grâce au mouvement
des eaux souterraines. Ce serait aussi cette circulation de matières dissoutes qui
expliquerait les tubulures verticales, simples concrétions autour de conduits
capillaires, et non traces de graminées enfouies. Bailey Willis, comme Loczy et
Obrutschew, montre avec force qu'un climat désertique n'est pas indispensable
à la formation du lœss; il suffit du climat actuel de la Chine septentrionale,
avec ses alternatives d'été humide et d'hiver sec pendant lequel le vent souffle

Phot. Bailey Willis

RAVINS DANS LE LŒSS, HOUANG-TOU-CHAI (CHAN-SI).

Vue d'un bassin lœssique; formes caractéristiques dans le lœss stratifié : crêtes étroites,
pinacles, ponts naturels. Au loin, montagnes calcaires, limitant le bassin

Phot. Myron L. Fuller.

A. — HABITATIONS CREUSÉES DANS LE LŒSS (CHEN-SI).

Phot. Myron L. Fuller.

B. — LE LŒSS DANS LE CHEN-SI.

Gradins étagés. Entre les origines de deux profonds ravins, le faîte de partage
laisse à peine passage pour une piste suivie par une caravane.

avec rage sur un sol que ne protègent ni la neige, ni la végétation. Et de fait il se crée aujourd'hui de vrai lœss dans le Chen-si ; près de Si-ngan, un lœss semblable à celui du fond des vallées recouvre des médailles et des poteries. Ainsi la formation de la Terre Jaune, commencée au Pliocène, se continue sous nos yeux. Mais ce n'est plus dans les mêmes conditions de relief qu'à ses débuts — et c'est ici le point essentiel dans l'hypothèse du géographe américain. De l'analyse morphologique, il conclut que la majeure partie du lœss s'est déposée sur des surfaces de maturité en voie d'affaissement, si bien qu'il ensevelit peu à peu les montagnes. Puis les grands gauchissements du Quaternaire l'auraient porté à des altitudes très diverses. Les profonds cañons qui entaillent sa masse seraient dus à ce rajeunissement de l'érosion. Théorie séduisante ; car il semble bien difficile d'admettre que les ouragans les plus fréquents, les plus violents puissent combler les cavités du relief jusqu'à des hauteurs atteignant plus de 3 000 mètres, même de 4 000 mètres dans le Kouen-lun ; la surprenante altitude de ces amas paraît liée à ces efforts de surrection, dont la réalité n'est pas douteuse [1].

Les études les plus récentes ont conduit à insister de plus en plus sur le rôle des rivières (Andersson vient de montrer que les dépôts épais de lœss se trouvent dans les vallées des anciens fleuves) et sur la complexité de la Terre Jaune. Elle semble offrir une succession très composite. De puissantes couches d'argiles rouges néogènes supportent des conglomérats, des sables fins fluviatiles et, au-dessus, le lœss proprement dit, qui souvent forme un placage très vaste, mais relativement mince : quelques mètres seulement. Pour ce vrai lœss, qui présente une faune steppique, ses grains ont sûrement été roulés par le vent ; c'est bien une formation éolienne. Ainsi la théorie de Richthofen s'applique seulement à une partie de cet ensemble composite qu'il appelait le lœss ; elle doit être rectifiée, complétée en combinant avec l'action du vent celle du ruissellement et peut-être celle des mouvements du sol. Mais il y reste une grande part de vérité.

II. — *LA TERRE JAUNE DANS LE KAN-SOU ET LE CHEN-SI*

Le couloir du Kan-sou. — Si l'on examine une carte de la Chine proprement dite, on voit la province du Kan-sou se prolonger au loin vers le Nord-Ouest entre le Tibet et la Mongolie, entre les chaînes alpestres du Nan-chan et des montagnes parallèles à celles-ci, distantes de 120 à 250 kilomètres (fig. 31). C'est ici l'extrême avancée vers l'Ouest de la culture chinoise dans les steppes et les déserts de l'Asie centrale. Déjà ce couloir ressemble au Gobi par ses sables mouvants, ses lacs salés, l'absence presque complète de pluies. Tandis que les fortes averses de l'été crépitent sur les flancs du Nan-chan, les nuages amenés par le vent du Sud se dispersent au Nord dans l'air sec de la plaine que balaient des tourbillons de poussière. Les établissements humains sont de véritables oasis, de ces oasis d'un type fréquent en Asie où les sédentaires se sont établis à la périphérie des bassins fermés, au contact des chaînes bordières, comme dans le Turkestan oriental et l'Iran. Les torrents qui tombent de la

---

1. Sans doute, pour les géologues Andersson et Yin, le dépôt du lœss a suivi, et non précédé, la phase principale du soulèvement asiatique. Mais leur chronologie stratigraphique tient-elle assez compte de l'évolution des formes du terrain?

montagne ont accumulé des galets entre lesquels leurs eaux s'infiltrent, circulent et échappent à l'évaporation. La végétation a fixé les particules du lœss sur ces cailloutis, et la culture s'étend sur ce limon tant qu'on trouve assez d'eau, soit en perçant des puits jusqu'à la nappe contenue dans les graviers, soit en barrant les rivières quand celles-ci se ramifient avant de se perdre dans les sables. Aussi les voyageurs qui ont franchi les solitudes mongoles vantent-ils la gaieté et la richesse, toute relatives d'ailleurs, de ces oasis entourées de saules et de peupliers, de vergers plantureux, de vertes prairies, de champs de blé et de millet. Leang-tcheou et même Kan-tcheou dépasseraient 25 000 habitants. Ces villes aux vastes enceintes, situées par 1 500 et 1 850 mètres, jalonnent une voie importante pour le commerce et pour l'unité politique de la Chine : celle qui relie la capitale au Turkestan. A l'Ouest des dernières régions cultivées, elle entre dans le désert par la Porte de Jade, qui rappelle les temps où les marchands chinois allaient chercher à Khotan la pierre aux vertus magiques; puis elle bifurque vers cette ville et vers Semipalatinsk. Aujourd'hui encore elle est suivie par de nombreuses carrioles, par des files de chevaux, de mulets, de chameaux conduits par les caravaniers mongols. Mais ces oasis du Turkestan, ces gîtes d'étape, ont souffert d'une insécurité chronique dans un pays voisin de tant de nomades belliqueux : les Tangoutes, pillards de la montagne, les Turcs, qui fondèrent ici un empire au xe siècle, les Mongols, contre lesquels il fallut protéger la route en prolongeant la Grande Muraille jusqu'à la lisière du désert. La population même de ce couloir est remuante. Comme dans le reste du Kan-sou et dans le Chen-si, il y a ici une forte proportion de Musulmans, plus entreprenants que les autres Chinois, mais aussi plus enclins aux aventures et à la révolte. Pendant le dernier tiers du xixe siècle, le soulèvement des Dunganes dévasta tout le Nord-Ouest de la Chine. Les remparts éventrés, les villes remplies de ruines et souvent restées misérables, les fermes fortifiées, avec leurs donjons et leurs tours de guet aux angles, montrent encore quelle vague de barbarie a passé sur ces contrées situées à la limite de la civilisation.

Les confins du Tibet. — Les hauts pays situés à l'Ouest du méridien de Lan-tcheou représentent encore une de ces « marches » où se rencontrent la vie nomade et la vie sédentaire. Le Tibet s'y continue par des plateaux de 2 000 à 4 000 mètres, de larges vallées à faible pente, des cuvettes remplies d'éboulis et de sable, des massifs lourds et compacts d'une faible altitude relative. Des hordes de pasteurs bouddhistes errent dans ces mornes étendues herbeuses, de leur résidence d'hiver à leur résidence d'été, promenant leurs troupeaux de yaks ou détroussant les caravanes qui vont échanger le thé contre la laine et les plantes médicinales. Comme sur le Brahmapoutre supérieur, les cultures persistent à des altitudes singulièrement fortes. Évitant les dépressions sans écoulement, elles commencent dans une zone plus orientale, où l'abondance des pluies, la proximité du niveau de base représenté par le Fleuve Jaune ont favorisé l'attaque du plateau tibétain par les eaux courantes. Le relief sénile du plateau est ici rajeuni par l'érosion vigoureuse, qui l'a divisé en une alternance répétée de chaînes et de vallées, et qui a creusé des gorges dans les vallées largement étalées d'un cycle antérieur. Mais, ces ravins exceptés, les formes mûres dominent encore. La plupart des montagnes sont restées ensevelies sous le lœss qui adoucit les aspérités. Grâce à la fertilité de la Terre Jaune, on voit de beaux champs d'orge monter en terrasses jusqu'à plus de 2 500 mètres. Sur la route importante qui mène du grand marché de Si-ning vers le Koukou-nor, de la Chine septentrionale vers Lhassa, le dernier village de cultivateurs est à 3 100 mètres. Ces paysans sont des Chinois. Les genres de vie, les types de construction se juxtaposent dans une variété qui fait souhaiter de voir compléter les indications de Futterer. L'élevage semble plus intimement uni à la culture que dans le reste de la Chine; les huttes de torchis à toit plat voisinent avec les tentes de feutre et avec des chalets de bois, à toit très incliné, qui rappellent la Suisse. Beaucoup de ruines, ici encore, toujours à la suite de l'insurrection musulmane; beaucoup de villages abandonnés; parfois, sur l'arête qui sépare deux ravins encaissés dans le lœss, on voit une enceinte carrée, fermée par de grands murs de terre, une sorte d'*oppidum* où la population se réfugie pendant les périodes troublées (voir tome VIII, La Haute Asie).

LE HAUT HOUANG-HO — Le Houang-ho, qui draine cette région, naît vers 4 350 mètres sur les plateaux tibétains, dans une vaste dépression lacustre. Déjà celle-ci est sans aucun doute recouverte par ce lœss, qui, plus en aval, charge les eaux du fleuve au point que sa couleur foncée est passée en proverbe. « Il ne devient clair, disent les administrés des mandarins, que lorsqu'un magistrat juge selon la justice. » Tout le cours supérieur, jusqu'à la rencontre du Nan-chan, n'est qu'une suite de cañons, parfois entaillés à 500 mètres dans le lœss et le granite, et de plates vallées steppiques où le thalweg zigzague entre des marécages et des cônes torrentiels. La dépression tectonique du Si-ning-ho lui impose quelque temps sa direction (fig. 31). Près de Lan-tcheou (1 530 m.), la vallée s'élargit jusqu'à 10 kilomètres; le fleuve se divise en une multitude de canaux soigneusement entretenus; des roues à godets versent l'eau à des vergers, à de beaux champs de riz et de blé. Les remparts bordent le fleuve, traversé par un pont métallique où se coudoient Chinois, Turcs, Tibétains, Mongols : nous sommes dans la dernière grande ville de la Chine avant le pays des nomades. Ville très commerçante, ville industrielle aussi, où l'on tisse la superbe laine mongole et où l'on apprête des fourrures. 80 000 habitants, d'après les calculs de M. Grenard, vivent dans la cité murée, dont les rues se croisent à angle droit, ou dans les interminables faubourgs de boutiques et d'auberges. Plus bas, la vallée reste très peuplée jusqu'à Ning-hia, où le fleuve arrive partagé en un réseau de diverticules et de canaux artificiels. Mais ensuite il entre dans le désert. Sur près de 1 000 kilomètres, il erre « comme un étranger égaré » dans une contrée désolée dont il est le seul fleuve permanent. Pourtant, au milieu des sables où, appauvri par l'évaporation et l'infiltration, il déplace fréquemment son lit, jusqu'à Pao-tou, il y a de larges plaines alluviales dont les fils de Han, patients irrigateurs, ont pris possession. On a songé à y retenir les eaux par des barrages qui transformeraient ces dépressions en une longue Mésopotamie productrice de blé; peut-être même arriverait-on à retenir les eaux dans ces réservoirs et à les rendre moins dangereuses pour la Grande Plaine. La partie du cours du Houang-ho qui sépare le Chan-si et le Chen-si est peu connue des Européens sur près de 4 degrés de latitude. On sait cependant que le fleuve est très encaissé entre des falaises de grès et de calcaires, surmontées de lœss, parfois de coulées de basalte; qu'il descend par des rapides; qu'il traverse des régions où le charbon est activement exploité par les indigènes, malgré les mauvaises routes. Après s'être resserré à 55 mètres dans la Porte du Dragon, défilé célèbre parmi les Chinois, qui aiment surtout dans la nature les sites hérissés de rochers, il pénètre dans une vallée fertile jusqu'au moment où la barrière des Tsin-ling l'oblige à dévier vers l'Est (pl. XV, A).

SI-NGAN ET LE CHEN-SI. — Il reçoit alors son principal affluent, le Wei. C'est le type des rivières du lœss : les fleuves traversent une suite de bassins fermés, entre des cluses qui forcent parfois la route à quitter le thalweg; ils sont dominés par des falaises argileuses dont les éboulements encombrent leur lit; s'ils fournissent l'eau nécessaire aux irrigations et aux nombreux villages creusés dans l'épaisseur des terrasses, ils se prêtent très peu à la navigation; leurs profondes coupures représentent sur ces plateaux l'obstacle le plus sérieux aux communications, et, sans doute, il serait intéressant d'étudier le rôle de ces fleuves comme frontières. Dans son cours inférieur, qui suit à la toucher la muraille des Tsinling, le Wei arrose une dépression tectonique, très séismique. C'est une plaine alluviale très peuplée, très riche, où l'on peut faire souvent deux récoltes, l'une de blé au printemps, l'autre de coton en été. Ces plaines ondulées produisent une quantité de blé (on a pu les comparer aux Prairies du Canada) que le manque de communications empêche seul d'exporter. La moisson est faite par les montagnards du Kan-sou, qui descendent ici l'été. Sur la rive droite, une terrasse de lœss porte le double rempart, les constructions d'aspect archaïque et les actifs faubourgs de Si-ngan (470 m.). Sa situation en fit une métropole primitive de la Chine, comme elle lui a conservé assez de vitalité pour nourrir, d'après M. Grenard, plus de 400 000 habitants. Aux environs, le sol jonché de tumuli, pétri de débris du passé, rappelle que six dynasties régnèrent ici, de 1230 avant l'ère chrétienne à 907 après. La capitale était bien placée pour gouverner tout le pays de la Terre Jaune au temps où celui-ci formait le cœur de l'Empire. Située à 10 kilomètres du Wei, non loin du coude du Houang-ho où le défilé et la forteresse de Tong-kouan commandent l'accès de la Grande Plaine, elle voit s'incliner vers elle les plateaux du Chen-si et du Kan-sou. Par la vallée du King-ho et un col des monts Lo-pan (2 700 m.), une voie de toute première importance gagne Lan-tchou, les steppes et le monde occidental (fig. 27). Vers le Nord-Est, une route gagne Pékin par les bassins lœssiques du Chan-si; vers le Sud-Est, une autre franchit les Tsin-ling à 1 250 mètres, pour rejoindre la vallée du Han et celle du Fleuve Bleu. C'est le centre même de la Chine; on s'explique que la cour soit venue s'y réfugier en 1900, quittant Pékin trop facilement accessible aux « Barbares ».

La grande boucle du Fleuve Jaune enferme des plateaux dont le Nord continue la Mongolie : l'Ordos, bombé vers le centre (plus de 1 600 m.), couvert de steppes ou de dunes qui ont enseveli des villes anciennes (d'assez larges dépressions saumâtres sont peut-être les derniers restes d'un lac où aboutissait le Houang-ho supérieur?). Dans ces solitudes, à peine entamées vers l'Est par la colonisation chinoise, la légende place la tombe du fameux conquérant Gengis-khan, dont prétendent descendre les princes qui gouvernent les pâtres mongols. Les contrées de lœss, les terres à blé protégées par la Grande Muraille dominent l'Ordos par un rebord d'environ 300 mètres. La chaîne du Lo-pan, qui va du Sud-Ouest au Nord-Est près de Ping-leang, les divise en deux plateaux, sans pourtant former la limite du bassin du Wei, ni celle des deux provinces. Le palier du Sud-Est (environ 1 200 m.) présente une horizontalité qui contraste avec les ondulations du palier Nord-Ouest (2 000 à 2 200 m.), soit que la structure interne de celui-ci soit plus tourmentée, soit que le cycle d'érosion antérieur au dépôt du lœss n'ait pas eu le temps de le niveler comme le premier. L'un comme l'autre reposent sur des conglomérats et des grès carbonifères; ils recèlent de la houille comme le Chan-si; mais les couches houillères affleurent moins souvent. Les lacs qui ont occupé au Pliocène toutes les dépressions de la Chine du Nord-Ouest y ont laissé des argiles d'un rouge intense, très imprégnées de sel et de gypse. Tout ceci n'apparaît qu'au fond des vallées, sous une épaisseur considérable de lœss, qui s'accroît du Sud au Nord, pour y atteindre quelquefois de 300 à 400 mètres. Le Nord du Kan-sou et du Chen-si sont les pays typiques du lœss, plus encore que le Chan-si d'où l'érosion plus active a souvent enlevé ce revêtement. Partout règnent les aspects que nous avons décrits : les cañons, souvent profonds de 200 mètres, qui se ramifient dans de larges vallées laissées par le cycle précédent, les terrasses naturelles ou artificielles qui s'étagent le long de ces ravins, les mornes plateaux où l'on ne trouve ni une pierre, ni un ruisseau, ni un arbre sauf près des villages (pl. XIV, B). L'étude de ceux-ci serait curieuse. Bien que certains soient alimentés par des puits ou des mares, la plupart se cantonnent au fond des cañons où l'on va chercher l'eau. Parfois les maisons à ciel ouvert ont été abandonnées pour des caves creusées dans le lœss, parce que celles-ci sont plus près de la rivière et moins exposées aux tourbillons de poussière. Par contre, aux environs de Tsing-ning, Futterer note que celles-ci sont désertes et que l'on construit sur les routes des maisons plus modernes à prétentions architecturales. Dans plusieurs districts, les habitations souterraines sont en majorité; si les versants ne sont pas divisés en paliers, on y ménage des terrasses et des parois artificielles, et le villageois se creuse sa demeure. Beaucoup de maisons en ruines : on n'a pas encore réparé les ravages des Dunganes qui dévastèrent toutes ces régions, à la seule réserve de Si-ngan, et ceux de la Révolution sont venus réduire à la misère une grande partie du Chen-si septentrional.

Le paysan doit lutter contre un autre ennemi, éternel celui-ci : la sécheresse, peut-être en voie d'accroissement. Les confins de la Mongolie sont dans la zone extrême des pluies régulières. Peu d'années se passent sans qu'elles fassent défaut dans un district ou dans l'autre; alors c'est la famine avec son cortège d'épidémies; les champs sont délaissés et retournent à la steppe. La culture ne se maintient que par un combat opiniâtre contre le désert, par l'irrigation, que rendent difficile la perméabilité du lœss et, souvent, le relief trop accidenté. Pas assez d'humidité pour le riz : il est remplacé par le froment, l'avoine, le coton; leur exportation vaut un peu d'argent aux campagnes, et les villes achètent ces produits avec les profits du transit. En somme, ces provinces comptent parmi les plus misérables de la Chine. Les cultures sont chétives, les villages extraordinairement délabrés et parfois distants de 20 kilomètres. Seule la vallée du Wei fait exception : « elle est le sourire de ce visage morose », dit M. Grenard. D'après lui, l'expansion des Chinois est à sa limite, et relativement récente, sur ces plateaux; encore aujourd'hui, ils y ont l'air dépaysés, exilés. La moitié ou le tiers de la population, selon les districts, est musulmane, c'est-à-dire d'origine étrangère, quoique métissée. Elle vint tout d'abord du Turkestan. Et cette région est encore si peu chinoise qu'elle nourrit de nombreux troupeaux de bovidés et de moutons, qu'on mange leur viande et qu'on fabrique du pain, du vrai pain à levain. On retrouve dans quelques-uns de ses traits le genre de vie de l'Asie centrale.

III. — *LE CHAN-SI ET LES CONFINS ORIENTAUX DE LA MONGOLIE*

Au delà du Fleuve Jaune, les plateaux de lœss se prolongent dans la partie méridionale du Chan-si jusqu'au delà du 38e parallèle vers le Nord et, vers l'Est, jusqu'aux gradins qui scandent la descente vers la Grande Plaine. Mais leur architecture a été plus troublée par les mouvements récents du sol, plissements et gauchissements. D'autre part, tandis que le Chen-si vit exclusivement de la culture, la province voisine est, de date immémoriale, le centre de l'industrie métallurgique en Chine, et sûrement elle deviendra l'un des principaux producteurs de charbon du monde entier (fig. 27 et 31).

De la voie ferrée de Pékin à Han-keou, on aperçoit à l'Ouest une muraille haute de 600 à 900 mètres, crénelée comme un rempart géant : le Tai-hang-chan, qui se poursuit du Nord-Est au Sud-Ouest, depuis les environs de Pao-ting jusqu'au Ho-nan où il s'infléchit vers l'Ouest. Il correspond à une ligne de flexures qui limitent le « horst » du Chan-si, le massif resté en place pendant que la Grande Plaine s'effondrait. Comme les calcaires qui forment le rebord sont très résistants, le Tai-hang se dresse en falaises abruptes, percées de gorges souvent inaccessibles. Après avoir escaladé une succession de paliers, on arrive sur un plateau où les couches presque horizontales du calcaire carbonifère supportent celles qui renferment l'anthracite. Plus à l'Ouest, s'élève une seconde table, celle-ci constituée par les grès houillers, haute de 1 500 mètres en moyenne. Puis on redescend sur un plateau de même nature et de même altitude que le premier, mais beaucoup plus étroit. Tous ces reliefs sont recouverts par la Terre Jaune. Mais, comme le niveau de base est très proche, les rivières l'ont profondément ravinée et parfois même l'ont fait disparaître. Elles se sont enfoncées dans une multitude de cañons dont l'enchevêtrement rend tout voyage malaisé sur ces plaines si monotones à première vue. Par contre, ces coupures facilitent l'extraction de la houille, puisque, même au centre dans les grès, la plupart sont assez basses pour atteindre son niveau.

Si nous continuons notre voyage d'Est en Ouest, nous gravissons une chaîne déchiquetée de gneiss et de granite ; près de Ping-yang, elle s'appelle le Ho-chan et s'élève à 2 500 mètres ; sous d'autres noms et en diminuant d'altitude, elle se poursuit vers le Sud-Ouest jusqu'au coude du Fleuve Jaune. Sur tout son parcours, elle est accompagnée vers l'Ouest par une ligne de failles, à laquelle une autre fait face plus à l'Ouest encore ; entre les deux s'allonge la fosse tectonique du Fen-ho. La région drainée par le cours moyen de ce fleuve était déjà parvenue au stade de la maturité et avait été recouverte par le lœss quand, à l'ère quaternaire, elle s'affaissa entre les deux lignes de failles Sud-Sud-Ouest– Nord Nord-Est. En même temps, le fond de cette fosse très séismique fut bosselé, divisé en plusieurs cuvettes par des gauchissements transversaux à la direction générale des cassures. L'altitude de ces dépressions secondaires va en croissant vers le Nord : celle de Kiai-tcheou, avec sa lagune qui fournit le sel à tout le Nord-Ouest de la Chine, est à 260 mètres ; celle de Ping-yang, à 480 ; celle de Tai-yuan, la plus vaste, longue de 110 kilomètres et large de 40, est à 560 mètres ; celle de Tsin, à 870 mètres, et celle de Tai-tong, à environ 1 300 mètres. Malgré ces mouvements du sol, le Fen-ho réussit à se maintenir, sauf vers son confluent avec le Fleuve Jaune qu'il atteignait jadis vers Pou-tcheou ; un relèvement d'environ

400 mètres l'obligea à se reporter vers le Nord. En amont, il dut traverser les gauchissements transversaux par des cañons, où la raideur des parois, les rapides qui arrêtent toute navigation témoignent d'une extrême jeunesse. Ainsi, de Ping-yang à Tai-yuan par la passe de Han-sin-ling, la route ne peut suivre le thalweg et doit gagner la crête à 300 mètres plus haut. Dans les dépressions intermédiaires, le fleuve s'attarde, se divise en plusieurs bras dans de larges plaines alluviales, entre des versants très adoucis, des surfaces de maturité laissées par l'ancien cycle, qui montent lentement jusqu'aux escarpements des failles. Le lœss s'est mieux conservé ici que sur les faîtes; sans doute, il est découpé par des rivières actives; mais, grâce à sa fertilité, grâce à la profondeur des cuvettes qui atteignent les couches-houillères, la suite des bassins du Fen-ho introduit une zone de forte densité dans ces montagnes.

Vers l'Ouest, elle est dominée par une falaise très raide, haute de 600 mètres environ au-dessus de Tai-yuan. Les mêmes calcaires que nous avons trouvés en venant de la Grande Plaine réapparaissent ici, formant le rebord d'un plateau très peu connu, qui s'étend jusqu'au Fleuve Jaune. Il contient certainement du charbon, mais seulement sans doute dans le fond des synclinaux, car les couches ne sont pas horizontales comme le croyait Richthofen. Une chaîne de mica-schistes se dresse même au Nord-Ouest de la capitale, et d'autres crêtes parallèles lui font suite vers l'Ouest, annonçant peut-être dès cette latitude la structure des confins mongols.

Dans l'économie de cette province montagneuse, la culture ne joue qu'un rôle assez secondaire. Le relief est plus accidenté que dans les terres à blé du Chen-si septentrional. Sans doute, on y voit encore des surfaces tabulaires recouvertes de Terre Jaune, mais le soubassement rocheux affleure dans les chaînes cristallines, sur le rebord des gradins; même à la lisière des plateaux, le ruissellement a souvent mis à nu des grès stériles. Les régions agricoles, ce sont les plateaux, à 1 500 ou 2 000 mètres, là où l'érosion n'a pas encore pénétré, et surtout les dépressions souvent irrigables du Fen-ho, quand leur sol n'est ni sablonneux, ni salin. Mais elles-mêmes n'échappent pas au climat rigoureux qui sévit sur ces hautes terres : à Tai-yuan, la température est descendue à —23°, et le lac peut être pris par les glaces de novembre à mars. Aussi n'obtient-on en général qu'une seule récolte — encore est-elle parfois compromise par l'irrégularité des pluies — et ne sème-t-on pas du riz, mais des céréales qui annoncent un climat plus froid et moins humide : du blé, du millet. Il est vrai que l'opium est très réputé et que le Chan-si, comme les autres massifs septentrionaux, produit en abondance la « datte chinoise » : c'est le fruit d'un *Zizyphus*, une baie très nourrissante qui, séchée, se conserve des années. Dans les dépressions, les villages ont un aspect d'aisance que Richthofen ne retrouva nulle part dans l'Empire, sauf dans le Bassin Rouge; nulle part on ne voit de maisons mieux bâties, à deux ou trois étages, et chaque bourgade a sa pagode. Par contre, sur les plateaux, en 160 kilomètres, on ne rencontre parfois que deux villages de quelque importance. Bien plus qu'à leurs champs, c'est à leurs mines, à leur industrie, à leur ingénieuse activité que les habitants doivent cette richesse.

LE BASSIN HOUILLER. — Le Chan-si possède sur sa bordure orientale le bassin d'anthracite le plus étendu du monde entier; celui de la Pennsylvanie est beaucoup plus petit et, de plus, très disloqué. Or, dans le plateau limité par le Tai-hang-chan, la houille repose sur un socle calcaire assez uni; elle affleure à la surface du sol ou dans le fond des vallées; l'extraction est ainsi très facile, d'autant plus que le toit de la veine principale, souvent épaisse de 5 à 10 mètres, est formé par des couches solides de grès qui nécessitent peu de boisages. La puissance totale des veines dépasserait 12 mètres dans le Sud-Est. Non sans exagération, Richthofen évaluait à 35 000 kilomètres carrés la surface du bassin d'anthracite, qui renfermerait de 600 à 700 milliards de tonnes. Les mines importantes se groupent à l'issue des deux seules routes par lesquelles on peut descendre aisément dans la plaine : autour de Tse-tcheou et de Lou-ngan dans le Sud-Est, de Ping-ting dans le Nord (fig. 27). Des compagnies européennes ont déjà agencé des fosses en pleine activité. Plus tard, on pourra sans doute continuer l'exploitation vers l'Ouest, en allant chercher la houille sous le plateau gréseux par des galeries longues de plusieurs lieues. Au delà du Ho-chan, l'anthracite est généralement remplacée par des houilles grasses, bitumineuses, que les mineurs chinois extraient sur tout le pourtour de la dépression de Tai-yuan. Enfin dans le Nord-Ouest de la province, s'étend un bassin de houille liasique, où l'on connaît sur plus de 100 kilomètres une veine épaisse de 6 mètres. Ajoutons que les argiles supra-houillères sont utilisées dans de très importantes fabriques de poteries, et surtout que le fer se trouve souvent en abondance à un niveau voisin de celui du combustible.

Le Chan-si a toujours été le grand centre métallurgique de la Chine. C'était dans le district de Lou-ngan, au Sud de la province, que l'on forgeait les armes et les outils sous les premières dynasties; des centaines de petites fonderies, de forges, de tréfileries y produisent encore, par des procédés archaïques, de la fonte, de l'acier, du fer d'excellente qualité. Par tous les sentiers de la montagne descendent des caravanes de mulets et de coolies qui vont porter au loin les fers réputés du Chan-si. Pourtant, dès 1870, Richthofen notait la décadence industrielle de ce pays, jadis si prospère que, même dans de petits villages, on voit de belles maisons ornées de sculptures. La concurrence européenne lui a enlevé tous les marchés auxquels elle pouvait facilement accéder. Mais qu'adviendra-t-il le jour où les capitaux étrangers créeront des usines dans ces régions où les minerais de fer abondent à côté de masses prodigieuses de combustible, où une vigoureuse population fournira une main-d'œuvre patiente et déjà exercée? Et quelles bourgades inconnues, près de Lou-ngan ou de Ping-ting, deviendront les rivales de Birmingham?

Le principal obstacle au développement de la province est dans les difficultés des communications. Elles arrêtent la mise en valeur de régions entières : entre le Fen-ho et les gorges du Fleuve Jaune, on se borne uniquement à extraire le combustible nécessaire aux villages environnants; de vastes forêts ont été ainsi préservées de la hache. Ces difficultés sont d'autant plus ressenties que la population des centres industriels ne produit pas assez pour sa subsistance : même la région fertile de Tai-yuan doit importer les céréales et le coton. Le Chan-si ne possède pas de voies navigables, en raison de la jeunesse du réseau hydrographique, du déboisement qui accentue le caractère torrentiel des cours d'eau : ceci, dans un pays de mines et de métallurgie, restera un gros inconvénient. Quant aux routes, on sait combien, sur les plateaux de lœss, il est difficile de les établir et de les entretenir; ce ne sont souvent que des sentes tortueuses, menacées par les éboulements; cependant plusieurs viennent d'être rendues accessibles

Phot. Geol. Survey China.

A. CLUSE DU FLEUVE JAUNE.

Dans les calcaires carbonifères (Honan), vers 112 longitude Est Greenwich.

Phot. W. D. Jones, Cop. Univ. of Chicago Press

B. PLATEAUX LOESSIQUES DU CHAN-SI.

Région érodée, près de Tai-yuan. Cultures en gradins sur les versants.

A. — UNE RUE DE MOUKDEN (MANTCHOURIE), FIN AVRIL.

Contraste entre l'ancienne et la nouvelle civilisation. — Tas de neige à droite.

B. — LABOUR EN MANTCHOURIE, FIN AVRIL.

Plaine monotone et fertile, admirablement travaillée par les colons chinois.

aux automobiles. Pour descendre dans la plaine, il n'y a guère que trois brèches dans le rempart abrupt qui enserre la province : vers le coude du Fleuve Jaune, vers Houai-king et le Ho-nan, vers Tcheng-ting. Mettant en relations Pékin avec le bassin industriel de Ping-ting et Tai-yuan, celle-ci est très fréquentée, bien qu'assez pénible. Le rebord du plateau est ici accidenté par des plissements violents où le calcaire, la houille sont bouleversés. Les voitures de la plaine sont souvent déchargées à l'issue des passes que franchissent d'interminables caravanes de mulets. Actuellement, cette route est doublée par un chemin de fer à voie étroite, long de 243 kilomètres, qui relie Tai-yuan à Pékin. Nul doute qu'il ne hâte la naissance de l'industrie moderne.

Outre son importance commerciale, cette ligne permettra au pouvoir central d'intervenir plus rapidement dans les affaires locales. Comme l'a dit Richthofen, la possession de cette voie, c'est la main-mise sur la vie économique et politique du Chan-si. Il comparait la province à une immense forteresse enfermée dans une enceinte presque ininterrompue de cluses et de montagnes. Au centre, les dépressions qui logent les grandes villes forment entre leurs escarpements des réduits; d'accès souvent malaisé. La configuration du Chan-si en faisait comme un bastion contre une invasion menaçant le Tche-li, mais aussi elle lui donnait une existence à part et obligeait les empereurs à le ménager. Yao, qui aurait régné vingt-quatre siècles avant J.-C., établit sa résidence à Ping-yang, dans la vallée du Fen-ho; une sous-préfecture voisine, Hia-hien, fut le siège de la première dynastie héréditaire. De là on pouvait surveiller les routes qui allaient vers le Wei et le vieux pays de la Terre Jaune. Plus tard, la prépondérance passa à la région de Tai-yuan, dont la dépression est plus vaste et plus voisine du Tche-li.

La prospérité de la capitale provinciale, comme celle des nombreuses villes voisines, ne vient pas seulement de l'industrie, mais aussi de l'esprit d'entreprise qui anime cette race de montagnards vigoureux, âpres au gain. Les jeunes gens s'expatrient par centaines de mille. Beaucoup vont travailler comme commis dans de grandes villes, puis s'établissent à leur compte. Ce sont les négociants originaires du Chan-si qui font presque tout le commerce de la Mongolie orientale; on les trouve dans tout le Nord-Ouest de la Chine et jusqu'au Tibet. Et surtout ce sont les plus adroits banquiers de toute la Chine. Le commerce des fers, jadis très lucratif, a accumulé dans le Chan-si un capital que les gens de cette province vont faire fructifier dans les autres, s'appliquant aux affaires et non, comme ailleurs, aux études et à la recherche des grades. Mais l'argent ainsi gagné appartient à leur province natale. Ils se considèrent toujours comme ses fils; ils y envoient leurs économies; une fois fortune faite, ils y passent leurs dernières années, apportant avec eux le confort et même le luxe dans d'infimes villages. Il s'est ainsi développé dans ces régions industrieuses une forte vie régionale, positive et cossue, qui ne se ferme pas aux influences extérieures (tout homme instruit a voyagé), mais qui revient sur elle-même après s'être enrichie au dehors.

Les confins de la Mongolie. — Infiniment moins active, moins peuplée est la région septentrionale du Chan-si[1], et, de même, cette partie très vaste du

1. Cependant on commence à exploiter d'importants gisements de fer et de charbon à coke vers Tai-tong.

Tche-li, le « Tche-li extérieur » que ne protège pas la Grande Muraille, ce que l'on pourrait appeler les confins orientaux de la Mongolie (fig. 31). Comme dans le Chan-si méridional, le trait essentiel de la structure consiste dans une succession de gradins affaissés vers le Pacifique; mais cette descente ne se fait pas régulièrement. Elle est interrompue par une série de chaînes limitées par des cassures alignées, selon la direction sinienne, du Sud-Ouest au Nord-Est; Richthofen les comparait aux barreaux d'un gril. Le massif le plus continu, ce Wou-tai-chan que visitent par milliers les pèlerins mongols, culmine à 3 000 mètres environ (pl. XII, A). D'après Bailey Willis, ses dômes représentent les restes de la pénéplaine qui s'étendait sur toute l'Asie orientale au début de l'ère secondaire, comme les bassins de lœss voisins conservent encore les surfaces mûres créées pendant l'ère tertiaire; puis cet ensemble de sommets arrondis et de larges vallées évasées fut tailladé, disséqué par le rajeunissement de l'érosion qui succéda au gauchissement récent[1]. Les rivières qui descendent dans la plaine du Tche-li ont raviné les pentes de ces montagnes, presque toutes déboisées, dont les arêtes aiguës et les découpures fantastiques terminent l'horizon de Pékin; les plus puissantes ont traversé le rebord du massif par des cluses et se sont annexé les vallées longitudinales de l'intérieur, qui les rejoignent à angle droit. Si peu que l'on connaisse la « région du gril » dans l'intervalle des routes principales, on peut, semble-t-il, lui étendre la description que Richthofen a donnée des environs de Kalgan : un pays monotone, mais non sans grandeur, tantôt balayé par des tourbillons de poussière, tantôt baigné d'une atmosphère limpide comme celle de la Grèce, des faîtes parallèles s'élevant vers la Mongolie, séparés par de larges dépressions grisâtres où se traînent des rivières languissantes, des aspects qui rappellent ceux du Bassin Salé dans les Montagnes Rocheuses; et, dans cet ensemble assez pauvre de lignes, s'ouvrent à l'improviste les profondes gorges rocheuses des affluents du Pei-ho, souvent encombrées de dépôts torrentiels (fig. 14). Ajoutons que, dans les vallées longitudinales et les bassins intérieurs, l'érosion n'a guère, encore fait disparaître les alluvions et la Terre Jaune; celle-ci ensevelit la base de plusieurs chaînes. Ainsi le voyageur qui vient de remonter les sauvages vallées transversales a-t-il parfois la surprise de trouver des vergers, des champs de blé et de millet, qui contribuent à l'approvisionnement de Pékin, surtout des cultures de pommes de terre et d'avoine qui sont la principale nourriture des montagnards. On est étonné de voir, près du Wou-tai-chan, des villages, des terrasses semées d'avoine vers 2 000 mètres; la présence du lœss explique ces altitudes. Région assez pauvre, d'ailleurs, malgré ces quelques lopins, malgré les nombreux gisements d'anthracite et le commerce qui se dirige vers la Mongolie.

Le pays mongol commence dès le faîte du dernier barreau du « gril » dans la direction du Nord-Ouest. Au delà s'étend un immense plateau, constitué en grande partie par des schistes cristallins et des roches volcaniques que recouvre longtemps encore la Terre Jaune; c'est la partie intacte de la pénéplaine que les mouvements récents ont relevée sans la bouleverser, que l'érosion régressive n'a pas encore atteinte et découpée en hauteurs isolées comme à la bordure

---

1. Le géologue chinois Yih admet une évolution analogue pour les montagnes à l'Ouest de Pékin; ce seraient des surfaces mûres relevées, tandis que d'autres s'affaissaient pour constituer ce golfe de la Plaine dans la montagne qu'on appelle la « baie de Pékin ».

orientale de ces hautes terres. Pas un arbre : la steppe herbeuse à l'infini, parcourue par des rivières qui finissent dans des lagunes saumâtres. C'est le Tsao-ti, la « Terre des herbes », que les Chinois opposent au Mien-ti, la « Terre du blé ». On y traverse des solitudes angoissantes, jusqu'à la rencontre d'un campement mongol, de dix à vingt tentes, près duquel paissent des centaines de chameaux et de poneys, des milliers de moutons et de chèvres à long poil. Le Mongol ignore la bêche et la charrue; il vit uniquement d'élevage, déplaçant sa tente quand les pâturages sont épuisés ou pour aller vendre ses produits en pays chinois. A leur

Fig. 14. — Montagnes calcaires dans la vallée du Liou-li-ho, à l'Ouest de Pékin.

La fertilité des versants, exceptionnelle dans les calcaires de cette région, et dont témoignent les innombrables gradins de culture qui montent presque jusqu'au sommet, est due au lœss. A l'arrière-plan, tout au fond, la crête calcaire du Houa-mou-ling. Les enclos plantés d'arbres, au premier plan, sont d'anciens tombeaux. — Reproduction d'un dessin de Charles JACOT-GUILLARMOD (*Bulletin de la Société Neuchâteloise de Géographie*, XXXII, 1923, p. 45).

tour, les Chinois viennent dans la Terre des herbes, mais pour s'y fixer. Les émigrants du Chan-si méridional et du bas Tche-li, entre autres les chrétiens qui fuient les persécutions, achètent aux nomades la terre sans valeur pour ceux-ci. Leurs hameaux de pisé, entremêlés de meules d'avoine, font reculer les *yourtes* de feutre blanc. Au Nord-Ouest de Kalgan, ils ont progressé de 80 kilomètres depuis un demi-siècle. Les céréales, le thé, les cotonnades s'échangent contre les peaux, la laine, les chevaux de la steppe, dans les villes dont certaines ne sont guère que de vastes campements de caravanes. D'autres, aujourd'hui délaissées, recevaient jadis en été la cour des empereurs mongols ou mantchous : Dolonnor, que l'on appelle aussi « le Temple des Lamas », Jehol, le « Versailles de la Chine », avec ses palais et ses jardins impériaux, avec ses nombreux monastères dont l'un rappelle le Po-ta-la de la métropole bouddhique. Entre ces deux villes, le Louan-ho s'enfonce dans des montagnes sauvages qui semblent s'infléchir vers le Khingan; mais on ne sait comment celui-ci se raccorde avec les chaînons qui composent le « gril de Pékin ». Au Nord-Est du fleuve, le Tche-li

se prolonge par des régions presque totalement inexplorées : des chaînes qui
ne paraissent pas dépasser 2 000 mètres, des plateaux steppiques hauts de
600 à 900 mètres, où se traînent de maigres tributaires du Leao-ho; nulle part
les contrées arides de l'Asie centrale n'arrivent aussi près du littoral. Pourtant
la colonisation chinoise, bien qu'elle ait dépassé la Grande Muraille depuis un
siècle seulement, a déjà assez largement attaqué les steppes et les forêts des
chasses impériales vers le Nord-Est; ses défrichements vont déjà rejoindre les
campagnes beaucoup plus fertiles de la Mantchourie (pl. XVIII, A).

Si les confins orientaux de la Mongolie, trop accidentés et trop arides,
resteront toujours une terre assez déshéritée, ils sont cependant traversés par
une voie commerciale jadis très suivie, qui retrouvera peut-être son importance.
Kalgan n'est pas seulement un marché au contact des pays de nomades et de
sédentaires, mais aussi l'étape principale entre la Chine et la Sibérie. Autrefois
le thé destiné à l'Empire russe était débarqué à Tien-tsin et arrivait par la passe
de Nan-keou jusqu'à Kalgan; là on renouvelait les empaquetages, et on le
chargeait sur les chameaux qui le transportaient jusqu'à Ourga et Kiakhta, au
Sud du lac Baikal. Le trafic de ces caravanes qui animaient les solitudes du Gobi
a été très atteint dès que le thé put être expédié par le Transmantchourien.
Mais Kalgan n'a pas épuisé sa destinée. Il est relié par rail à Pékin (201 km.),
non sans de fortes rampes, il est vrai. Les Chinois, qui ont construit cette voie
et l'exploitent eux-mêmes, l'ont prolongée jusqu'au grand marché de Kouei-
houa-tcheng au Nord-Ouest du Chan-si et à Pao-tou sur la boucle du Fleuve
Jaune. Et surtout on peut prévoir qu'un jour une ligne suivra la piste des caravanes de Kalgan à Kiakhta vers le Transsibérien. Ce sera la voie la plus rapide
de l'Europe à Pékin; mais elle risque de mettre la capitale sous la menace
immédiate d'une domination russe.

IV. — LA MANTCHOURIE

Bien que l'autorité de la Chine y ait été amoindrie jusqu'ici par des entreprises
étrangères, russes, puis japonaises, la Mantchourie n'en est pas moins partie
intégrante de l'État chinois. Pour la géographie physique comme pour le peuplement, son étude se rattache à celle des provinces septentrionales de la Chine.

D'après les géologues russes, on passe de la Mongolie au Pacifique par une
série de terrasses au bord desquelles sont des zones montagneuses plissées.
La plus haute, celle de Mongolie, est limitée par les plis du Grand Khingan.
Le palier suivant constitue la plaine mantchoue, qui s'étend du golfe du Leao-
tong à Mergen, et que limite à l'Est la « Chaîne de Mantchourie », prolongée au
Sud par les collines du Leao-tong, au Nord par le Petit Khingan. Vient ensuite
la plaine du lac Khanka, et enfin le système plissé du Sikhota-Alin. Ces hauteurs
sont souvent fragmentées en massifs séparés; les rivières y coulent tantôt
en cluses, tantôt en vallées longitudinales assez larges et fortement peuplées.

Le Sud de la Mantchourie est une plaine d'effondrement, bordée à l'Ouest
et à l'Est par des failles ou des flexures qui découpent les massifs montagneux
voisins et ont facilité la venue au jour des roches ignées. Le système de cassures
où s'arrêtent les plateaux du Tche-li septentrional détermine la direction de la
côte vers Chan-hai-kouan. Cette direction Sud-Ouest–Nord-Est se retrouve dans
le rebord du Grand Khingan et dans les chaînons contournés par la boucle du

Leao-ho (fig. 16). De l'autre côté de la dépression tectonique, la péninsule du Leao-tong est limitée à l'Ouest par une faille, qui se prolonge jusqu'au delà de Ghirin avec de nombreuses manifestations éruptives; la route de Ghirin à Moukden suit le bord d'un plateau basaltique qui domine de 400 mètres la plaine mantchoue, haute en cette région d'environ 200 mètres. Entre cette plaine et la Corée, s'étend un épais massif de terrains cristallins ou primaires où la houille affleure parfois. Le relief est dû à des failles ou à des flexures; mais on peut se demander si, comme dans le Nord de la Chine, il ne s'agit pas ici de dislocations récentes qui aient morcelé des reliefs très usés. Anert insiste sur ce fait que les montagnes ont le caractère, non de chaînes, mais de massifs aux sommets arrondis ou aplatis, cela même près du point culminant qu'il appelle le plateau du Pei-chan (2 670 m.). Dans le faîte de partage entre le Soungari et le Hun-ho, à 200 kilomètres Sud-Ouest de Ghirin, Koto a reconnu une pénéplaine granitique, haute d'environ 500 mètres, avec des plateaux de basalte. Et déjà Richthofen, en 1869, montrait que les régions côtières du Leao-tong forment une « plaine d'abrasion », sans doute entraînée par un mouvement de submersion dont témoignent les échancrures voisines de Port-Arthur. Le Sud-Est de cette péninsule est découpé en baies sablonneuses, en promontoires allongés et rocheux qui s'égrènent en une multitude d'îlots et qui continuent les reliefs cristallins de l'intérieur, couverts d'une couche épaisse de produits de désagrégation. Dans le centre, c'est un pays de montagnes parfois très aiguës, fortement ravinées par les torrents qui descendent vers la baie de Corée. Les pentes qui s'inclinent vers le Nord-Ouest sont beaucoup moins rapides et moins érodées; ce versant reçoit moins de pluies, et il s'y est conservé des formes de maturité, de larges vallées évasées. Ainsi il semble bien que tous ces reliefs de la Mantchourie méridionale représentent des lambeaux de pénéplaines portées à des altitudes inégales par les dislocations récentes. Le morcellement qui résulte de ces cassures, le creusement de vallées transversales facilitent la circulation; dans le Sud au moins, les routes se glissent entre les hauteurs ou les traversent par des cols très bas; à l'Est de Moukden, les chariots lourdement chargés vont aisément, même l'hiver, jusqu'au Yalou, qu'on remonte sur la glace, puis vers la baie de Possiet. Les premières pentes de ces massifs sont couvertes de buissons; plus haut, dans les parties que n'a pas encore ravagées le colon chinois, ce sont de belles futaies de chênes, de bouleaux, d'érables, de pins et de sapins, visitées par le tigre, la panthère et l'ours (Moukden fut jadis l'un des plus importants marchés de fourrures). L'arène qui revêt les croupes granitiques, si vastes dans l'intérieur, est souvent stérile, tandis que le limon est entraîné par le ruissellement dans les vallées. Il y a ainsi dans l'épaisseur du massif ancien des dépressions au sol profond, très bien cultivées, qui peuvent exporter beaucoup de céréales, de haricots, de « soie sauvage » secrétée par ce bombyx qui vit sur le chêne de Mongolie, exportée au Chan-tong pour en faire des pongées.

Cette disposition du relief s'observe plus au Nord jusqu'au delà de l'Amour. C'est le Grand Khingan que traverse le fleuve dans une série de défilés en amont de Blagovechtchensk; c'est au travers du Petit Khingan qu'il s'engage après le confluent de la Boureia, dans une gorge de 170 kilomètres, que l'on a comparée à la percée du Rhin entre Bingen et Bonn. Comme plus au Sud, des chaînes intérieures se dressent entre les deux Khingan, et les manifestations volcaniques sont nombreuses. Le rebord oriental du Grand Khingan est accidenté de sommets coniques; d'autres se dressent aussi dans les plaines que parcourt le Nonni, notamment vers Mergen où deux groupes volcaniques furent en activité vers 1720; la rivière de Ningouta est barrée, en amont de cette ville, par une coulée de basalte. La Mantchourie septentrionale, couverte en grande partie de forêts analogues à la taïga sibérienne (voir p. 28), est parcourue par le Soungari et son affluent le Nonni.

Le Soungari naît dans le Pei-chan, massif volcanique isolé à la frontière coréenne; il traverse la « Chaîne de Mantchourie » où s'insinuent nombre de fertiles vallées. Hors des montagnes, il parcourt la plaine mantchoue, formée ici de grès quasi horizontaux, de schistes argileux et de sables, où il déplace souvent son lit. Peuplée à la périphérie, cette plaine devient un désert de sable vers le centre de la cuvette où arrive le Nonni. La steppe de Mongolie, par le Gobi oriental, s'avance à l'Est du Grand Khingan jusqu'aux coudes décrits par le Soungari et le Leao. L'aridité est marquée par les dunes mobiles, les lacs salés, les rivières sans écoulement, les armoises, les euphorbes, les toits plats de Potouné où le pâtre mongol et le cultivateur chinois échangent leurs produits. Vers Kharbin, le Soungari est déjà rentré dans la zone forestière et agricole qui avoisine le Petit Khingan; après avoir franchi ces hauteurs, il coule en palier jusqu'à l'Amour. Il est navigable pour les jonques, selon le niveau très variable de la crue estivale, jusqu'à Ghirin ou seulement jusqu'au confluent du Nonni, et celui-ci, depuis Mergen, ou depuis Tsitsikar. Entre son bassin et celui du Leao, il n'y a aucun obstacle naturel; c'est toujours ce grand couloir qui est la partie vitale de la Mantchourie. Le Leao y serpente dans une plaine large de 100 kilomètres, au milieu des dépôts alluviaux qui ont rempli cette fosse tectonique et en ont fait la fertilité; ses limons sont dominés çà et là par de larges terrasses de cailloutis fluviatiles ou lacustres, ou encore par des dômes volcaniques. Il se termine parmi de vastes salines en un delta dont l'avancée est si rapide que Nieou-tchouang, jadis le principal débouché de la Mantchourie, a dû se déplacer de plusieurs kilomètres. Au Sud de la barre s'étendent d'immenses bancs de vase où les glaces s'amoncellent l'hiver et bloquent l'entrée du fleuve.

La plaine mantchoue a en effet un climat continental avec des froids très vifs l'hiver, surtout quand souffle le vent du Nord-Est. A Moukden, si la température moyenne de juillet est de 24°,2, celle de janvier s'abaisse à — 13°,6 avec des minima de —33°. Aussi, du 15 novembre au 15 mars, toute navigation cesse sur le Leao. A Kharbin, la moyenne de janvier descend à —17°,8; à Aigoun, à —25°,8 avec un minimum absolu de —42°,2. Dans les régions de l'Extrême-Nord, il semble que le sous-sol reste gelé en permanence (ainsi s'expliquerait qu'il y ait tant de marais à l'Ouest d'Aigoun). Ces froids quasi sibériens sont très secs; des 528 millimètres de pluie que reçoit Kharbin, 6 seulement tombent en janvier-février. Très peu de neige : aussi les crues de printemps sont-elles généralement faibles. L'hiver est la saison des charrois sur les routes durcies par le gel. Des multitudes de lourdes voitures, souvent attelées de cinq ou six mules, apportent les marchandises jusqu'aux dépôts voisins des fleuves, où elles attendent la débâcle. Quand celle-ci survient, vers la fin de mars, on commence les labours. La première partie de l'été est généralement sèche, parfois pénible à cause des tourbillons de poussière que soulève le vent. Les pluies, amenées surtout par les vents du Sud-Ouest, ne commencent guère avant les grandes chaleurs, mais alors il pleut nuit et jour sans interruption; Moukden

reçoit en juin-juillet-août 362 millimètres, sur un total annuel de 598. Le sol
est détrempé, et les routes de ces régions limoneuses deviennent impraticables.
Les thalwegs ne suffisent pas à écouler les eaux qui descendent rapidement
des montagnes; les rivières débordent sur des espaces immenses (une largeur
de 10 kilomètres, sur le bas Soungari, n'a rien que d'ordinaire), et les villes ont
dû généralement s'en écarter. En somme, dans toutes ces régions, règne un climat
continental très rigoureux, avec ses changements brusques, ses vents glacés de
l'hiver, ses tempêtes de l'automne. Mais il est très favorable aux céréales et au
soja dont la récolte ne manque jamais complètement. Les pluies et la forte
nébulosité de l'été facilitent les labours répétés; on a peu à craindre les sécheresses qui désolent si souvent le Nord de la Chine, grâce à la régularité des précipitations estivales. Pour les cultures de la zone tempérée, la plaine mantchoue
se montre d'une fécondité inouïe, et, quand on lit les descriptions des voyageurs
ou les rapports consulaires, on comprend qu'elle ait pu paraître aux colons
chinois une terre promise (pl. XVI, A et B).

C'était d'ailleurs une proie facile, bien peu défendue par les premiers occupants. Il est curieux combien les Mantchous, peuple de pâtres et de guerriers pro-
fessionnels, se sont laissé refouler ou assimiler par les paysans chinois, dont ils ne
se distinguent plus guère. C'est une race qui a fini sa destinée et qui disparaît,
faute d'avoir su ou daigné s'armer pour les luttes économiques de ce temps. Sa
langue même, un dialecte tongouse, n'est plus parlée que dans des régions très
reculées. Les Mantchous ont été les victimes de leur conquête. Quand ils eurent
soumis la Chine (1643), la plupart restèrent dans les agréables garnisons des dix-
huit provinces. Ils ne laissèrent sur le Leao qu'une arrière-garde peu nombreuse,
nourrie par les subventions de l'État aux dépens des vaincus, vite déshabituée du
travail, incapable de lutter contre l'âpre labeur économe des Chinois, d'autant
plus que, même avant cette époque, les Mantchous, chasseurs et pasteurs, cultivaient peu ou point et que, par suite, la population n'a jamais dû être fort dense.
Ils essayèrent bien de décourager cette immigration. Ainsi, entre Moukden et le
Yalou, ils laissèrent une « marche » déserte, en chassant les Chinois, qui purent
seulement en 1867 venir défricher ces excellentes terres. Mais comment vaincre
la ténacité de ces colons avides, innombrables, qui savaient se grouper pour
résister? Depuis des siècles, protégés par des palissades, ils s'étaient fortement
installés dans le Leao-tong et le Sud de la plaine alluviale. Puis ils s'étaient
répandus vers le Nord en suivant les rivières, le Leao d'abord, le Soungari et ses
tributaires ensuite. L'immigration était tantôt tolérée ou favorisée pour lutter
contre l'expansion russe, tantôt entravée en raison du conflit avec les premiers
occupants du sol, pasteurs hostiles aux cultivateurs. Les dernières restrictions
furent supprimées en 1878. A la fin du xixe siècle, les villes du Sud étaient
déjà devenues purement chinoises : Ghirin où se construisaient les barques du
Soungari; le grand marché de Chang-chun; le port de Niou-tchouang. Même
Moukden (environ 180 000 hab.) ressemblait aux cités du Tche-li par ses remparts
d'argile et de briques, crénelés et flanqués de tours, ses rues régulièrement
alignées comme celles d'un camp. Tout autour se multipliaient les villages des
Chinois, cachés derrière leurs rideaux de saules et de peupliers, leurs fermes
de pisé, entourées de murs de terre aussi hauts que les maisons, souvent beaucoup plus aérées et plus saines que les habitations riveraines du Fleuve Bleu
(fig. 15). La Mantchourie recevait ainsi le surplus de la population de la Chine

septentrionale, du Tche-li et surtout du Chan-tong. Chaque année, des dizaines
de milliers d'immigrants temporaires arrivaient de cette péninsule, travaillaient
dans les champs du printemps à l'automne; d'autres parcouraient le pays
comme voituriers ou colporteurs. Il y avait, dans le trafic qui se dirigeait vers
Nieou-tchouang, dans l'extrême bon marché de la vie, les preuves d'une activité
très prospère, bien que les friches fussent encore très étendues à la fin du siècle
dernier. L'immigration fut encore accrue, et de beaucoup, quand les voies ferrées
furent construites par les Russes. En fait ils travaillèrent pour le colon chinois.
Dès 1900, sur le trajet de Port-Arthur à Kharbin, à perte de vue des deux
côtés de la voie, chaque mètre de terrain était cultivé, et cultivé par le Jaune.
On put croire que la place lui serait disputée par les moujiks, appelés en foule
pour occuper les abords de la voie ferrée et les villes. Mais, après les défaites
russes de 1904, tous ceux du Sud repartirent. Dans la zone septentrionale, les
troubles qui ont suivi la révolution bolcheviste ont singulièrement réduit leur
rôle démographique et économique; cependant de nombreux réfugiés sont
venus travailler dans les forêts, les usines; plusieurs minoteries modernes, toutes
les grandes distilleries appartiennent encore à des sociétés russes. Quant aux
Japonais, ils ont été déçus dans leur espoir de faire de la Mantchourie une colonie
de peuplement. S'ils sont devenus l'élément directeur dans le Sud, ils le doivent
à l'influence de leur administration ferroviaire. Dans le Nord, tout en s'intéressant à nombre d'affaires, ils ne peuvent lutter contre le commerçant chinois;
ce sont des Chinois qui possèdent toutes les huileries, la grande majorité des
minoteries. Surtout l'afflux des paysans chinois a pris dans les dernières années
une ampleur impressionnante, irrésistible. A mesure que la guerre civile désole
les vieilles provinces de l'ancien Empire, arrive un plus grand nombre d'émigrants, beaucoup avec femmes et enfants, dans la pensée de s'établir définitivement en un pays qui joint une sécurité relative à tant de possibilités. De
1920 à 1925, il venait déjà 300 000 à 400 000 Chinois par an, mais les trois quarts
ne restaient que l'hiver. Or, de novembre 1926 à octobre 1927, on en a compté
près d'un million, dont moins de la moitié sont repartis. Dans les concessions
accordées aux voies ferrées, les Chinois étaient 856 000 en 1927, au lieu de
quelques dizaines de mille il y a vingt ans. Ils dépassent 12 millions dans
l'ensemble de la Mantchourie; ce chiffre augmentera rapidement, si la situation
politique ne s'y oppose pas, avec ce taux d'accroissement annuel qui approchait
de 5 p. 100 dès avant 1925. D'immenses territoires cultivables attendent encore
les nouveaux venus, 10 millions d'hectares, dit-on. Alors que la densité atteint
84 habitants par kilomètre carré au Nord de Chang-chun, elle s'abaisse à 2 près
de Tsitsikar, à 0,2 dans le Barga, la région située à l'Ouest du Grand Khingan.
Les régions de l'Extrême-Nord s'ouvriront sans doute assez lentement, bien
que des voies ferrées soient en cours de construction ou d'études, comme celle
qui doit unir Kharbin à Blagovechtchensk. Mais, autour des voies ferrées
qui partent de Kharbin vers l'Ouest et vers l'Est, on peut espérer un défrichement rapide sur des terres que l'on dit excellentes; leur peuplement progresse
aujourd'hui beaucoup plus vite que celui du Sud, occupé depuis plus longtemps,
et l'on voit souvent, parmi ces éléments encore instables, des paysans chinois
abandonner des villages proches de Moukden ou de Ghirin pour tenter la chance
au delà du Transsibérien. La Mantchourie, et surtout la Mantchourie du Nord,
devient ainsi pour la Chine ce que fut le Far West pour les États-Unis, un immense

pays neuf dont les lointains attirent les énergies toujours plus avant, une région
de transformation rapide, d'autant plus rapide que le rail est l'instrument décisif
de cette colonisation intérieure (fig. 16).

Les grandes puissances économiques de la région, ce sont en effet les compagnies de chemin de fer; son évolution date du jour où elle fut traversée par
les voies internationales unissant l'Europe aux ports du Pacifique. Après la
guerre sino-japonaise, la Russie obtint de la Chine le droit de prolonger le Transsibérien à travers la Mantchourie jusqu'à Vladivostok (1896), puis de construire
un embranchement de Kharbin vers Moukden et l'extrémité méridionale du

Fig. 15. — Une ferme de colons chinois aisés, en Mantchourie.
Bâtiments disposés autour d'une cour, rappelant la ferme picarde. Au fond, l'habitation. — Reproduction d'un
dessin publié par *The Eastern Railway Co*, Kharbin, Mantchourie.

Leao-tong, qui lui fut cédée à bail pour vingt-cinq ans (1898). D'après ces con-
ventions, la construction et l'exploitation du réseau devaient être faites par une
compagnie, *The Chinese Eastern Railway Company* (C. E. R.). En réalité, c'était
un prête-nom de l'État russe, qui, par son intermédiaire, devenait le véritable
maître des parties de la Mantchourie traversées par les rails. En effet, il pouvait établir, le long des lignes, des postes de Cosaques pour assurer la sécurité;
la compagnie acquérait de vastes terrains, non seulement pour ses installations,
mais aussi pour y créer des villes, Kharbin par exemple, et des villages en grand
nombre. On lui assignait des concessions de forêts et de mines. Elle recevait
même le droit d'administrer les zones ainsi concédées, avec une autorité souve-
raine en fait. Après sa défaite par le Japon, la Russie dut transférer à celui-ci
son bail relatif au Leao-tong et ses droits sur la partie du réseau située au Sud
de Chang-chun (104 km. au Sud de Kharbin). De son côté, le Japon constitua
pour l'exercice de ces droits, comme pour l'exploitation de toutes les autres lignes
à lui concédées par la Chine, la *South Manchuria Railway Company* (S. M. R.).
Ainsi la Mantchourie était partagée en deux zones d'influence, russe au Nord,

japonaise au Sud; cette division avait, et a encore, beaucoup plus d'importance
que la division en trois provinces (Hei-long-kiang, Ghirin, Cheng-king), qui depuis 1907 ont une administration identique à celle de la Chine proprement dite.

Chacune de ces compagnies ne s'était point contentée de presser, avec
une hâte parfois fébrile, la construction de son réseau; alors qu'il y a trente ans
la Mantchourie n'avait aucune voie ferrée, elle en possède 5 400 kilomètres,
outre 950 en construction (1927), longueur qui sera peut-être portée d'ici cinq
ans à 8 000 kilomètres. Chacune considère les régions qu'elle dessert comme
son domaine, d'où elle cherche à écarter l'influence de sa rivale, et surtout
dont elle cherche à provoquer et activer le développement économique, s'intéressant aux progrès de l'agriculture, de l'industrie, favorisant les entreprises qui
doivent enrichir le pays et par conséquent augmenter le trafic. Pour mesurer la
rapidité de cette évolution, indiquons seulement que les chargements de grains
sur le réseau du C. E. R. ont passé de 50 000 tonnes en 1904 à 523 000 en 1914
et 1 742 000 en 1923. La production du soja, dans l'ensemble de la Mantchourie,
est passée de 600 000 tonnes en 1906 à près de 4 millions aujourd'hui. Cette
transformation par le rail, qui rappelle l'action des grandes compagnies ferroviaires des États-Unis, continue aujourd'hui, malgré les entraves qui résultent
de la situation politique. L'obstacle le plus grave est le désir de la Chine natio-
naliste de rentrer en possession des droits quasi régaliens qu'elle avait concédés
aux deux compagnies. Jusqu'à présent elle a obtenu beaucoup plus de la Russie
que du Japon; ici encore la distinction s'accuse entre les deux zones, et l'on doit
voir en elles des unités économiques d'évolution différente. Aussi ne traiterons-
nous ici, au point de vue économique, que de la zone septentrionale, en reportant
l'étude de la seconde à l'Empire colonial du Japon.

Dans la Mantchourie du Nord, la guerre de 1914 et surtout la Révolution
russe entraînèrent une complète désorganisation des transports et la ruine
de nombreuses entreprises. Tout le pays faillit redevenir tel qu'il était avant
l'ère des chemins de fer. Puis, quand la Compagnie du C. E. R. put commencer
à réparer les ravages de la crise, elle resta aux prises avec de graves difficultés
politiques et commerciales. Dans son désir de complaire à la Chine, le gouvernement bolcheviste accepta une convention qui, depuis 1924, place la Chine
à égalité avec lui pour l'exploitation du réseau; la direction est actuellement mi-
soviétique, mi-chinoise. La Chine prétend même rentrer en possession de tous les
terrains qui ne sont pas nécessaires au service de la voie ferrée. Ainsi le C. E. R. et
toute la région dont les intérêts sont liés aux siens doivent redouter le nationalisme
de Pékin ou de Moukden, qui vise à l'élimination des étrangers. Mieux protégé
contre lui grâce à la fermeté du cabinet de Tokyo, le réseau du Sud a pu marquer
plusieurs points dans la lutte engagée de longue date contre son rival. Nous
avons vu que la limite des deux réseaux est à Chang-chun; c'est là que les marchandises sont transbordées des voies du C. E. R., dont l'écartement est celui
de la Russie, sur celles du S. M. R., à écartement normal. Pour beaucoup de
marchandises, et jusqu'à une longue distance à l'intérieur de la zone septentrionale, il est moins avantageux de les embarquer sur voie ferrée que de les
apporter par charrettes à Chang-chun. De plus, le S. M. R. rabat vers cette
station les produits du riche pays de Ghirin, grâce à un embranchement construit
par lui; il en a construit d'autres vers ces marchés des confins mongols où les
nomades échangent leur bétail contre les bois et les céréales mantchous, et

sa ligne de Tao-nan prolonge son attraction vers Tsitsikar. Sans doute, pour la combattre, le C. E. R. vient d'établir une ligne entre Tsitsikar et Tao-nan; le gouvernement chinois voudrait la relier à Jehol et Hou-lou-tao, dont il ferait un rival de Dairen, en évitant ainsi la zone d'influence japonaise. Mais on ne doit

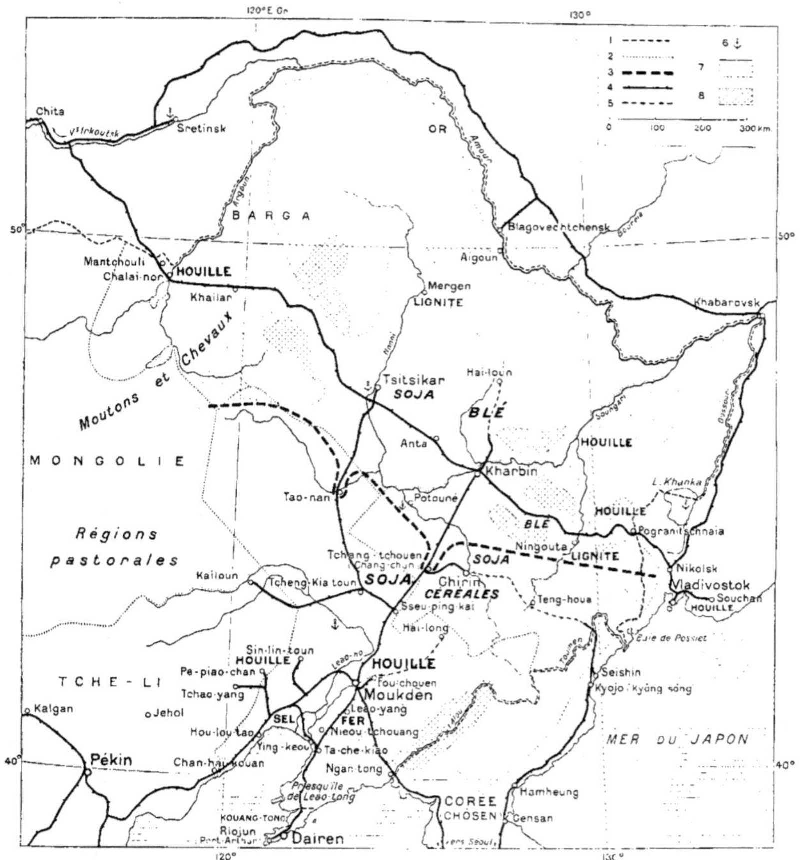

FIG. 16. — La Mantchourie. Carte économique.

pas envisager de sitôt la réalisation de ce projet. Et le S. M. R. possède un immense avantage sur son rival avec Dairen, bien supérieur à Vladivostok comme port et comme place commerciale. La lutte entre ces deux ports commença dès le partage économique de la Mantchourie; dès 1913, sur le réseau du Nord, la plupart des marchandises importées venaient de Dairen; depuis la guerre, c'est par Dairen que se font surtout ses exportations. De plus en plus, les relations commerciales que les Russes avaient essayé de dévier vers l'Est, vers leur rade du Pacifique, se détournent vers le Sud, selon l'axe du couloir mantchou, reprenant ainsi leur direction primitive et naturelle. Et Dairen tend d'autant mieux à monopoliser le trafic qu'il n'est plus en partie dirigé, comme jadis, vers l'Asie russe, depuis que celle-ci est appauvrie et fermée aux importations par la politique douanière des Soviets; le C. E. R., privé de quelques-uns de ses principaux débouchés, a dû en chercher d'autres, vers le Japon surtout et vers l'Amérique.

Les exportations consistent pour 88 p. 100 en grains, parmi lesquels les légumineuses qui couvrent 25 p. 100 de l'espace cultivé. La principale est le haricot soja; par sa forte teneur en graisses et surtout en matières azotées, il peut remplacer la viande dans l'alimentation des peuples végétariens de l'Extrême-Orient, qui l'emploient en une foule de préparations, comme le « fromage de haricots ». Les tourteaux de soja sont de plus en plus demandés. Quant à l'huile, elle est employée en Occident pour la fabrication des savons, des margarines, des siccatifs. L'exportation du soja s'est beaucoup accrue; elle forme 60 à 70 p. 100 des exportations de Dairen. De plus en plus, sa culture s'étend dans la plaine, où elle alterne en assolement triennal avec celle du blé et du kaoliang. Le kaoliang (*Holcus Sorghum*) et le millet (*Setaria Italica*) sont la principale nourriture de la population et du bétail; leurs chaumes ne sont guère moins utiles que le grain, puisqu'on les emploie pour faire des nattes qui, enduites d'argile, formeront le toit et les murs de la maison mantchoue, et pour chauffer la banquette de terre, le *kang*, qui sert de lit. Le riz commence à se répandre à l'Est de Ghirin et de Kharbin grâce aux colons coréens. Mais naturellement le climat se prête beaucoup mieux au blé, qui est semé sur 17 p. 100 des surfaces cultivées, surtout dans le triangle entre le Soungari et le Nonni, ainsi que dans la féconde région de Ningouta. Ghirin reçoit des alentours beaucoup de chanvre et de tabac. Le bétail est nombreux et se vend déjà beaucoup au dehors. Les cultures se développeront encore à mesure que le progrès des communications permettra de mieux utiliser leurs produits. Jadis les régions éloignées des ports ne pouvaient y envoyer leurs grains qu'avec des frais énormes; aussi une grande partie du millet était distillée, et l'on cultivait l'opium, parce que c'était la seule denrée qui justifiât un transport aussi onéreux. Grâce aux voies ferrées, l'opium peut être remplacé par le soja. De même elles facilitent l'exploitation des vastes forêts, dont les bois forment déjà 10 p. 100 des exportations; de vastes concessions sont en pleine activité, toujours non loin du rail. La Mantchourie septentrionale possède encore de superbes forêts sur 40 p. 100 de son étendue; néanmoins, le besoin de combustible a déjà causé leur ruine, sur une largeur qui atteint 15 kilomètres le long des voies ferrées, 30 près de l'Amour; le colon chinois les saccage avec rapidité. On peut redouter de voir d'ici quelques décades tout le Sud aussi dénudé que le Tche-li. Il est temps de préserver ces forêts qui sont l'une des grandes richesses de ce pays.

Heureusement on a reconnu d'importants gisements de charbon. La seule mine exploitée aujourd'hui, celle de Chalai-nor, à 29 kilomètres de la station frontière de Mantchouli, a fourni en une année jusqu'à 290 000 tonnes, employées sur la section occidentale du C. E. R. Mais elle est de très médiocre qualité et ne dispense pas d'importer, tandis qu'on a découvert récemment d'excellents gisements vers Pogranitschnaia, la dernière station mantchoue vers Vladivostok, et d'autres assez bons au Nord de Chang-chun et sur le bas Soungari. La soude est déjà extraite en grand des lacs steppiques; les alluvions aurifères sont peut-être assez riches vers l'Amour, et, comme il arrive si souvent en pays inconnu, on attribue une grande richesse minérale aux montagnes. Ce qui serait plus important actuellement, ce serait de hâter l'extraction de la houille dans l'Est, à la fois pour les besoins de la circulation et pour ceux de l'industrie. L'industrie agricole, la seule encore, compte déjà de puissantes entreprises, de type tout moderne, surtout des moulins à huile et à farine, avec quelques distilleries. La plupart sont établies à Kharbin qui, infime hameau vers 1900, dépasserait aujourd'hui 250 000 habitants; d'autres sont dans les bourgs du voisinage, à Tsitsikar, Anta, etc. On peut s'attendre aussi au développement des industries du bois. Mais, à moins de découvertes inattendues dans le sous-sol, l'essor de la Mantchourie septentrionale restera essentiellement lié à l'extension de ses cultures de soja et de blé.

Dans l'ensemble de la Mantchourie, on assiste à une évolution économique d'une rapidité remarquable. Par certains traits, elle rappelle celle de la Prairie canadienne, pays de céréales entouré de forêts, transformé lui aussi par l'action des compagnies ferroviaires. Seulement, ici, ces entreprises de style américain travaillent au service de l'expansion chinoise et de la race la plus prolifique qui soit. Elle fournit les bras nécessaires au défrichement de ces immenses terres vierges, et les bénéfices de leur mise en valeur reviennent en majeure partie aux Chinois, même ceux de l'industrie et du commerce dans le Nord. Malgré les difficultés présentes, ces régions connaissent une prospérité sans exemple dans le reste de l'ancien Empire. Les preuves en sont les progrès du commerce extérieur, des cultures destinées à l'exportation, des usines et par-dessus tout l'accroissement inouï de l'immigration chinoise. Il serait grand dommage pour les Chinois eux-mêmes de compromettre cette prospérité en écartant sans précaution les entreprises étrangères qui en sont l'origine et la cause essentielle.

V. — LE CHAN-TONG

La majeure partie de cette province est occupée par un massif montagneux qui se dresse comme une île au-dessus de la Grande Plaine et de la mer Jaune. Assez peu élevé (le sommet principal, le Tai-chan, n'a que 1 515 mètres), il est extrêmement irrégulier de contours, de directions, de hauteur; surtout il est divisé en une quantité de compartiments séparés par de larges dépressions (fig. 18).

Dès l'abord, on voit que l'action des effondrements est plus marquée dans le relief actuel que celle des plissements, restée pourtant manifeste en certains points. Au début de l'ère primaire, il y eut plissement, puis abrasion, et la mer vint déposer ses sédiments sur les couches contournées des schistes primitifs. Le Chan-tong émergea pendant l'ère secondaire, formant sans doute un pays de collines et de plaines. Puis de grandes dislocations l'isolèrent du reste de la Chine septentrionale, le morcelèrent, préparèrent de larges vallées qui souvent se continuent sans aucun seuil appréciable d'un versant à l'autre (ainsi de Tsi-nan à Tai-ngan, de Tsing-tao au golfe du Tche-li), introduisant ainsi au cœur de la

montagne comme des fragments de la vaste plaine cultivée et facilitant les relations. Richthofen, qui consacra une étude particulièrement attentive à cette
province dont il signala l'intérêt aux ambitions allemandes, a montré l'importance d'une de ces dépressions, celle que suit le Wei et qui traverse toute la
péninsule du Nord au Sud un peu à l'Ouest de Kiao-tcheou. Elle la sépare en
deux parties d'une structure toute différente.

La région occidentale a été déprimée par rapport à l'Est de la presqu'île.
Par suite, les sédiments primaires qui s'étaient déposés horizontalement sur les
schistes cristallins se sont mieux conservés et introduisent plus de variété dans le
paysage. Les fractures ont brisé cette contrée en une série de tables qui ont
basculé, en présentant leur versant raide vers le Sud-Ouest ou le Sud-Est; de
ce côté affleurent des crêtes gneissiques, tandis que l'érosion a respecté les
terrains plus récents sur les pentes plus douces inclinées vers le Nord et développé sur ce versant une structure en gradins. De ces massifs, qui convergent
vers l'Ouest, le principal est celui du Tai-chan; il culmine par d'énormes blocs
abrupts, séparés par des fentes sur lesquelles ont été jetés des ponts aux noms
poétiques : « le pont qui franchit l'arc-en-ciel », « le pont des fleurs de neige ».
Depuis la plus haute antiquité, c'est la plus sainte des montagnes saintes de la
Chine. L'un des livres historiques de Confucius nous raconte comment l'empereur Chun, plus de 2 200 ans avant J.-C., venait sur « la montagne sublime
et vénérable » sacrifier au Ciel, aux hauts lieux et aux fleuves, avant de réunir
ses vassaux pour recevoir leurs présents, contrôler les mesures, le cérémonial,
et leur donner le calendrier, signe de souveraineté. Les pèlerins visitent encore
le sommet en gravissant des escaliers sans fin entre des cèdres, des thuyas,
des pins, de nombreuses chapelles et d'antiques inscriptions impériales. Dans
l'Est de la péninsule, les terrains sédimentaires ont presque totalement disparu;
il ne reste guère que du gneiss et du granite. La direction du plissement sinien se
retrouve dans celle des chaînes principales qui courent du Sud-Ouest au Nord-
Est, interrompues elles aussi par des fossés tectoniques. Naturellement les anciens
plis n'apparaissent plus aujourd'hui que par l'orientation qu'ils ont donnée aux
affleurements de roches dures et de roches tendres. Celles-ci ont été enlevées
par l'érosion, extrêmement active grâce à la proximité de la mer, à la faible altitude des dépressions qui traversent la presqu'île et au déboisement complet
d'une région où l'on arrache pour se chauffer jusqu'aux racines des herbes. Il ne
reste que des squelettes de montagnes, des crêtes décharnées, hérissées de pointes,
auxquelles les Chinois ont donné les noms caractéristiques de « la crête de coq »,
« les dents de scie ». Entre ces montagnes s'étend une assez vaste dépression
qui va en se rétrécissant vers l'extrémité Est de la péninsule, où les chaînes semblent se rejoindre. C'est un pays ondulé, de roches profondément décomposées,
qui s'ouvre largement à l'Ouest vers la Grande Plaine. Elle communique çà et
là au Sud avec la mer, bien qu'elle en soit séparée par la chaîne du Lao-chan.
Les vallées inférieures des fleuves qui traversent celle-ci ont été envahies par la
mer qui s'est insinuée dans la montagne par des golfes ramifiés, par d'étroits
goulets dont la largeur augmente quand ils arrivent dans la dépression intérieure. Les formes de ce littoral ressemblent étrangement à celles de la côte
méridionale de la Bretagne. Le Chan-tong est en effet, comme l'Armorique, une
région de « structure appalachienne », une ancienne pénéplaine exhaussée, puis
submergée sur ses bords. On y retrouverait des estuaires comme ceux de

l'Odet et du Blavet, et la baie de Kiao-tcheou semble une réplique du Morbihan.

Malgré la longueur et l'articulation de ce littoral, la vie maritime n'entrait que pour une faible part dans l'activité de cette province jusqu'à une époque très récente. Naturellement cette péninsule, qui ferme au Sud le golfe du Tche-li, ne pouvait pas ne pas avoir son port, en relations avec Pékin comme avec la Corée et la Mantchourie. Ce fut Tche-fou, qui possède un bien médiocre hinterland, mais qu'une route fréquentée unit à la capitale, Tsi-nan; plusieurs lignes de navigation y font encore escale, malgré les dangers de sa rade exposée aux gros temps; mais nous allons voir quel rival lui a suscité l'Allemagne. Pour la côte de l'Est et du Sud-Est, malgré ses indentations et ses rias, elle n'a encore que quelques bourgs de pêcheurs; on n'observe pas dans son voisinage cet enrichissement progressif, cette augmentation de la population, qui mettent une « ceinture dorée » autour de la Bretagne (pl. XVII, B).

Peu d'industries, de même, avant l'arrivée des Européens. Sans doute, la province possède d'importants bassins houillers, d'une grande régularité, mais bien moins étendus que les bassins du Chan-si, parce qu'ils ont été plus exposés à la dénudation. Ils ne se présentent pas, comme ceux-ci, sur de vastes plateaux assez unis; ils sont morcelés en blocs inclinés, toujours voisins de la côte, donnant une forte prise à l'érosion. Aussi ne se sont-ils conservés qu'à l'Ouest, là seulement où les effondrements les ont précipités assez bas pour qu'ils pussent échapper au ravinement. Ce fut le cas pour une suite de petits bassins alignés sur le versant Nord, et au Sud, grâce à un effondrement plus considérable, pour des couches plus étendues. L'industrie indigène n'avait pas su tirer parti de ces ressources. Sans doute, quelques charbonnages étaient exploités dès 1868, lors de la visite de Richthofen; quand il passa à Po-chan, il lui vit déjà l'aspect noirâtre des cités minières européennes, avec des tourbillons de fumée, avec les riches demeures des fabricants, entourées comme des forteresses par des murs imposants. Sans doute encore Tsi-nan était jadis célèbre pour ses soieries. Mais l'immense majorité des habitants étaient restés des paysans, peu enclins à la grande industrie, au négoce, à la banque que pratiquent dans leurs villes des immigrés des autres provinces. Ce sont des ruraux. Peu d'agglomérations importantes, bien que Tsi-nan et Wei dépassent, dit-on, 400 000 âmes. Pourtant nous sommes ici dans l'une des provinces les plus peuplées de la Terre du Milieu. Primauté singulière d'un pays agricole, dont le territoire comprend, il est vrai, une partie de la Grande Plaine, mais surtout un massif montagneux. Par surcroît, ici non plus, les Chinois n'ont pas su tirer parti de leurs montagnes. A des altitudes de 500 mètres, les régions gneissiques sont absolument désertes, et la terre végétale même a disparu des pentes trop fréquemment visitées par les chercheurs de combustible. Toute la vie se concentre dans ces larges vallées d'effondrement qui caractérisent l'orographie du Chan-tong. Mais ici il n'est pas un pouce de terre qui soit perdu. Sur le haut des versants, des buissons de chênes nourrissent le ver qui secrète la « soie sauvage », cette soie des montagnes que les barbares Laï envoyaient comme tribut aux empereurs, vingt-trois siècles avant J.-C., et qui est restée l'un des produits principaux de la province. Plus bas, les pentes sont divisées en terrasses jusqu'à une hauteur de 300 à 600 mètres; plus bas encore, c'est la plaine alluviale, de plus en plus envahie par les cônes torrentiels. Une autre région, plus fertile encore que ces vallées, s'étend sur le

pourtour du massif, particulièrement sur le flanc Nord. Il y a là une terrasse de
lœss où sourd l'eau qui s'est infiltrée dans la montagne. De Tsi-nan à Wei, des
villes nombreuses se suivent au débouché des rivières qui donnent accès dans
le haut pays, et c'est une zone de très forte densité. Dans toutes ces dépressions
ou ces plaines, la terre est rare et précieuse; souvent, c'est à peine si chaque
famille dispose de 12 à 15 ares. Il n'est pas de régions où la culture soit plus
intensive. Peu de riz relativement, surtout du blé, du millet, du kaoliang, des
mûriers, des vergers près des villages qui tous, jusqu'aux moindres hameaux,
ont été entourés d'un mur d'enceinte, lorsque les Tai-ping vinrent dévaster le
plat pays.

Ce sont de rudes gars que ces villageois, dont la belle taille, l'air robuste
et le teint foncé surprennent les voyageurs qui viennent de quitter la Chine
du Sud, — comme l'air vif et tonique de la péninsule les ranime après la lourde
atmosphère de Changhaï. Ils seront d'excellents tâcherons pour l'industrie
moderne. En attendant, l'exiguïté de leurs champs, l'instabilité de la situation économique forcent beaucoup d'entre eux à aller chercher fortune dans
la Mantchourie, la Mongolie et même jusqu'en Europe. Énergiques, patients,
ordonnés, ils se montrent, prétend Richthofen, assez dignes concitoyens du
plus grand philosophe de leur race, Confucius, dont la ville natale, la petite
sous-préfecture de Kiu-feou, était honorée d'une ambassade à chaque changement de règne. Quelques-unes des traditions les plus anciennes et les plus vivantes
encore dans l'âme chinoise s'enracinent dans le sol de cette province.

Et, d'autre part, c'est l'une des régions de l'empire qui ont subi le plus
profondément l'influence européenne. Plus encore que les abris offerts par ses
côtes rocheuses, les seules qui possèdent de bons ports depuis les embouchures
du Pei-ho jusqu'à celle du Yang-tseu, sa position à l'entrée du golfe du Tche-li,
en face du Leao-tong, près de la Corée et du Japon, l'exposait aux convoitises
des puissances étrangères dès l'instant où celles-ci voulurent prendre pied dans le
Nord de la Chine. Sans doute l'Angleterre n'attachait guère d'importance à la
possession de Wei-hai-wei, qu'elle avait loué près de l'extrémité de la péninsule; ce n'est guère qu'un simple ancrage, d'accès malaisé par terre. Tout autre
était la situation de l'Allemagne. En 1898, elle obligea le gouvernement chinois
à lui « donner à bail » pour quatre-vingt-dix-neuf ans les deux côtés de l'entrée
de la baie de Kiao-tcheou et à lui promettre que, dans une zone de 50 kilomètres à la ronde, il ne prendrait aucune mesure sans son assentiment préalable.
En quelques années, elle sut tirer un parti admirable de son butin. Non seulement
le « protectorat de Kiao-tcheou », avec son port de guerre et ses casernes, lui
permit de peser sur les destinées politiques de l'Extrême-Orient, mais il se prêta
merveilleusement au développement du commerce allemand dans le Chan-tong
et le Nord de la Chine. La nature semble avoir préparé les voies à cette expansion économique. Ce vaste golfe (fig. 17), dont des promontoires rocheux défendent l'entrée, se trouve justement à l'extrémité méridionale de la vaste dépression tectonique qui traverse tout le massif jusqu'au golfe du Tche-li. La
route était toute tracée pour les relations avec les fertiles terrasses du Chan-
tong septentrional, avec Tsi-nan, voire au delà avec la Grande Plaine. Ces avantages furent utilisés avec autant de méthode que de rapidité. En quelques
années, un port et une ville furent créés à Tsing-tao, qui devait devenir un Hong-
kong germanique. Derrière une digue longue de plus de 5 kilomètres, les plus

Phot. H. R. Davies.

A. — LA GRANDE PLAINE DANS L'OUEST DU CHAN-TONG.

Cultures de saison sèche. Arbres à feuilles caduques. Village typique de la plaine

Phot. H. R. Davies.

B. — LA BAIE DE WEI-HAI-WEI. CÔTE NORD-ORIENTALE DU CHAN-TONG

Relief aux formes usées du massif péninsulaire.

Phot. The Kodak Photo Shop. Tien-tsin

A.   LA GRANDE MURAILLE DE CHINE.
Dans les montagnes déchiquetées et dénudées du Tché-li.

Phot. The Kodak Photo Shop. Tien-tsin.

B.   ALLÉE CONDUISANT AUX TOMBEAUX DES EMPEREURS MING.
Ces tombeaux sont au pied des monts de Nan-keou, qui ferment l'horizon, au Nord de Pékin.
D'énormes statues d'animaux, de prêtres, de guerriers jalonnent la piste trouée d'ornières.

grands navires peuvent venir à quai dans l'enceinte du port, profond de 20 mètres. La ville ne s'est pas établie à proximité, mais sur le versant tourné vers la pleine mer; le bord de la baie est en effet exposé l'hiver aux vents froids du Nord-Ouest et n'est pas rafraîchi l'été par la mousson du Sud. De larges rues, parallèles au rivage, furent bientôt bordées de bâtiments officiels, d'hôtels, de maisons à l'air massif et confortable. Les Chinois durent s'installer à l'écart, les négociants et les entrepreneurs assez près du port, les coolies dans deux bourgs plus éloignés, mais tous dans des agglomérations récentes et saines. Là où il n'y avait en 1897

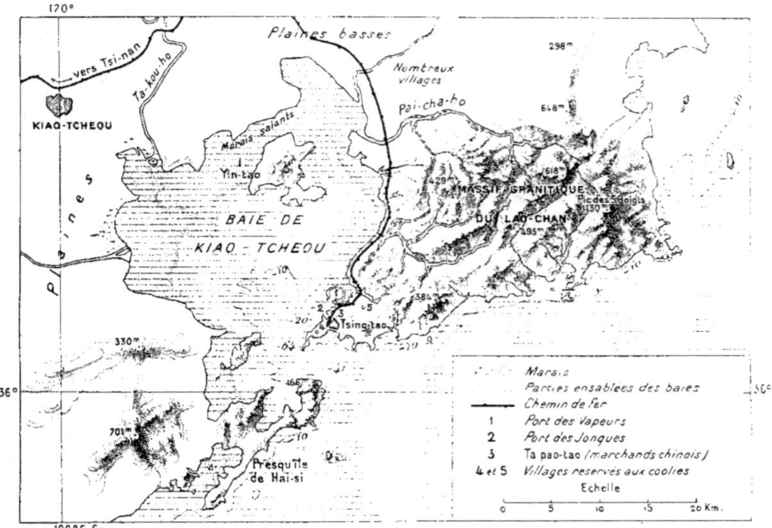

Fig. 17. — Région de Kiao-tcheou. -- Échelle, 1 : 650 000.

qu'un village insignifiant, on a recensé, en 1913, 4 470 Européens et 192 000 Chinois. L'essor du commerce fut aussi rapide, grâce à la voie ferrée qui rejoint à Tsi-nan la ligne de Pékin au Yang-tseu. À partir de l'important marché de Wei, elle dessert des régions riches, très peuplées, grandes productrices de soie, et — ce fut le but originel de sa construction — elle traverse les charbonnages qui s'échelonnent sur le versant Nord de la montagne. La compagnie allemande du chemin de fer, qui avait reçu la concession des mines situées à 15 kilomètres de part et d'autre du rail, exploitait activement celles de Fang-tseu, de Po-chan. Tsing-tao reçoit sans grands frais le combustible pour ses industries, pour le chargement des navires qui exportent, avec la houille, des arachides, des tresses de paille, de la soie de chêne et de mûrier. Ainsi il tend à devenir le principal débouché de la province. Sans doute, comme port d'escale, il a l'inconvénient d'être à l'écart de la ligne si importante qui va de Changhaï au Japon et dans l'Amérique du Nord. Mais le Chan-tong lui forme un riche hinterland d'où son action pourra rayonner dans le centre de la Grande Plaine. Lorsque, en 1914, les Japonais prirent Kiao-tcheou, ce fut avec le dessein de continuer à leur profit les entreprises allemandes et de les développer. Ils affluèrent à Tsing-tao, construisirent fiévreusement des quartiers entiers, des usines considérables, et, à leur dire, quadruplèrent le commerce en un an. La question du Chan-tong, dont ils allaient faire une autre Mantchourie, fut une de celles qui irritèrent le plus contre eux l'opinion chinoise et américaine. Devant ces résistances et l'impossibilité de coloniser une région déjà si peuplée, ils cédèrent en 1922, à la conférence de Washington. Tout le territoire affermé, les voies ferrées, les mines ont été remis à la Chine, avec des réserves qui ne limitent pas sa souveraineté. Mais l'insécurité ne va-t-elle pas arrêter le développement si brillant de cette région?

VI. — LA GRANDE PLAINE

Des chaînes déchiquetées qui dominent Pékin, on découvre vers le Sud une immense étendue de campagnes, sans aucun relief, sauf les tertres qui portent les villages et les tombes. C'est le début de la Grande Plaine qui se continue jusqu'aux collines du bas Yang-tseu. Bassin d'effondrement jadis occupé par la mer, cette fosse fut comblée par les dépôts des rivières, surtout par ceux du Fleuve Jaune. Ils diffèrent des alluvions ordinaires en ce qu'ils renferment principalement du lœss fin, charrié par les eaux, puis repris et entraîné par les vents continentaux qui règnent pendant la saison sèche. Le lœss est ainsi séparé des sables plus grossiers qui, surtout près des rivières, forment souvent des plages stériles et des dunes. Il s'accumule dès qu'il rencontre un obstacle. Sur les hauteurs, le rebord des plateaux, on revoit les terrasses, les escarpements verticaux, les cañons caractéristiques de la Terre Jaune. Dans les dépressions, celle-ci alterne avec des sables, des dépôts non encore remaniés ni triés par le vent. Au lieu des plateaux arides que nous avons décrits au Chen-si, elle constitue des plaines alluviales très proches du niveau de la mer, très humides. Les fleuves s'y attardent entre des marécages et d'anciens lits abandonnés; ils changent souvent leur cours; ils finissent par des embouchures envasées, des deltas qui s'avancent très vite au milieu de côtes basses, désertes, inhospitalières. Le sol est souvent très riche. Mais, tandis que dans le Kan-sou et le Chen-si le paysan craint les sécheresses et doit irriguer, ici il redoute surtout la surabondance de l'eau, les divagations des rivières, les ruptures des digues sur lesquelles se concentre son effort depuis les origines mythiques de sa civilisation (fig. 18; pl. XVII, A, XVIII, B, et XX).

La plaine du Tche-li. — Dans la province du Tche-li, la plaine appartient presque entièrement au bassin du Pei-ho. Bassin très complexe, puisque le Pei-ho, qui naît au Nord-Est de Kalgan, reçoit des affluents qui lui viennent de l'extrémité méridionale du Chan-si. Plusieurs, après avoir traversé le rebord du plateau par des cluses peu accessibles, se recourbent vers le Nord-Est pour rejoindre le Pei-ho, au lieu de suivre leur direction primitive vers le bas Fleuve Jaune. Au sortir de la montagne, que l'avancée de la colonisation chinoise dépouille de ses forêts, ce sont des torrents tumultueux, d'autant plus redoutables que tous convergent vers le même point, aux environs de Tien-tsin, dans une dépression où leurs cours s'enchevêtrent. L'étroitesse de l'exutoire commun force les crues à refluer vers l'amont; elles s'étalent sur les campagnes dont elles

modifient l'hydrographie et ruinent les récoltes; les canaux, les digues devraient
être réparés chaque année, et nombre de paysans appauvris sont forcés d'émigrer. La navigation est malaisée dans ces rivières sans pente, tortueuses, encombrées de vase. Même des bateaux plats tirant 0 m. 60 ont peine à remonter le
Pei-ho jusqu'à Tong-tcheou, d'où un canal de 16 kilomètres conduit à Pékin.

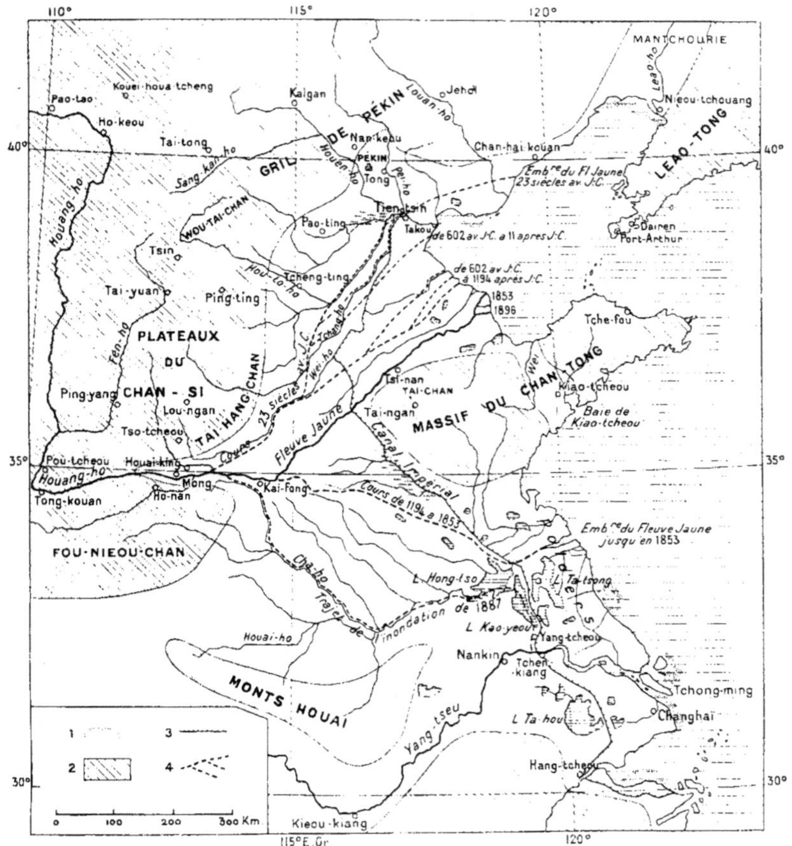

Fig. 18. — Hydrographie de la Grande Plaine.

1, Bancs de sable; 2, Massifs montagneux; 3, Canaux; 4, Anciens cours du Fleuve Jaune. — Échelle, 1 : 10 000 000.

En aval de Tien-tsin, on trouve environ 3 m. 20 d'eau; mais l'embouchure est
obstruée par une barre qui est recouverte de 3 à 4 mètres dans les fortes marées,
quelquefois de 0 m. 50 seulement quand le vent souffle de terre. Les navires
calant 7 mètres doivent mouiller à 8 milles des forts de Takou qui défendent
l'entrée du fleuve; là s'étendent des bancs de vase qui se soudent peu à peu au
continent et le feraient avancer de 100 mètres par an. Et le Pei-ho est pris par

les glaces depuis la fin de novembre jusqu'au milieu de mars. Rien de triste comme
ces rivages; rien ne donne de la Chine une pire impression première (pl. III, C).
La côte est si plate qu'on ne peut l'apercevoir du point où les cuirassés doivent
s'ancrer; des marécages, des sables incultes où l'on est le jouet du mirage, de
misérables huttes de terre près des pêcheries. Mais bientôt la voie ferrée qui
gagne Tien-tsin atteint des sols plus fermes, mieux drainés, dont la culture a pris
possession depuis des siècles. Non qu'ils soient partout aussi fertiles que le
fameux delta du Yang-tseu; il y a des landes sablonneuses qui ont nécessité
un travail acharné, comme celles de la Flandre. Ce labeur ne leur a pas manqué.
La terre est jardinée plutôt que cultivée, divisée en une infinité de parcelles. On
chemine pendant des heures entre des champs de kaoliang, sorte de millet géant
de 3 à 4 mètres, dont les chaumes peuvent dissimuler une troupe de cavaliers;
peu de blé ou de riz, mais du maïs, des haricots, du coton. Tout ceci, à perte de vue,
comme si la patience caractéristique de la culture chinoise s'unissait aux procédés de la grande exploitation américaine. Sur cette terre nourricière, une multitude de villages : toujours quinze, vingt à l'horizon, reconnaissables aux grands
saules et aux peupliers qui les entourent, qui en font comme des îlots de verdure
dans cette plaine sans arbres. C'est bien une région très peuplée en général,
et pourtant elle offre parfois un air d'aisance qu'on n'observe pas souvent
en Orient dans les régions de forte densité. Wegener jugeait ces villages
plus propres, plus cossus que ceux du Brandebourg, avec leurs temples, leurs
fermes aux murs solides, leurs aires couvertes de maïs, leur mobilier rural
où apparaît une recherche d'art. On a l'impression d'une très ancienne civilisation agricole, parfaitement adaptée aux conditions locales par des procédés
invariables que tous copient jusque dans le détail. Les villes ont grand air, du
dehors, entourées d'enceintes imposantes. Pao-ting, la capitale du Tche-li, est
défendu par des murs crénelés hauts de 15 mètres, assez larges au sommet
pour que six cavaliers puissent y circuler de front. Mais l'intérieur n'offre que
des bâtisses uniformes d'où émergent seulement quelques pagodes. Le trafic des
lignes de Pékin à Han-keou et à Nankin ranimera sans doute le commerce de
ces cités peu actives. Le centre économique le plus important n'est pas Pékin,
mais Tien-tsin, dont la population dépasse d'ailleurs celle de la capitale. Ville
de création toute moderne, elle n'a développé que récemment les avantages de
sa situation, qui en fait le véritable port du Tche-li, au débouché du Grand canal
et des principaux affluents du Pei-ho (pl. XXXII, E). De Tien-tsin on gagne
maintenant Pékin par la voie ferrée, que les Chinois ont enfin laissé pénétrer
à l'intérieur même de la capitale (fig. 31, p. 171).

PÉKIN. — La « Résidence du Nord », ainsi nommée par opposition à Nankin, la « Résidence du Sud », occupe le centre d'une plaine, haute de 50 mètres,
qui s'enfonce dans les massifs du Tche-li. Les chaînes méridionales du « gril de
Pékin » ont été coupées par un effondrement, et, dans celle qui leur fait suite
vers le Nord-Ouest, la chaîne de Nan-keou, les couches s'abaissent par une
flexure vers cette « baie de Pékin » qui abrège la traversée des montagnes. Nulle
part on n'atteint plus facilement la Mongolie. Pour qui gravit le rebord des plateaux herbeux, Pékin est la dernière étape de la plaine, comme Kalgan représente l'étape d'en haut (fig. 18). D'autre part, des routes conduisent en Mantchourie par Chan-hai-kouan, où l'on franchit la Grande Muraille, et le rivage de

la mer Jaune. C'est ici que la grande voie d'eau vers le Sud, par le canal Impérial,
rejoint les routes de caravanes. Aussi, dès le XIIe siècle avant l'ère chrétienne,
ce site devint-il celui d'une ville, — ville exposée aux invasions, plusieurs fois
détruite, qui changea d'emplacement et de nom. Les Mongols s'y installèrent

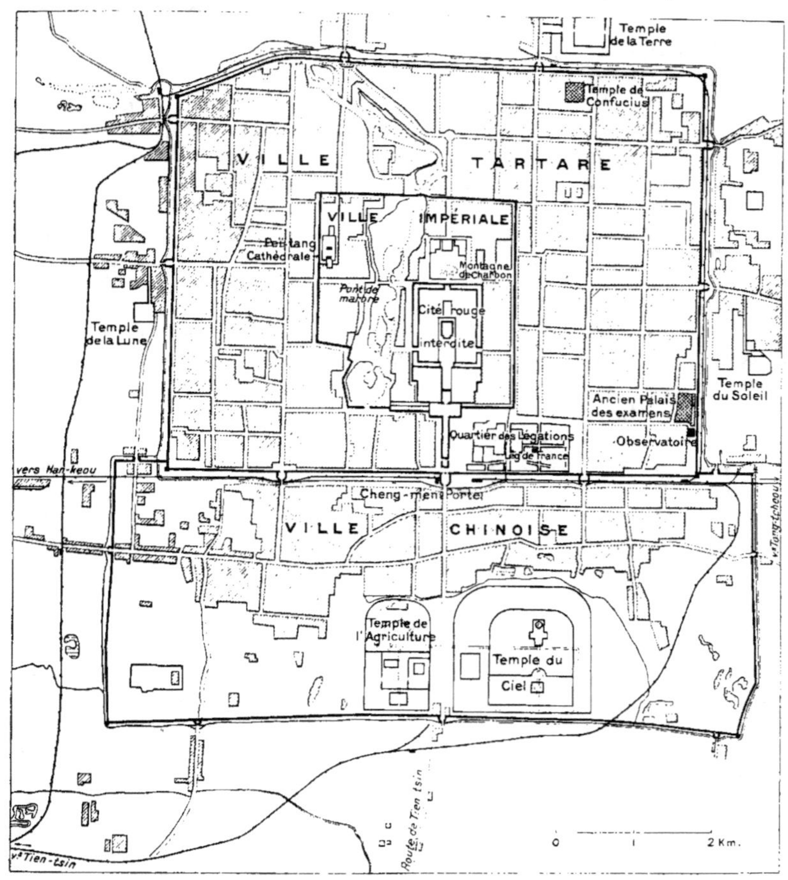

Fig. 19. — Plan de Pékin. — Échelle, 1 : 75 000.

après leur conquête, pour ne pas trop s'éloigner des steppes d'où ils tiraient leur
force. Quand la dynastie chinoise des Ming les eut chassés, elle abandonna en 1409
la Résidence du Sud et, depuis cette date, Pékin est restée la capitale de la Chine.
Sans doute sa position est bien excentrique : à 100 kilomètres de la frontière
de la Mantchourie, elle est à 2 500 kilomètres en ligne droite de celle de la Birmanie. Mais les derniers empereurs de race chinoise s'y portèrent justement parce
que c'était le point le plus dangereux, le plus exposé aux incursions des nomades ;

les Mantchous, une fois maîtres de la Chine, restèrent à Pékin pour les mêmes raisons que les Mongols. Ce ne fut pas sans de très graves inconvénients. La volonté impériale ne pouvait parvenir qu'après des semaines dans les provinces lointaines, et celles-ci se trouvaient livrées à l'arbitraire, aux exactions des mandarins peu surveillés. Malgré la centralisation monarchique, un esprit particulariste put subsister dans le Sud trop éloigné de la capitale. Et quelle facilité, pour les puissances étrangères, de frapper à la tête de l'Empire, soit par le Transmantchourien, soit par un débarquement!

Tandis que le plan de Paris ou celui de Londres manifestent le développement progressif, spontané des villes d'Occident, celui de Pékin est d'une extrême régularité (fig. 19). La capitale est bâtie comme ces *yamen* de mandarins, où l'on n'arrive à la demeure du haut magistrat qu'après avoir traversé une enfilade de cours. Venant du Sud, on entre d'abord dans la ville chinoise, jadis simple faubourg commerçant, que l'on entoura au xvie siècle d'un mur long de 16 kilomètres. Trois larges avenues sont percées dans un dédale de maisons basses, d'échoppes misérables, de ruelles infectes. Elles conduisent aux portes de la ville tartare, enfermée dans une muraille assez large au sommet pour que deux chars puissent s'y croiser. A l'intérieur de ce qui fut longtemps le campement des nomades, de cette enceinte qui fut longtemps interdite à la race sujette et où celle-ci a fini par se répandre, il y a trois villes au lieu d'une, ayant chacune leurs remparts : la ville tartare proprement dite, avec ses rues à angle droit et le quartier des légations; la ville impériale; puis enfin la cité interdite, entourée de murs crénelés au-dessus desquels apparaissent les toits dorés du palais où demeurait le Fils du Ciel. Dans cet ensemble tout paraît calculé pour préparer au respect de la majesté impériale. Pékin est d'une grandeur impressionnante, quand on le voit des remparts, d'assez haut et d'assez loin pour oublier la saleté indescriptible des rues, le délabrement des maisons et même des palais sacrés. Les longs murs droits, orientés selon les points cardinaux, courent du Nord au Sud et de l'Est à l'Ouest, sur une longueur de 10 kilomètres et une largeur de 6 à 7 kilomètres. Sur cette surface presque égale à celle de Paris, il s'en faut de beaucoup que tout soit bâti. Il y a des parcs immenses, des palais ruinés disparaissant dans de vraies forêts, des champs, des terrains incultes. La population est si loin d'égaler celle de Londres, comme on le croyait jadis, qu'elle n'atteint pas 900 000 habitants. Pékin est aujourd'hui une ville déchue, appauvrie, commerçante, mais sans industrie. Elle est même menacée de perdre son rang de capitale. Seules la proximité de houillères comme celles de Kai-ping, la convergence des voies ferrées, la présence d'une main-d'œuvre famélique en pourraient faire une ville d'entrepôts et d'usines, malgré la rivalité très redoutable de Tien-tsin (pl. XVIII, B; XIX, A et B; XXXIV, A et C).

La plaine du Fleuve Jaune. — Lorsque le Houang-ho quitte la direction du Sud pour prendre celle de l'Est, il s'engage dans un massif montagneux couvert de lœss, l'une des régions de la Chine septentrionale les plus difficiles à parcourir. Bien que son cours ait été préparé par un effondrement, il a dû se creuser dans les rochers des passes dangereuses pour la navigation; souvent il est enclos entre de hautes falaises de Terre Jaune dont les éboulements obstruent fréquemment son lit, malgré la rapidité du courant. Les rares points où l'on peut le franchir, très malaisément d'ailleurs, ont été d'une extrême importance dans l'histoire primitive de la Chine : ainsi le défilé de Tong-kouan, le gué de Mong-tsin où se réunissent toutes les routes du Nord de la Grande Plaine pour gagner Ho-nan (fig. 18). Vers 113° longitude Est Greenwich, les falaises qui longeaient le fleuve s'en écartent, d'abord celle du Nord, puis celle du Sud. Entre le rebord des plateaux du Chan-si et la continuation des monts Tsin-ling (pl. XI, A), s'insinue une avancée de la Grande Plaine, la « Terre de la Fleur centrale », une région analogue à la Touraine par la fertilité de ses champs, l'opulence de ses vergers, par l'éclat de ses souvenirs historiques et le nombre des anciennes résidences souveraines. Aux richesses du sol s'ajoutent celles du sous-sol, soit dans les montagnes du Sud-Est, soit près des aciéries de Houai-king où une flexure amène presque au niveau de la plaine les couches houillères qui couronnent les plateaux du Chan-si. Dans ce couloir, qui conduit vers la plus vieille Chine et vers l'Asie centrale, convergent toutes les voies de la Grande Plaine, ainsi que la piste qui, au delà de cols peu élevés, rejoint le cours du Han, affluent du Yang-tseu (fig. 27). Peu de villes dans la Chine du Nord égalent Ho-nan par le nombre et par l'activité de leurs routes, comme peu de régions ont la densité de celle-ci. En aval de Kaifong, dont ses crues ont souvent battu et quelquefois renversé les murailles, le Fleuve Jaune tourne vers le Nord-Est à travers un pays plat où aucun relief ne fixe son lit, sauf quand il vient longer le massif du Chan-tong. Tsi-nan est la seule cité construite sur ses bords; plus bas, les villages deviennent rares et pauvres; aux campagnes cultivées succèdent de mornes étendues sans arbres, des marais salés. Le fleuve qui a traversé toute la Chine du Nord finit en un delta désert, par plusieurs branches obstruées de sables qui comblent assez rapidement la mer Jaune (pl. XX).

La menace du Houang-ho. — Voilà pour le présent; mais il n'est peut-être pas de fleuve qui ait plus souvent modifié son cours inférieur, et de façon plus désastreuse. Dans presque toute l'étendue de la Grande Plaine, les paysans sont sous la menace de ses inondations, par lesquelles, au sortir du Ho-nan, il se rejette tantôt vers le Nord, tantôt vers le Sud des montagnes du Chan-tong. Vingt-trois siècles avant l'ère chrétienne, il se dirigeait vers le Nord-Nord-Est, se divisait dans le Tche-li en neuf bras dont le plus oriental correspondait peut-être au Wei-ho, affluent du Pei-ho, traversait celui-ci, et se jetait dans la mer à l'Est de Pékin; les vastes marais que les inondations remplissent parfois au Sud-Ouest de Tien-tsin seraient des traces du Fleuve Jaune primitif. Les premiers livres des annales chinoises sont remplis de ses ravages, des efforts tentés pour les arrêter, des ententes conclues par les princes pour surveiller les digues, de la renommée que s'acquit l'un des plus anciens empereurs, Yu, en faisant écouler les eaux d'une vaste inondation. Dès que l'unité chinoise fut accomplie, on vit souvent un haut mandarin préposé aux travaux de défense. Et, malgré tout, le fleuve tendait à percer sa berge orientale pour se porter de plus en plus vers le Sud. Sans doute, la faute en revient-elle aux torrents du Chan-si, qui accumulaient des masses de débris dans l'ancien lit et forçaient le fleuve à s'éloigner du Tai-hang-chan. D'abord, il abandonna son ancienne embouchure et vint finir un peu au Nord du delta actuel; puis, en 1194, profitant d'une période de guerre où l'attention des riverains se relâcha, il prit une direction que des crues antérieures avaient déjà suivie. Du Nord-Est, il tourna vers l'Est, laissant au Nord la péninsule du

Chan-tong. Dans le Nord de la Grande Plaine, les fleuves qui étaient jadis ses tributaires devinrent indépendants ou s'unirent les uns aux autres. Au milieu du XIXe siècle, à l'époque troublée où commença l'insurrection des Tai-ping, se créa enfin le cours actuel, — nous ne pouvons pas dire le cours définitif. Après avoir pratiqué une brèche dans la digue en aval de Kai-fong, le fleuve se répandit dans les campagnes de la rive gauche et vint aboutir, en 1853, au Nord du Chan-tong, à 500 kilomètres de son ancienne embouchure. Qu'on imagine la Loire, par exemple, balayant les plaines de l'Ile-de-France et de la Picardie, pour finir vers Dunkerque; qu'on songe que l'inondation recouvrit une partie de la Chine aussi peuplée, et même plus, que les districts industriels français : on aura une faible idée de ce cataclysme. Non seulement des centaines de milliers, peut-être des millions d'hommes disparurent; mais ce fut une ruine sans remède pour les campagnes délaissées, qui devaient toute leur fécondité aux canaux d'irrigation dérivés du grand fleuve, toute leur activité commerciale aux voies navigables qu'il n'alimentait plus. Plusieurs fois, il a tenté de revenir vers elles; à diverses reprises, ses eaux se sont répandues au loin vers le Sud-Est[1]. Et rien ne dit que, dans l'avenir, le fleuve incorrigible ne sera pas encore, selon l'expression locale, le « crève-cœur de la Chine ». Sans doute, une expérience séculaire a conduit les riverains à une technique que les ingénieurs hollandais eux-mêmes ont admirée. Mais le seul fait d'endiguer un pareil fleuve, s'il s'impose dans un pays où la terre a une telle valeur, conduit à un péril inéluctable. Grâce à la prédominance de la Terre Jaune dans son bassin, à la facilité avec laquelle il sape les falaises de lœss, c'est, parmi les grands fleuves de la Terre, l'un de ceux qui entraînent la plus forte proportion d'alluvions. On évalue leur masse à 500 millions de mètres cubes par an, contre 212 millions seulement pour le Mississipi; après les inondations, on a vu des villages enterrés jusqu'à une hauteur de 3 mètres. Quand le Houang-ho n'était pas régularisé, à chaque crue ses eaux s'épandaient librement; elles exhaussaient le sol en déposant cette quantité énorme de limons, et ainsi elles créaient la fertilité de la Grande Plaine. Mais, quand elles furent emprisonnées entre les digues, le lit devint plus élevé que les régions voisines. Vers la bifurcation de l'ancien et du nouveau cours, le fond du thalweg est à 5 mètres au-dessus des plaines environnantes. Que la moindre fissure se produise dans une digue, l'eau se précipite sur elles et les couvre de sables stériles. Si la brèche s'agrandit, le fleuve prend un nouveau cours. Pour éviter ces catastrophes, il faut une surveillance de tous les instants; aussi se produisent-elles surtout dans les périodes troublées; les Chinois prétendent qu'elles annoncent la chute prochaine des dynasties. Mais, alors même que le gouvernement ne se relâche pas de son attention, c'est toujours un terrible danger de vouloir contenir ce grand fleuve dans un lit trop étroit et trop élevé. L'une des premières tâches que devra se proposer la Chine nouvelle, ce sera de lutter, non plus par des mesures locales, mais selon un plan d'ensemble.

ENTRE HOUANG-HO ET YANG-TSEU. — Au Sud de l'ancien lit du Houang-ho et jusqu'au delà du Yang-tseu, c'est toujours la Grande Plaine, ses rivières divaguantes, ses marécages, ses tourbillons de poussière. Aucun relief ne sépare le cours inférieur des deux fleuves. Le canal Impérial qui les réunit n'est que

1. En 1926, notamment, elles sont arrivées jusqu'au Grand canal, en ruinant les campagnes.

Phot. The Kodak Photo Shop, Tien-tsin.

A. LE PARC DU PALAIS D'ÉTÉ AU NORD-OUEST DE PÉKIN.

Ce très beau parc, orné de temples, de pagodes, contenant de véritables trésors, fut pillé par les soldats européens en 1860.
Au centre, le grand lac. Sur la colline, un palais reconstruit pour l'Impératrice mère.

Phot. Hartung.

B. PÉKIN. LA PORTE DE CHENG-MEN.

La vue est prise de l'Est, sur la ville tartare : au centre et à droite : Remparts et tours. Voitures et pousse-pousse. A gauche, une des gares de Pékin.
A gauche également, à l'arrière-plan, la ville chinoise, dont on remarquera les maisons basses.

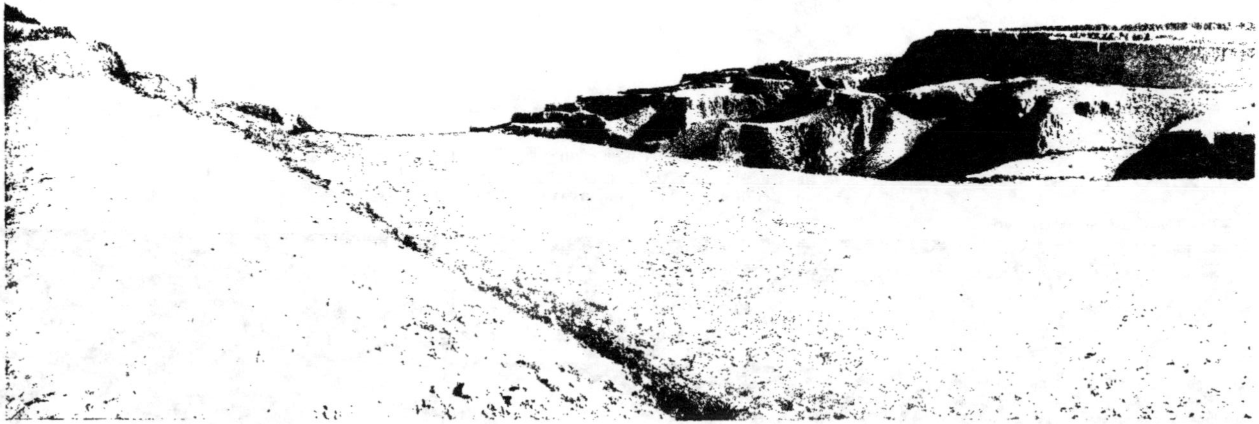

L'ARRIVÉE DU FLEUVE JAUNE DANS LA PLAINE.
Au premier plan, gradins de læss.

l'expression artificielle d'une intime solidarité, antérieure et durable, car, en 1887 encore, les eaux du Fleuve Jaune sont arrivées à Nankin par les affluents du Houai-ho et le canal. Sujet lui aussi à des débordements terribles, le Houai aboutit à un lac poissonneux, limité à l'Est par le système des digues du Grand canal. A diverses reprises, celles-ci ont cédé, et les immenses polders qui s'étendent jusqu'à l'Océan furent submergés. Même dans des régions plus élevées, vers les frontières du Ho-nan, les villages se réfugient sur des tertres entourés de fossés, très souvent aussi de remparts en terre, car le brigandage ajoute ses destructions à celles des fleuves. Malgré son réseau de voies navigables et la fertilité des zones limoneuses, le pays situé entre les cours inférieurs des deux fleuves paraît pauvre dans l'ensemble. Les maisons sont faites en pisé ou en claies de roseaux parfois enduits d'argile. Le sol est trop souvent sablonneux; trop souvent les récoltes sont anéanties par les inondations ou bien au contraire par la sécheresse; le riz ne réussit pas dans le Nord du Ngan-houei, où il est remplacé par le sorgho. Dans cette immense plaine qui oblige l'homme à tant d'efforts pour un fruit souvent incertain, il y a ainsi vers le Houai une zone relativement déserte entre les noyaux de forte densité du Nord et du Sud. Toute cette région est encore mal connue : la monotonie de ses aspects en a détourné les voyageurs; en 1907 encore, on eut la surprise de constater des erreurs de plusieurs degrés sur la position des principales localités. Pourtant il ne serait pas sans intérêt d'étudier, soit l'évolution de l'hydrographie, soit la vie des populations dans cette nature hostile, dans ce pays purement rural, — une Hollande, mais une Hollande sans commerce, qui n'est pas encore parvenue à vaincre les flots.

VII. — CONCLUSION : LE FLEUVE JAUNE

De toutes les régions que nous venons d'étudier, il semble que l'unité soit faite par le Fleuve Jaune. Toutes sont drainées par lui, sauf l'extrémité occidentale du Kan-sou, la Mantchourie, les bassins des rivières du Tche-li et celui du Houai-ho. Encore ces rivières, sauf celles de Mantchourie, ont été ses tributaires, puisque ses eaux ont atteint autrefois la Résidence du Nord et, récemment, la Résidence du Sud. Tous les plateaux lœssiques de la Chine septentrionale lui appartiennent donc; de même, toute la Grande Plaine, que tour à tour il féconde ou dévaste. Et pourtant cette unité est plutôt apparente que réelle. Ce système hydrographique est composite, formé d'éléments très divers. Il est encore impossible d'en tenter l'histoire; mais les courbes qu'il décrit dans le Tibet, le grand coude qui contourne l'Ordos attestent une série de captures. Pour établir et maintenir son cours en aval de Tong-kouan, le Houang-ho dut vaincre l'obstacle dressé par le bombement quaternaire; il est ici en plein travail d'érosion, et le courant est très rapide. C'est un fleuve extrêmement jeune.

Aussi n'est-il pas un lien entre les provinces qu'il traverse. Sa vallée n'est souvent qu'un cañon évité par les routes. Elle établit une barrière entre le Chen-si et le Chan-si, comme entre celui-ci et le Ho-nan. Elle ne peut devenir une grande voie commerciale, en amont, parce que le creusement n'a pas encore nivelé les seuils; plus bas, parce que les dépôts obstruent le chenal; partout, à cause de l'irrégularité du régime. Le Houang-ho n'est navigable qu'à partir de Lan-tcheou, et encore ne porte-t-il guère que des radeaux jusqu'à Tchongwei. De grosses jonques, que l'on pourrait remplacer par des vapeurs, circulent régulièrement jusqu'à Ho-keou où le fleuve se coude vers le Sud. De là jusqu'au confluent du Fen-ho, on rencontre plusieurs brusques dénivellations, dont une entraîne un portage de 1 200 mètres. Mais il n'en reste pas moins que le cours moyen, dans la traversée des déserts, est beaucoup plus utilisable que le cours inférieur, dans la région de forte densité. Les défilés du Ho-nan sont remplis de rapides et de bancs de sables; de plus la hauteur des falaises de lœss, leur ravinement, ailleurs les marais empêchent le halage; les très petites barques qui circulent seules ici doivent attendre des vents favorables. Dans la Grande Plaine, les boues et les sables qui jonchent le lit, les déplacements continuels du chenal, sa faible profondeur ne laissent guère passage que pour d'infimes embarcations. Ainsi le Houang-ho ne rachète ses ravages qu'en alimentant les canaux et les rigoles d'irrigation. Sur ce trajet de 3 400 kilomètres (la longueur totale qu'il parcourt dans la Chine proprement dite est estimée à 5 170 km.), il n'y a pas de port, ni de grande ville, excepté Lan-tcheou et Tsi-nan. Sauf à la lisière de l'Ordos, où il arrose un « val » relativement fertile, les populations ne recherchent pas son voisinage, ou même elles l'évitent. Quel contraste avec les fleuves de la Chine méridionale : la Chine du Nord est le pays de la Terre Jaune; ce n'est pas le bassin du Houang-ho, tandis qu'il y a vraiment une région du Fleuve Bleu, variée, mais unie grâce à ses eaux bienfaisantes.

BIBLIOGRAPHIE

CARTOGRAPHIE. — La Chine ne possède pas de Service géographique. La Cartographie chinoise, ne reposant pas sur des levés, n'est encore que provisoire. Les travaux originaux sont mentionnés ci-dessous avec les ouvrages qu'ils accompagnent, en particulier les deux remarquables atlas de RICHTHOFEN (cartes physiques et géologiques à 1 : 750 000), ou encore la carte du Yun-nan, de H. R. DAVIES, à 1 : 1 250 000. Bien que déjà anciennes, les cartes des différents services géographiques, allemand, anglais, français, résument à peu près l'état des connaissances : *Kart. Abtheilung d. K. Preuss. Landes-Aufnahme, Karte von Ost-China*, 1 : 1 000 000, 22 feuilles parues, 1901-1904; *Karten von Tscheli und Schantung*, 1 : 200 000, 63 feuilles. — ORDNANCE SURVEY, *Provisional Map of Chinese Provinces*, 1 : 1 000 000, 1905-1913, feuilles publiées : Tcho-kiang, Tche-li, Fou-kien, Ho-nan, Kouang-tong, Chan-tong, Sseu-tchouan, Yun-nan, à 1 : 1 267 200. — SERVICE GÉOGRAPHIQUE DE L'ARMÉE, *Asie Orientale*, 1 : 1 000 000, 1899-1909, 39 feuilles parues. — SERVICE GÉOGRAPHIQUE DES COLONIES, *Chine méridionale et Tonkin*, par le capitaine FRIQUEGNON, 1 : 2 000 000 (sans date). — On peut mentionner encore : *Régions traversées par le chemin de fer de l'État chinois*, levés de M. BOUILLARD, ingénieur, 1 : 100 000, 1925, 17 feuilles parues; du même : *Carte des environs de Pékin*, à 1 : 25 000, 1923, 16 feuilles parues. — Le Service Cartographique japonais travaille à l'exécution des cartes à 1 : 1 000 000 de l'Asie orientale.

ÉTUDES GÉOGRAPHIQUES D'ENSEMBLE SUR LA CHINE. — CHINA INLAND MISSION, *The Chinese empire*, Londres, 1907, avec un atlas de cartes à 1 : 3 000 000. — ÉLISÉE et ONÉSIME RECLUS, *L'Empire du Milieu*, Paris, 1902 (utile bibliographie critique, p. 635-663). — R. P. L. RICHARD, *Géographie de l'Empire de Chine* (cours supérieur), Changhaï, 1905; version anglaise, augmentée, 1908; l'édition française est en cours de revision depuis 1923 (bon répertoire, donnant la bibliographie). — F. VON RICHTHOFEN, *China, Ergebnisse eigener Reisen und darauf gegründeter Studien*, Berlin, 1877-1912, 5 vol., 2 atlas (cartes topogr. et géol. à 1 : 750 000; voir *Annales de Géogr.*, XXII, 1913, p. 98-103); ouvrage capital. — H. SCHMITTHENNER, *Chinesische Landschaften und Städte*, Stuttgart, 1925. — E. TIESSEN, *China...*, Berlin, 1902 (avec une carte géologique; la meilleure mise au point pour la géographie physique).

OUVRAGES GÉNÉRAUX SUR LA CHINE, OU CONCERNANT PLUSIEURS RÉGIONS. — H. CORDIER, *Bibliotheca Sinica* (*Publ. de l'École des Langues orientales vivantes*, sér. I, vol. X, XI, XV), 2ᵉ éd., Paris, 1908 à 1924.— CHUNG YU WANG, *Bibliography of the mineral wealth and geology of China*, Londres, 1912. — CHAMBRE DE COMMERCE DE LYON, *La mission lyonnaise d'exploration commerciale en Chine*, Lyon, 1898 (importante étude surtout économique sur le Sud et l'Ouest; voir L. RAVENEAU, *Annales de Géogr.*, VIII, 1899, p. 62-73). — CHINA. IMPERIAL MARITIME CUSTOMS, I. *Statistical Series, Decennial Reports*; II. *Special Series*, Changhaï (nombreux renseignements géographiques sur les ports, leur arrière-pays (cartes). — S. COULING, *The Encyclopædia Sinica*, Londres, 1917.— *Guides Madrolle : Chine du Nord, Corée; Chine du Sud*, Paris, 1911 et 1916, 2 vol. — IMPERIAL JAPANESE GOVERNMENT RAILWAYS, *Official Guides to Eastern Asia*, vol. IV, China, Tokyo, 1924. — M. MONNIER, *Le Tour d'Asie**. L'Empire du Milieu*, avec atlas, Paris, 1899. — OBSERVATOIRE DE ZI-KA-WEI, *Calendrier annuaire*, Changhaï (documents administratifs et économiques). — F. VON RICHTHOFEN, *Tagebücher aus China*, Berlin, 1907, 2 vol. (très inté-

ressant). — G. Wegener, *Zur Kriegszeit durch China*, Berlin, 1902 (surtout vers Pékin). — G. Weulersse, *Chine ancienne et nouvelle*, Paris, 1902. — A. W. Wingate, Nine Years Survey in Northern
and Central China (*Geogr. Journal*, XXIX, 1907, p. 174-200, 273-306, avec cartes du Tche-li extérieur
et du Ngan-houei). — H. G. W. Woodhead, *The China Year Book*, Londres (répertoire précieux).

Sur les confins sino-tibétains. — J. Bacot, *Dans les marches tibétaines*, Paris, 1909 ; A travers le
Tibet oriental (*La Géogr.*, XXIII, 1911, p. 241-248). — A. Bodard, L'Ouest chinois. La province du
Setchoan et les Marches tibétaines (*La Géogr.*, XXXVII, 1922, p. 196-222). — R. Brunhober, *An Hin-
terindiens Riesenströmen*, Berlin, 1912. — H. Cordier, Les Lolos (*La Géogr.*, XVII, 1908, p. 17-40); Les
Mosos (*T'oung-Pao*, IX, 1908, p. 663-688). — R. Farrer, The Kansu marches of Tibet (*Geogr. Journal*,
XLIX, 1917, p. 106-124; LI, 1918, p. 341-359). — F. Goré, Notes sur les marches tibétaines du Sseu-
tch'ouan et du Yun-nan (*Bull. École Fr. d'Extrême-Orient*, XXIII, 1923, p. 319-399). — R. F. Johnston,
From Peking to Mandalay, Londres, 1908. — P. K. Kozloff, The Mongolia-Szechuan expedition
(*Geogr. Journal*, XXXIV, 1909, p. 384-408; XXXVI, 1910, p. 288-310). — A.-F. Legendre, Far West
Chinois. Les Lolos (*T'oung-Pao*, X, 1909, p. 340-380, 399-444, 603-605); *Le Far-West chinois. Kientchang
et Lolotie*, Paris, 1910; *Massif Sino-Thibétain. Provinces du Setchouen, du Yunnan et Marches thibé-
taines*, Paris, 1916. — H. d'Ollone, Rapports sur sa mission en Chine (*La Géogr.*, XVI, 1907; XVII et
XVIII, 1908); *Les derniers barbares*, Paris, 1911 (haut Fleuve Jaune). — J. F. Rock [Confins du Yun-
nan et du Sseu-tchouan; photographies] (*National Geogr. Magazine*, XLVI, 1924, p. 473-499; XLVII,
1925, p. 447 491; L, 1926, p. 133-186). — W. Stötzner, *Ins unerforschte Tibet*, Leipzig, 1924. —
M. Aurel Stein [Voyages au Kan-sou occidental] (*Geogr. Journal*, XXXIV, 1909, p. 5-36, 241-271;
XXXVII, 1911, p. 275-280, cartes); *Serindia...*, Oxford, 1921, 5 vol. avec cartes. — A. Tafel, *Reise in
China und Tibet. Kartographische Ergebnisse*, Berlin, 1912; *Meine Tibetreise*, Stuttgart, 1914. —
E. Teichman, *Travels of a consular officer in Eastern Tibet*, Cambridge, 1922. — F. K. Ward [Explo-
rations sur les confins du Yun-nan, du Tibet et de la Birmanie] (*Geogr. Journal*, XXXIX, 1912;
XLVIII, 1916; LII, 1918; LIV, 1919; LVI, 1920; LVIII, 1921; LIX et LXI, 1922; LXII, 1923; LXIV,
1924); *The mystery rivers of Tibet*, Londres, 1923; *From China to Hkamti Long*, Londres, 1924; voir
aussi, sur cette région : K. Bouterwerk, *Mitt. Geogr. Ges. München*, XIII, 1918-1919.

Sur la Chine du Nord. — J. G. Andersson [Travaux en suédois sur la géologie, le lœss] (*Ymer*,
XXXIX, 1919, p. 157-173; XLII, 1922, p. 129-163; voir *La Géogr.*, XXXIII, 1920, p. 428-430). —
E. Bretschneider, Die Pekinger Ebene (*Petermanns Mitteil.*, Ergb. X, 46, 1876). — W. R. Carles,
Ordos (*Geogr. Journal*, XXXIII, 1909, p. 668-679). — *China. Imperial maritime customs, Special series*,
nᵒ 20, Notes on the Hwangho, Changhaï, 1906. — Fr. G. Clapp, Along and across the Great Wall of
China (*Geogr. Review*, IX, 1920, p. 221-249); The Hwangho (*Ibid.*, XII, 1922, p. 1-18; sur le Fleuve
Jaune, voir A. Herrmann, *Zeitschrift Ges. für Erdkunde zu Berlin*, 1916, p. 79-94). — R. S. Clark et
A. de C. Sowerby, *Through Shēn-Kan*, Londres, 1912 (Chen-si, Kan-sou, Chan-si). — A. David, *Natural
History of North China*, Changhaï, 1873. — A.-A. Fauvel, *La province chinoise du Chan-Toung*,
Bruxelles, 1892. — O. Franke, *Beschreibung des Jehol-Gebietes*, Leipzig, 1902. — M. L. Fuller, Some
unusual erosion features in the lœss of China (*Geogr. Review*, XII, 1922, p. 570-584; voir aussi, sur
les habitations dans le lœss, *Ibid.*, XIV, 1924, p. 215-226). — Ch. Jacot-Guillarmod, Les monts
à l'ouest de Pékin (*Bull. Soc. Neuchâteloise de Géogr.*, XXXII, 1923, p. 39-60). — H. Kanter, Der
Löss in China (*Mitteil. Geogr. Ges. Hamburg*, XXXIV, 1922, p. 99-150). — A.-F. Legendre, Voyage
d'exploration au Chan-si (*La Géogr.*, XLVI, 1926, p. 177-186).—R. P. Em. Licent, *Hoang ho. Pai ho,
exploration dans le bassin du fleuve Jaune, du Pai Ho...*, Tien-tsin, 1924, 4 vol., avec atlas (les résultats
ont été condensés dans *Revue des Questions scientifiques*, 1926, p. 90-130). — Th. Lorenz [Géologie du
Chan-tong] (*Zeitschrift Deutschen Geol. Ges.*, LVII, 1905, p. 438-497). — J. Menauer, *Die Laufän-
derungen des Gelben Flusses*, Nuremberg, 1912. — G. Pereira, *Peking to Lhasa*, Londres, 1925 (voir
Geogr. Journal, LXIV, 1924, p. 97-120). — F. von Richthofen, *Shantung und seine Eingangspforte
Kiautschou*, Berlin, 1898 (essentiel pour cette province). — A. de Carle Sowerby, Approaching
desert conditions in North China (*China Journal of Science and Arts*, II, 1924, p. 199-203, 395-399).
— E. Teichman, *Travels of a consular officer in North-West China*, Cambridge, 1921. — R. P. Teilhard
de Chardin et R. Licent [Géologie de l'Ordos] (*Bull. Soc. Géol. de France*, 4ᵉ série, XXIV, 1924, p. 49-91.
462-464). — G. Wegener, *Das Kiautschougebiet*, Leipzig, 1910.

Mantchourie. — E. Anert (Travaux sur la géologie de la Mantchourie; résumés dans *Annales de
Géogr.*, VII, 1898, p. 435-440; XIV, 1905, p. 253-254). — Ch. Bogdanovitch, *Gîtes aurifères dans la
partie Sud du Liao-toung* (Société Impér. Minéralogique de Saint-Pétersbourg, 1900). — E. Bretschneider (Travaux géologiques sur la Mantchourie méridionale, résumés dans *La Géographie*, II, 1900,
p. 401-407; *Petermanns Mitteil.*, XLVI, 1900, p. 197-203; XLVII, 1901, p. 43-47). — B. Gaspard, Le port
de Dalny (*Revue du Pacifique*, IV, 1926, p. 140-151). — Geological Institute, South Manchuria
Railway Company, *The geology and mineral resources of South Manchuria*, Dairen, 1926 (voir aussi,
sur les mines : *Stahl und Eisen*, XLV, 1925, p. 979-984). — Al. Hosie, *Manchuria*, Londres, 1901. —
J. Legras, Le Transmantchourien (*Annales de Géogr.*, XII, 1903, p. 31-46). — Adachi Kinnosuke,
Manchuria, a survey, New York, 1925. — *North Manchuria and the Chinese Eastern Railway*, Kharbin,
1924 (voir sur le chemin de fer de l'Est chinois : *Revue du Pacifique*, 1925, p. 138-151). — A. de C. Sowerby, The exploration of Manchuria (*Geogr. Journal*, LIV, 1919, p. 73-92; *The naturalist in Manchuria*, Tien-tsin, 1925, 3 vol. — W. Stötzner, Forschungsreise in der nördlichen Mandschurei (*Petermanns Mitteil.*, LXXIV, 1928). — R. Torii, Études anthropologiques. Les Mandchous (*Journal College
of Science, Imp. Univ. Tokyo*, XXXVI, 6, 1914; 8, 1915). — K. Uyeda, Manchuria in twenty years
(*The Far Eastern Review*, XXII, 1926, p. 341-351, cartes). — C. W. Young, Economic bases for new
railways in Manchuria. Chinese labor migration to Manchuria (*Chinese Economic journal*, April, July 1927).
— F. E. Younghusband, *The heart of a continent : travels in Manchuria...*, Londres, 1896.

CHAPITRE VI

LA RÉGION DU FLEUVE BLEU

I. — *LE FLEUVE BLEU SUPÉRIEUR*

Comme le Houang-ho et les grands fleuves de l'Indochine, le Yang-tseu naît sur les plateaux orientaux du Tibet, vers 4 600 mètres, dans une contrée parsemée de lacs, où des dépressions salées alternent avec des chaînes orientées de l'Ouest à l'Est. Vers 98º longitude Est Greenwich, les chaînes passent à la direction Nord-Sud du système indochinois. Le Yang-tseu se recourbe alors vers le Sud, ainsi que le Mékong et la Salouen dont les vallées sont toutes proches; sous le 28e parallèle, il n'y a guère que 100 kilomètres de distance entre elles. En même temps, les rivières, qui, plus haut, pouvaient s'attarder dans des plaines de graviers, commencent à creuser leur lit avec force. Elles disparaissent dans des cañons profonds de 1 000 à 2 500 mètres, entre des crêtes sauvages; près de Ba-tang, la largeur de la vallée atteint à peine 150 mètres. Aux formes aplaties du Toit du Monde succèdent dans la descente vers le Pacifique des massifs que découpent des cluses effroyables et qui se terminent sur le Bassin Rouge par des montagnes abruptes, déchiquetées comme les Alpes : les Alpes du Sseu-tchouan (fig. 12, p. 57).

D'après Loczy, les plis des confins tibétains avaient été en grande partie arasés avant l'époque qui correspond au dépôt de la Terre Jaune dans le Nord de la Chine. Cette plate-forme, peu élevée au-dessus de la mer, fut recouverte par de vastes glaciers de type scandinave, qui contribuèrent à la niveler, ou du moins la protégèrent contre les agents de destruction. Tandis qu'on n'a pas découvert de traces glaciaires au Nord des Tsin-ling, il y a dès 3 000 mètres des moraines intactes près de Ta-tsien-lou. Quand les glaciers reculèrent (leur limite est aujourd'hui entre 4 500 et 5 500 m.), la pénéplaine fut livrée à l'attaque des eaux courantes. Exhaussée par le gauchissement qui releva tout le centre de l'Asie, elle fut profondément disséquée, ravinée. Les fleuves qui la parcouraient creusèrent des cluses, s'allongèrent pour conquérir les lacs qui abondaient sur le plateau tibétain à l'époque pliocène. Par eux le relief fut rajeuni. Il devint d'autant plus accidenté qu'il était plus proche des points où se portait l'effort maximum de l'érosion. A l'écart des rivières ont persisté des formes mûres, des massifs aplatis, au sol profond. Ainsi sur la route de Ta-tsien-lou à Li-tang, à une altitude moyenne de 4 000 mètres, on voit des plateaux peu ondulés, des collines arrondies, de larges vallées glaciaires que n'a pas encore atteintes l'érosion remontante. Par contre, rien n'égale l'âpreté sinistre des crêtes qui séparent les fleuves, quand ceux-ci se rapprochent au Sud de Ba-tang. De même, la profondeur du Bassin Rouge activa le travail des affluents occidentaux du Min, qui ont découpé les Alpes du Sseu-tchouan en pics escarpés. Sans doute certaines chaînes peuvent être les restes de plis imparfaitement arasés qui se dressaient au-dessus de l'ancien plateau et de la calotte glaciaire. Mais, dans l'ensemble, les montagnes voisines du Tibet ont été créées par le creusement des vallées.

Tandis que les fleuves indochinois continuent vers le Sud suivant la pente générale du pays et l'alignement des plis, le Yang-tseu quitte vers le 27e parallèle cette direction, qui le mènerait vers le Mékong ou le Fleuve Rouge (fig. 25, p. 133). Après avoir décrit une boucle allongée au Nord de Li-kiang, boucle que reproduit son affluent le Ya-long, il tourne à l'Est, puis au Nord-Est vers les plaines du Sseu-tchouan. De même le Ta-tou-ho, après être descendu des hauts plateaux vers le Sud, se coude à angle droit pour rejoindre le Min. Une série de captures, semblerait-il, a été déterminée par la très faible altitude du Bassin Rouge (300 à 500 m.) qui aurait détourné vers la Chine le drainage du Tibet oriental. Le tracé des rivières, avec ses décrochements, a pu être aussi influencé par des phénomènes d'érosion souterraine et la présence de cuvettes lacustres. De Ba-tang à Soui-fou, le Fleuve Bleu coule le plus souvent au fond d'un abîme qui s'ouvre, presque à pic, à plus de 1 000 mètres au-dessous d'un plateau où rien ne faisait soupçonner sa présence. Selon la remarque du commandant d'Ollone, « ce fleuve, coulant dans une sorte de souterrain, ne recevant aucun affluent que par des cascades ou des gorges escarpées, semble un étranger à la région qu'il ne traverse que pour la bouleverser ». C'est par des sentiers vertigineux qu'on descend dans cet abîme où il n'y a que quelques misérables cabanes chinoises, quelques campements d'orpailleurs, çà et là pourtant des mines de cuivre et de sel. Ailleurs, le Fleuve Bleu s'élargit dans des bassins qui auraient jadis été occupés par des lacs. Aux rapides succèdent des biefs d'eau tranquille, où existaient même des services de batellerie avant la révolte qui a dépeuplé cette région. Quant à la vallée du Ya-long, elle est trop encaissée pour laisser aucune place à la culture. Par contre, son affluent l'An-ning draine une suite d'anciens bassins lacustres au sol fécond : c'est le centre du Kien-tchang, un « bon pays » qui s'enferme au cœur du massif; d'après Davies, nulle part au Yun-nan ne s'étend une aussi vaste région de culture.

De l'altitude de ces massifs, en effet, il ne faudrait point conclure que ce soient des solitudes glacées alternant avec des cluses impraticables. Au Sud du 30e parallèle, les neiges éternelles ne commencent pas avant 5 500 mètres, et toutes les limites de végétation sont singulièrement élevées. Vers 5 000 mètres, des prairies alpines, parées de lis et d'orchidées, nourrissent des milliers de yaks, de poneys, de chèvres, de moutons, de cerfs musqués. Sur les montagnes reculées qui ont échappé à la hache du colon chinois et aux incendies allumés par les pâtres, de superbes forêts denses montent jusqu'à 4 400 mètres. Les chênes disputent la place aux pins, plus haut, aux ifs et aux sapins argentés qui abritent des sous-bois de bambous et de rhododendrons. Les espèces à feuilles persistantes dominent, comme le *Quercus siniensis* et des laurinées. A cette latitude, les vallées et les basses montagnes connaissent un climat chaud et sec, analogue, d'après le Dr Legendre, à celui de l'Algérie. A la hauteur des passes

alpines, on voit des cactus aux larges raquettes épineuses, des palmiers chamærops, des jardins de kakis, d'orangers et de pêchers. Dans la fertile dépression
de Ning-yuan, à plus de 1 700 mètres, on traverse, vers le début de février,
des champs de blé déjà haut de 20 centimètres, de fèves et de colza en fleurs,
de canne à sucre; en juin, ces mêmes champs, hâtivement labourés et irrigués,
deviendront des rizières. N'oublions pas sans doute que ce sont là des oasis
privilégiées, bien que cette puissance de végétation accompagne la plupart des
vallées. Mais, si le riz reste un luxe, il peut être remplacé par des céréales plus
rustiques et des pommes de terre, si bien qu'il y a encore des villages de cultivateurs à 3 200 mètres. Les immenses plateaux herbeux pourraient nourrir
des millions de bestiaux, si les Chinois n'abandonnaient totalement le soin de
l'élevage aux races primitives. En combinant ces ressources avec celles de la
forêt, des mines, les confins tibétains pourraient atteindre une certaine densité.
Et pourtant les villages chinois offrent presque tous l'aspect de la misère. L'opium
réputé du Kien-tchang engourdit une population veule et famélique. Elle
saccage les forêts, sans prendre garde que les ravages sont terribles sur ces
pentes rapides où les pluies tombent par violentes averses d'été; aussi les cônes
torrentiels envahissent-ils les vallées, et d'ici quelques générations celles-ci
deviendront inhabitables.

D'autre part, le Chinois n'a su ni vivre en harmonie avec les anciens habitants, ni se préserver de leurs représailles. Il se confine au fond des vallées,
dans une insécurité perpétuelle qui arrête tout développement économique.
Sans cesse il est prostré sous la crainte des Lolo. Le Dr Legendre nous décrit
ceux-ci comme une race vigoureuse de montagnards. Énergiques, agiles et bien
découplés, ils poursuivent les sangliers et les ours, font paître leurs grands
troupeaux de moutons. D'après leurs traditions, ils auraient appris des Chinois à cultiver avec la houe leurs champs de maïs, d'avoine et de sarrazin.
Ils savent tisser leurs vêtements de laine et de coton, la vaste pèlerine dont
ils ne se séparent jamais et sur laquelle ils couchent la nuit, le turban enroulé
en pointe qui leur a valu le surnom de « diables cornus ». Mais leur industrie est
toute primitive. De même, leurs maisons en terre ou en torchis, sans cheminée,
sans autre ouverture extérieure que la porte, avec un toit de bardeaux ou
de nattes qui laissent souvent passer la neige. Ces cabanes se groupent par
hameaux, et ceux-ci se dispersent sur les pentes, les hautes terrasses, voire sur
l'arête même de la chaîne, pour éviter la proximité des Chinois. Jamais en effet
le Lolo ne descend dans les dépressions, sinon pour y faire le troc ou razzier
les immigrés. Sa vie se passe dans la montagne, sur les hauts plateaux, divisés
entre les clans que le relief tourmenté, les profondes coupures des vallées contribuent à tenir isolés. Il est belliqueux, enclin à de cruelles vendettas, mais
habitué à un régime tout patriarcal, où les serfs et les esclaves mêmes ne sont
pas maltraités. Les Si-fan, tribus d'origine tibétaine, lui ressemblaient jadis par
leur vigueur. Leur technique est plus avancée, et, pour les vêtements, les bijoux,
elle égale celle des Chinois. Elle la surpasse même pour la culture, qu'ils ont su
associer à l'élevage, et beaucoup des paysans d'Europe leur envieraient leurs
confortables maisons de pierre. Mais la race s'étiole, épuisée par l'alcool, l'opium,
les maladies; elle recule devant le Céleste et surtout devant le Lolo, l'irrésistible
barbare. A côté d'autres peuplades d'origine incertaine, auxquelles les hauts
pays déchiquetés servirent de refuge, Mosso, Liso, etc., les Tibétains ont implanté

leur civilisation. Sur la principale route qui traverse ces massifs (si l'on peut appeler route la piste vertigineuse qui va du Bassin Rouge à Lhassa, presque en ligne droite, — fig. 27, p. 153, — escaladant des crêtes de plus de 5 000 m., pour redescendre aussitôt de 1 000 et 2 000 m.), on voit, dès Ta-tsien-lou, les maisons tibétaines, plus solides que les huttes chinoises, à deux ou trois étages, avec leurs murs épais de pierre et de terre, leurs toits en terrasse, leurs mâts où flottent les banderoles chargées de prières bouddhiques. Près du sentier où circulent les caravanes qui portent des peaux, du musc, de l'or, des plantes médicinales au retour de l'Asie centrale, du thé et des cotonnades à l'aller, les Tibétains cultivent l'orge, dont la farine, mêlée au thé et au beurre, forme le *tsampa*, leur mets national. D'autres errent avec leurs grandes tentes noires. Tous sont étroitement soumis à l'autorité des lamas. Aux gîtes d'étapes, de puissantes bonzeries se sont installées : Ba-tang se compose de deux villes, la cité monastique et l'agglomération laïque, en partie chinoise; à Li-tang (4 187 m.) vit un peuple de 3 000 lamas. Comme au Tibet, ces couvents sont les grands propriétaires fonciers, les possesseurs du bétail nécessaire aux caravanes, les capitalistes auxquels doit s'adresser tout laïque qui veut faire du commerce. Ils ont fondé des États monastiques, que l'âpreté des montagnes avait préservés jusqu'à nos jours de la centralisation chinoise[1], de même que les principautés féodales des peuplades barbares.

Au Nord-Est des Alpes du Sseu-tchouan, les hauteurs qui les raccordent aux Tsin-ling sont traversées par le Min. Il naît vers 4 300 mètres sur des plateaux herbeux où les montagnes n'apparaissent que comme de faibles collines. Pas même des troupeaux : en venant de Song-pan, le grand marché fréquenté par les nomades, la mission d'Ollone n'a rencontré de pasteurs qu'après huit jours de marche dans le désert. Puis le fleuve s'encaisse et forme la limite entre les principautés indigènes et les terres chinoises. Nombre de castels, de tours de guet hautes de 10 à 12 mètres attestent combien cette « marche » fut disputée; les villages se juchent sur des pitons que surmonte souvent une lamaserie. A Kouan on entre dans le vrai pays chinois, le fertile Bassin Rouge.

II. — *LE BASSIN ROUGE DU SSEU-TCHOUAN*

Tandis que la partie occidentale du Sseu-tchouan est une des régions les plus élevées de la Chine, les moins accessibles à la colonisation chinoise, la partie orientale forme une contrée fertile, aussi peuplée que les plaines alluviales voisines du Pacifique, mais toute différente par ses aspects et ses modes de vie. Richthofen lui a donné le nom de Bassin Rouge. C'est en effet une dépression, dominée de haut par des montagnes de passage assez pénible, une sorte de cuvette quadrangulaire (fig. 12, p. 57), bordée au Sud du Yang-tseu par les plateaux de la Chine méridionale; puis, de Soui-fou à Ya-tcheou et Long-ngan, par les Alpes, qui se dressent rapidement à 5 000 et 6 000 mètres; enfin, de Long-ngan à Kouei-tcheou, par le Ta-pa-chan et les autres massifs qui séparent les affluents du Kia-ling de ceux du Han. Dans le fond on voit presque partout affleurer des couches d'un rouge intense; des grès entremêlés d'argiles, épais d'au moins

---

1. Sur les guerres sanglantes qui la marquèrent, voir les ouvrages de Bacot, Bodard et Goré, cités dans la Bibliographie, p. 105. Sur les confins tibétains, voir tome VIII, La Haute Asie.

1 000 mètres sur le bord septentrional de la cavité et de bien plus vers le centre. Leur âge, assez difficile à déterminer, a d'abord été fixé au Jurassique; il semble devoir être reporté au Crétacé, et même au Tertiaire pour les assises supérieures. Cette puissante formation s'est jadis étendue sur une grande partie de la Chine méridionale; mais elle ne se conserva guère que dans le Bassin Rouge, étant moins exposée à l'érosion dans le fond de cette cavité. Le Sseu-tchouan oriental semble en effet avoir formé une zone d'affaissement constant, une dépression permanente, rendue plus creuse encore par le bossellement quaternaire. Non que son fond soit plat. Les couches rouges ont été redressées selon la direction sinienne, du Sud-Sud-Ouest au Nord-Nord-Est, en une suite de plis très réguliers. De véritable plaine, il n'existe guère que celle de Tcheng-tou, et, si elle occupe 6 200 kilomètres carrés, elle ne représente encore que le quarantième de cette région. Ailleurs, c'est un pays accidenté, traversé par des collines qui s'élèvent à environ 700 mètres au-dessus des thalwegs. Leurs faîtes, d'altitude assez uniforme, sont peut-être les témoins d'une pénéplaine disséquée par les vallées actuelles. Celles-ci s'encaissent parfois fortement entre des murailles de grès rouges, couvertes de fougères et de plantes grimpantes. Fréquemment l'érosion récente a morcelé les rangées de collines, les a divisées en buttes pyramidales où l'alternance des grès et des argiles, leur inégale dureté ont ménagé une série de terrasses. Sur les grès ne poussent guère que des pins. Les argiles, au contraire, sont la terre féconde, sur laquelle les rizières montent jusqu'au sommet de ces buttes, toutes pareilles, rayées de rouge et de gris, souvent couronnées par des rochers semblables à des forts en ruines. Les rizières s'étalent largement dans les dépressions, les plaines irrigables; aussi l'été, sauf quelques taches rouges, le centre du Sseu-tchouan n'est qu'une mer de verdure.

L'été est en effet la saison des pluies. A Tcheng-tou, les trois mois de juin, juillet, août reçoivent 613 millimètres, soit les deux tiers du total annuel (942 mm.). La température moyenne du mois le plus chaud, juillet, ne dépasse pas 26°,2, et pourtant la chaleur est alors assez pénible; trop humide, orageuse, elle anémie les Européens. Il est vrai que l'hiver répare les forces; de novembre à avril, il fait tiède dès que le soleil se montre; les gelées, les chutes de neige sont assez rares, et, en quatre ans, la température n'est descendue qu'à — 2°,8. Pendant l'automne et l'hiver, le ciel est souvent couvert. Les fréquents brouillards du Sseu-tchouan lui ont valu le surnom de « la province brumeuse »; les voyageurs ont noté l'étrangeté de cette végétation tropicale ensevelie sous des brumes aussi épaisses que celles de Londres. Et pourtant il pleut très peu durant la saison froide. Le brouillard se résout parfois, surtout en février, en une pluie fine comme le « crachin » du Tonkin, nécessaire à beaucoup de récoltes; mais décembre et janvier peuvent n'avoir qu'un seul jour de pluie; les trois mois d'hiver réunis ne donnent que 22 millimètres. Il y a donc une saison sèche bien caractérisée.

La plaine de Tcheng-tou. — Aussi l'irrigation s'impose. C'est elle qui assure la merveilleuse fécondité de la plaine où est construite la capitale, Tcheng-tou. Quand le Min entre dans cette dépression, il laisse tomber les débris qu'il charriait dans son cours montagnard; ainsi s'est édifié sur l'ancien bassin d'effondrement un immense cône alluvial où les eaux se séparent en chenaux souvent encaissés. Les crues sont fortes; elles triplent la largeur des rivières, risquent d'obstruer leurs lits et par suite menacent les champs voisins. Les inondations de l'été auraient alterné avec les sécheresses hivernales, si tout un système hydraulique n'avait été réalisé, il y a peut-être 2 500 ans. Alors que sur les bords du bas Houang-ho on surélève les digues au fur et à mesure que le lit s'exhausse, — et nous avons vu avec quel danger pour la Grande Plaine, — le principe est ici de conserver des digues basses et de curer les bras du Min assez profondément pour livrer un passage facile aux crues. La clef de ce système est au point où le fleuve sort de la montagne, à Kouan; des barrages y ont été établis, avec des prises d'eau surveillées par un haut mandarin. Au printemps, la digue est ouverte après une cérémonie officielle. Comme toute la plaine s'incline dans la même direction, vers le Sud-Est, les eaux la parcourent tout entière, d'un courant rapide, mais sans déborder; la canalisation est si bien réglée que toutes les terres reçoivent en temps voulu l'eau dont chaque récolte a besoin. Et la division est si équitable qu'il ne se produit jamais de réclamations. Il est vrai que les maires des villages, assistés d'un conseil des notables, sont responsables du bon fonctionnement de l'irrigation. Quand le chenal est en contre-bas, les riverains élèvent l'eau au moyen de norias en bambou larges de 6 à 10 mètres. Pendant la saison sèche, on conserve aux champs l'humidité nécessaire en entretenant auprès d'eux des *tang*, des réservoirs, qui contribuent à produire les épais brouillards de l'hiver. En été, des premiers jours de juin à la mi-septembre, la plaine tout entière est transformée en un lac, profond de 0 m. 25, où pousse le riz. Suivant que l'arrosage est plus ou moins facile, les cultures diffèrent, et, avec elles, la valeur du sol. Certains champs ne sont pas assez humectés pour le riz; d'autres, au contraire, trop bas, ne peuvent produire que du riz ou de la canne à sucre. D'autres enfin — et ce sont les plus estimés — deviennent assez secs l'hiver, grâce à la porosité de leur sol et à l'évaporation, pour qu'on puisse semer, en automne, des plantes fourragères, en hiver, du blé, du colza, parfois de l'orge et des légumes; en mai, on les inonde, et on plante le riz : donc trois récoltes par an viennent à bien.

Aussi la plaine donne-t-elle une impression de richesse et de beauté champêtre. La vigueur des arbres, la gaieté des villages et des routes où résonnent les brouettes des porteurs relèvent la monotonie de l'immense rizière. Des hauteurs que couronnent les pins et les pagodes, on voit des bouquets de cèdres, de cyprès, de mimosas plantés près des habitations et des nombreux oratoires élevés au génie du sol; de vastes champs de pavots aux fraîches couleurs voisinent avec de splendides massifs d'orangers et de mûriers qu'on laisse croître de toute leur taille; une multitude de moulins à huile, à farine, à papier animent les berges des ruisseaux que traversent de beaux ponts en pierres, d'une courbure hardie, ou des ponts de bois parfois laqués de rouge, avec une inscription dorée à la gloire de leur fondateur. Sur les coteaux gréseux du pourtour, les cultures montent en terrasses jusqu'aux buissons de gardénias et d'azalées. Très peu de villages agglomérés, comme dans toute la province; mais d'innombrables maisons isolées ou groupées en hameaux qui se cachent à demi sous les bambous; beaucoup de grandes fermes, dont les bâtiments de briques et de pisé bordent une cour carrée. Avec leurs grosses poutres noires qui se détachent sur la blancheur des murs, avec leurs toits de chaume ou de tuiles, qui protègent de larges vérandas, ils rappellent aux voyageurs, tantôt les *cottages* anglais, tantôt les chalets suisses, plutôt que l'habitation typique de la Chine, au faîte recourbé et terminé en cornes. Aux alentours, des jardins, mais pas de pâtures : le paysan ne nourrit que les porcs et les buffles indolents qui aiment à paresser dans la vase molle. Le long des routes s'échelonnent des lieux de foires, des multitudes d'échoppes où les coolies achètent les galettes de blé, le bol de thé fumant, les boulettes d'opium. Des descriptions comme celle de Mrs. Bishop évoquent une nature riante, animée par le travail d'un peuple innombrable, d'une opulence qui n'exclut ni la grâce ni la variété.

Sans doute la plaine de Tcheng-tou est la région riche par excellence dans le riche Sseu-tchouan. Mais, ailleurs encore, que de campagnes fertiles et d'aimables paysages dans le Bassin Rouge, que de vertes rizières dans ce « jardin d'hiver » ! Par endroits, les rives du Yang-tseu sont une vraie forêt de pamplemousses et d'orangers sous lesquels on sème le blé et les féverolles. Si la production de la soie se concentre aux environs de Tcheng-tou et de Kia-ting (fig. 27, p. 153), partout abondent le colza, l'indigo, le tabac, l'opium, les fèves, les pois et les haricots soja qui, broyés, forment un aliment très nutritif consommé par toutes les classes. Sur les collines gréseuses de sol plus pauvre, des arbres à thé gigantesques, hauts parfois de 10 mètres, fournissent à tout le Tibet des feuilles, d'un arome peu délicat, il est vrai.

Beaucoup de petites industries rurales : dans les pays de mûriers, on tisse la soie, — jadis le coton, avant l'introduction des fils étrangers ; on teint les étoffes et on les brode ; on distille le millet et l'orge ; on tresse la paille et les joncs en nattes, en chapeaux. Il n'est pas rare que le charbon affleure dans les ruisseaux, sur le bord des étangs où l'on fait rouir le bambou à papier, sur le versant des monts et le pourtour de la plaine de Tcheng-tou. Le fer existe souvent à côté de la houille ; des hauts fourneaux ont été édifiés sur le Kia-ling en aval de Ho. En outre, les couches lagunaires du Bassin Rouge renferment de nombreuses poches d'eau salée, de pétrole, de gaz naturel. L'extraction de l'eau salée se fait surtout dans le district de Kia-ting et plus encore, à l'Est, dans celui de Tseu-licou-tsin. Dans celui-ci, on voit le cas, très rare en Chine, d'une agglomération qui vit uniquement de l'industrie, et cela depuis des temps très anciens. C'est la grande industrie, mais, comme l'a dit Marcel Monnier, c'est la grande industrie d'il y a deux mille ans. Si cette agglomération (300 000 âmes ?) rappelle les villes noires d'Europe, l'outillage est resté d'une simplicité archaïque. Les milliers d'échafaudages, analogues par leur disposition et leur hauteur à ceux des sondages houillers, supportent des tubes de bambous emboîtés qui vont chercher les eaux mères à 500 mètres, parfois même à plus de 1 000 mètres. Comme force motrice, un manège à buffles, tout simplement. Les grandes chaudières d'évaporation sont chauffées avec le charbon des mines voisines, ou avec le gaz naturel canalisé. Nul doute que cette technique ne paraisse bien enfantine et peu efficace ; trois ou quatre usines à vapeur feraient la besogne de ces petites entreprises qui se comptent par centaines. Mais, si les industriels chinois apprendraient volontiers de nous à exploiter les nappes de pétrole jusqu'ici intactes, à forer les puits avec moins de lenteur et de risques, comment accueilleraient-ils la création d'usines modernes qui feraient baisser l'eau dans les anciens puits et provoqueraient toutes les ruines d'une concentration industrielle à ses débuts ? Et surtout que deviendraient les foules d'ouvriers remplacés par les machines ?

Le nombre des sans-travail, des coolies faméliques est déjà bien élevé dans

cette province. Grâce à l'industrie, surtout à la fécondité des argiles rouges et
à l'habileté des irrigations, c'est une des plus productives de la Chine, mais aussi
des plus peuplées. D'après la Mission Lyonnaise, il y aurait dans le district des
salines 6 000 habitants au kilomètre carré; dans le Bassin Rouge, la densité
moyenne serait encore de 175, et la population atteindrait 40 à 45 millions.
La plaine de Tcheng-tou contient, outre d'innombrables hameaux, nombre

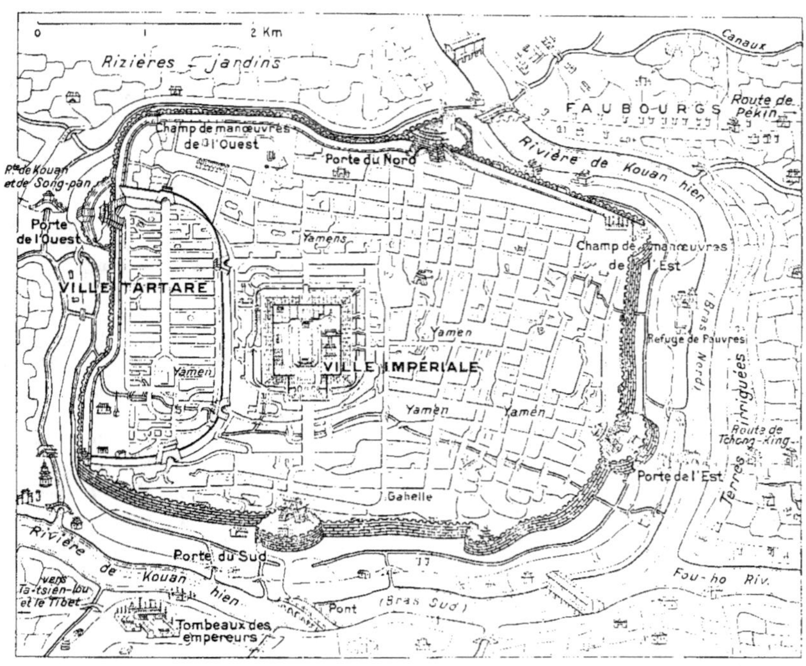

FIG. 20. — Plan de Tcheng-tou, d'après une carte chinoise (extrait des *Variétés sinologiques*).

de cités « bourdonnantes comme des essaims d'abeilles », traversées de rues
larges et bien dallées, ornées de temples et de maisons confortables, que leur
envieraient bien des préfectures de rang plus élevé. Tcheng-tou serait la plus
belle ville chinoise (fig. 20; pl. XXXIV, B). A tout le moins, elle contraste
avec d'autres agglomérations aussi importantes (sa population ne dépasse pas
450 000 hab.) par le charme de sa campagne baignée d'eaux vives, à deux ou
trois jours des Alpes neigeuses, site analogue à celui de Milan; par le luxe de
quelques quartiers commerçants, où les soieries brodées, les bronzes, les porcelaines firent jadis l'émerveillement de Marco Polo. Mais, tout autour, c'est la
sordide saleté ordinaire en Chine, les maisons lépreuses, les ruelles où grouillent
les mendiants, organisés, comme à Pékin, en une puissante corporation, ainsi
qu'une foule remuante de déclassés, de mercenaires. L'industrie est assez active;
mais, sauf dans l'arsenal et une ou deux fonderies, elle en est restée au stade de

l'atelier médiéval : une multitude de petites coutelleries, de tissages, de teintureries, de fabriques minuscules.

Le commerce de Tcheng-tou est assez prospère grâce aux routes qui sillonnent la plaine et au Min qui, de mai à novembre, laisse arriver de lourdes jonques, jaugeant parfois plus de cent tonnes, jusqu'à ce port situé à 3 000 kilomètres de la mer. Par contre, pendant la saison sèche, de très petites barques peuvent seules remonter au delà de Kia-ting, le grand marché de la soie et de la cire blanche, le rendez-vous des innombrables pèlerins qui se dirigent vers la montagne sacrée de l'Omei. Les falaises de grès rouge qui dominent le Min sont souvent creusées de cavernes où les aborigènes, les Miao-tseu, se sont réfugiés lors de l'invasion chinoise. Au confluent, où le Min arrive plus large que le Yang, Souifou se dresse sur un promontoire rocheux; malgré sa position et son trafic vers le Yun-nan, ce n'est guère qu'une escale qui compte au plus 50 000 à 60 000 habitants (fig. 31). Le grand port de la province, c'est Tchong-king (300 000 à 400 000 hab.). Entre le Fleuve Bleu et le Kia-ting, la ville se resserre sur une sorte d'*oppidum* escarpé, haut de plus de 60 mètres, que l'on gravit par une suite d'escaliers glissants, entre des ruelles enchevêtrées et puantes. Au pied des remparts, c'est une autre ville de maisons en nattes et bambous, qui disparaît à chaque crue; sur la rive Sud s'étend un long faubourg affairé, et, sur le fleuve divisé en plusieurs bras par des roches, des milliers de jonques apportent les produits de l'Europe, ceux de la Grande Plaine et surtout le coton (pl. XXI, A et B). En aval, à Feou-tcheou (100 000 hab.), logeaient les principaux marchands d'opium; de là, on peut gagner le Hou-nan en évitant les gorges du Yang-tseu quand le courant y devient trop violent. Wan, à qui on attribue 150 000 habitants, belle cité en amphithéâtre, est le port le plus actif du haut fleuve après Tchong-king et l'origine de la grande route mandarinale qui conduit à la capitale de la province à travers des régions très riches. Beaucoup moins animée, déjà trop enfoncée dans le massif montagneux, Kouei-tcheou se borne à ravitailler les bateliers qui viennent de franchir les cluses du Yang-tseu.

On voit que de travailleuses cités se suivent sur les bords du grand fleuve. Dans l'intérieur, Chouen-king, Pao-ning, Mien et bien d'autres villes parfois coquettes sont d'actifs marchés agricoles ou des étapes pour les caravanes de coolies. Et les campagnes voisines dépassent souvent la densité de la Belgique. La terre a dû être morcelée à l'infini, divisée à chaque succession en parcelles dont un travail acharné parvient seul à tirer la subsistance d'une famille. En temps normal, le pays paraît prospère; mais il ne faut qu'une mauvaise récolte pour réduire la masse des cultivateurs à la misère. Dans les familles trop nombreuses, que de fils doivent abandonner le village pour mener l'affreuse existence de ces porteurs accablés sous leur charge dans les chemins rocailleux qui gravissent les plateaux tibétains! Le remède pourrait être dans l'émigration qui repeuplerait les territoires incultes du Yun-nan, dans le développement de l'industrie, puisque la houille et le pétrole sont peu ou point exploités et que la soie est encore tissée selon les procédés les plus routiniers. Mais ce progrès suppose celui des voies de communication. Or, même dans la plaine, elles sont restées bien défectueuses. Si les petites barques peuvent circuler sur toutes les rivières du Bassin Rouge, il n'y a pas une route accessible à la moindre voiture; même près de la capitale, beaucoup de chemins sont tout simplement les digues des rizières, si étroites que les coolies doivent en descendre dans la vase quand

Phot. Commandant J. Lartigue.

A. — ENVIRONS DE TCHONG-KING (SSEU-TCHOUAN).

Route dallée conduisant de Tchong-king au temple de Lao-kionn-tong. Rizières dans la vallée.

Phot. Commandant J. Lartigue.

B. — POINTE SUD DE LA VILLE DE TCHONG-KING (SSEU-TCHOUAN).

Cette partie de la ville occupe le promontoire compris entre le Yang-tseu et son affluent le Kia-ling.
Tout autour s'étendent des faubourgs.

Phot. Commandant J. Lartigue.

A. — GORGES DU YANG-TSEU EN AVAL DE WOU-CHANG.
Limite du Hou-pei et du Sseu-tchouan.

Phot. Commandant J. Lartigue.

B. GORGES DU YANG-TSEU EN AMONT D'ITCHANG.
Près de Kouei-tcheou (Sseu-tchouan).

ils rencontrent une chaise à porteurs. Aussi tous les transports par terre sont-ils si coûteux que, lorsque la récolte de riz vient à manquer dans un district, il ne peut guère recourir à ses voisins. Et d'autre part les montagnes qui entourent le Bassin Rouge le séparent du marché mondial, où il ne peut guère expédier que ses denrées les plus précieuses, et cela à grands frais. Ce pays qui devrait être l'un des principaux producteurs de soieries, de vernis, d'huiles, peut-être même de houille et de fer, ne peut actuellement jouer ce rôle; il importe très peu de denrées européennes, parce qu'il communique avec la côte par de mauvais chemins de montagnes, et nous allons voir combien le fleuve qui le draine oppose d'obstacles à la navigation, qui commence seulement à les vaincre. Le Sseu-tchouan ne pourra prendre la place qui lui revient dans l'économie de l'État chinois, il n'arrivera à un équilibre normal entre sa population et ses ressources que le jour où les progrès de la navigation et les voies ferrées lui permettront de développer son exportation.

III. — ENTRE LE BASSIN ROUGE ET LA GRANDE PLAINE LES GORGES DU YANG-TSEU

Dans la région qui va du Wei, affluent du Fleuve Jaune, au cours moyen du Yang-tseu (fig. 12), Bailey Willis a observé la succession de deux cycles d'érosion. Le premier arriva à la maturité, moins complètement, il est vrai, que dans la Chine du Nord le stade antérieur au dépôt du lœss. Il a laissé dans ces montagnes, jusqu'au Sud du Fleuve Bleu, de larges vallées ouvertes qui se continuent en aval par des cañons. Dans les Tsin-ling, on les voit contourner des sommets arrondis, plus élevés de 300 à 600 mètres; malgré ses dentelures, le faîte du massif est d'altitude très uniforme. Le cycle qui produisit ces formes mûres fut clos par un gauchissement qui ranima l'érosion. Au stade qui date du Quaternaire correspondent les effondrements et les gorges comme celles du Yang-tseu.

Le massif des Tsin-ling est une des régions qui, par leur structure interne, manifestent le mieux l'énormité des forces orogéniques. Il se compose de deux systèmes de plissements : celui du Nord s'aligne, comme le Kouen-lun, de l'Ouest-Nord-Ouest à l'Est-Sud-Est, tandis que celui du Sud rejoint la direction sinienne Sud-Ouest–Nord-Est. Or ces deux faisceaux de chaînons ont été refoulés l'un contre l'autre, intimement unis, comme deux barres de fer rouge soudées à la forge. Cet ensemble était devenu une pénéplaine qui ne dépassait guère 300 mètres, quand les récents mouvements du sol le portèrent à des altitudes de 2 000 à plus de 3 000 mètres, en le séparant des vallées du Wei et du Han par des failles ou des gauchissements. Ils en ont fait une sorte de « horst », une barre rigide, limitée au Nord par une muraille qui se dresse brusquement jusqu'à 2 000 mètres au-dessus de la plaine de Si-ngan, s'élève ensuite par une pente douce jusqu'au premier tiers de sa largeur, puis redescend assez rapidement au Sud par une région sauvage de roches métamorphiques. Richthofen a remarqué que les zones les moins accidentées, les plus cultivables, se trouvent au centre du massif et que, par contre, la route devient de plus en plus difficile vers le Sud. Il faut en chercher la cause principale dans le bombement qui a forcé les tributaires du Han à recreuser vers l'aval, tandis que l'intérieur conservait les formes de maturité. L'épaisseur du massif, sa rigidité, ses escarpements en ont fait une barrière qui a empêché la rébellion musulmane de se répandre vers le Sud, la révolte des Tai-ping de dévaster la vallée du Wei. Toutefois il n'est pas infranchissable; son nom même le prouve : Tsin-ling signifie « passes des Tsin », dynastie originaire d'une ville du même nom, encore très commerçante, située sur le Wei supérieur. Ces passes, qui montent à 1 500 et 2 000 mètres, sont suivies depuis longtemps par des routes qui unissent le Nord et le Sud de l'Empire, routes malaisées, il est vrai, souvent établies sur des corniches, des pilotis au fond des cluses, ou gravissant à grand'peine des versants abrupts (pl. XI, A, et XXIII, A).

Au Sud du massif, le Han suit une dépression tectonique où le bossellement quaternaire a créé deux cavités plus profondes, celles de Han-tchong (470 m.) et de Hing-ngan (215 m.) (fig. 31). Le fleuve va de l'une à l'autre par des cañons percés dans ces plis par lesquels le système sinien s'infléchit pour rejoindre les Tsin-ling. Pour qui vient de longer les torrents des Tsin-ling, la longue et vaste plaine de Han-tchong semble une terre plantureuse où s'annonce vraiment l'entrée dans la Chine du Sud : des rizières sur les alluvions, des champs d'opium et de coton, des orangers près de gros villages et, sous ce climat très doux, beaucoup de plantes méridionales, qui sont ici à la limite de leur extension. Cette riche dépression a pu être comparée au Bassin Rouge pour l'abondance et la variété de ses produits, mais aussi pour la difficulté de son accès.

Entre le Han et le Yang-tseu s'étend un massif plissé, formé surtout de calcaires primaires associés à des schistes relativement tendres. L'érosion récente y a développé une structure semblable à celle des Appalaches. Aux schistes correspondent des dépressions longitudinales; les calcaires ont résisté, dessinant des chaînes aux pics escarpés, au travers desquelles les rivières, surtout les affluents du Yang, ont creusé des cañons remarquablement étroits, pour descendre du bombement vers les rivières qui l'encadrent, le Han et le Yang. Ces montagnes n'ont guère été visitées par les Européens. Absolument déboisées, elles semblent ne pas avoir assez de terres arables pour nourrir leurs habitants, surtout vers les escarpements du Ta-pa-chan, qui dominent le Bassin Rouge. Cependant leurs produits alimentent un commerce actif par le Han : beaucoup d'huile de tong, de vernis, de soie, de thé, de pailles à chapeau, de charbon que le bassin supérieur du Han fournit à toutes les cités situées en aval.

C'est par des cluses et des rapides que le Fleuve Bleu, de Kouei-tcheou à Itchang, traverse ces massifs qui séparent deux des régions les plus riches de la Chine, le Bassin Rouge et la plaine alluviale. Il a dû se frayer un chemin à travers une série de plis alignés vers le Nord-Est, qui l'ont forcé à de brusques détours. Il suit fréquemment les synclinaux remplis de schistes qu'il a pu facilement déblayer, mais souvent aussi il se coude à angle droit pour franchir un anticlinal; ces changements soudains de direction sont déjà une gêne pour la navigation. D'autre part, le gauchissement quaternaire l'a obligé à s'encaisser, alors qu'il commençait à élargir sa vallée, dont il reste une suite de terrasses rocheuses à 600 mètres au-dessus du thalweg actuel. Cet approfondissement fut relativement aisé dans les schistes, mais non dans les calcaires primaires. Leurs énormes masses de bancs compacts, gris ou noirs, resserrent le fleuve à moins de 100 mètres dans des cañons formidables, entre des murailles qui se dressent d'un jet à 500 et 600 mètres et se terminent par des rocs dentelés, des silhouettes de tours, de pinacles qui rappellent les Alpes dolomitiques. Ces couloirs, d'une sinistre solitude, impressionnante pour qui vient de quitter les villes grouillantes du bas fleuve, alternent avec des élargissements où cette rude nature s'adoucit, des coteaux violacés parfumés par les fleurs des arbres fruitiers, de minuscules champs de blé sur les méplats et les bancs qui découvrent l'hiver et de fréquentes plantations de ces bambous dont on tresse les cordes de halage (pl. XXII, A et B).

Presque tout le monde ici vit de la batellerie, au service des chalands, des jonques à voyageurs, grands bateaux plats, longs de 20 à 25 mètres, dont l'arrière se relève en une sorte de château analogue à celui des anciennes galères méditerranéennes. Il leur faut tout un peuple pour franchir ces défilés. Que d'obstacles, en effet, décrits minutieusement par les livres des vieux pilotes chinois, repérés par le Père Chevalier et la mission Hourst. De Tchong-king à Itchang, Archibald Little ne compte pas moins, en 500 milles, de quatre-vingt-cinq rapides (pl. XXIII, B). Tout récemment obligée de recommencer son œuvre, l'érosion n'a pas encore eu le temps de scier les dykes de roches éruptives et les barres calcaires qui se relèvent à quelques pieds de la surface et arrêtent les galets; le fond du thalweg est hérissé de rocs pointus, troué de cavités profondes de 130 mètres et davantage, qui déterminent de dangereux tourbillons. Les affluents, contraints eux aussi à recreuser leur lit, accumulent dans le fleuve des masses de débris qui le rétrécissent, l'exhaussent, et ainsi sont nés de très nombreux rapides. D'autres proviennent d'éboulements, comme les deux Sin-tan, dont celui d'amont, près de Yun-yang, est le premier et le plus redoutable des dangers que l'on rencontre à la descente. Très souvent des pans énormes s'abattent dans le fleuve; les bancs calcaires sont traversés en effet par de nombreuses diaclases, et reposent fréquemment sur des lits inclinés d'argiles et de schistes. Nous verrons, en étudiant la navigation du Yang-tseu, quel problème ardu le passage de ces obstacles représente pour le plein développement du Bassin Rouge.

IV. — *LE FLEUVE BLEU INFÉRIEUR*

A Itchang, le Fleuve Bleu sort des gorges; des milliers de jonques, aux voiles d'un blanc éclatant, s'amarrent près des vapeurs qui y transbordent les marchandises apportées du bas fleuve. C'est ici en effet que commence le cours inférieur, et rarement la distinction est aussi nette entre les diverses parties d'un organisme fluvial. Vers l'amont, dans un massif qui, vu d'Itchang, semble un mur infranchissable, sans aucun ensellement, sans aucune coupure, s'ouvre à l'improviste un défilé large seulement de 200 mètres, entre des murailles verticales qui laissent le fond dans une demi-obscurité. Vers l'aval s'étend à perte de vue une immense plaine d'alluvions que le fleuve submergerait chaque été, jusqu'à plus de 100 kilomètres de part et d'autre du thalweg, s'il n'était endigué depuis le grand port de Cha-che (fig. 31).

Dès Itchang, le fleuve n'est plus qu'à 40 mètres au-dessus du niveau de la mer; et il doit parcourir encore plus de 1 700 kilomètres pour parvenir au Pacifique. Aussi s'attarde-t-il; il décrit jusqu'à Han-keou une suite de méandres qui ralentiraient singulièrement la navigation, sans les nombreux canaux qui coupent plus au court à travers la plaine. Large de 800 mètres à l'issue des gorges, il atteint 2 kilomètres au confluent du Han; sur cette nappe, les vagues prennent assez de force pour empêcher parfois le passage des voiliers. Les eaux sont si limoneuses et le courant si faible que le moindre obstacle forme des bancs, bientôt recouverts de roseaux, et que le lit s'exhausse au-dessus des campagnes voisines. Celles-ci disparaissent d'ordinaire derrière les digues, les hautes berges boueuses, grisâtres ou jaunâtres, minées par les flots. On est emprisonné entre ces murailles, comme dans ces parties de la Hollande où les clochers et les moulins pointent seuls au-dessus des levées. Quand elles s'interrompent, elles ne laissent voir que la plaine monotone, ses champs fertilisés chaque année par les inondations, ses chenaux sinueux près desquels tournoient les oiseaux d'eau, ses vastes marais poissonneux, ses villages tous pareils dans leurs bouquets d'arbres et de bambous, ses villes qui sont simplement des villages plus grands et fortifiés. On a une fastidieuse impression d'uniformité; aussi les voyageurs se hâtent de gagner des régions plus pittoresques et n'ont guère étudié le cours inférieur, moins bien connu que la zone montagneuse.

Pourtant des problèmes intéressants se posent. Il y aurait à vérifier, par exemple, cette hypothèse d'Archibald Little, d'après laquelle le Yang-tseu arrivait récemment à la mer par une succession de lacs étagés, — un peu comme le Danube à travers les bassins de l'Autriche et de la Hongrie. Le premier correspondait aux parties basses des provinces du Hou-pei et du Hou-nan, que les grandes crues, tous les huit ou dix ans, transforment encore en une mer intérieure d'où émergent seuls les tertres des villages. Il s'arrêtait à l'Est à la chaîne calcaire que le fleuve franchit en amont de Kieou-kiang, en accélérant son courant. Un second lac comprenait le Po-yang et la région située au Nord de celui-ci, limitée vers l'aval par une chaîne transversale et l'étroit canal rocheux de Ngan-king. Un troisième s'étendait tout autour de Wou-hou. Ces dépressions auraient été remplies par les sédiments, mais pas complètement; des nappes lacustres accompagnent encore le cours du fleuve, surtout dans les deux premières cavités, et s'étalent largement près de sa rive méridionale.

Le lac Tong-ting a, en été, jusqu'à 120 kilomètres de longueur et 80 de largeur. C'est alors une vraie mer aux vagues redoutées. Or il lui arrive en hiver de se dessécher presque complètement, se transformant en une plaine de sable, à travers laquelle les rivières du Hou-nan conservent leurs cours distincts jusqu'à Yo-tcheou. Ainsi Richthofen, en 1870, ne rencontra aucune nappe lacustre en descendant le Siang-kiang; celui-ci continuait jusqu'au grand fleuve entre des berges bien dessinées. Au mois de mai, quand se gonflent les rivières du Hou-nan, un fort courant se fait sentir vers le Nord-Est; mais sa direction se renverse à l'arrivée de la crue du Yang-tseu, qui remplit la dépression jusqu'à une hauteur de 12 mètres. La lutte entre ces deux flux précipite les alluvions; ceux-ci comblent lentement le Nord du lac, si bien que le Yuan-kiang n'a plus de chenal navigable. Le commerce se restreint presque entièrement au canal qui va du Siang-kiang au port ouvert de Yo-tcheou. Grâce à ses écluses, des milliers de jonques y passent en toute saison, chargées de riz, de houille, de sel, de poteries. On y voit aussi des radeaux géants longs de 100 mètres, qui réunissent jusqu'à 10 000 troncs d'arbres et portent des villages entiers, avec leurs huttes de bambous et leurs jardins flottants. Les rives du lac sont traversées par tout un lacis de canaux;

Phot. Commandant J. Lartigue.

A. — UNE DES PASSES DES TSIN-LING.

Caravane de chameaux. Les chameaux ne descendent pas au Sud de cette chaîne.

Phot. L. C. Abendanon.

B. — REMORQUAGE D'UNE BARQUE DANS LES RAPIDES DU YANG-TSEU.

Des centaines de haleurs sont nécessaires pour franchir certains rapides en amont d'Itchang.

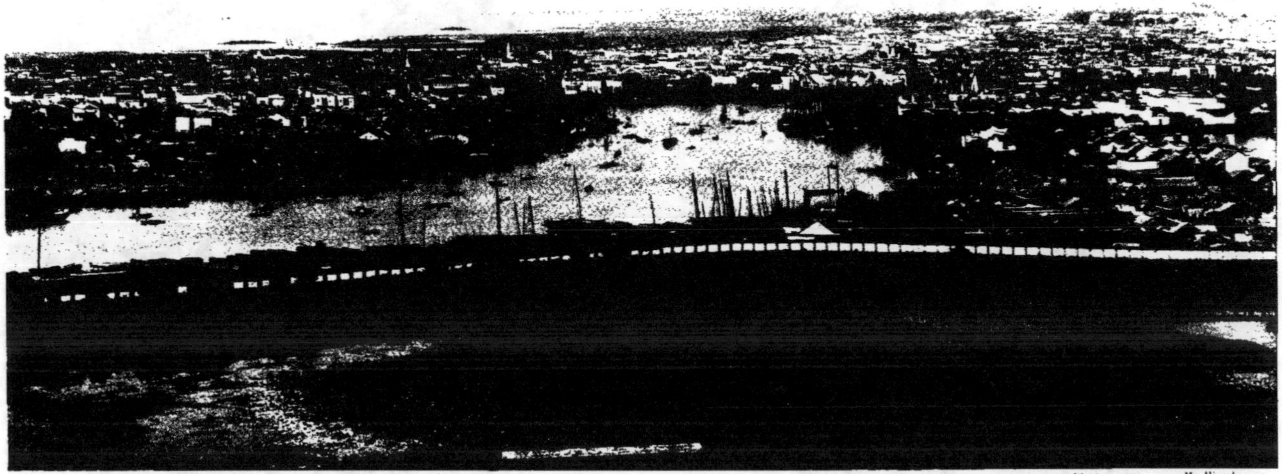

Phot. comm. par M. Weulersse.

HAN-KEOU (VU D'HAN-YANG).

Au premier plan, la voie du chemin de fer ; charbon pour les aciéries d'Han-yang. Au second plan, le Han, qui se jette dans le Yang-tseu (en haut, à droite). A gauche, tout à fait à l'arrière-plan, la plaine, inondée aux hautes eaux.

mais, trop basses, trop exposées aux inondations, elles n'ont que de rares hameaux protégés par de hauts talus.

A bien des égards, le lac Po-yang ressemble au Tong-ting. La crue du Fleuve Bleu y refoule aussi les eaux qui viennent de la Chine méridionale; elle relève tellement le niveau du lac que de lourdes jonques peuvent passer au-dessus des ponts établis sur les chenaux tortueux de la saison sèche. Le rivage se reporte alors à 30 et 50 kilomètres de sa limite hivernale; au Sud, il va jusqu'à Nan-tchang. Mais, à la différence du Tong-ting, le Po-yang n'est jamais complètement à sec. D'autre part, si dans le Sud il est bordé comme lui d'une immense plaine alluviale aux contours mal définis, sa partie septentrionale s'allonge entre des massifs rocheux qui, dans le Lou-chan, font figure de haute montagne; à son débouché dans le Fleuve Bleu, elle se resserre même à 780 mètres entre des falaises abruptes. C'est sans doute un bassin d'effondrement. Recevant toutes les eaux de la province du Kiang-si, le lac — ou plutôt ses canaux latéraux, car les mariniers chinois évitent le plus possible les espaces découverts exposés aux tempêtes — est animé par une active batellerie qui conduit le thé, la houille, les bois, les porcelaines vers les entrepôts du Yang-tseu : la cité militaire de Hou-keou et le port ouvert de Kieou-kiang dont les exportations de thé ont bien diminué.

Dans son cours inférieur, le Fleuve Bleu ne reçoit sur sa rive gauche qu'un seul affluent important, le Han. Celui-ci entre en plaine à Lao-ho-keou, où les grandes jonques chargent dans de plus petites les marchandises destinées soit aux villes du haut fleuve, soit à Si-ngan, que la vallée d'un affluent permet de gagner assez aisément en traversant les monts Tsin-ling à 1 220 mètres. Un peu plus bas, conflue le Tang-ho; pour celui-ci, il donne accès à la « Terre de la Fleur centrale », le Ho-nan, et au Nord de la Grande Plaine. Aussi s'est-il établi au confluent deux villes jumelles, stations d'entrepôt et de transbordement, célèbres par leurs foires qui attirent les commerçants de toute la Chine, surtout ceux de Pékin où mène une route carrossable. Vers Ngan-lou commence décidément la plaine alluviale du Han, longue de 450 kilomètres et large de 200. Le fleuve y fait force détours entre des lacs, des bras morts, des canaux ramifiés à l'infini; il s'élargit jusqu'à 2 et 3 kilomètres entre des bancs et de hautes berges sablonneuses que minent les crues. Celles-ci se produisent lors des pluies, de juin en août; comme les montagnes de son bassin sont absolument déboisées, le fleuve est alors gonflé d'un limon fertile qu'il répand sur ses rives. Il est souvent enserré par des levées très bien entretenues, mais peut-être trop rapprochées, qui le forcent à exhausser son lit de 3 ou 4 mètres au-dessus des plaines voisines. Derrière les digues s'allonge une file ininterrompue de villages, entourés de mûriers et de saules. Construits en argile ou en bambous, la plupart ne comptent guère que des huttes où le bétail est logé à côté des habitants. On est loin de pratiquer l'irrigation avec le même soin que dans le Kiang-si et les environs de Changhaï. Dans les plaines alluviales du Hou-pei, comme dans celles du Hou-nan, le limon, l'humus apportés par la crue dispensent de féconder les champs. Quand elle s'est retirée, on sème des haricots, des céréales et, sur les terres plus élevées, du coton (fig. 27) : le coton du Hou-pei est très réputé, et il n'est guère de hameau où on ne le tisse pour l'exportation. Peu de riz au voisinage du fleuve; Han-keou doit en importer beaucoup du Hou-nan. Partout on fabrique en quantité, avec l'argile alluviale, des briques, des tuiles, des poteries, comme ces grandes jarres où les Chinois conservent leurs grains et leur huile. Par une singularité qu'explique la traversée de collines gréseuses, le fleuve se rétrécit dans son cours inférieur et n'a plus que 60 mètres au confluent. En même temps, le courant devient plus rapide. La crue, qui à Ngan-lou dépassait l'étiage de 6 mètres seulement, le dépasse de 15 mètres à Han-keou. Plusieurs fois elle y a envahi les concessions européennes.

HAN-KEOU, WOU-TCHANG, HAN-YANG. — Des collines qui dominent le Fleuve Bleu près du confluent, le regard s'étend sur une vaste agglomération qui se partage en trois villes distinctes, un peu comme celle de New York à l'embouchure de l'Hudson (fig. 21). A elles trois, elles comptaient, dit-on, 3 millions d'habitants au milieu du siècle dernier. Ce chiffre a été réduit à environ un demi-million par les ravages des Tai-ping, et sans doute aussi par une appréciation plus exacte des recensements chinois. Sur la rive droite du Yang, c'est Wou-tchang, la cité murée, assez morte en comparaison de ses deux voisines : des *yamen* de mandarins, des casernes, quelques usines modernes. Sur l'autre rive, entre la plaine alluviale submergée l'été et le fleuve où se croisent jonques et steamers, des cheminées d'usines, des silhouettes de hauts fourneaux donnent à certains quartiers de Han-yang l'aspect des villes industrielles d'Europe (pl. II et XXIV). Un vice-roi progressiste réussit à y créer un arsenal et une aciérie conçue sur des plans grandioses, avec un coke à bon marché et d'excellent fer à proximité; mais elle déclina, et le Japon la contrôle. De l'autre côté du Han, Han-keou, aussi populeuse à elle seule que ses deux voisines réunies, est la ville du grand commerce. Au confluent s'étale la ville indigène, labyrinthe inextricable de ruelles où grouille une foule affairée; plus en aval, les concessions européennes, suite de *cottages* en briques, de maisons de commerce, de banques, protégées contre les inondations par une haute digue, plantée d'arbres, le Bund. En même temps que le centre métallurgique le plus actif de la Chine, l'agglomération de Han-keou est le marché le plus important de tout l'intérieur. Les récentes guerres civiles ont montré sa valeur stratégique, qui lui vient, non seulement de sa forte garnison, de son arsenal, de sa monnaie, mais aussi de sa position dominante dans le bassin du Fleuve Bleu. En effet, celui-ci laisse remonter à Han-keou les vapeurs de mer. Les marchandises du Sseu-tchouan y arrivent par jonques depuis Soui-fou et par vapeurs depuis Itchang. Celles du Hou-nan y aboutissent en majeure partie; une route mandarine se prolonge à travers cette province et le Kouei-tcheou jusqu'à la capitale du Yun-nan. Au Nord, le Han conduit vers le Chen-si et les plateaux de la Terre Jaune, ou vers la Grande Plaine et le Tche-li. Enfin, depuis 1905, on va par chemin de fer à Pékin (1 209 km.) en vingt-huit heures; parmi les projets de construction, les plus prochainement réalisables semblent ceux qui relieront Han-keou à Canton et au Sseu-tchouan. Ainsi on voit se croiser, juste au centre de la Chine, des voies d'un intérêt primordial, soit politique, soit économique (fig. 27). De nombreux négociants européens et japonais y sont établis. Récemment encore, Han-keou était par excellence le marché du thé; de grands navires anglais et russes venaient le charger de mai à juillet. A cette exportation s'est ajoutée, depuis l'ouverture de la ligne de Pékin, celle du sésame, des huiles, des peaux; à l'importation, ce sont des cotonnades, des machines, du pétrole qui arrivent sur les quais.

Le bas fleuve. Nankin. — En aval de Kieou-kiang, au débouché du lac Po-yang, le Fleuve Bleu décrit un coude vers le Nord jusqu'au delà de Nankin.

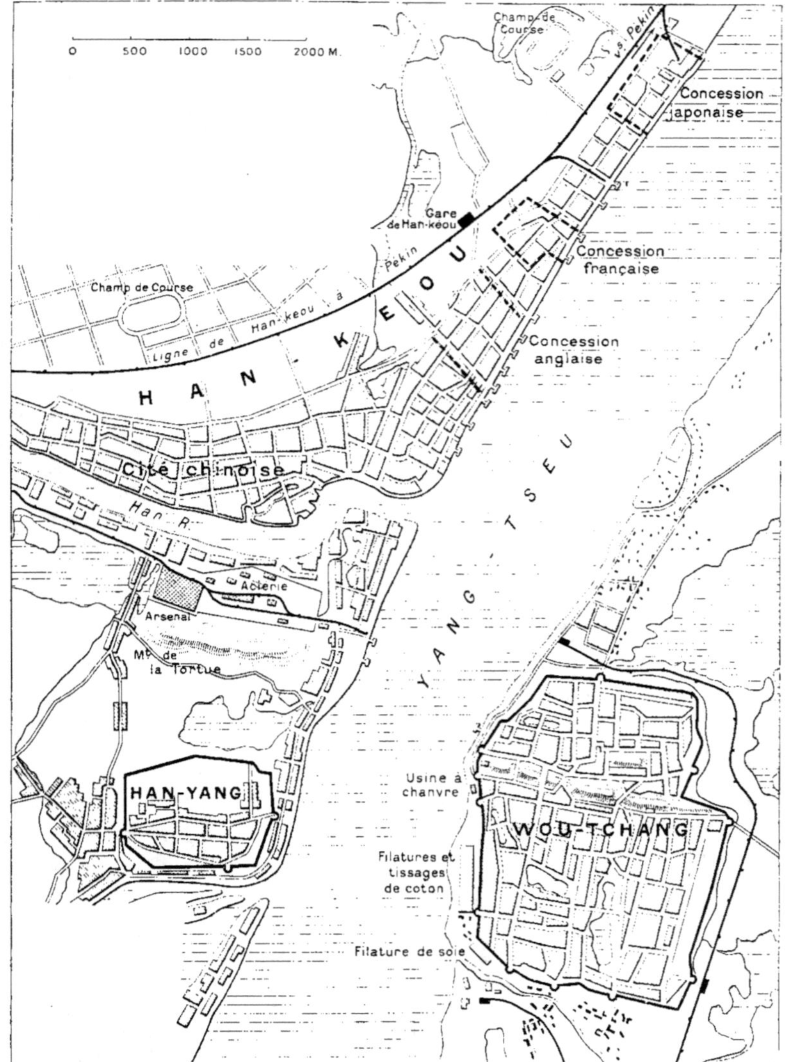

Fig. 21. — Plan de Han-keou, Han-yang et Wou-tchang. — Échelle. 1 : 50 000.

Il contourne ainsi les massifs de la Chine méridionale, composés de chaînes alignées suivant la direction sinienne. Celles-ci se relaient en coulisses le long du fleuve. Dans son voisinage, elles ne sont plus continues, mais fragmentées en tronçons derrière lesquels se succèdent des chaînes de plus en plus élevées, tout un pays de jolies collines couvertes d'arbres toujours verts, de chênes, de myrtes, de camélias. Sur la rive gauche, au Nord de Nankin, s'étend un plateau de lœss, dominé par des dômes isolés, hauts de 125 à 200 mètres, dont les uns sont d'anciens cônes volcaniques, et les autres, les restes de coulées de lave; ailleurs, on voit encore des collines assez élevées, mais plus éloignées. La plaine alluviale est plus développée sur cette rive, tout en restant toujours exiguë par rapport au Hou-pei. A Nankin, elle n'a que 3 km. de large. Le fleuve lui-même se resserre; il traverse parfois des défilés rocheux, et, dans tout son cours Sud-Ouest–Nord-Est, il n'a que 600 à 700 mètres en moyenne. Il est vrai qu'ici encore la crue se répand au loin dans une campagne extrèmement fertile, par un laby-rinthe de canaux bordés de bourgs innombrables. Des cabanes faites de nattes soutenues par des bambous s'édifient l'hiver le long des chenaux ou du fleuve, surtout aux ancrages. Une multitude de villes se succèdent sur les bords du fleuve; presque anéanties au milieu du xixᵉ siècle, elles réparent ces ravages grâce au trafic si actif du Yang-tseu et à la fécondité des plaines voisines (fig. 27). Celles-ci produisent assez de riz pour en envoyer chaque année d'immenses quan-tités dans les provinces du Nord, où il est porté par les vapeurs étrangers dont une flottille stationne toujours près des quais de Wou-hou. Plus bas, Nankin fut jadis la capitale de l'Empire sous les premiers souverains de la dynastie des Ming, et on voit encore les vestiges de leurs tombeaux près de la ville (pl. XXVI, A). Après la révolte des Tai-ping, il ne restait de celle-ci qu'un amoncellement de décombres. Dans ses remparts, de 38 kilomètres de tour, où des millions d'habi-tants tiendraient à l'aise, la cité chinoise avec ses rues commerçantes et ses tissages de soieries, l'ancien camp tartare et les palais impériaux aujourd'hui saccagés, n'en abritent en tout que 200 000 à 300 000. Le reste de l'enceinte n'enferme que des champs, des jardins, des hameaux, des tertres boisés, des *tumuli* où pâture le bétail. Nankin se relèvera-t-il de ses ruines? En 1912, il a failli devenir la capitale de la jeune république chinoise. La défaite des armées nordistes lui donnera peut-être ce rang aux dépens de Pékin, trop excentrique et longtemps jalousé des provinces du Sud. Peut-être le chemin de fer qui le relie à Changhaï à l'Est, à Pékin au Nord par l'actif port de Pou-keou, lui rendra-t-il un peu de son ancienne prospérité. Mais il a en aval des rivaux redoutables dans Changhaï, même dans Tchen-kiang, situé à la jonction du Grand canal, au point extrême atteint par la marée.

Les embouchures. — Nous arrivons ici aux embouchures du Fleuve Bleu. Depuis Tchen-kiang, sa largeur est partout de plusieurs kilomètres; mais la chute d'énormes masses de sédiments encombre l'estuaire d'îles aux contours variables, très peuplées, malgré la médiocrité de leurs terres sablonneuses et le retour toujours possible de la mer. La plus grande, Tchong-ming, parvient à nourrir sur 720 kilomètres carrés plus d'un million de paysans, de pêcheurs (fig. 18, 22, 28, 29). Les vastes polders qui se continuent vers le Nord jusqu'au massif du Chan-tong sont certainement l'œuvre combinée du Fleuve Bleu et du Fleuve Jaune; mais toute cette région de deltas, malgré le voisinage de Changhaï, est à peu près ignorée. Celle du Sud, entre l'estuaire et la baie de Hang-tcheou, est un peu mieux connue, bien que l'histoire de sa formation reste très incertaine.

C'est bien, comme l'a dit Karl Ritter, par un paysage hollandais que se termine ici la Chine : à perte de vue, une plaine, haute à peine d'un ou deux mètres; des canaux de navigation et de desséchement (pl. XXXI, A), qui se croisent en tous sens et donnent à des villes comme Sou-tcheou des aspects analogues à ceux d'Amsterdam; des lacs, dont le plus grand, le Tai-hou, baigne des collines plantées de mûriers; des rizières, irriguées par des roues que font tourner des bœufs ou des coolies : tout cela est protégé contre la mer par une double digue, construite depuis le viie siècle.

Cette levée, qui va de Wou-song à Hang-tcheou, sur près de 200 kilomètres, est extrê-mement forte, surtout au Sud, le long de cette baie en enton-noir, où le mascaret roule des vagues de 3 à 4 mètres. Jus-qu'à l'achèvement de ce gigan-tesque travail, les chenaux qui traversaient ces polders étaient souvent modifiés. De temps à autre, le fleuve s'ouvrait une nouvelle issue, tandis que les anciennes étaient envasées ou bloquées par le courant côtier qui porte vers le Sud les eaux troubles du Yang. Depuis plus de dix siècles, il n'en est plus ainsi, et le delta n'est plus remanié. Les changements se bornent à l'estuaire, jonché de bancs mobiles qui le font re-douter et rejoindront quelque jour au rivage les îlots rocheux de l'embouchure. On a calculé, sur des données bien impréci-ses, il est vrai, qu'il arrive à la mer 6 mètres cubes d'alluvions par seconde, soit plus de 180

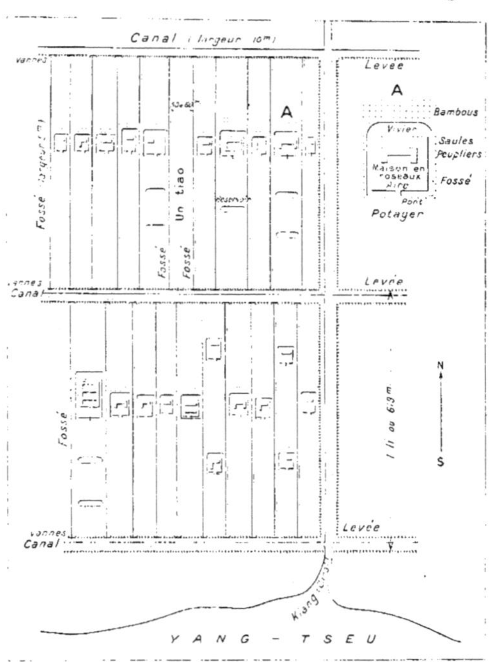

Fig. 22. — Colonisation sur les alluvions dans l'île de Tchong-ming, à l'embouchure du Yang-tseu. Chacun des colons occupe un *tiao*, bande allongée entre canaux et fossés, au centre de laquelle s'élève sa demeure (A).

millions par an, quantité relativement faible, si on la compare à la masse des sédiments roulés par le Houang-ho. Le Yang-tseu a dû combler les dépressions lacustres, qui s'étagent depuis le Hou-pei, avant de commencer à former son delta; il les colmate encore, et, par suite, ce delta est loin d'atteindre les propor-tions des parties de la Grande Plaine dont l'origine revient au Fleuve Jaune.

CHANGHAÏ. — Un port ne pouvait manquer de s'établir à l'embouchure du Yang-tseu. Et cependant la fortune de Changhaï, qui absorbe actuellement la moitié du commerce de la Chine, date seulement du siècle dernier (fig. 23). Au ve siècle, il n'y avait encore là que des huttes de pêcheurs sur le bord d'une petite rivière, le Houang-pou, à 19 kilomètres de la mer. Un marché, un ancrage s'y créèrent, mais bien insignifiants : les grands ports restaient dans l'intérieur, à la tête ou au croisement des canaux qui traversent le delta. En 1842, les Anglais, puis les Français et les Américains furent autorisés à installer des comptoirs. Dès lors, le commerce et la population se développèrent très rapidement. Et même la première impression que produit Changhaï est tout à fait une impression d'Europe (pl. XXV, A). Quand on arrive, on passe devant des docks, des filatures de coton et de soie, des chantiers de constructions navales; on ne rencontre guère que des navires d'Occident ou d'Amérique;

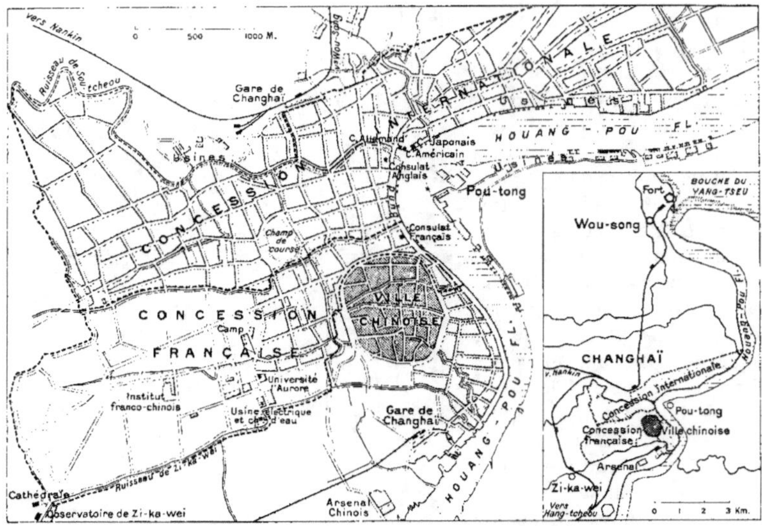

Fig. 23. — Plan de Changhaï. — Échelle, 1 : 50 000.

les jonques sont stationnées en amont, près de la cité indigène, qu'on n'aperçoit pas d'abord. Le long de la rive gauche, la ville européenne se poursuit selon une courbe semblable à celle de Bordeaux : des quais, un magnifique boulevard, le Bund, bordé d'énormes édifices où logent les administrations, les banques et les clubs. Derrière cette majestueuse façade s'étend la ville, concession internationale au Nord, concession française au Sud. Dans les faubourgs et dans la cité crénelée du Sud, il y aurait plus de 4 millions de Chinois (pl. XXV, B). Chassée par la révolte des Taï-ping, la population des campagnes se réfugia près des Européens et s'accrut rapidement. Tout ce peuple trouve à s'employer dans les constructions de la ville, dans les usines qui se sont bâties même sur la rive droite jusqu'ici déserte, surtout dans les entrepôts et sur les quais. Le port de Changhaï est le centre du commerce européen en Chine. Situé à l'issue des plus riches provinces, à la tête d'un superbe réseau de voies fluviales, il est aussi l'escale ordinaire des navires qui vont vers le Nord ou vers le Japon. C'est le grand entrepôt des soies de la Chine entière, le lieu de transbordement des denrées qui entrent dans le bassin du Yang-tseu. Sans doute les marchés de l'intérieur, surtout après l'achèvement des voies ferrées qui leur assureront des relations plus rapides avec Tien-tsin, Hong-kong et l'Europe, tendront à se passer de son intermédiaire. Les ports fluviaux, Han-keou surtout qui est accessible aux vapeurs de mer, lui enlèveront peut-être une partie de son trafic. Mais Changhaï restera le port avancé, à la pointe de l'estuaire, un point d'escale pour tout le Nord de l'Extrême-Orient, un entrepôt de distribution et de réexpédition. Sans doute aussi lui faudra-t-il améliorer son accès. La rivière de Changhaï est balayée par de forts courants de marée qui atteignent 3 mètres en vives eaux, mais à son embouchure les alluvions du Yang-tseu ont édifié une barre dont l'exhaussement gêne l'entrée du chenal, d'ailleurs tortueux; les grands steamers sont parfois obligés de s'arrêter à Wou-song. De grands travaux sont nécessaires pour donner un accès facile aux navires qui calent 8 mètres. Mais ces mauvaises conditions locales comptent pour bien peu quand il s'agit d'une position d'une telle valeur économique : nul doute qu'avec quelques efforts Changhaï ne reste l'un des grands *emporia* mondiaux [1].

V. — *LE FLEUVE BLEU : RÉGIME ET NAVIGATION*

Comme tous les fleuves qui drainent les pays des moussons, le Yang-tseu est sujet à de fortes crues l'été, moins dangereuses cependant que celles du Houang-ho, mais plus considérables par leur amplitude : près de Han-keou il est déjà plus modéré que dans son cours supérieur; pourtant les annales chinoises rapportent qu'en mai 293 on put le traverser à gué; par contre, en 1849, la ville fut submergée jusqu'aux toits; en 1870, la plaine voisine disparut sous 15 mètres d'eau, et les paysans durent se réfugier sur les collines ou dans la cité, dont les remparts furent en partie démolis.

Dans la formation des crues, l'action des pluies estivales se combine avec celle de la fonte des neiges; la seconde domine dans le cours supérieur et moyen jusqu'à Itchang, la première, dans la plaine alluviale. A Tchong-king, les eaux restent très basses l'hiver, jusqu'en mars (0 m. 20), puis elles s'élèvent jusqu'en juillet-août (22 m. 80). L'apport des montagnes tibétaines et des Alpes du Sseu-tchouan se concentre très rapidement sur des pentes aussi déclives et généralement déboisées. Comme il n'y a pas de lac dans cette province, et comme l'issue est restreinte en aval à une gorge étroite, les eaux montent très rapidement, parfois de 8 mètres en un jour à Tchong-king, pour redescendre de même. C'est comme une vague immense d'une eau brune qui charrie une masse de sables et d'argiles enlevés aux versants dénudés du Bassin Rouge. Au delà du goulet d'Itchang, le flot peut s'étaler largement dans la plaine. Il s'engouffre dans les bassins lacustres, refoule les eaux des rivières qui y aboutissent, et, quand il est passé, l'apport des lacs soutient le niveau du Yang-tseu. Aussi

1. A condition toutefois que les nationalistes chinois respectent les concessions européennes, ou, s'ils y rétablissent la souveraineté de la Chine, qu'ils laissent se développer leur activité économique.
La Concession Française compte environ 300 000 habitants, dont 290 000 Chinois et un millier de Français ou d'Indochinois naturalisés. La Concession Internationale compte 850 000 habitants, dont plus de 800 000 Chinois et 18 000 Japonais, 8 000 Russes, 7 000 Anglais, 4 000 Américains, 1 000 Français. La Ville Chinoise, hors des concessions, compterait 500 000 Chinois. Avec ses faubourgs, l'agglomération de Changhaï serait peuplée de 4 millions et demi d'habitants. — Commerce en 1925 : 15 150 000 tonnes; fait 42 p. 100 du commerce extérieur de la Chine. Importations : coton, cotonnades, lainages, houille. Exporte les deux tiers du thé et la moitié de la soie sortant de Chine.

l'écart entre la saison sèche et l'hivernage va-t-il en s'atténuant d'amont en aval :

	MINIMUM DES BASSES EAUX	MAXIMUM DES HAUTES EAUX
Tchong-king	0 m. 20	22 m. 80
Itchang	0 m. 10	13 m. 20
Han-keou	0 m. 80	13 m. 30
Kieou-kiang	1 m. 20	12 m. 20
Wou-hou	0 m. 80	7 m. 80

En même temps, l'influence régulatrice des lacs donne à l'ascension et à la descente de la crue une allure moins saccadée que dans le Sseu-tchouan où les variations sont très brusques. L'inondation se soutient longtemps à Han-keou et à Kieou-kiang, parce que son écoulement est ralenti par les défilés qui resserrent le bas fleuve et par le flot du lac Po-yang. Son amplitude y dépasse de beaucoup celle du cours inférieur, de Wou-hou, par exemple (fig. 24).

Dès le confluent du Han, la fonte des neiges qui couvrent les montagnes du Tibet et du Sseu-tchouan n'apparaît plus comme la cause des grandes inondations. On ne peut lui attribuer que le premier gonflement du fleuve, en avril, qui le porte à 3 ou 4 mètres au-dessus de l'étiage; le reste de la crue est dû aux pluies de mousson tombées dans le bassin du Yang-tseu supérieur, dans celui du Han et dans le Hou-nan. Les eaux rouges proviennent du premier; celles d'un jaune boueux, du second; et les eaux claires, du lac Tong-ting qui a décanté les rivières du Hou-nan. Si les pluies n'ont été abondantes que dans un seul de ces bassins, la montée sera brusque et courte; si elles l'ont été dans les trois et si leurs rivières se déversent à la fois dans le Hou-pei, la crue sera très forte, surtout si les affluents d'aval se gonflent eux aussi et viennent barrer le chenal. Alors se produisent des catastrophes comme celles de 1849, 1870; les digues qui contiennent le fleuve sont alors impuissantes à protéger les campagnes voisines. Toutefois ces cataclysmes sont rares. Les villes en ont beaucoup moins souffert que des guerres civiles. Loin de fuir le fleuve, de le laisser dans le désert, comme le Houang-ho, elles se sont établies près de lui. Quelques-unes se prolongent même sur les eaux par des faubourgs sur pilotis, par de vastes agglomérations temporaires de cabanes, qui, l'hiver, s'étendent jusqu'au bord extrême du chenal.

A la différence du Fleuve Jaune, le Yang-tseu est en effet une de ces voies commerciales qui créent les cités sur leurs rives. Nul autre fleuve ne permet de remonter aussi loin dans le continent asiatique, à travers des campagnes aussi riches et peuplées. En somme, il est navigable pour de petits vapeurs à partir de Soui-fou, ou parfois de Ping-chan-hien, à 2 850 kilomètres de son embouchure. En amont, le capitaine de frégate Audemard a bien pu descendre en barque depuis le pont de Tseu-li-kiang, au Sud-Est de Li-kiang, jusqu'à Soui-fou; mais ce fut un tour de force, et en aval de Long-kai se présentent deux séries de rapides que même des radeaux ne pourraient remonter (fig. 25). La pente atteint de 1 m. 50 à 5 mètres par kilomètre dans cette section, et les crues peuvent s'élever dans les gorges à 40 ou 50 mètres. Si le commerce local peut utiliser certains biefs, la liaison n'est pas possible par eau entre le Yun-nan et les parties riches du Sseu-tchouan. Par contre, le Bassin Rouge est traversé par un réseau de rivières grâce auxquelles la soie, les grains, l'opium, les huiles affluent dans le grand port de cette région, Tchong-king. Le régime de ces cours d'eau est très capricieux; pendant la saison sèche, la navigation est gênée par des rapides, mais dans l'ensemble les jonques et les petits vapeurs à fond plat peuvent pénétrer partout. Les produits du Sseu-tchouan arrivent à bon compte jusqu'à l'entrée des gorges, en aval de Wan; mais de là à Itchang s'étend une section très difficile. Les rapides s'y comptent par dizaines, et chacun donne lieu à une longue manœuvre, souvent périlleuse. Avant de tenter le passage de l'un d'eux, les mariniers se distribuent leurs postes, vérifient les agrès, saisissent les énormes rames sur lesquelles ils s'appuient par groupes de huit ou dix. Les haleurs s'attachent aux cordelles; à la vingtaine de coolies qui constituent l'équipage ordinaire, il faut souvent adjoindre un renfort de 100, 200, quelquefois même 300 hommes pour une seule jonque (pl. XXIII, B). C'est à grand'peine qu'ils avancent, pliés en deux, agrippés des mains aux rochers. Aux hautes eaux, la plupart des barrages sont assez profondément immergés pour que beaucoup de ces obstacles disparaissent; mais la violence du courant en crée d'autres plus dangereux. Dans ce couloir trop étroit, la crue monte de plusieurs mètres en une nuit; elle atteint fréquemment de 18 à 30 mètres, même 45 mètres au-dessus de l'étiage; on devine avec quelle rapidité foudroyante elle s'avance. Aussi la circulation des jonques s'arrête presque complètement de juillet à septembre. En temps ordinaire, elles mettent près d'un mois pour aller d'Itchang à Tchong-king (800 km.), soit le temps nécessaire pour aller de Marseille à Changhaï. Trajet long, coûteux, dangereux, car on calcule qu'une sur dix fait naufrage ou subit de grosses avaries. Pourtant les bénéfices sont tels que près de 13 000 jonques sont inscrites à Itchang, dont quelques-unes de 130 tonnes.

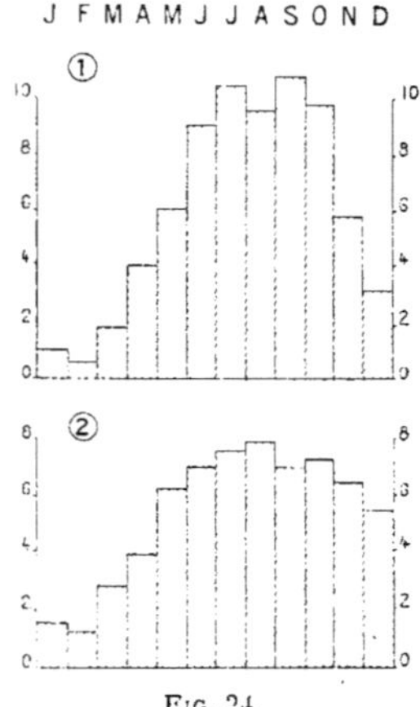

Fig. 24.
Régime du Yang-tseu.

Niveau moyen au-dessus de l'étiage, en mètres, pour chaque mois : 1, à Itchang; 2, à Wou-hou.

Depuis longtemps déjà on avait songé à gagner le Sseu-tchouan par de petits vapeurs qui relieraient les deux biefs utilisables par les steamers toute l'année, de Soui-fou à Wan en amont des gorges et, en aval, d'Itchang à la mer. Dès 1898, Archibald Little parvint à remonter jusqu'à Tchong-king avec un vapeur, mais de très faible tonnage et qu'il fallut haler comme une barque ordinaire. Des canonnières anglaises et françaises parvinrent jusqu'au Bassin Rouge. Mais il fallut attendre jusqu'en 1914 pour que la navigation commerciale à vapeur entrât dans le domaine de la pratique. Actuellement, le service est assuré par des steamers, dont les plus grands n'atteignent pas 1 000 tonnes pour l'été et 500 pour l'hiver; ils mettent six jours à la montée, deux à la descente dans les rapides, et pénètrent jusqu'à Soui-fou et Kia-ting. En moyenne, ils peuvent circuler pendant six mois, parfois de la fin mars à la fin novembre. Les rapides, bien moins dangereux que ceux du Mékong, pourront être corrigés avec quelques travaux : enlèvement d'éboulis, balisage déjà commencé, pose de chaînes de touage et de cabestans. Sans doute les transports resteront toujours de capacité relativement réduite et de prix plus élevé qu'en aval. Mais, dès 1920, Hosie remarquait combien le trafic du Sseu-tchouan, malgré les troubles, s'était développé grâce à la voie fluviale. Malgré ses inconvénients, elle peut « débloquer » cette région qui produit tant de denrées précieuses sous un faible volume. Elle sera une rivale pour la ligne française du Yun-nan et pour celle que l'on projette de Han-keou au Bassin Rouge

A partir d'Itchang (1 800 km. de Changhaï), commence la grande navigation régulière. Jusqu'à Han-keou, on ne peut employer que des navires jaugeant 2 000 à 3 000 tonnes; l'extrême mobilité des sables les oblige à aller très lentement, tandis qu'une chaloupe va en éclaireur sonder le chenal et s'assurer qu'il n'a pas changé. Parfois ils échouent et restent à sec pendant plusieurs jours, dans l'attente du flot de crue qui les dégagera. En aval de Han-keou, soit sur 965 kilomètres, ces dangers sont moindres. A part quelques mauvais passages, d'ailleurs balisés et éclairés, des bâtiments de mer de plus de 15 000 tonnes font facilement ce voyage aux hautes eaux. Même, le reste de l'année, les vapeurs de mer ne tirant pas plus de 4 m. 50 peuvent remonter jusqu'au port du Hou-pei, sans rompre charge. C'est ce que font régulièrement, par exemple, certains navires des compagnies japonaises qui sont devenues de dangereuses concurrentes pour les services des sociétés anglaises, allemandes, françaises et chinoises. Cette rivalité contribue à animer l'immense fleuve et à en faire l'une des principales artères du commerce asiatique.

BIBLIOGRAPHIE

W. R. Carles, The Yangtse Chiang (*Geogr. Journal*, XII, 1898, p. 225-240; étude du régime). — J. Dautremer, *Le Yang-tseu*, Paris, 1911 (étude économique). — R. L. Jack, From Shanghai to Bhamo (*Geogr. Journal*, XIX, 1902, p. 249-277). — De Vaulserre, Le Fleuve Bleu et son bassin (*Revue coloniale*, 1900, p. 741-765, 822-842); Le Fleuve Bleu de Sui-fou à la hauteur de Tali-fou (*La Géogr.*, I, 1900, p. 449-460). — E. H. Wilson, *A naturalist in Western China*, Londres, 1913, 2 vol.

Sur le Sseu-tchouan et le Fleuve Bleu en amont d'Itchang. — E. C. Abendanon, Overzicht der geographie en geologie van het Roode Bekken in de provincie Se-Tsjocan (*Tidjschrift Königl. Nederl. Aardr. Genootschap*, XXV, 1908, p. 470-512; a été traduit en français); Structural geology of the Middle Yang-Tzi-Kiang Gorges (*Journal of Geol.*, XVI, 1908, p. 587-616). — L. Audemard, Exploration hydrographique du Ya-long et du Yang-tseu supérieur (*La Géogr.*, XXII, 1910, p. 369-375; XXIV, 1911, p. 1-30); Mission Audemard (*Service hydrographique de la Marine*, n° 5 510, 1914). — Is. L. B. Bishop, A journey in Western Sze-Chuan (*Geogr. Journal*, X, 1897, p. 19-50); *The Yangtze Valley and beyond*, Londres, 1899. — Al. Hosie, *Szechwan : its products, industries and resources*, Changhaï, 1922 (le meilleur ouvrage pour cette province). — Lieut. Hourst, *Dans les rapides du Fleuve Bleu*, Paris, 1904; *Atlas du haut Yang-tse*, publié par le Serv. Hydrogr. de la Marine, 1901. — A.-F. Legendre, *Deux années au Setchouen*, Paris, 1906. — A. J. Little, *Through the Yang-tse gorges, or trade and travel in Western China*, Londres, 1898. — C. C. Manifold, Central and Western China (*Geogr. Journal*, XXIII, 1904, p. 281-313); The Upper Yang-tze Provinces and their communications (*Geogr. Journal*, XXV, 1905, p. 589-620). — Observatoire de Zi-ka-wei, *Atlas du haut Yang-tse, de I-tchang-fou à P'ing-chan-hien*, par le R. P. S. Chevalier; *Voyage et description*, Complément de l'Atlas, par le même auteur, Changhaï, 1899, un atlas et 1 vol. — Service hydrographique de la Marine, *Instructions nautiques*, n° 951, *Chine, Haut-Yang-tseu-kiang*, Paris, 1912 (voir P. A. Lapicque, *Bull. économique de l'Indochine*, XX, 1917, p. 234-241).

Sur la région en aval d'Itchang. — A. Fauvel, Le port de Changhai (*Bull. Soc. Géogr. commerciale Paris*, XXXII, 1910, p. 569-593, 625-647) (voir aussi, sur ce port, J. Brunhes, *Journal de la Marine marchande*, 1923, p. 1 057-1 058, 1 081-1 083). — A. François, Explorations dans le Kouang-si (*Bull. Soc. Géogr. Paris*, XX, 1899, p. 433-449; *La Géogr.*, IX, 1904, p. 7-23). — F. Gadoffre, Le Kiang-sou (*Revue de Géogr.*, L, 1902, p. 218-237). — D. Gandar, Le canal impérial (*Variétés sinologiques*, n° 4), Changhaï, 1894. — Geological Survey of China, *Preliminary report on the geology and mineral resources of Kiangsu*, Pékin, 1924. — F. Harfeld [Hou-nan et Kiang-si] (*Bull. Soc. Royale Belge de Géogr.*, XXXI, 1907, p. 289-348). — H. Havret, L'île de Tson-ming à l'embouchure du Yang-tse-kiang; La province de Ngan-hoeï (*Variétés sinologiques*, n°ˢ 1 et 2), Changhaï, 1892 et 1893. — Em. Rocher, Notes de voyage en Chine centrale. A travers le Fou-kien, le Kiang-Si, le Hou-nan et le Hou-pé (*Bull. Soc. Géogr. commerciale Paris*, XX, 1898, p. 317-338, 465-513). — G. Wegener, Über seine Reise durch die Provinz Kiangsi..., in Mittel-China (*Zeitschrift Ges. Erdkunde zu Berlin*, 1907, p. 177-182, 589-596); *Eine Forschungsreise durch die Provinz Kiang-si*, Berlin, 1926 (voir *Geogr. Zeitschrift*, XXXII, 1926, p. 460-477).

Phot. *Illustration.*

A. — CHANGHAÏ.

Façade monumentale de la ville sur la rive gauche du Houang-pou, évoquant les grandes cités
maritimes modernes de l'Europe et des États-Unis.

B. — CHANGHAÏ. AU CŒUR DE LA CITÉ.

Barques échouées dans le canal à marée basse, humbles cabanes, haillons, tas d'ordures
dont l'aspect misérable contraste avec l'élégance des pagodes qu'ils entourent.

Phot. commu. par M. Wenlersse.

A.   ENVIRONS DE NANKIN.
Piste conduisant au tombeau des premiers empereurs de la dynastie des Ming.
qui résidaient dans la capitale du Sud. Collines dénudées et ravinées de la Chine méridionale.

Phot. W. D. Jones. Cop. Univ. of Chicago Press.

B.   MASSIF PLISSÉ DE LA CHINE MÉRIDIONALE.
Vallée du Pei-kiang, vers 25° latitude Nord. Chaînes parallèles.
Les villages se pressent au bord du fleuve animé par le trafic de Canton au Hou-nan.

CHAPITRE VII

LA CHINE DU SUD

*I. — LE CENTRE DE LA CHINE MÉRIDIONALE
LE PAYS DES COLLINES ET DES FLEUVES*

Richthofen disait de la Chine méridionale, le Yun-nan et le Kouei-tcheou mis à part, que c'est la région de collines la plus vaste du monde. Sur une étendue qui dépasse de moitié celle de la France (700 000 à 800 000 km²), s'enchevêtrent en effet des chaînons dont l'altitude moyenne n'est que de 500 à 800 mètres, dont les plus hauts sommets ne dépassent guère 1 500 mètres, mais qui couvrent à peu près complètement cette contrée. D'autre part, les fleuves sont navigables jusque dans leur cours supérieur; par des cols faciles, on passe de Canton dans les bassins des rivières qui aboutissent aux lacs du Yang-tseu. Grâce à l'activité de cette batellerie, l'influence de Canton et de Hong-kong rayonne non seulement dans les deux Kouang, mais encore dans le Hou-nan et le Kiang-si. Bien que ces dernières provinces soient drainées vers le Fleuve Bleu, leur vie économique, comme leur structure et leurs aspects, les rattachent à cet ensemble que forme la Chine des collines. La partie côtière de celle-ci, avec ses nombreux ports qui la rendent indépendante de Canton, peut être réservée pour une étude spéciale (fig. 31).

L'orographie de cette région est d'une extrême confusion. Les cartes chinoises, qui juxtaposent pêle-mêle les cols et les cimes les plus connus, ne s'éloignent guère plus de la réalité que la plupart des cartes européennes, où l'on trace les chaînes principales suivant la ligne de partage des eaux. Or cette coïncidence n'existe presque jamais. Aucun ordre apparent dans la disposition des hauteurs et des vallées, des crêtes et des bassins. Cependant la tectonique semble assez simple. Les plis siniens s'y succèdent parallèles, alignés de l'Ouest-Sud-Ouest à l'Est-Nord-Est; ils dessinent ainsi comme une « grille » qui dut avoir à l'origine ses vallées longitudinales reliées par des cluses (pl. XXVI, B). Mais le travail des eaux courantes les a morcelés, de telle sorte que, le plus souvent, les rivières coupent obliquement les plis, bien que certains tronçons aient conservé la direction sinienne (par exemple, les tributaires du lac Po-yang). Richthofen a bien décrit comme axe médian de cette grille une chaîne qui allait de Wou-tcheou à Ning-po et aux îles Tchou-san; mais elle-même a été divisée par l'érosion en une suite de collines, dont l'importance orographique n'ap-

paraît plus aujourd'hui qu'à l'extrémité Nord-Est. Dans le Fou-kien et le
Tcho-kiang, ses sommets escarpés et pittoresques séparent les fleuves côtiers
des affluents du Yang-tseu; ailleurs sa continuité ne se manifeste guère que par
l'affleurement de roches très anciennes et surtout par celui des massifs granitiques. Le granite marque souvent aussi l'axe des chaînes parallèles, au Nord
et surtout au Sud de cet alignement. Sur leurs versants s'appuient parfois les
couches du calcaire carbonifère, qui occupent la majeure partie du Kouang-si.
Tout le centre de cette province, dit Leclère, deviendrait absolument semblable à la baie d'Along (Tonkin), si le niveau de la mer se relevait de
200 mètres. Les rivières y serpentent au milieu de pitons coniques, isolés dans
des bassins alluviaux, ou s'encaissent en cañons. C'est un pays de dolines et
de causses, plus ou moins couverts par les argiles bariolées du Permo-Trias, une
contrée généralement pauvre, que l'altitude moindre distingue seule du Yun-nan
calcaire. Dans toute la Chine des collines, on voit aussi des grès rouges, analogues à ceux du Sseu-tchouan comme texture et comme couleur, qui reposent
en discordance sur les couches plus anciennes. Sur le flanc des montagnes,
ils produisent des reliefs qui doivent rappeler ceux de la Suisse saxonne;
l'érosion a profité de leurs diaclases pour les découper en tables aux parois
verticales, en piliers gigantesques sur lesquels se juchent les villages des indigènes. L'origine de ces grès est un des problèmes capitaux de la géologie
chinoise. Près de Canton, ce sont des dépôts d'eau douce du Tertiaire récent;
mais il se peut que cette formation ait débuté pendant des époques antérieures. Sans doute, elle était jadis beaucoup plus étendue, et peut-être les
affleurements actuels doivent-ils leur conservation à des effondrements, dirigés
dans le sens des vallées siniennes, qui les auraient plongés dans les bas-fonds à
l'abri de l'érosion. Quoi qu'il en soit, on ne peut nier l'existence des mouvements
du sol récents, dont témoigne le réseau hydrographique. Très indépendant de
la tectonique, il est certainement très évolué, mais il paraît avoir été rajeuni.
En effet, les rivières traversent encore par des gorges ces vieilles montagnes;
elles s'enfoncent de 100 à 200 mètres dans les plateaux gréseux; on y trouve des
ruptures de pente au voisinage immédiat de l'embouchure : par exemple, dès
que l'on a quitté le delta du Si-kiang, on rencontre sur ce fleuve un rapide. Il
semble que le très ancien continent de la Chine méridionale ait été récemment
soulevé en masse et que l'érosion ait, par suite, repris avec une nouvelle vigueur
la sculpture de ces montagnes.

Bien que cette région soit traversée par le tropique, l'hiver y est assez rigoureux quand souffle le vent du Nord-Est. Au matin, il n'est pas rare de voir de
la glace dans les rivières près de Canton, tandis que les feuilles des bananiers
pendent flétries. Mais, dès le lever du soleil, la température se relève à 15° ou 20°;
les plantes à demi gelées se raniment d'autant mieux que, même à cette époque,
elles ne manquent pas d'eau. Dans le Sud-Est de la Chine, en effet, il n'y a pas
de saison sèche, à proprement parler; sans doute, la différence est grande avec
l'été, mais la pluie ne cesse pas l'hiver. Aussi la végétation est-elle magnifique.
Dans les dépressions, les villages s'entourent de bambous, de manguiers, d'orangers, de palmiers, de champs de cannes à sucre et d'ananas. Le long des gorges,
des plantes grimpantes montent jusqu'à 25 mètres sur les parois et retombent
en rideaux lorsque la roche surplombe; de vieux arbres sont enserrés par les
lianes des figuiers parasites qui les font plier sous leur poids. Les collines sont

parfois jonchées de fleurs, lis, orchidées, roses, bégonias, azalées. Jadis elles devaient porter de vastes forêts, mais celles-ci ne semblent pas les avoir occupées entièrement, et elles n'ont guère subsisté que dans les pays sauvages. Les colons chinois les ont brûlées (pl. XXVI, A). Tout le centre du Kouang-si est ainsi dénudé, si bien qu'il faut conserver près des villages des steppes incultes, car les herbes sèches sont le seul combustible. Sur le Pei-kiang descendent des barques chargées d'herbes qui chaufferont les briqueteries du delta. Ailleurs, la forêt a été remplacée par des taillis de chênes, de châtaigniers, de micocouliers, surtout de *Pinus sinensis* semblable au pin sylvestre d'Europe, — mais plus encore par des buissons. Certains voyageurs ont comparé cette végétation à celle du maquis. Celui-ci paraît assez maigre et clairsemé dans les districts, très vastes parfois, où le sol est formé par des grès ou par de la latérite; sur celle-ci, il n'y a souvent que des chênes ou des pins rabougris, des ronces, des éricacées et le gratilier (*Vitex negundo*). Ce qui semble prédominer, ce sont des buissons d'arbustes toujours verts. Les uns ont des affinités méditerranéennes, comme le chêne-vert, le myrte, l'olivier, les différentes espèces de laurier. D'autres plus caractéristiques révèlent la persistance des pluies pendant l'hiver : tels le camphrier, le cannellier, surtout les camélias qui font la parure et la richesse de ces collines. Des montagnes entières sont couvertes par le camélia oléagineux, avec ses feuilles d'un vert sombre et ses myriades de fleurs blanches. Ses noix, récoltées en octobre et séchées sur l'aire, fournissent une huile comestible. L'arbre à thé est aussi un camélia, capable de supporter des froids assez rigoureux, mais ses feuilles au tissu solide, non coriace, ni protégé par un enduit cireux, ne sont pas organisées pour lutter contre la sécheresse, ne durât-elle que deux mois. Aussi son extension correspond-elle à celle des pluies permanentes.

La chaleur humide de cette contrée, la malaria qui sévit dans les dépressions en rendent le séjour redoutable pour les Européens, partout où le vent de mer ne balaye pas les miasmes et ne tonifie pas l'organisme. Même dans l'île de Hong-kong, Victoria est insalubre l'été, parce qu'une crête de 500 mètres empêche la brise du large de parvenir jusqu'à la ville. A plus forte raison, les vallées et les bassins fermés du Kouang-si : l'expérience des missionnaires prouve que les Européens ne peuvent y résider, non plus d'ailleurs que les Chinois du haut pays.

C'est peut-être l'adaptation à ce climat qui a formé le type spécial des Chinois du Sud, moins grands, moins vigoureux, plus bruns que ceux du Nord. Il faut ajouter que beaucoup sont issus de métissages avec les anciens occupants du sol. Ceux-ci, Miao, Yao, Thai, etc., sont restés assez nombreux dans les massifs escarpés, surtout peut-être dans les régions de grès ruiniformes avec leurs blocs isolés, leurs labyrinthes de ravins qui facilitent la résistance, leurs vallées fertiles qui expliquent l'agriculture assez avancée de ces tribus. A quelques journées de Canton, vers le Nord, il faut encore entretenir des stations militaires pour prévenir leurs razzias; les passes qui conduisent aux dépressions peuplées sont commandées par des redoutes. L'autorité chinoise s'exerce sans réserve dans les provinces septentrionales, mais non dans celles que draine le Si-kiang, plus malsaines, plus pauvres, et plus tardivement atteintes par l'avancée des Chinois. Celles-ci, même avant la Révolution, n'étaient pas encore sorties de l'insécurité que provoquaient souvent la misère et la lutte contre les aborigènes. Le Kouang-si

surtout, moins facilement accessible que son voisin de l'Est, plus accidenté du
fait de l'érosion souterraine, est dévasté par le brigandage. De vastes campagnes
sont redevenues des déserts où abondent les fauves; la population, décimée,
s'est souvent réfugiée aux abords des villes, où elle cherche une protection plus
efficace contre les bandits. Et, dans toutes les époques troublées, ceux-ci
viennent inquiéter les environs mêmes de Canton. Ainsi se trouve retardée la
colonisation chinoise.

Partout celle-ci semble avoir suivi les rivières. A l'inverse du Yun-nan, où
leurs cluses profondes arrêtent les relations, ici les fleuves constituent presque
les seules voies de pénétration. Les routes, moins nombreuses, n'ont guère été
établies que pour franchir les crêtes de partage. C'est par jonques que voyagent
les explorateurs et que les marchands de Canton apportent dans l'intérieur les
produits de la grande ville et de l'Europe, le pétrole, les filés, le sel si recherché
des aborigènes et que l'on expédie jusque dans le Hou-nan. Il est vrai que les
fleuves sont coupés de rapides et qu'en les remontant il faut bientôt quitter les
jonques pour des barques de plus en plus exiguës. Mais, en général, ils restent
utilisables presque jusqu'à leur source. Ils n'ont pas eu, pour régulariser leur
profil, approximativement du moins, les mêmes obstacles que ceux des hauts
plateaux. Dans le Kouang-si, où ils se sont établis à la base du calcaire carbonifère, l'altitude de cette assise est souvent tellement constante que leur navi-
gabilité dépend uniquement du volume des eaux. Aussi la vie de ces régions
converge vers les rivières qui seules les arrachent à leur isolement; et, dans
l'éparpillement de leur relief, il convient de les étudier bassin par bassin.

Si-kiang. — La plus puissante des rivières dont l'union forme le delta
de Canton, le Si-kiang, naît très loin à l'Ouest, en plein Yun-nan (fig. 25). Il
fait d'abord un coude vers le Sud, puis remonte vers le Nord (cette direction
méridienne, fréquente dans cette région, paraît en rapport avec ses cassures),
décrivant ainsi une boucle analogue à celles du Yang-tseu et du Ya-long. Après
1 100 kilomètres d'un cours en cluses, assez mal connues et peu navigables, il
reçoit le Lieou-kiang, dont le débit dépasse le sien. Cet affluent vient des forêts
humides qui couvrent le rebord du Kouei-tcheou; il traverse des causses arides
en une série de rapides alternant avec des bassins d'apparence fertile, mais
presque déserts; le commerce est si faible qu'aucune ville ne s'est installée au
confluent, malgré la descente des bois et l'importation des cotonnades. Peu
après arrive le Yu-kiang, dont la branche maîtresse, accessible aux jonques pendant neuf mois jusqu'à Pé-sé, conduit dans le Yun-nan, dans la partie la plus
pauvre de cette province, il est vrai. Une autre branche nous intéresse davantage,
parce que ses dernières ramifications pénètrent au Tonkin, jusqu'à Langson,
et qu'on a prolongé au delà de cette ville jusqu'à Na-cham la voie ferrée par-
tant de Hanoï, pour drainer vers le Tonkin le commerce du Kouang-si
occidental. Na-cham est au terminus de la navigation en pirogues; mais il
ne faut pas oublier que ces confins de la colonie française n'ont guère d'avenir.
Si la zone frontière a été pacifiée, le brigandage désole encore les campagnes
de l'intérieur, et celles-ci semblent vouées à la stérilité par la sécheresse
de leur sol. Ainsi, de Langson à Nan-ning, on voit bien, dans quelques élargissements de la vallée, des rizières, des plantations de maïs, de cannes à
sucre, d'arachides, de badianes; mais, le plus souvent, la rivière coule au fond

de gorges sauvages entre des parois calcaires dénudées. Ce paysage, avec ses alternatives de bassins et de cañons, se continue jusqu'au delà du confluent du Kouei-kiang, la rivière qui arrose la capitale de la province, Kouei-lin, située dans un cirque parsemé d'étranges pitons madréporiques (fig. 31). Au moment où il va finir dans le delta, le Si-kiang traverse encore une gorge célèbre pour ses escarpements boisés et ses grottes converties en pagodes. Malgré les écueils et les rapides, Si-kiang et Yu-kiang peuvent être suivis par les vapeurs,

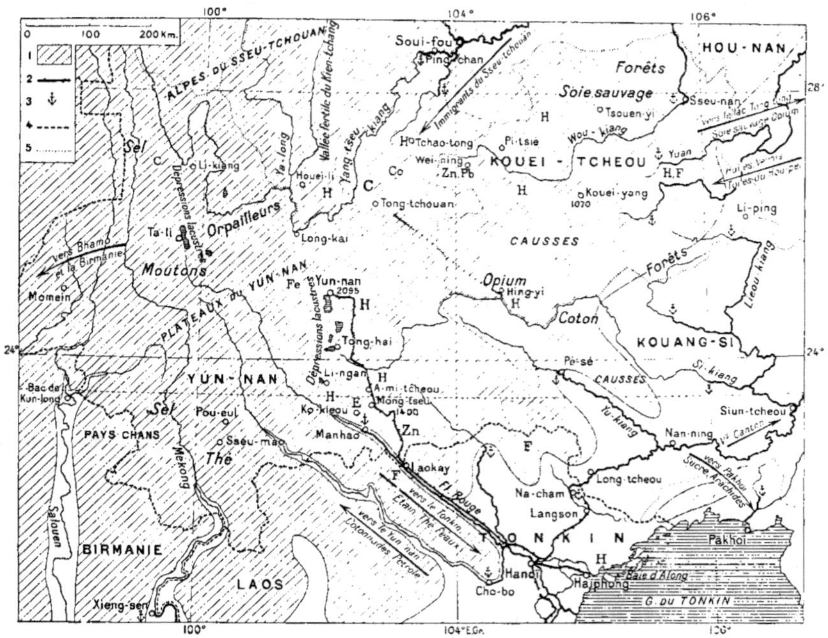

Fig. 25. — Carte économique des provinces chinoises voisines du Tonkin.

1, Altitudes supérieures à 1 000 mètres; 2, Voies ferrées; 3, Limite de la navigation en pirogues; 4, Limite d'États; 5, Limite de provinces. — H, Houille; F, Fer; C, Cuivre; Co, Cobalt; Pb, Plomb; Zn, Zinc. — Échelle, 1 : 10 000 000.

celui-ci jusqu'à Nan-ning, pendant une partie de l'année; d'autre part, plusieurs steamers font deux voyages par semaine de Canton à Wou-tcheou qui, grâce à sa position sur le réseau fluvial au point extrême atteint par la marée, centralise presque tout le commerce de la province.

La Rivière du Nord, le Pei-kiang, moins longue et moins volumineuse que le Si-kiang, traverse les chaînes siniennes par des gorges romantiques, entaillées dans le granite, les grès rouges, les calcaires ruiniformes. Le mûrier ne remonte guère dans sa vallée, non plus que la canne à sucre ni le coton. Les villages sont rares, parfois misérables, fortifiés contre les bandits ou, dans le cours supérieur, contre les aborigènes encore redoutés. Le fleuve est encombré de rapides dangereux. Cependant, malgré ces périls et les frais de transbordement, de nombreuses barques luttent contre le courant pour gagner le haut pays.

Ce qui vaut au Pei-kiang cette animation, c'est qu'au delà de ses sources des passes faciles conduisent à des affluents navigables du Yang-tseu et relient ainsi Canton au centre de la Chine (fig. 27). Aussi ces cols avaient-ils jadis une telle importance que les anciens géographes situaient dans leur voisinage les principaux reliefs et leur attribuaient de 2 000 à 3 000 mètres. En réalité, le Mei-ling, d'où l'on redescend vers le Kiang-si, n'a qu'environ 300 mètres, et même le Tche-ling, vers le Hou-nan, n'atteint que 330 mètres. Celui-ci est plus fréquenté, parce que l'affluent du Yang-tseu auquel il aboutit, le Siang-kiang, est plus aisément navigable; la route est toute jalonnée d'entrepôts et d'auberges pour les innombrables coolies qui ne cessent d'y circuler en deux files presque ininterrompues[1]. Le Mei-ling était autrefois la grande voie de Canton à Pékin, la route des ambassades à l'époque déjà ancienne où les Européens voyaient dans Canton le principal accès de l'Empire. Aujourd'hui, ils vont par mer au Tche-li, ou ils pénètrent dans le centre de la Chine par Changhaï et le Fleuve Bleu; aussi ces voies de terre sont-elles beaucoup moins fréquentées. Mais la construction du chemin de fer Han-keou—Canton rendra à la vallée du Pei-kiang une partie de son importance économique. Et par elle l'influence de Canton, de Hong-kong disputera aux ports du Yang-tseu le commerce du Kiang-si et du Hou-nan.

KIANG-SI. — Cette province correspond au bassin du fleuve qui se jette dans le lac Po-yang, le Kan-kiang. On l'a dépeint comme un amphithéâtre de montagnes dont l'axe serait cette vallée; comparaison forcée, car les hauteurs des chaînes siniennes, morcelées par l'érosion, sont loin de s'élever avec régularité l'une sur l'autre. Mais il reste vrai qu'en dehors des riches dépressions où poussent le riz, le coton, le mûrier, la province est assez accidentée. Presque tous les transports s'y font en barque ou à dos d'hommes. Sur certaines de ces collines poussent quelques-unes des variétés de thé les plus réputées, parfois aussi une ortie textile. Le sous-sol contient beaucoup de charbon. Au Nord-Ouest, les houillères de Ping-yang alimentent la métallurgie de Han-yang. Au Nord-Est, celles de Lo-ping contribuent, avec les arbrisseaux des coteaux voisins, à chauffer les fours de King-tö-tchen, le centre le plus important de toute la Chine pour la fabrication des porcelaines. Il doit son existence au voisinage d'un gîte d'argile blanche, de kaolin : Kao-ling, littéralement « la Passe élevée », est le nom local de la montagne. Cette industrie, qui naquit ici huit siècles avant J.-C. et qui aurait occupé près de 150 000 ouvriers dans ses usines de briques noircies, est déchue de son antique perfection et menacée par des villes rivales. Elle a souffert des ravages des Taï-ping, comme d'ailleurs toute la province, où les gens du Hou-pei viennent aujourd'hui remplir les vides laissés par l'insurrection.

HOU-NAN. — Son fleuve, le Siang-kiang, rassemble les eaux d'une région assez montagneuse jusqu'à Siang-tan, où commence la vaste dépression alluviale du lac Tong-ting. Coupées par des rapides, les rivières sont sujettes à de fortes crues dont le flot s'écoule très vite vers le lac et découvre ensuite des

---

1. On arrive aussi au Hou-nan par la rivière de Kouei-lin et un col si bas qu'on a pu y ménager un canal jusqu'au Siang-kiang. — Malgré leur faible altitude, ces passes ont formé une limite ethnique, à laquelle s'arrêtent le type de construction propre au Kouang-tong et le dialecte de Canton.

bas-fonds. Aussi les nombreuses barques qui descendent le fleuve n'ont-elles qu'un faible tirant d'eau; elles transbordent leurs marchandises à Siang-tan ou à Tchang-cha sur les grosses jonques ou les vapeurs du Yang-tseu (fig. 27, 31). L'Ouest de la province est drainé par un tributaire du lac, la rivière Yuan, qui ouvre l'accès du Kouei-tcheou oriental, malgré les dangers de sa navigation. Ce mouvement de batellerie converge vers le débouché du lac, à Yo-tcheou; mais cette ville n'a guère qu'un commerce de transit. C'est la porte septentrionale de la province, comme le col de Tche-ling en est la porte du Sud. Infiniment plus riche que les deux Kouang, le Hou-nan produit à peu près tout ce qui lui est nécessaire, sauf le sel, et même c'est le grenier à riz du Hou-pei. Il est vrai que cette fécondité se borne à la cuvette lacustre et à quelques dépressions alluviales de l'intérieur. Les plaines sont rares, et les vallées étroites. En somme, le proverbe local n'est pas si faux, d'après lequel le sol de la province se compose de trois parties de montagnes, six parties d'eau et une seulement de terre arable. Mais ces collines souvent escarpées ont conservé dans le Sud de belles forêts de cèdres, de chênes, surtout de pins, et — exception peut-être unique en Chine — ces forêts sont rationnellement exploitées. Les aborigènes Yao replantent en effet au fur et à mesure que les marchands font abattre les arbres séculaires dont les troncs descendent en radeaux jusqu'au Yang-tseu. Ces collines portent aussi de nombreux bosquets de camélia oléagineux et surtout de thé. C'est en effet le Hou-nan qui approvisionne de thé le marché de Han-keou. D'autre part, toutes ces montagnes recèlent de très vastes gisements de charbon. L'un des ingénieurs qui ont étudié le tracé du railway Han-keou—Canton, M. Barclay-Parsons, a pu examiner le bassin principal, celui du Lai-ho, la rivière qui conduit au Tche-ling. D'après lui, ce bassin a une longueur de 320 kilomètres sur une largeur de 95; les couches d'anthracite et de charbon gras viennent à fleur de sol, parfois si près des fleuves navigables que l'équipage des jonques n'a pour ainsi dire qu'à attaquer leurs rives. On devine l'avenir réservé à ces gisements, d'autant plus que la province contient aussi d'excellent fer, beaucoup d'antimoine et de plomb argentifère. L'anthracite du Hou-nan semble convenir à la métallurgie, comme aussi aux usages domestiques, et elle est vendue depuis longtemps dans les villes du Fleuve Bleu. Le trafic a suscité des agglomérations très importantes. M. Parsons attribue environ 500 000 habitants à Siang-tan comme à Tchang-cha. Dans la première, la ville murée, avec ses *yamen* de mandarins, n'a aucun mouvement, tandis que la cité commerciale s'est étendue le long du fleuve sur 6 kilomètres, en face des jonques rangées bord à bord. Sa position au point où doivent s'arrêter les grosses barques du Yang-tseu en a fait un entrepôt, une ville de courtiers [1]. Tchang-cha, la capitale, très commerçante elle aussi, possède en plus une industrie très active, celle du bois. Contraste singulier : cette ville très bien fournie de marchandises étrangères, en partie éclairée à l'électricité, se ferme jalousement aux Européens. Les traités leur donnent le droit de s'y établir, mais l'hostilité des habitants et surtout des notables les en a empêchés. Toute la province partage depuis longtemps cette

---

1. La même situation a fait naître Tchang-to (200 000 hab.) sur le Yuan-kiang. Les jonques du Fleuve Bleu y transbordent les cotonnades du Hou-pei pour l'Ouest de la province et pour le Kouei-tcheou. Mais ces régions en grande partie calcaires sont beaucoup moins riches que le Sud du Hou-nan. Cependant, d'après M. Wingate, la houille affleure très souvent; il y a de très riches dépôts de fer et de charbon près de Tchong-yuan, la ville où s'arrêtent la plupart des barques.

xénophobie. Elle passe pour une de celles où il y a le plus de lettrés et de gens aisés; pourtant la population y est violente, rude, d'esprit militaire et superstitieux. Ici, c'est par foi véritable, et non par pauvreté comme ailleurs, qu'on observe le précepte de Confucius : ne pas manger de bœuf, parce que cet animal est destiné à aider l'homme et non à le nourrir. Dans le Hou-nan, le pouvoir paternel est resté despotique, et la cohésion de la famille se marque même dans l'habitation (p. 174). Il est curieux de constater cette mentalité archaïque, exclusive de l'étranger, dans une province parcourue par un trafic intense.

Canton. — Revenons vers cette région de Canton où aboutissait jadis presque tout le commerce de ces provinces. Fleuves du Nord, de l'Ouest et de l'Est, tous trois se terminent dans une baie, parsemée d'îlots rocheux, dont la partie occidentale a été comblée par les alluvions. Dans ce delta de 8 000 kilomètres carrés, où leurs eaux et leurs limons se confondent, il est difficile de reconnaître l'œuvre de chacun : c'est un labyrinthe de canaux, de bras morts, d'arroyos parcourus par une multitude de barques, de monticules plantés de mûriers, d'îlots vaseux où l'on obtient souvent trois récoltes par an. Mais il faudra relever le niveau des digues pour lutter contre les crues désastreuses provoquées par les fortes averses du cours supérieur (pl. XXXI, C, et XXXIII, E).

Canton est situé sur le bras oriental, la Rivière des Perles; mais les navires d'un tirant d'eau inférieur à 3 mètres peuvent seuls accéder à ses quais; les autres s'arrêtent à Whampoa (Houang-pou), à 15 kilomètres en aval. La ville a envahi la rivière; plus de 20 000 Cantonnais vivent dans des sampans, sur des chalands, dans un immense quartier flottant que soulèvent la marée et les remous des vapeurs. A l'intérieur de la muraille, qui renferme près de 700 000 habitants dans un circuit de 16 kilomètres seulement, grouille une population affairée dans des ruelles tortueuses, obscures, si étroites qu'un pousse-pousse n'y passerait point. D'interminables caravanes de porteurs croisent les chaises des mandarins et des riches marchands. Désignées par leurs enseignes laquées et dorées, des boutiques s'ouvrent sur la rue, laissant voir leurs meubles incrustés, leurs ouvrages en écaille et en nacre, surtout leurs soieries, car l'industrie de la soie est restée très active. Canton est et a toujours été un grand centre industriel, si bien que le terme « article de Canton » est devenu synonyme d' « article manufacturé ». Son port n'a plus en Chine la primauté que lui avait donnée sa position à l'extrémité de la route par laquelle on atteignait le Fleuve Bleu et la capitale du Nord. Mais, grâce à la convergence des voies navigables qui traversent les deux Kouang, Canton est toujours la métropole commerciale de la Chine méridionale. Ses compagnies de marchands ont conservé l'activité rusée qui a fait la réputation du Cantonnais, homme d'affaires merveilleux, entendu au vaste négoce comme au troc infime. Partout, même aux confins des tribus indigènes, on le voit s'insinuer, colporteur, usurier, prêteur sur gages. C'est lui qui a créé ces monts de piété, dont les hautes tours carrées, les murs épais percés de meurtrières, témoignent dans toute la province de la main-mise économique de Canton (pl. XXVII, A et B).

Hong-kong et Macao. — Lorsque les Européens entrèrent en rapport avec l'Empire du Milieu, ce fut d'abord par Canton, le port le plus méridional de la Chine. Dès le xvie siècle, les Portugais s'établirent sur une péninsule rocheuse

A. — CANTON.

Les quais fluviaux. Jonques, vapeurs sur le fleuve. Constructions de style européen.

B. — CANTON.

Barques amarrées aux quais des navires à vapeur.
Constructions chinoises et européennes, dominées par les tours des monts de piété.

Phot. comm. par M. Louis Aubert.

A. — LA BAIE DE MACAO.

Côte rocheuse, aux fines articulations, de la Chine méridionale.

Phot. comm. par M. Louis Aubert.

B. — HONG-KONG.

Le port et la baie, où circulent, outre les vapeurs, une multitude de sampans.
A l'arrière-plan, la presqu'île et la baie de Kowloon.

qui limite le delta au Sud-Ouest. Macao eut longtemps le monopole des relations
avec les pays d'Occident et de la traite des coolies avec l'Amérique latine. Mais
c'est aujourd'hui une rade envasée, une ville morte, remplie de couvents, comme
au temps de Camoens (pl. XXVIII, A). Quel contraste avec Hong-kong! Lorsque
les flottes européennes eurent forcé la passe qui donne accès à Canton, la «Bouche
du Tigre », les Anglais obtinrent, en 1842, la cession de l'îlot presque désert de
Hong-kong; puis, en 1898, ils prirent à bail la presqu'île voisine de Kowloon.
Sur cet îlot de 75 kilomètres carrés, c'était à peine s'il y avait place pour une
ville entre la mer et les pentes raides qui montent vers le Pic; l'un des problèmes
les plus urgents est aujourd'hui de loger la population de la colonie, qui dépasse
625 000 habitants[1]. Les massives maisons à arcades de Victoria, ses énormes
buildings qui escaladent la montagne, ses longs quais de granite donnent un air
de force et de puissance à cette cité sortie du néant en quelques décades. En face
de la ville, les immenses docks de Kowloon, déjà reliés à Canton par chemin de
fer, et les ateliers de construction occupent à eux seuls plus de 50 000 ouvriers.
Dans le détroit, c'est un va-et-vient de sampans, de jonques, de vapeurs chinois
(car les armateurs cantonnais ont leurs lignes régulières), américains, européens.
Les plus gros navires peuvent évoluer dans cette rade, presque sans souci de la
marée. Mais la fortune de Hong-kong a surtout été assurée par le libéralisme de
la Couronne, dont dépend la colonie. Le port est franc. Aussi tous les navires qui
vont en Chine et au Japon y font-ils escale et déchargent une partie de leurs
marchandises, qui seront ensuite réexpédiées dans tout l'Extrême-Orient. Que
ce soit au Tonkin, aux Philippines, aux Indes Néerlandaises, au Japon, partout
on retrouve des marchandises qui ont été entreposées à Hong-kong, le grand
rendez-vous de l'Extrême-Orient. Cet îlot, où la lutte contre le rocher, les fièvres,
les pirates fut assez rude pour décourager un instant même les Anglais, est
devenu un des premiers *emporia* du monde grâce à leur énergie persévérante.
Il faut toutefois remarquer que ce n'est pas une porte de la Chine comme
Changhaï et Tien-tsin. De ces villes, les Européens rayonnent dans l'intérieur vers
d'autres agglomérations urbaines. Très peu se sont établis à Canton; les difficultés des communications, peut-être l'hostilité des Cantonnais, leur ferment
l'accès des deux Kouang, dont la pauvreté ne les attire guère d'ailleurs. Hong-
kong vit beaucoup moins de son hinterland que du transit. L'achèvement de la
ligne de Han-keou pourra changer cette situation. Les fleuves du Hou-nan n'étant
pas accessibles aux vapeurs, les houilles et les fers de cette province prendront la
direction de Hong-kong. Peut-être la voie Nord-Sud, qui a fait la richesse de
Canton, reprendra-t-elle ce jour-là une partie de son importance (pl. XXVIII, B).

II. — *LA RÉGION LITTORALE*

L'INTÉRIEUR. — De la baie de Hang-tcheou à celle de Canton, le littoral des-
sine un de ces arcs tournés vers le Pacifique, où s'arrêtent brusquement les chaînons
de l'intérieur. Ces chaînons, alignés suivant la direction sinienne, laissent entre
eux des vallées longitudinales que les fleuves côtiers réunissent par des cluses.

---

1. Parmi les Chinois, il y avait, avant la Révolution, nombre de réfugiés politiques, et Hong-kong
abrita quelques-uns des Jeunes Chinois qui dirigent le mouvement actuel. Ainsi les îles grecques de
l'Asie Mineure sauvèrent les réformateurs qui voulaient régénérer l'Empire persan (Weulersse). Aujour-
d'hui, Hong-kong est la retraite des riches Chinois inquiétés par les troubles constants de Canton.

Ceux-ci descendent rapidement et sont gonflés en quelques heures par les pluies torrentielles de l'été, qui empêchent la remontée des jonques; mais, en temps ordinaire, les petites barques peuvent pénétrer assez loin, malgré les seuils qui prouvent l'extrême jeunesse de ce réseau. Les montagnes, généralement granitiques ou porphyriques, peuvent avoir des pentes raides, des escarpements d'où se précipitent des cascades quelquefois hautes de plus de 100 mètres, comme celle de la Vallée Neigeuse près de Ning-po; on grimpe à beaucoup de villages par des escaliers taillés dans le roc, et naturellement il n'y a pas une seule route carrossable dans toute cette région. Mais souvent aussi les contours de ces massifs sont assez monotones, sans formes hardies; ils doivent présenter des aspects de vieilles montagnes, sauf aux points où l'érosion actuelle a repris la sculpture du relief. Leur beauté vient, non de leurs grandes lignes, mais de jolis détails, groupés en mille arrangements imprévus qui contrastent avec la monotonie des plaines du Fleuve Bleu ou de la Terre Jaune. Lorsque Richthofen visitait le Tcho-kiang, il notait à chaque page de ses carnets de route la ressemblance avec le Japon : peu de futaies, mais, près de chaque rocher bizarrement découpé, une pagode entourée de cyprès majestueux; dans les vallées, des touffes épaisses de bambous, de grands arbres, d'innombrables moulins à eau, des maisons massives toutes blanches. Et, surtout, un foisonnement de végétation sur ces collines bien arrosées : çà et là, des bosquets de pins et de chênes, d'arbres à suif et à vernis; d'immenses fourrés d'arbrisseaux aux feuilles charnues où s'enlacent des plantes grimpantes, comme le chèvrefeuille, les glycines; des versants entiers disparaissent sous les myrtes, les azalées, les rhododendrons, les roses sauvages. C'est le pays des arbustes verts et des fleurs. Nulle part en Chine on ne retrouve ce pittoresque, cette variété de formes et de couleurs.

La culture même se diversifie; elle sait mieux utiliser les pentes que dans les autres provinces. Le fond des vallées est converti en rizières; mais souvent elles sont si étroitement resserrées que, sur les pentes de ces ravins dominés par des parois abruptes, il a fallu semer d'autres céréales, du maïs, du millet, planter des mûriers, qui sont l'une des principales richesses du Tcho-kiang, ou exploiter les forêts, dont les bois, résineux, chênes, châtaigniers, descendent en radeaux vers les ports. Surtout ces collines sont renommées pour leur thé, comme le marque ce fait que le mot *thé* correspond à la prononciation dialectale du Fou-kien. Sur les hautes chaînes porphyriques qui séparent cette province du Kiang-si, la population ne vit que de cette culture, devenue si exclusive qu'il faut y faire venir le riz, à dos d'homme, de deux et trois jours de marche (fig. 27, p. 153). Dans d'autres districts, il est vrai, le paysan ne donne pas au thé des terrains qui lui conviendraient fort bien, parce qu'il veut avant tout récolter sa provision de maïs ou de millet. Le thé demande d'ailleurs un travail très minutieux : chaque feuille doit être maniée plusieurs fois isolément; pour la cueillir, pour la séparer du pédoncule, pour la trier avant le grillage, il faut toute une série de patientes opérations où s'emploie la famille entière. Grâce à ces cultures, auxquelles pourraient sans doute se joindre celles de la vigne et de l'olivier, ces régions accidentées nourrissent une population considérable. Le Fou-kien a, parmi les provinces chinoises, l'une des densités les plus élevées. Cela est dû en partie à l'activité maritime. Rappelons-nous également que le Fou-kien n'a pas été dévasté par les Tai-ping comme les régions riveraines du Yang-tseu et le Nord du Tcho-kiang. Il fut protégé par les chaînes de sa frontière, qui sont les plus hautes et les plus continues du système sinien. Son relief le sépare du reste de la Chine, et cet isolement se marque dans le caractère de sa population, race fière, énergique, qui a ses usages propres, ses costumes, ses dialectes incompréhensibles pour les Chinois du Nord. Très peu visitée par les Européens dans les dernières décades (c'est peut-être la province sur laquelle nous possédons le moins d'itinéraires récents), cette région a pu être convoitée par le Japon, parce qu'elle semble pouvoir se détacher facilement de la Chine et aussi parce qu'elle possède d'excellentes rades.

LA CÔTE. — Le littoral de la Chine méridionale est en effet aussi articulé que celui de la Chine du Nord, à la seule réserve du Chan-tong, est plat et monotone. De Hang-tcheou à Canton, c'est une côte à rias typique : des baies aux contours découpés se ramifient entre des montagnes de granite escarpées, jonchées d'éboulis, totalement déboisées; les promontoires rongés par les vagues se prolongent par des récifs. Une foule d'îlots dénudés dessinent une ceinture protectrice derrière laquelle s'abritent même les vapeurs dès qu'ils craignent le gros temps ou les typhons terribles de ces parages. Les indentations des golfes montrent bien que ce sont d'anciennes vallées submergées où la mer s'est avancée dans les thalwegs, tandis que les faîtes de partage constituaient cette multitude de caps et d'écueils. Mais on voit déjà commencer ce travail de régularisation qui tend à trancher les saillants et à combler les anfractuosités. Aussi les bons ports sont-ils plus rares que le ferait supposer l'examen de la carte (fig. 31, p. 171). Plusieurs rades ont été envasées, ou leur issue est fermée par une barre qui deviendra un cordon littoral à l'abri duquel elles se colmateront; les détroits se rétrécissent; des flèches de sable unissent certaines îles entre elles ou avec le continent. Cette « évolution vers la maturité » du littoral est surtout avancée dans l'archipel des Tchou-san où arrivent les boues du Fleuve Bleu. Pourtant ses îles montagneuses, traversées de vallées fertiles, rappellent encore la Mer Intérieure du Japon par leurs falaises déchiquetées, leurs rizières étagées, leurs prairies hérissées de blocs porphyriques. Richthofen vantait le merveilleux port franc que pourrait devenir le havre de Ting-hai, dans l'île principale : un Hong-kong plus vaste, à portée d'un bassin fluvial beaucoup plus étendu et plus riche, facile à fortifier pour dominer l'accès de la Chine septentrionale ou du Japon. C'est une position à surveiller. Ning-po, dans le voisinage, possède ce qui manque à tous les autres ports du Tcho-kiang et du Fou-kien : des voies de navigation intérieure. Un canal va jusqu'à Hang-tcheou, d'où l'on gagne, soit le Tsien-tang, le principal fleuve de la province, soit le canal Impérial; de vieilles constructions, des portes sculptées attestent l'ancienneté de cette route de civilisation. Ning-po est peut-être la ville chinoise la plus opulente après Canton; on trouve à Changhaï beaucoup de ses citoyens, qui ont su accaparer en grande partie le cabotage du bas Yang-tseu. Plus au Sud, des ports comme Wen-tcheou, quoique ouvert aux étrangers, mais en réalité peu fréquenté, Fou-ning ont un hinterland trop restreint et trop accidenté pour devenir bien actifs. De Fou-tcheou, au contraire, les barques à thé peuvent remonter assez loin le Min dont l'accès est malheureusement rendu difficile par deux barres; les vapeurs doivent s'arrêter à 12 kilomètres en aval de la ville, à Pagoda, où des Français ont installé un arsenal pour la flotte chinoise. Fou-tcheou (500 000 hab.) a ses fabriques de soieries, et c'était jadis l'un des principaux marché du thé qui lui arrivait de tous les petits havres voisins. Au Sud s'ouvre la rade d'Amoy, l'une des plus vastes et des meilleures de l'Asie orientale. Ce fut l'un des ports les plus actifs dès le moyen âge, l'un des quatre premiers ouverts aux Européens (1842) et actuellement l'un de ceux où l'influence japonaise se fait le plus sentir. Ses blanches villas, ses rochers bizarres, surtout sa végétation font songer à la Riviera. La baie de Swatow (Chan-teou) a été envahie par les alluvions du Han, et le port est maintenant à 8 kilomètres de la mer.

A l'Ouest de Canton, la côte reste assez découpée; mais elle paraît laisser plus souvent qu'au Fou-kien une lisière de plaine basse, cultivée en riz, en patates, en cannes à sucre. Tels sont les produits du territoire cédé à la France, en 1898, pour quatre-vingt-dix-neuf ans : Kouang-tcheou-wan. C'est une baie profonde, vaste comme la rade de Brest, protégée par deux îlots. Sa situation sur la route des navires qui vont à Hong-kong lui donne quelque intérêt militaire; mais l'exiguïté de son hinterland ne lui assure pas un grand avenir économique. Plus important est, et surtout était, le marché de Pakhoi, d'où l'on atteignait les districts fertiles du Yu-kiang et la vallée du Si-kiang; mais ce courant commercial a été dérivé en grande partie vers Canton depuis que des vapeurs remontent le Yu-kiang jusqu'à Nan-ning.

HAI-NAN. — La grande île de Hai-nan, vaste à peu près comme la Bretagne, est encore l'une des portions de la Chine les moins sinisées, malgré sa proximité du continent, et les moins connues des Européens, malgré le nombre des navires qui passent en vue de ses montagnes. Le détroit qui la borne au Nord est redouté pour ses écueils, la violence de ses courants, ses brouillards. Pourtant les vapeurs qui vont du Tonkin à Hong-kong doivent le franchir. Beaucoup viennent charger des porcs, du coprah, du sucre à Hoi-hao, le seul port fréquenté par les étrangers. Mais il faut jeter l'ancre à 3 milles au large, et peu de visiteurs descendent à terre. Cette côte septentrionale, bordée de cocotiers qui justifient le surnom de Hai-nan, l'« Ile des Palmes », termine une large plaine ondulée, dominée au Sud de Hoi-hao par un alignement de cratères, analogue à la chaîne française des Puys. Un alignement semblable, de l'autre côté du détroit, parcourt la péninsule de Lei-tcheou, et accuse peut-être la date récente des dislocations qui ont séparé Hai-nan du continent. Sur les coulées et les alluvions s'étendent largement les champs de riz, de cannes à sucre, d'arachides. Par contre, au Sud de l'île, les montagnes ne laissent guère d'espace cultivable sur le bord de la mer. Elles s'élèvent dans l'intérieur en un épais massif de granite, dont le sommet culminant se divise en cinq pointes, « les cinq doigts » (environ 2 000 m.). De ces pics escarpés et parés d'arbres géants où s'enlacent des lianes ligneuses, rayonnent de clairs ruisseaux, qui finissent par rouler des eaux sales dans les savanes et les roselières de la plaine côtière. Ces montagnes pittoresques sont restées le pays des Sai[1]. Chasseurs, bùcherons, cultivateurs de maïs et de riz rouge, les Sai ont su conserver leur indépendance, tout en laissant les marchands cantonnais venir chez eux et, malheureusement, leur apporter l'opium. Les armées chinoises ont été arrêtées par ce relief tourmenté, par la crainte de la malaria, autant que par la crainte de ces « barbares » insaisissables. Les immigrants, originaires

---

1. Le terme Lai ou Loi est appliqué par les Chinois à tous les indigènes de l'île indistinctement, aux Sai de la montagne comme aux Tai de la plaine septentrionale.

surtout du Fou-kien et du Kouang-tong, sont confinés dans les régions basses, où ils se sont croisés avec les indigènes, sans pénétrer dans les riches vallées du pays Sai, qui pourraient cependant nourrir de gros villages. Même dans la plaine côtière, il reste de vastes espaces incultes, couverts de broussailles ou de hautes herbes, qui conviendraient fort bien au riz ou au bétail. La population ne suffit pas au défrichement, d'autant que ces insulaires émigrent en grand nombre et que beaucoup sont débilités par le paludisme. L'homme manque à la terre, alors que c'est l'inverse dans les provinces depuis longtemps soumises aux Chinois. Trop lointaine, Hai-nan est restée, comme le Yun-nan et le Kouang-si, plutôt une colonie qu'une terre véritablement chinoise.

Toutes ces régions de la Chine méridionale semblent prédisposées à la vie maritime par l'articulation de leur littoral. En fait, on voit sur ces côtes beaucoup de pêcheurs, de mariniers, mais peu de navigateurs au long cours. Pourtant, au moyen âge, leurs rades étaient fréquentées par les marchands qui venaient acheter le thé, la soie, le sucre à Ning-po, à Fou-tcheou, à Amoy, à cette ville de Tsiuan-tcheou qui est le Zaytoun de Marco Polo, l'un des plus grands ports du monde à son avis. Toute l'activité maritime de l'Empire se concentrait dans ces parages; le nom même par lequel nous désignons la barque chinoise, *jonque*, est emprunté aux dialectes du Fou-kien. Les vieilles jonques de mer, qui disparaissent aujourd'hui devant les progrès de la vapeur, étaient des vaisseaux larges, à fond assez plat pour ne pas racler les écueils, pouvant loger jusqu'à près de 200 passagers. Elles visitaient tout l'Extrême-Orient, les mers de la Sonde, et se risquaient parfois jusque dans l'Inde. Au ve siècle, elles arrivaient jusqu'à l'embouchure de l'Euphrate, à portée de la civilisation des Abassides. Au milieu du xive siècle, Ibn Batuta rapportait que les jonques absorbaient tout le commerce de la côte de Malabar à la Chine. Or aujourd'hui elles ne dépassent pas Ceylan vers l'Ouest; encore ne font-elles plus guère que le cabotage. Cette décadence ne s'explique point par l'ensablement des rias; ce motif vaut bien pour Tsiuan-tcheou, mais d'autres havres, profonds et abrités, ont aussi perdu leur animation. Peut-être faut-il faire intervenir des causes historiques : l'insécurité de la Chine méridionale depuis plusieurs siècles, le développement de la piraterie. Dans ces baies où l'on n'arrive souvent que par des passes encombrées d'écueils, les forbans échappaient aux flottes mandarinales, et leurs équipages s'accroissaient de tous les miséreux. L'apparition soudaine de leurs jonques noires, avec leurs voiles de bambous et les énormes yeux blancs ou rouges de l'avant, terrifiait les anciens voyageurs. Les canonnières ont seules pu les pourchasser dans ce labyrinthe de promontoires et d'îlots, analogue aux indentations d'autres rivages redoutés, ceux des corsaires dalmates et ceux des Vikings norvégiens. Depuis la Révolution, certains rochers ont repris leur mauvais renom. Beaucoup de bateliers appartiennent à une population méprisée, celle des Tong-kia, qui, dans plusieurs districts, ne peuvent ni posséder un champ, ni même habiter la terre ferme; ils logent dans leurs barques qui errent de crique en crique avec leurs jardins et leurs temples flottants[1].

En somme, l'influence maritime se traduit aujourd'hui dans ces régions

---

1. Peut-être sont-ils les descendants des autochtones spoliés par les Chinois? Peut-être le mépris qui les atteint traduit-il simplement l'opposition si fréquente du cultivateur et du marinier, opposition qui doit être particulièrement marquée dans la race chinoise, si fortement attachée à la terre.

moins par le développement de la navigation que par celui de l'émigration dans
les pays d'outre-mer. Jusqu'à ces dernières années, celle-ci provenait presque
exclusivement du Kouang-tong, de Hai-nan, surtout du Fou-kien. Ce sont les
dialectes de Swatow et d'Amoy que parlent les Chinois établis à Singapour, à
Java, aux Philippines, en Amérique. De ces ports partent d'ordinaire les convois
de coolies et de petits marchands qui vont chercher fortune au loin. Sans doute,
cette expatriation en masse n'a rien que de naturel dans un pays montagneux au
littoral articulé; rappelons-nous la Norvège, le Chan-tong. Le Fou-kien, qui
a une très forte densité malgré l'exiguïté de ses terres cultivables, qui est plus
riche en thé qu'en riz, pourrait bien être surpeuplé. Ainsi c'est des provinces
méridionales, les plus tardivement atteintes par l'avancée chinoise, les moins
sinisées, que viennent ces groupes de Chinois si nombreux et si actifs dans le
Sud-Est de l'Asie et le Nouveau Monde : ils semblent des colonies de colonies.

III. — *LES HAUTES TERRES DE L'OUEST : YUN-NAN ET KOUEI-TCHEOU*

Le Yun-nan et la majeure partie du Kouei-tcheou se distinguent nettement
du reste de la Chine méridionale. Celle-ci est, dans l'ensemble, un pays accidenté,
mais généralement assez bas, traversé par des chaînes étroites, très articulées,
que séparent de chaudes dépressions remplies d'une végétation luxuriante, — de
vastes rizières, — des rivières qui permettent à la batellerie de remonter très
loin dans l'intérieur. Les deux provinces du Sud-Ouest se dressent à environ
1 000 mètres au-dessus de ce pays; cette altitude augmente vers l'Ouest, où l'on
trouve des villes à 2 500 mètres. C'est un môle, un « horst », resté en saillie,
tandis que l'Est s'abaissait. Au lieu de chaînes régulièrement alignées, on y voit
surtout des plateaux, de vastes tables calcaires analogues aux causses, interrompues par des vallées profondes aux cours d'eau non navigables. Le climat y
est naturellement plus froid; à Yun-nan-fou, la température ne dépasse guère 28°
l'été, et les habitants portent des fourrures l'hiver. Les cultures tropicales ne se
pratiquent guère que dans les vallées. Beaucoup d'espaces improductifs, partout de très grandes difficultés de communications (fig. 25, p. 133).

Peu de provinces ont été aussi souvent visitées par les Européens que le
Yun-nan dans ces dernières années; limitrophe du Tonkin et de la Birmanie,
il attirait l'attention par sa réputation, souvent exagérée, de richesse, par ses
mines, par le projet si discutable d'atteindre, en le traversant par rail, le Bassin
Rouge du Sseu-tchouan. Pourtant, malgré les travaux des ingénieurs et des géologues français et anglais, son orographie reste encore incertaine en bien des
points, et plus encore celle du Kouei-tcheou.

Le relief de ces provinces, tel que nous pouvons aujourd'hui nous le repré-
senter, descend de l'Asie centrale vers le Pacifique par une série de paliers,
dont les lignes de séparation iraient à peu près du Sud-Ouest au Nord-Est. Sur
cet étagement de terrasses, Richthofen est d'accord avec Leclère. Mais il faut
signaler notre ignorance, et du nombre de ces paliers, et de leur limite exacte. Il
semble bien qu'on doive en marquer un vers la frontière du Yun-nan et du
Kouei-tcheou. Vers Hing-yi, d'après la Mission Lyonnaise, on se heurte au rebord
oriental des hautes terres du Yun-nan[1], qui atteint 1 800 à 2 000 mètres, tandis

---

1. M. Brenier dit que, pour franchir ce rebord, il faut traverser un triple ressaut de chaînes séparées

que la majeure partie du Kouei-tcheou ne dépasse guère 1 300 mètres. Toute cette province, sauf près de Wei-ning, est à une altitude inférieure, et le climat l'indique : tandis que le ciel du Yun-nan est très pur l'hiver et qu'au Sud de la capitale il ne pleut jamais en cette saison, le Kouei-tcheou est souvent alors sous la brume et reçoit fréquemment de la pluie ou de la neige fondue. Jusqu'où se prolonge ce palier vers l'Est? Quelle est la véritable limite entre les hautes terres et la Chine des basses collines? Pour Leclère, c'est une grande dénivellation qui va directement d'Itchang à la baie d'Along. Pour Richthofen, elle va d'Itchang à l'angle Sud-Est du Kouei-tcheou, puis s'infléchit vers l'Ouest en suivant la limite méridionale de cette province. Le débat ne peut guère être tranché aujourd'hui. Toutefois on serait porté à préférer le tracé de Richthofen. Celui de Leclère sépare de la région côtière toute la partie Ouest du Kouang-si, c'est-à-dire un pays de basses collines, qui s'y rattache par son relief, son climat, la facilité de la navigation sur ses fleuves. De plus, la Mission Lyonnaise a noté l'existence, à la frontière de cette province, au Sud de Hing-yi et de Li-ping, d'un « bas Kouei-tcheou », une contrée gréseuse, couverte de hautes herbes, traversée de vallées malsaines, habitée par des populations sauvages qui fournissent le coton et le sucre aux hautes terres du Nord. Il y a là une limite, sinon tectonique, du moins orographique et géographique.

Cette disposition en gradins, par laquelle ces provinces s'élèvent du Sud au Nord et de l'Est vers l'Ouest, est d'origine relativement récente. Dès la fin du Tertiaire, les anciens plis, du système himalayen aussi bien que du système sinien, avaient été complètement arasés; l'érosion avait modelé de larges vallées aux versants très aplatis, parfois même des pénéplaines locales. Au Pliocène, ces « surfaces mûres » furent disloquées par des effondrements, qui les découpèrent en voussoirs plus ou moins abaissés et creusèrent de profonds fossés allongés, occupés par des chapelets de lacs et signalés par de nombreux séismes. Puis vint un soulèvement en masse, de plus en plus marqué de la côte vers le centre de l'Asie : c'est le véritable créateur du relief actuel. De même que dans les Alpes du Sseu-tchouan, les fleuves furent obligés de recommencer leur travail; de là, les rapides qui arrêtent la batellerie; de là aussi, l'encaissement des vallées actuelles qui, au-dessous des méplats des stades antérieurs, sont fréquemment très profondes et très resserrées.

Cet approfondissement apparaît surtout dans le Nord et dans l'Ouest du Yun-nan, régions qui furent les plus soulevées. Les tributaires du Yang-tseu descendirent à 1 500 et 2 000 mètres au-dessous du fond des vallées qu'ils occupaient vers la fin du Tertiaire; leurs moindres affluents se creusèrent des cañons vertigineux qui rendent les communications des plus difficiles entre les plateaux voisins de Yun-nan-fou et la vallée du Fleuve Bleu. D'autre part, aux confins de la Birmanie, les fleuves qui finissent en Indochine coulent côte à côte et séparent des montagnes, hautes de 3 600 à plus de 4 500 mètres dans le Nord de la province (entre le Mékong et le Yang, il y a de nombreux glaciers), de 2 000 à 2 400 mètres dans le Sud, très sauvages et fortement ravinées par

par des vallées assez profondes. Ici comme dans le Chan-si, l'expression de « palier » n'a donc qu'une valeur approchée; le bord oriental de chacun se relève avant la descente sur le palier inférieur. Leur intérieur ne constitue pas une surface absolument plane : il y a des chaînes, des massifs montagneux très accusés. Mais ce sont là, semble-t-il, des accidents locaux qui affectent des socles assez uniformes. Chacun d'eux ne constitue pas un plateau, mais l'aspect de plateau y prédomine.

une érosion violente. Les nuages qui viennent du golfe du Bengale y déversent d'énormes quantités d'eau. Aussi, sur les sommets à l'Est de Momein, des rhododendrons géants alternent avec des bambous couverts de mousses, de lichens, et avec des halliers inextricables où s'enchevêtrent les lianes. La vie végétale y prend une force redoutable pour l'homme : c'est la terrible « forêt de mort ». Plus insalubres encore sont les vallées, surtout la plus basse, celle de la Salouen. Sous le parallèle de Ta-li, la Salouen descend à 900 mètres, et les montagnes voisines la surplombent de 2 000 à 3 000 mètres par des pentes presque abruptes. Au fond de ce couloir, où le sentier reste parfois dans les blocs des torrents pendant des journées entières, la jungle tropicale est si dense qu'il n'y a point place pour les animaux supérieurs. Par contre, les insectes foisonnent, surtout les moustiques porteurs de la malaria. Dans les vieux itinéraires chinois, on voit combien, de temps immémorial, les Chinois craignaient la simple traversée de cette vallée fiévreuse. Ils l'ont abandonnée aux populations primitives, Chan dans le Sud, Lisso et tribus tibétaines dans le Nord. Au Nord du 26e parallèle, ces peuplades sont encore absolument indépendantes. Elles-mêmes n'ont pu s'acclimater complètement dans le fond de la gorge. Les Lisso construisent leurs huttes sur des méplats, parmi leurs champs de maïs, dominant de 600 à 900 mètres leurs rizières où ils viennent faire en hâte semailles et moissons, et qu'ils abandonnent l'été de peur de la malaria. Leurs villages sont continuellement en guerre, et personne ne dépasse les limites du sien sans son arbalète garnie de flèches empoisonnées. Défendue par la forêt et par la fièvre, cette vallée sera l'un des derniers refuges de la sauvagerie. D'après K. Ward, les faîtes qui la dominent forment une limite climatique de premier ordre ; car les régions de l'Est, beaucoup moins pluvieuses, ont une végétation beaucoup moins luxuriante, de type chinois et non plus de type malais, avec des arbres à feuilles caduques et des conifères ; l'ours, le léopard, le loup remplacent le tigre, l'éléphant, le rhinocéros.

Les plateaux qui s'étendent sur la majeure partie du Yun-nan et du Koueitcheou ne sont nullement d'altitude ni d'aspects uniformes. Du Sud au Nord, nous voyons Sseu-mao à 1 365 mètres, Ta-li à 2 042 mètres, Li-kiang à 2 438. D'autre part, les dislocations ont morcelé ce pays en compartiments qui ont joué indépendamment les uns des autres ; il faut parfois franchir de véritables chaînes, qui correspondraient souvent à des escarpements de failles. Enfin on rencontre des roches très diverses. Il y a des reliefs gneissiques sur les bords du Fleuve Rouge et du lac de Ta-li ; des laccolithes de porphyrite au Nord de Yun-nan-fou, et, plus près du Fleuve Bleu, d'énormes croupes dénudées, complètement stériles, formées par de puissantes coulées de diabase et de basalte ; près de Momein, à la frontière birmane, des cratères à peine attaqués par l'érosion. Les roches détritiques tendres abondent au Yun-nan, et bien souvent les voyageurs ont décrit leurs paysages mamelonnés, aux lignes molles. Beaucoup de marnes, dont les fondrières rendent très pénible la circulation lors des grandes pluies de l'été. Ailleurs, ce sont des grès très fissiles, où ne pousse qu'une maigre végétation xérophile, de hautes herbes, des pins (pl. XXIX, A). Mais le paysage le plus fréquent, celui qui caractérise ces provinces, c'est le plateau calcaire, avec ses arêtes vives, ses aspects tabulaires, ses argiles superficielles rouges ou violettes (pl. XXIX, B). Si l'âge peut varier du Cambrien au Lias inclus, la masse principale appartient au Permo-Carbonifère. Dans cette masse, épaisse de 1 500 mètres, a pu s'établir une circulation souterraine qui, aujourd'hui, a parfois entièrement supplanté la circulation superficielle (fig. 26). Les rivières coulent au fond de cañons et s'engouffrent dans des cavernes; des cuvettes analogues aux dolines du Karst se multiplient. Les blocs calcaires sont découpés en pitons, en castels, en cônes analogues aux îlots de la baie d'Along; mainte plaine semble une baie d'Along colmatée. Le plus souvent, il est vrai, ces collines singulières n'ont point le fouillis d'arbres, la végétation luxuriante de ces écueils. Au cours des guerres et des séditions, tout le centre de cette région a été déboisé. Il ne reste guère de vastes forêts que loin des villes, dans des contrées encore peu habitées, comme près de la boucle du Fleuve Bleu, à l'Est du Kouei-tcheou, à la frontière de la Birmanie. Ailleurs, elles ont été remplacées par la steppe, parsemée de bouquets de chênes, de châtaigniers, surtout de pins qui se profilent souvent sur les arêtes rocheuses. Comme les causses, ce sont des terres pauvres, moins propres à la culture qu'à l'élevage.

La culture ne convient guère qu'aux dépressions creusées dans ces étendues arides. Beaucoup de ces cavités sont encore occupées par des lacs, jadis plus vastes. Au début des temps quaternaires, c'étaient des dépressions fermées comme celles de la Mongolie; un sol analogue au lœss s'y déposa. Puis, après le grand soulèvement de l'Asie centrale, elles furent drainées par

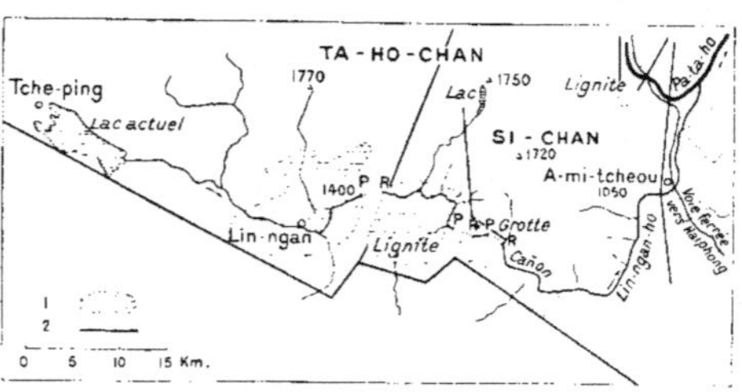

Fig. 26. — Type de réseau hydrographique dans les Causses du Yun-nan méridional, d'après Deprat.
1, Anciens bassins lacustres aujourd'hui vidés; 2, Failles. — P, Perte de rivière; R, Résurgence. — Échelle, 1 : 1 000 000.

les rivières devenues plus vigoureuses; leurs lacs furent asséchés, ou réduits et morcelés, découvrant de fertiles plaines. Sur leurs alluvions, ou sur les éboulis des escarpements, l'irrigation est facile. Les eaux courantes, les vergers plus nombreux et plus soignés que dans le reste de la Chine, les champs de blé et de fèves près des amandiers, cette verdure qui contraste avec les tons fauves ou noirâtres des causses brûlés par le soleil, tout cela semble un rappel des huertas andalouses. Ce sont de véritables oasis où se concentre l'effort humain. Toutes les cités, à deux exceptions près, ont été bâties dans ces cavités, aussi plantureuses que les plateaux voisins sont stériles. Cette opposition se retrouve dans le peuplement : le colon chinois ne s'installe que dans les dépressions lacustres, refoulant les anciens occupants sur les hauteurs ou dans les vallées malsaines.

LE PEUPLEMENT. — Les populations primitives de ces plateaux semblent appartenir à des groupes très différents, que les hasards des migrations, des guerres, du métissage ont morcelés et enchevêtrés à l'infini. Nous retrouvons dans le Yun-nan l'un de ceux que nous avons rencontrés dans les Alpes du Sseu-tchouan, les Lolo. Mais, très inférieurs aux énergiques montagnards qui ont su là-bas défendre leur indépendance, ils semblent s'être laissé amollir par le climat plus chaud, les mariages mixtes. Ici, à l'inverse du Kien-tchang, ce sont eux qui craignent le Chinois; ils lui abandonnent les dépressions fertiles; ils vivent loin des villes et des routes, dans des huttes en terre battue, ou construites, comme des isbas russes, en troncs d'arbres placés horizontalement. Ils font paître leurs troupeaux sur les hauteurs. Ils cultivent aussi; mais, d'après leurs traditions, ils ne connaissaient pas le riz, ni même le maïs, avant l'arrivée des Chinois, qui les ont civilisés en les soumettant. Plus belliqueux, les Miao-tseu du Kouei-tcheou et des régions voisines se confinent dans les régions les plus escarpées. Ce ne sont cependant pas des sauvages; ils ont une charrue semblable à celle des Chinois; ils excellent dans les professions mécaniques, fabriquent des étoffes aux dessins compliqués, des bijoux en argent. Habiles maçons, ils se groupent en compagnies d'ouvriers qui vont, l'hiver, travailler dans les villes chinoises, et reviennent, l'été, cultiver leurs montagnes, car la saison chaude leur serait pernicieuse dans les régions basses. Ils font des routes en galets posés debout, absolument pareilles aux rues des vieilles cités du Rhône, et fort bien tracées, ce qui semble indiquer que les Miao étaient parvenus jadis à un certain degré de centralisation politique. Aujourd'hui au contraire, ils sont divisés en une multitude de tribus dont plusieurs ont perdu le souvenir de leur indépendance. Avant même la conquête chinoise, ils semblent avoir été subjugués par les Thai qui, sous divers noms, Y-kia au Kouei-tcheou, Chan dans l'Ouest et le Sud du Yunnan, constituent peut-être le groupe le plus important et le plus répandu dans le Sud de la Chine. Assez grands et vigoureux, le visage ovale, les pommettes peu saillantes, le nez peu écrasé à sa racine, les Thai forment une race assez homogène, ne se mariant ni avec les Miao qu'ils méprisent, ni avec les Chinois qu'ils haïssent, mais dont ils adoptent souvent la langue et les usages. Ils habitent par villages de vingt à cent familles, suivant l'étendue des terrains cultivables. Leurs maisons de torchis ou de bambous, bâties sur pilotis, rappellent la disposition ordinaire des maisons du Laos et du Cambodge. Au total, les missionnaires estiment que les races non chinoises représentent les deux tiers de la population au Yun-nan et la moitié au Kouei-tcheou.

L'élément chinois lui-même est fortement métissé. Annexé à l'Empire au xiiie siècle seulement, le Yun-nan fut dès lors sinisé par des immigrants, venus surtout du Sseu-tchouan, qui ont épousé des femmes indigènes. Aussi le Yun-nanais est-il très différent des autres Chinois, même de ses voisins des autres provinces méridionales. Habitué à l'air salubre des plateaux, il ne peut s'acclimater dans les basses altitudes. Déjà, à 1 200 mètres, près de la Birmanie, il ne se livre qu'au commerce, sans s'établir, et il préfère l'hiver pour ses voyages. A plus forte raison il évite les vallées profondes où sévit la malaria : ainsi celle du Fleuve Rouge. Avant la construction de la voie ferrée, lorsque le trafic avec le Tonkin se faisait par la « route des dix mille escaliers », où l'on descend brusquement de 2 100 à 150 mètres près de Manhao, les chefs de caravanes s'arrangeaient pour accomplir de jour le trajet entier, aller et retour, redoutant les fièvres s'ils couchaient une seule nuit près du fleuve. C'est cette même crainte qui rend si lente la colonisation dans le Sud du Yun-nan. Sseu-mao est à l'extrême limite de l'expansion chinoise; les Chinois n'y viennent guère que comme marchands ou aubergistes, et il y a encore de vastes forêts vierges le long des routes les plus fréquentées. D'autre part, son genre de vie exclut le Chinois des régions trop accidentées, où l'élevage devrait être joint à la culture. On voit comment son habitat est dès lors restreint. Il se confine presque exclusivement aux dépressions lacustres qu'il cultive minutieusement comme partout, tandis qu'il abandonne aux aborigènes la possession d'immenses plateaux. Souvent

Phot. J. Deprat. Service Géol. Indochine.

A. — RÉGION DE GRÈS ARGILEUX AU YUN-NAN.

A 45 kilomètres Nord-Est d'A-mi-tcheou. Surfaces usées, ravinées par l'érosion actuelle,
Bois de pins, trop souvent remplacés par de maigres broussailles.

Phot. J. Deprat. Service Géol. Indochine

B — RÉGION CALCAIRE AU YUN-NAN.

Paysage typique des Causses ; pitons arrondis ; profondes entailles des rivières ;
à l'arrière-plan, à gauche, rebord d'un plateau calcaire. Quelques restes de belles forêts, cultures
autour de la doline à gauche, mais généralement la brousse.

A. — YUN-NAN-FOU. UN COIN DES FAUBOURGS.

B. — PONT SUR ARBALÉTRIERS, AU YUN-NAN.
Sur la voie ferrée de Hanoï à Yun-nan-fou, à l'extrémité de la boucle du Nam-ti.
Longueur, 67 mètres ; hauteur, 100 mètres au dessus du fleuve encaissé dans les calcaires.

la ville seule est chinoise, au milieu d'une campagne entièrement Miao ou Thai.

Une assez forte proportion de Chinois professe l'islamisme. Le Yun-nan est avec le Kan-sou la province qui compte le plus de Musulmans. Comme le Kan-sou, il fut ensanglanté par leur révolte, plus encore peut-être par l'atroce répression que dirigèrent les généraux impériaux (1856-1873). Les ravages de la sédition ne sont nullement réparés. Mong-tseu n'a plus que 12 000 habitants au lieu de 80 000; les aborigènes, jadis refoulés dans les montagnes, sont parfois venus reprendre dans la plaine la place des Chinois disparus. Malgré la fertilité de sa campagne, ses relations avec la Birmanie, anciennes et toujours actives, Ta-li ne s'est pas encore relevée. Yun-nan-fou, qui lui succéda comme capitale, n'était plus vers 1900 que l'ombre d'elle-même; on y entrait par des faubourgs désolés, et dans l'enceinte à moitié démolie on se fût cru encore au lendemain de la guerre inexpiable. La population de cette ville n'était que de 120 000 habitants; celle de Tchao-tong, de 35 000; celle de Tong-tchouan, de 20 000; celle de Ta-li, de 6 000 seulement. Partout on voyait des villages abandonnés, des champs en friches, encombrés par les apports des torrents dont les forêts saccagées ne modèrent plus la violence. En somme, la colonisation chinoise avait dû reprendre son œuvre presque de fond en comble, et cela dans des conditions particulièrement difficiles. Les immigrants venus du Nord s'acclimatent malaisément dans les cavités lacustres où sévit la malaria; la mortalité est très élevée parmi les adultes; quant aux enfants, il est probable que huit sur dix meurent en bas âge. Il semble que la race soit à la limite de son expansion. Menacée par la fièvre, la peste, la famine qui diminue sa vitalité, elle ne s'accoutume que très lentement à ce pays qui rappelle si peu les riantes campagnes du Bassin Rouge. Aussi ces provinces étaient-elles parmi les moins peuplées de la Chine. Il est vrai qu'on traversait dans les plaines lacustres des files serrées de villages; la dépression de Ta-li logeait encore près de 350 000 habitants; mais, sur les plateaux, on pouvait parcourir 40, 50 kilomètres sans rencontrer une hutte. La Mission Lyonnaise estimait la population du Kouei-tcheou à 7 millions d'habitants seulement, celle du Yunnan à 7 ou 8 millions, chiffres infimes par rapport à ceux que l'on rencontre dans les plaines du Yang-tseu et qui, à eux seuls, indiquent une valeur économique bien inférieure.

Telle était la situation à la veille de la Révolution. Depuis lors, bien que le Yun-nan, s'isolant des autres provinces, ait conservé jusqu'à ces derniers temps plus d'ordre et de sécurité, bien que certaines de ses villes et surtout sa capitale aient développé leur commerce et leur population, l'ensemble de ces régions n'a pas échappé au brigandage et aux exactions qui entravent tout progrès.

LES RESSOURCES DU PAYS. — Peut-être les a-t-on exagérées lorsque ces provinces semblèrent s'ouvrir à l'influence française. Certes, les dépressions alluviales sont d'une extrême fertilité quand elles sont bien irriguées. Très souvent, elles portent deux récoltes. L'été, on y moissonne du riz, qui, près de Ta-li, rend jusqu'à deux cent cinquante fois la semence; on comprend la densité de certaines agglomérations, la présence de hameaux dans les moindres dolines où puisse pousser cette céréale. L'hiver, elle est remplacée par le blé, l'orge, surtout les fèves et l'opium. Ces champs voisinent avec de superbes vergers où prospèrent les arbres fruitiers européens. Presque toutes les plantes de l'Europe peuvent en effet s'acclimater à ces altitudes moyennes, pourvu qu'elles arrivent

à maturité avant les pluies de moussons, qui inaugurent la période végétative
de la flore tropicale. Dès Mong-tseu, le voyageur, qui a quitté sans regret la
vallée torride du Fleuve Rouge, revoit les fleurs et les arbres de France, les violettes, les fraises des bois, les églantiers et les clématites, près des saules qui
composent des paysages à la Corot. Mais cette impression de douceur et de
fécondité ne le suit pas quand il aborde les plateaux. Les aborigènes n'y ont
que de maigres cultures, de maïs sur les sols les moins pauvres, d'avoine et de
sarrasin dans les régions les plus élevées et sur les croupes de porphyrite. Parfois
c'est à grand'peine que l'Européen trouve à l'étape quelques poignées de grains
avant de reprendre sa course dans un nouveau désert. A plus forte raison la
culture ne peut-elle rien fournir à l'exportation. Il faut cependant faire exception pour certaines cultures arbustives. Le pays Chan, au Sud de Sseu-mao, est
célèbre pour ses « thés de Pou-eul », que de nombreuses caravanes viennent
chercher du Sseu-tchouan et du Tibet; mais leur arome n'est pas apprécié des
Européens. Au Kouei-tcheou, on voit beaucoup d'arbres à vernis, à huile, à cire
végétale. L'un des principaux revenus de cette province provient de la « soie
sauvage », produite sur les bosquets du *Quercus castaneifolia* qui pousse sur les
sols incomplets et les montagnes. Cette soie est filée sur place et tissée par près
de 500 000 familles. D'autre part, l'herbe courte des causses pourrait nourrir
d'immenses troupeaux. Si le Chinois, ici comme partout, n'a que des porcs et
des volailles[1], les aborigènes élèvent des bœufs. Le mouton, particulier aux Lolo,
semble venu du Nord avec eux, et ne descend guère au-dessous de 2 200 mètres.
Sa laine sert à faire du feutre, des couvertures, des tapis multicolores. Et nous
verrons que les produits de l'élevage sont peut-être parmi les plus intéressants pour le commerce extérieur de ces provinces. Seuls, avec certains arbustes,
ils permettront la mise en valeur des plateaux, dont la majeure partie restera
toujours rebelle à la culture. Il est presque certain que celle-ci ne sortira
guère des cuvettes lacustres et des pentes irrigables voisines. Or ces zones fertiles sont relativement très restreintes. En dehors de quelques oasis, on ne peut
guère en signaler que deux : un premier alignement de dépressions de Li-kiang
à Ta-li, un second de Yun-nan-fou à Mong-tseu par Tong-hai et Li-ngan.

Si la culture ne peut guère s'étendre, le sous-sol est par contre assez riche.
La houille affleure souvent, quelquefois pendant des kilomètres. En dehors
du lignite, qui s'est déposé dans presque tous les bassins lacustres, mais ne
peut guère être employé que sur place, il y a deux séries de couches houillères.
Les plus anciennes se trouvent dans les calcaires permo-carbonifères qui s'étendent dans le quadrilatère Laokay, Yun-nan-fou, Tong-tchouan, Kouei-yang.
Leclère évalue la contenance de ce bassin à 10 milliards de tonnes. Pour celles,
moins chargées de cendres, qui appartiennent au Trias ou au Rhétien, leur extension et leur continuité défient toute comparaison avec les gisements d'Europe,
selon cet ingénieur. Elles se rencontrent vers Mong-tseu (10 milliards de tonnes),
vers Houei-li au confluent du Ya-long (3 à 4 milliards), vers Kouei-yang et
Pé-sé (6 à 7 milliards)[2]. Ce sont là des bassins très considérables, d'exploitation

---

1. Sauf les Chinois musulmans, qui sont souvent pasteurs de bœufs ou de moutons. Beaucoup
d'entre eux conduisent aussi les caravanes de mules et de poneys. Il semble que la différence de religion
corresponde à une différence de genre de vie : est-ce par suite de survivances ethniques? ou est-ce une
conséquence de l'insurrection?
2. D'après Cogging Brown, ces évaluations seraient trop optimistes.

généralement facile. Faut-il croire qu'elle puisse être actuellement rémunératrice? Les gisements voisins de la voie ferrée sont déjà exploités pour ses besoins, et pour le chauffage de la capitale; quelques-uns pourraient fournir d'excellents cokes à la métallurgie, améliorer les houilles maigres du Tonkin dans les mélanges nécessaires aux steamers et aux locomotives. Mais en général la qualité est assez médiocre, et M. Lantenois ne pense guère que le Yun-nan puisse vendre au dehors beaucoup de charbon, en raison des frais de transport. Il faut penser, en effet, que la mine la plus proche est encore à 620 kilomètres de Haïphong. La distance n'est point telle cependant qu'elle arrête à jamais l'exportation. D'autre part, à mesure que ces régions deviendront plus prospères et plus industrielles, la consommation locale y augmentera, soit pour combattre les froids rigoureux de l'hiver, soit pour développer la métallurgie. Les gisements de fer, assez fréquents, mais sans grande puissance, alimentent depuis longtemps des fonderies et des aciéries minuscules, qui ressemblent à celles de l'Europe du xviiie siècle; ils ne permettent guère de dépasser le stade de la petite industrie locale. Le cuivre, l'une des richesses légendaires de la province qui jadis l'envoyait en tribut à Pékin, n'est plus traité que près des gisements les plus riches, et ceux-ci sont loin de la voie ferrée. Le Yun-nan et le Kouei-tcheou possèdent encore de l'or, du zinc, du plomb argentifère, du cobalt, employé pour les porcelaines bleues, du sel, qui est l'un des principaux objets d'échange avec les aborigènes. Mais l'industrie la plus importante est aujourd'hui celle de l'étain, que l'on extrait et réduit à Ko-kieou (Ouest de Mong-tseu). Il y a là un peuple nombreux, turbulent, mais habitué à ce travail sans quitter celui des champs, enrichi d'une expérience héréditaire, et qui formera un excellent personnel pour la métallurgie moderne. Déjà l'étain transité par Haïphong constitue la seconde exportation, en valeur, de la colonie française. Mais ici aussi les méthodes d'exploitation sont toutes rudimentaires, et l'on n'attaque que les affleurements superficiels.

L'état des communications fut longtemps l'obstacle le plus sérieux au développement des mines et de tout ce pays. Aucune rivière navigable dans le Yunnan; le Kouei-tcheou est beaucoup plus favorisé à cet égard, et cependant tout le centre de cette province ne peut être desservi par les jonques. Les routes consistent en de simples pistes, indiquées plutôt qu'améliorées par des dalles disloquées, accessibles aux mulets et aux chevaux de bât dans les plaines seulement, aux porteurs dans les régions accidentées. Les charrettes servent uniquement à la culture. En somme, chacune des dépressions fertiles forme un monde à part d'où l'on ne sort qu'à grand'peine. Si la récolte vient à y manquer, celle des plaines voisines ne peut y arriver; de là ces famines qui rendent si lent le repeuplement après les troubles. Le charbon ne peut être vendu que dans un rayon restreint autour des fosses; les minerais les plus riches ne sont traités qu'à proximité immédiate d'une houillère ou d'une forêt, et le déboisement a fait abandonner de nombreux gisements. Et c'est encore à ces difficultés qu'il faut attribuer, en grande partie, l'extension si regrettable prise par la culture de l'opium, qui était jadis la principale ressource de ces provinces et que l'on recommence à pratiquer. Sans doute celui du Yun-nan est le plus estimé de toute la Chine; mais surtout il avait l'avantage de mieux convenir que les céréales et les minerais à des transports malaisés et coûteux. Sa légèreté en avait fait une véritable monnaie.

Cette situation s'améliorait rapidement, lorsque éclata la révolution chinoise. En 1910, fut inauguré le chemin de fer français de Haïphong à Laokay et Yun-nan-fou (465 km., à voie d'un mètre). On rencontra aux cours des travaux d'énormes difficultés : rareté de la main-d'œuvre, insalubrité de la vallée du Nam-ti, par laquelle on monte du Fleuve Rouge sur le plateau; surtout le relief opposait des obstacles formidables, avec ses cluses et leurs hautes falaises, ses pentes raides et parfois ébouleuses. Il fallut, pour réussir, toute l'audace des ingénieurs (pl. XXX, B). Le prix du kilomètre s'éleva à 353 000 francs; on put se demander si l'Indochine, qui avait largement subventionné l'entreprise, ne payerait pas très cher l'honneur d'avoir doté une province chinoise de l'instrument nécessaire à sa mise en valeur. Mais, dès que le rail atteignit des plaines fertiles vers A-mi-tcheou, le trafic prit un développement qu'on ne pouvait espérer. Les localités chinoises voisines de la voie échangèrent des denrées qui, faute de moyens de transports, n'avaient pu jusqu'alors dépasser les lieux de production. D'autre part, les exportations vers Haïphong, jadis réduites à l'opium et à l'étain, devinrent plus diverses (peaux de bœufs, de moutons, de chèvres; antimoine; thé). De nouvelles mines sont exploitées; les forêts reprennent leur valeur; les denrées agricoles parviennent à des marchés plus lointains et empêchent les famines. La capitale, souvent visitée l'été par les Français qui fuient les chaleurs du Tonkin, a doublé sa population depuis vingt ans; elle commence à se moderniser; elle étend son rayonnement commercial, tout en se heurtant à d'autres centres de distribution (pl. XXX, A).

On n'est d'ailleurs qu'au début de cette transformation, car, tôt ou tard, d'autres lignes seront construites. C'est déjà fait pour l'embranchement vers Ko-kieou. On a songé à prolonger celle de Yun-nan-fou jusqu'à Soui-fou ou Tchong-king. Certes il serait avantageux pour la France de détourner vers le Tonkin le commerce du Sseu-tchouan que les négociants du Yun-nan commencent à atteindre. Mais quelles difficultés présenterait le relief si profondément disséqué des abords du Fleuve Bleu! En outre, le projet Han-keou-Sseu-tchouan est d'exécution plus aisée et vraisemblablement plus prochaine; les produits du Bassin Rouge prendront plutôt cette direction, parce que, dès Han-keou ou même dès Itchang, elle leur ferait retrouver la voie fluviale, et celle-ci est maintenant utilisée même dans les cluses. Mieux vaudrait multiplier l'emprise de la ligne française en amorçant des embranchements vers les centres les plus importants, comme la riche plaine de Ta-li, ou bien en essayant d'arriver le plus près possible du Kien-tchang. La France aura-t-elle à lutter contre une concurrence anglaise? Depuis longtemps, on songe dans l'Inde à construire une voie de la Birmanie au Bassin Rouge. Le premier projet Bhamo–Momein–Ta-li–Soui-fou semble à peu près abandonné. La boutade de Baber exagère à peine : ce serait percer une demi-douzaine de monts Cenis et jeter autant de ponts gigantesques. Récemment, le major Davies a étudié un tracé Lashio–Kunlong-ferry–Ta-li, avec prolongement sur Soui-fou. Mais celui-ci aussi rencontre d'énormes obstacles, toujours par suite de l'encaissement des vallées. Peut-être les Anglais ne renonceront-ils pas toujours à leur rêve de joindre la Chine et l'Inde par voie ferrée; mais sa réalisation ne semble pas prochaine. En attendant, ils ont réussi à attirer vers Momein et la Birmanie beaucoup des caravanes qui gagnaient jadis Yun-nan-fou; malgré le chemin de fer, Haïphong lutte difficilement contre Rangoun dans le Nord et l'Ouest de cette province.

Déjà, dans l'état présent des communications, on peut essayer de prévoir dans quel sens se développera cette vie nouvelle créée par la voie ferrée. L'extraction de la houille et de l'étain, peut-être aussi de quelque autre minerai, fera naître des centres industriels et augmentera la prospérité du Tonkin. Les champs seront toujours restreints aux dépressions lacustres; mais le blé et l'orge y remplaceront l'opium. Des plaines comme celle de Yun-nan-fou, couvertes de vergers et de jardins, peuvent fournir à Hanoï, à Singapour, à Batavia les fruits et les légumes que l'on fait actuellement venir de la Chine septentrionale. Surtout les plateaux herbeux se prêtent merveilleusement à l'élevage; ils contribueront ainsi à l'alimentation et à l'activité industrielle des stations européennes. Si le sol de ces provinces est en général pauvre, leur altitude en fait des pays tempérés à proximité immédiate de régions tropicales chaudes et humides : leur avenir le plus sûr est peut-être dans les relations qu'implique ce contraste.

BIBLIOGRAPHIE

A. R. COLQUHOUN, *Autour du Tonkin. La Chine méridionale. De Canton à Mandalay*, Paris, 1884, 2 vol. — G. DEVÉRIA, La frontière sino-annamite (*Publ. de l'École des Langues orientales vivantes*, 3e série, vol. I, Paris, 1886). — ÉTAT-MAJOR DES TROUPES DE L'INDOCHINE, Notices, *Le Yunnan, Le Kouang-Si, Le Kouang-Toung*, Hanoï, 1900. — H. HANDEL-MAZETTI, *Naturbilder aus Süd-China...*, Vienne, 1927 (surtout végétation). — A. LECLÈRE, Géographie générale des provinces chinoises voisines du Tonkin (*La Géogr.*, I, 1900, p. 267-288); Étude géologique et minière des provinces chinoises voisines du Tonkin (*Annales des Mines*, 9e série, Mémoires, XIX, 1900, p. 249-260; XX, 1901, p. 287-402, 405-492). — G.-H. MONOD, Géologie des provinces méridionales de la Chine (*Bull. économique de l'Indochine*, IV, 1901, p. 227-234, 619-637). — H. D'ORLÉANS, *Du Tonkin aux Indes*, Paris, 1898. — E. C. WILTON, Yun-nan and the West River of China (*Geogr. Journal*, XLIX, 1917, p. 418-440).

PROVINCES DU SUD-EST.—M. CARLI, *Il Ce-kiang*, Rome, 1899 (sur la même province, voir A. A. FAUVEL, *Questions diplomatiques et coloniales*, VIII, 1899, p. 22-28). — A. CHOVEAUX, La situation économique du territoire de Kouang-Tchéou-Wan (*Annales de Géogr.*, XXXIV, 1925, p. 74-76). — B. C. HENRY, *Ling-nam, or interior views of Southern China*, Londres, 1886. — C. IMBAULT-HUART, Le Si-Kiang... (*Bull. Soc. Géogr. commerciale*, XIX, 1897, p. 34-61, 177-199, 459-476). Voir aussi, sur ce fleuve, H. SCHUMACHER, *Verhandl. Ges. für Erdkunde zu Berlin*, XXV, 1898, p. 410-430. — Capitaine JAQUET, Quang-si. Quang-Toung (*Revue des troupes coloniales*, 1904, I, p. 504-533; II, p. 331-367). — H. LIÉBERT, Les ports du delta cantonais (*Bull. économique de l'Indochine*, VII, 1904, p. 1283-1294, carte économique). — CL. MADROLLE, *L'empire de Chine. Hai-nan et la côte continentale voisine*, Paris, 1900. Voir aussi, sur Hai-nan, *Bull. Soc. Géogr. Paris*, XIX, 1898, p. 187-228; *Annales de Géogr.*, VIII, 1899, p. 271-277; *Bull. du Comité Asie Fr.*, IX, 1909, p. 94-101. — CH.-B. MAYBON, La vallée du Si-kiang (*Ann. Soc. Géogr. Commerciale Paris, section indochinoise*, 1908, fasc. 2). — W. B. PARSONS, From the Yang-tse kiang to the China Sea (*Geogr. Journal*, XIX, 1902, p. 711-735; surtout sur le Hou-nan). — H. SIMOTOMAI, Reiseskizze aus Süd-China (*Zeitschrift Ges. für Erdkunde zu Berlin*, 1913, p. 538-553; vers Swatow et Amoy).

YUN-NAN ET KOUEI-TCHEOU. — R. CH. ANDREWS, Zoological explorations in Yunnan province (*Geogr. Review*, VI, 1918, p. 1-18, 133-146). — P. BONS D'ANTY, Relation d'un voyage dans la région située au Sud de Semao (*Annales de Géogr.*, VIII, 1899, p. 40-61). — J. COGGING BROWN, Contributions to the geology of the province of Yunnan (*Records Geol. Survey India*, XLIII, 1913, p. 173-205; XLIV, 1914, p. 85-122; LIV, 1922, p. 68-86; 296-336); The mines and mineral resources of Yunnan (*Memoirs Geol. Survey India*, XLVII, 1920; voir *Annales de Géogr.*, XXX, 1921, p. 63-66). — G. CORDIER, Le Yun-nan (*Revue indochinoise*, 1915, II, p. 403-437; 1916, I, p. 99-135, 371-399; 1916, II, p. 61-102; l'étude récente la plus complète sur cette province). — H. R. DAVIES, *Yün-nan. The link between India and the Yangtze*, Cambridge, 1909 (critiques et additions de H. BRENIER, dans *Bull. École Fr. d'Extrême-Orient*, X, 1910, p. 233-253). — GERVAIS-COURTELLEMONT, *Voyage au Yun-nan*, Paris, 1904. — AL. HOSIE, *Three years in Western China : a narrative of three journeys in Ssu-ch'uan, Kuei-chow and Yün-nan*, Londres, 1890. — H. LANTENOIS, Mission géologique et minière du Yunnan méridional (*Annales des Mines*, mars-avril 1907). — A.-F. LEGENDRE, *Au Yunnan et dans le massif du Kin-ho*, Paris, 1913; Le chemin de fer du Yun-nan (*Annales de Géogr.*, XXII, 1913, p. 358-362). — O. LEHMANN [Structure du Kouei-tcheou] (*Denkschriften Akad. Wissensch. Wien, Math. Nat. Klasse*, C, 1925, p. 77-99). — DE MACQUENEM, Le Kouei-tcheou (*Bull. de Géogr. histor. et description.*, XXIV, 1909, p. 384-395). — CH. PETERS, La ligne du Yunnan et ses environs immédiats (*Revue Indochinoise*, XX, 1913, p. 125-144, 547-589). — CH. ROBEQUAIN, Yunnanfou en 1926 (*Annales de Géogr.*, XXXVI, 1927, p. 436-450). — A. P. STARR, The penetration of Yun-nan (*Bull. Geogr. Soc. Philadelphia*, X, 1912, p. 1-55; bibl.).

CHAPITRE VIII

LA CHINE. GÉOGRAPHIE ÉCONOMIQUE

La description régionale de la Chine nous a montré l'importance et la variété de ses ressources. Il nous reste à voir comment elles sont exploitées et dans quelle mesure l'homme a tiré parti de ces richesses qui émerveillaient au moyen âge les voyageurs européens. Depuis Marco Polo, la Chine, on le sait, n'a point progressé comme les autres nations. Elle possède toujours dans les foules bourdonnantes de ses cités et de ses campagnes une main-d'œuvre dont la surabondance explique le gaspillage, des agriculteurs et des artisans patients, des marchands avisés. Mais, depuis le début des temps modernes jusqu'à ces dernières années, elle a traversé une période de stagnation, voire de décadence, où la routine a entravé tout effort vers le mieux. Aujourd'hui où le choc de l'étranger la réveille, elle se trouve distancée; sur certains points, elle cherche à rattraper le retard, non sans succès quand les événements politiques la laissent en paix. C'est l'un des caractères du monde chinois que le mélange d'archaïsmes et d'innovations empruntées à l'étranger, celles-ci beaucoup moins répandues encore que ceux-là.

Ce mélange apparaît nettement dans la. géographie de la circulation, où l'on trouve quelques-uns des facteurs qui expliquent la lenteur avec laquelle se transforme l'économie de la Chine (fig. 27).

I. — GÉOGRAPHIE DE LA CIRCULATION

L'une des impressions les plus fréquentes, c'est l'activité de la circulation intérieure, dont témoigne le défilé interminable des caravanes sur les routes, des jonques sur les moindres rivières. La diversité des produits sollicite en effet les échanges. Du Sud au Nord, un courant ancien et encore puissant porte le riz, la soie, le thé, troqués contre le blé, le coton, le fer. Les denrées de l'intérieur montagneux descendent vers les plaines de l'Est et les ports d'où les marchandises européennes viennent à leur rencontre. Bien des villes ou des groupes de bourgades sont spécialisés dans une industrie qui étend au loin leurs relations. D'autre part, ce commerce si important ne dispose guère encore que de moyens de transport désuets, sans rapport avec son volume, nécessitant une foule de bras et d'intermédiaires. Même aujourd'hui où débute l'ère de la vapeur, cette organisation n'évolue que lentement, parce qu'elle résulte de multiples adaptations au milieu, souvent incomplètes et mal conçues, mais profondément enracinées dans les habitudes locales.

CHINE DU NORD. — Dans la géographie de la circulation elle aussi, la limite essentielle est celle des Tsin-ling et des faîtes qui les prolongent au Sud-Est. Au Nord s'étendent des plaines et des plateaux : c'est le pays des routes carrossables. Le Sud, plus accidenté, mais mieux drainé, est le domaine du portage et de la

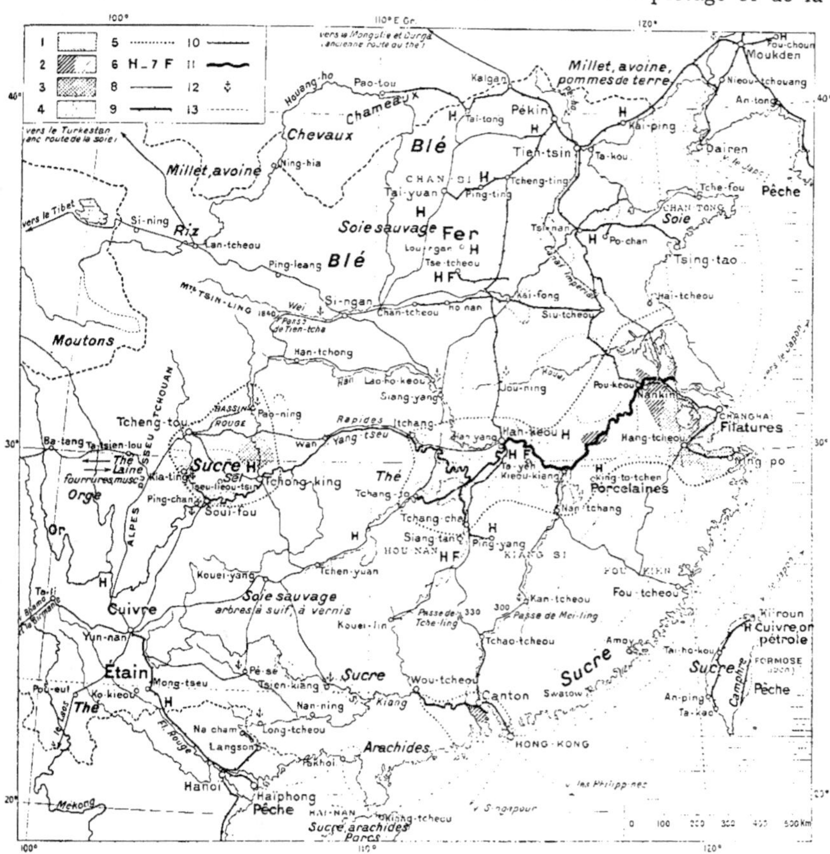

FIG. 27. — Carte économique de la Chine.

1, Grande production du coton; 2, Grande production de la soie; 3, Grande production de la soie et du coton; 4, Grande production du thé; 5, Ligne délimitant les régions grandes productrices de riz; 6, Houille; 7, Fer; 8, Routes principales; 9, Voies ferrées; 10, Canaux; 11, Fleuves où existent des services de navigation à vapeur; 12, Terminus de la navigation pour les grosses jonques; 13, Lignes de navigation. — Échelle, 1 : 18 000 000.

navigation fluviale. Lorsque les capitales du Nord florissaient sous des empereurs énergiques, ceux-ci établirent autour d'elles un réseau de routes, stratégiques plus encore que commerciales, admirables comme tracé et comme construction. Les fleuves étaient franchis par des ponts parfois magnifiques; de 50 en 50 *li* [1], des lieux d'étapes étaient préparés pour les soldats et les marchands; çà et là s'élevaient des tours carrées pour les guetteurs. Mais il y a longtemps que

1. 50 *li* font environ 30 kilomètres.

la plupart de ces voies ne sont plus entretenues, et les meilleures ressemblent à ce qu'étaient devenues les chaussées romaines au moyen âge; les dalles disjointes rendent la marche très pénible et se transforment çà et là en vrais lapiés (pl. XXXI, C). Beaucoup de routes ne sont d'ailleurs empierrées qu'aux abords des grandes villes, et, sur le reste du parcours, ce sont de simples pistes qui se déplacent continuellement pour éviter les fondrières qu'elles creusent sur leur passage; à chaque printemps, dans les provinces du Nord, il y a lutte entre le cultivateur qui pousse sa charrue en travers du chemin et le voiturier qui empiète sur les champs. Le tracé est plus fixe dans les régions de rizières, où il suit forcément les digues, et sur les plateaux lœssiques : ici les routes s'enfoncent d'elles-mêmes par la circulation, et finissent par s'encaisser en chemins creux, dominés par des parois verticales de plus de 15 mètres. Ces chemins empruntent le plus longtemps possible les grandes vallées, pour éviter les profonds ravins propres à la Terre Jaune; puis ils montent sur les plateaux et restent sur les crêtes, même quand celles-ci se réduisent à un isthme large de 2 à 3 mètres entre des abîmes (pl. XIV, B, et XXXI, B). Sans cesse ils sont obstrués par les éboulements ou l'érosion. Dans les montagnes, les routes empruntent les thalwegs et sont impraticables lors des crues; on n'enlève pas les blocs, que les voitures doivent contourner ou surmonter. L'une des voies les plus importantes, pour la politique comme pour le commerce, est celle de Pékin à Tai-yuan; or elle-même était encore récemment poussiéreuse en plaine, rocheuse en montagne, partout trouée de fondrières et très étroite. Sans doute, depuis peu, certaines routes du Chan-si, du Tche-li, du Hou-nan, ont été améliorées et rendues accessibles aux automobiles. Peut-être pourrait-on faire circuler sur les autres voies des automobiles d'un type spécial, qui rendraient de grands services (pl. XXXII, D).

L'état des routes a imposé le choix de véhicules frustes, très solides, dont le type reste immuable. Dans la Grande Plaine et sur les plateaux lœssiques, ce sont de lourdes charrettes, munies de deux roues seulement, à cause des courbes et des obstacles, traînées en général par des mulets, conduites par des rouliers qui font couramment des randonnées de 1 000 à 1 200 kilomètres. On y emploie aussi cette curieuse brouette chinoise, merveilleusement combinée pour porter avec le minimum d'effort des charges de 300 à 400 kilogrammes, quelquefois de 600, avec l'aide d'une voile quand le vent s'y prête (pl. XXXII, A et B). Ces véhicules s'arrêtent aux lisières des régions plus accidentées : par exemple, en arrivant au rebord du Chan-si, les marchandises sont chargées sur les animaux de bât venus du plateau. Les chameaux et les poneys sont employés au voisinage de la Mongolie, plus loin les ânes et surtout les mulets. Sur ces pistes, il faut un nombre d'animaux incroyable, puisque chacun ne transporte que le cinquième de la charge normale sur une bonne route. Et déjà dans les montagnes du Nord l'homme devient un animal porteur.

CHINE DU SUD. — Hors de la Chine septentrionale il n'y a presque pas de routes carrossables. Les voies les plus fréquentées sont en réalité des pistes dallées, en piteux état, larges de 2 à 3 mètres, escaladant les montagnes avec des pentes de 30 et 40 p. 100, en véritables escaliers. Pour les chemins secondaires, ce sont simplement des pistes ou, dans la traversée des rizières, des digues qui se rétrécissent souvent au point d'empêcher la rencontre de deux files de coolies ou de

A. — LE GRAND CANAL, AU NORD DU KIANG-SOU.

B. — UNE ROUTE ENCAISSÉE DANS LE LŒSS. CHINE DU NORD.

C. — UNE ROUTE DALLÉE PRÈS DE CANTON.
La route suit la digue qui borde le fleuve. Pêcheurs. Village ombragé de beaux arbres.

Phot. Hartung.

A.   CHARRETTE CHINOISE.

Phot. H. R. Davies.

B.   BROUETTE CHINOISE.

Phot. H. R. Davies.

C.   JONQUE DE MER.
À l'entrée du port de Changhaï.

Phot. Commandant Roques.

D.   AUTOCHENILLE.
Vieux mur d'enceinte (Chine du Nord).

Phot. Dr Broquet.

E.   LE CANAL IMPÉRIAL, A TIEN-TSIN.
Au fond, la cathédrale.

ces chaises où se prélassent les riches Chinois. Par suite, on ne voit pas dans la Chine du Sud de charrettes, sinon pour la culture, ni même en général de brouettes. Bien plus : la plupart des transports par voie de terre se font à dos d'hommes, plutôt que de mulets, d'ânes et de chevaux. C'est ainsi que le thé arrive au Tibet, par des cols dépassant 3 000 mètres, en longues caravanes de porteurs dont chacun se charge de 90 et parfois de 150 kilogrammes; on devine au prix de quels efforts et de quelle usure de ce misérable bétail humain. S'il est préféré dans toute la Chine du Sud, c'est évidemment parce que celle-ci est un pays de montagnes. L'influence du relief se perçoit nettement au Yun-nan, où l'on voit que les mulets et les chevaux de bât sont employés sur les plateaux, les porteurs dans les régions plus hérissées, si bien que leur répartition traduit peut-être l'opposition entre les régions de surfaces anciennes et les régions disséquées par les cycles récents. Mais il y a au monde bien des pays de relief plus difficile où l'on recourt aux bêtes de somme et même de trait. Et il est remarquable que les effroyables sentiers des Alpes du Sseu-tchouan soient suivis par des poneys, alors que ceux-ci s'arrêtent en vue du Bassin Rouge où il n'eût pas été malaisé de multiplier les chemins muletiers. Seulement on n'y trouverait pas de fourrages, et la prédominance du portage semble résulter de l'absence de tout élevage dans le Midi. De plus, le portage constitue une profession très dure, mais sans apprentissage. La surabondance de la population explique, sans le justifier, un tel gaspillage de forces et de vies.

Une des raisons qui ont empêché d'améliorer la circulation par terre dans le Midi et le bassin du Yang-tseu, c'est qu'elle le cède de beaucoup aux transports fluviaux. Aucun pays n'égale ces régions pour l'art d'utiliser les moindres ramifications de leur réseau hydrographique, dans des conditions qui partout ailleurs arrêteraient la batellerie, malgré les fortes pentes et les rapides de thalwegs non encore régularisés, malgré les maigres de l'hiver, malgré la nécessité de maints transbordements et de halages pénibles. Chaque région a son type de barques, en harmonie complète avec les conditions locales. Les bateliers remontent jusque très près des faîtes de partage, où des équipes de coolies chargent les marchandises sur leur dos jusqu'aux premiers ruisselets de l'autre versant. Les routes les plus fréquentées sont celles qui correspondent à ces « portages », surtout entre des artères fluviales importantes, comme au Nord de Canton : des affluents du Si-kiang à ceux du Yang-tseu, on n'emprunte la voie de terre que quelques heures. Par contre, dans le pays de la Terre Jaune, les rivières sont encombrées par les limons, soumises à des alternatives de très fortes eaux et de sécheresse presque complète qui peut durer toute une année. Seuls quelques tronçons du Fleuve Jaune et du Pei-ho sont utilisés, outre le canal Impérial, long de 1 200 kilomètres, qui fut creusé pour assurer le ravitaillement de Pékin même en cas de guerre maritime. C'était la seule voie de transit à bon marché vers le Sud, et, malgré son piètre entretien, son importance fut telle que la diffusion de la sériciculture suivit ses rives. Il n'en est pas moins vrai que la Chine du Nord est restée le pays de la voiture, et celle du Sud, le domaine de la barque. Or Richthofen évaluait le prix des transports par terre à environ vingt-cinq fois celui du fret : c'est là un immense désavantage des provinces septentrionales (pl. XXXII, C et E).

LES VOIES FERRÉES. — On aperçoit dès lors une des raisons pour lesquelles presque toutes ont été tracées dans le Nord. Il y en a d'autres : l'aplanissement du relief, la présence de bassins houillers, l'intérêt de relier la capitale à d'autres grosses agglomérations et au Transsibérien. Pékin est le centre d'où divergent les lignes principales (fig. 27) : 1° vers Moukden, où l'on rejoint la grande voie de Dairen à Kharbin en passant par d'importants charbonnages (le tonnage minéral représente les trois cinquièmes du trafic des marchandises); — 2° vers Kalgan, au point de départ des caravanes qui traversent la Mongolie vers Ourga, selon un tracé où l'on a songé à poser le rail pour épargner aux voyageurs venus d'Europe le détour à travers la Mantchourie[1]; — 3° vers l'embouchure du Fleuve Bleu, en passant par Tien-tsin, Tsi-nan où l'Allemagne avait établi un raccord vers les houillères du Chan-tong et le port de Tsing-tao, ensuite Pou-keou, sur la rive gauche du Yang-tseu. Cette ligne traverse des régions fécondes, et c'est elle qui l'emporte pour le tonnage en produits agricoles. Ceux-ci représentent encore la majeure partie du trafic sur la voie qui la prolonge, de Nankin à Changhaï et Ning-po. Une ligne transversale, déjà construite en grande partie, doit relier Si-ngan à Hai-tcheou, port récemment amélioré près de l'ancienne embouchure du Fleuve Jaune; — 4° la ligne la plus active, d'après le tonnage kilométrique, est celle qui joint Pékin aux grands ports intérieurs et aux usines de l'agglomération de Han-keou, d'autant plus qu'elle envoie des embranchements vers Tai-yuan et les mines du Chan-si, vers le nœud de routes du Ho-nan. De l'autre côté du Fleuve Bleu, on a commencé, à la fois par le Nord et par le Sud, la construction de la ligne Han-keou–Canton, déjà relié à Kowloon en face de Hong-kong. Elle traverse la riche province du Hou-nan et rendra à la passe de Tche-ling son animation de jadis, très diminuée depuis que les expéditions de Canton à Han-keou se faisaient par mer pour éviter les bas-fonds des rivières intérieures. Il y aura ainsi une reprise du courant commercial indiqué par la nature entre la Chine du Nord et celle du Sud. Mais celle-ci sera sans doute lente à s'ouvrir au rail, et la batellerie y conservera longtemps sa prédominance, surtout si elle sait se moderniser, tout en conservant sa merveilleuse adaptation au milieu local. Déjà il existe des services réguliers de vapeurs, et l'on commence à voir sur nombre de rivières des chaloupes à vapeur ou à moteur. Il n'y a d'autre voie ferrée importante dans le Midi que celle du Yun-nan où l'encaissement et la jeunesse des fleuves rendent toute navigation impossible. Avant la guerre, une entreprise française avait obtenu le droit de la prolonger jusqu'à Tchong-king, au seuil du Bassin Rouge. C'eût été un coup de fortune pour le Tonkin. Mais, comme on l'a vu précédemment (p. 150), le rail peut aussi arriver au Sseu-tchouan par Han-keou ou par la vieille route qui joint le Han à Pao-ning et Tcheng-tou ; dès à présent, il faut compter aussi avec la navigation à vapeur sur le Yang-tseu.

Malgré des progrès réels, la Chine est encore faiblement pourvue de voies ferrées (11 345 km.). Même en y ajoutant les services de vapeurs fluviaux, les moyens de transport modernes n'atteignent pas des régions pourtant riches, dont les produits ne parviennent dans les ports qu'après de longs voyages qui en accroissent singulièrement le prix. C'est là un des obstacles les plus graves au développement économique de la Chine comme à son unité politique, puisqu'il perpétue l'isolement des provinces. Aucune nation de forte

---

1. Cette ligne a été prolongée par Tai-tong jusqu'à Pao-tou, sur la boucle du Fleuve Jaune, d'où une route pour automobiles conduit à Ning-hia (voir fig. 31, p. 171).

densité n'a conservé des modes de transport aussi archaïques et n'est aussi peu ouverte à la circulation générale.

LES RELATIONS AVEC L'ÉTRANGER. — Les mêmes remarques valaient encore récemment pour les relations avec l'étranger.

Séparés des peuples de l'Asie par des steppes immenses ou par d'âpres montagnes, les Chinois limitaient le contact à quelques routes de caravanes, comme celle du thé par Kalgan, comme l'antique route de la soie par le Turkestan, comme les pistes vertigineuses qui franchissent les cañons des fleuves indochinois vers les monastères tibétains et les capitales birmanes. Seuls, des produits de grande valeur supportaient les frais de pareilles expéditions. Les Chinois en laissaient le plus souvent les périls et les profits à des gens d'autres races, aux nomades conducteurs de chameaux, de mulets ou de yaks. Sur le front de mer, ils n'avaient pas su conserver cette flotte de commerce, si active au moyen âge, où, pourvue de la boussole, elle faisait concurrence aux marines arabes et perses. La décadence était complète au xixe siècle, provoquée par l'insécurité des transactions et le déclin de l'esprit d'entreprise. Aujourd'hui qu'il se réveille, le commerce chinois revendique sa part dans les bénéfices de l'armement à côté des pavillons étrangers. Le sien domine naturellement dans les ports de l'intérieur, dans le cabotage; il apparaît de plus en plus souvent dans toutes les mers de l'Extrême-Orient, jusqu'à l'Australie et à Ceylan.

Pour les facilités de la navigation, on sait le contraste entre les côtes du Nord et celles du Midi. Du Fleuve Rouge au Fleuve Bleu, le littoral est aussi articulé qu'il devient au delà rectiligne et généralement inhospitalier. Il offre dans le Sud maintes rades profondes et sûres d'où l'on expédie le thé, etc., et d'où partent en foule les émigrants. Mais leur rayonnement s'arrête bientôt dans l'intérieur, aux chaînes siniennes. Si l'on excepte Ning-po et Hang-tcheou, avec leur réseau de canaux reliés à ceux du Yang-tseu, les seuls ports qui drainent un vaste arrière-pays sont ceux du Si-kiang : Canton et Hong-kong. Nous avons souligné l'importance mondiale de ce dernier, comme entrepôt où se concentrent et s'enchevêtrent les relations commerciales de tout l'Extrême-Orient. Changhaï est plus spécialisé; il s'adresse davantage à la Chine, dont il utilise la principale artère navigable; il avait beaucoup profité, dans ces dernières années, du renouveau d'activité industrielle dans le bassin du Yang-tseu. Malheureusement, les ports fluviaux de la Chine doivent constamment lutter contre les alluvions pour rester accessibles aux navires modernes. C'est aussi le cas de Tien-tsin. Par contre, Tsing-tao possède, comme Dairen, des profondeurs bien abritées où les plus grands steamers peuvent entrer librement sans souci de la barre ni de la marée. Ce privilège ne promet peut-être pas à ces rades de devenir les rivales de l'*emporium* anglais, dont la situation est incomparable, au point où divergent les routes des mers orientales. Mais il fera d'elles de superbes escales et les principaux, sinon même les seuls débouchés de la Chine septentrionale et de la Mantchourie[1].

---

1. En 1926, Changhaï a fait 42 p. 100 du commerce de la Chine; Tien-tsin, 10,5; Dairen, 8,7. Le boycottage porte grand tort actuellement à l'activité de Hong-kong, moins employé comme intermédiaire. Dans l'ensemble des ports chinois, le pavillon britannique occupe toujours le premier rang, suivi d'assez loin par ceux du Japon et de la Chine; bien après viennent ceux des États-Unis, de la Norvège, de l'Allemagne, de la France.

II. — L'AGRICULTURE

L'agriculture, la profession la plus honorée en Chine, est encore la plus répandue de beaucoup, plus certainement qu'au Japon et probablement que dans l'Inde. Elle doit cette faveur à la fécondité d'une grande partie du sol, mais aussi à ce que l'évolution économique est moins avancée et que chaque région doit produire sa subsistance. Autre trait d'archaïsme : les gains de la culture sont très souvent accrus par ceux de l'industrie familiale, car l'extrême division de la propriété foncière les rendrait insuffisants. Dans le Midi, la grande exploitation commence à 6 hectares, l'exploitation moyenne ne dépasse guère 1 hectare. Beaucoup de paysans ne disposent que de quelques ares près de leur habitation. Ce morcellement excessif, qui les prive de tout capital, est l'une des causes qui expliquent leur routine (fig. 27).

Nous avons indiqué (p. 47) par quel travail acharné le paysan tire de ce minuscule domaine un rendement parfois considérable, inférieur cependant à ce qu'on pourrait attendre de ce labeur avec des procédés moins primitifs. Nous avons vu comment il se limite étroitement aux plaines, en négligeant les moindres collines. D'après une statistique officielle, 12 p. 100 seulement du sol serait utilisé dans la Chine proprement dite. Le Chan-tong paraît être la seule province où cette proportion s'élèverait à plus de 50 p. 100. On ne trouve de vastes régions de culture que sur les plateaux du lœss, dans la Grande Plaine, dans le Bassin Rouge, et dans quelques vallées du Sud. Ailleurs le paysan cultive bien la moindre parcelle de terre plane, mais ce sont des oasis perdues dans une immensité improductive. Grâce à son relief aplati, le Nord dispose de plus d'espace. Seulement sa situation à la limite de la mousson rend son climat plus variable, plus sujet à des sécheresses désastreuses. Il ne lui permet qu'une seule récolte par an, au lieu de deux fréquemment et, çà et là, de trois au Sud. D'autre part, le Nord, voisin du grand centre d'élevage qu'est la Mongolie, possède beaucoup plus de bétail, par suite plus d'engrais, et il peut cultiver beaucoup plus de terre relativement à sa population. Au contraire, dans le Midi où celle-ci est seule à fournir l'engrais, on ne peut entreprendre de vastes défrichements, ni même toujours restituer à la terre les principes dont la récolte l'a dépouillée. On a souvent signalé que des plantes exigeantes comme le coton voient leur rendement diminuer peu à peu. Dans une grande partie de la Chine, le sol est épuisé par cette agriculture millénaire qui s'étiolera peut-être bientôt si elle n'adopte pas quelques-unes des pratiques européennes : la variété des assolements, l'apport d'engrais appropriés, d'amendements comme la marne dans la Grande Plaine.

Les cultures alimentaires. — Partout elles prédominent : la crainte des disettes empêche les régions de se spécialiser dans d'autres cultures même plus avantageuses. La principale est celle du riz, à laquelle serait réservé un huitième au moins de la surface cultivée. Peut-être ce chiffre est-il au-dessus de la réalité, car le riz est très étroitement limité par la possibilité d'irrigations faciles. En dehors de la Chine du Sud, les voyageurs ne signalent guère de vastes rizières que dans la cuvette du Sseu-tchouan. On en voit encore sur les cours supérieurs du Han et du Wei, mais elles sont déjà moins fréquentes que les champs de blé au Nord de Han-keou, de Nankin. Dans la Grande Plaine, elles ne dépassent guère le Fleuve Jaune inférieur : le pays devient trop froid, surtout trop sec.

Pour approvisionner Pékin, les empereurs mantchous se faisaient livrer un tribut de riz par les régions de grande production, celles du bas Yang-tseu. Le riz chinois, aux grains minuscules, est d'ailleurs très inférieur à ceux du Japon et de l'Indochine. Dans le Sud, il alterne souvent par assolement avec le blé, et dans le Nord il est remplacé par celui-ci qui est la véritable céréale de la Terre Jaune et qui convient mieux aux steppes de ses plateaux. Aux confins de la Mongolie, dès Tien-tsin et Lan-tcheou, l'un et l'autre font place à d'innombrables variétés de millet. Le maïs est disséminé du Tonkin au Nord du Chan-si. Au Yun-nan, au Kouei-tcheou, au Bassin Rouge, c'est la culture d'été dans toutes les régions qui ne disposent pas d'assez d'eau pour le riz; c'est le succédané de celui-ci, et il peut, lui aussi, nourrir une population très dense. Il monte plus haut, jusqu'au delà de 3 000 mètres sur le Ya-long. Mais dans les montagnes on sème de préférence l'orge vers le Tibet, l'avoine vers la Mongolie, partout le sarrasin et la pomme de terre qui a permis de relever la limite de l'habitat. Et toujours ce jardinier qu'est le Chinois plante une foule de légumes, en particulier des légumineuses comme le soja, qui complètent son alimentation en graisses. D'après la Mission Lyonnaise, il peut devenir le producteur le plus important du monde pour les huiles végétales, tellement abondent les plantes oléagineuses les plus variées : sésame, arachide, moutarde, colza, haricots, coton. Sans doute l'emploi de ces huiles se restreint à mesure que celui du pétrole se répand, même dans les provinces éloignées des côtes; il reste cependant important pour l'industrie comme pour les usages domestiques. La canne à sucre, liée au climat subtropical, ne prospère que dans la cuvette privilégiée du Sseu-tchouan, sur les rives du détroit de Formose, dans le bassin du Si-kiang; encore n'accompagne-t-elle pas longtemps vers le Nord les affluents septentrionaux de celui-ci. Beaucoup plus vaste est l'aire du thé, bien que ce camélia au feuillage persistant, assez indifférent au froid, exige une humidité constante en hiver et en été. Il rencontre ces conditions sur les collines de la Chine méridionale, surtout sur celles qui encadrent le Kiang-si à l'Ouest, et plus encore à l'Est, vers le Fou-kien, puis au Sud du bas Si-kiang. Le thé de Pou-eul, au Yun-nan, n'est guère consommé que dans le pays et en Indochine. Les principaux centres d'expédition, qui ont donné leur nom aux diverses variétés, sont Kieou-kiang, Han-keou, Fou-tcheou, Canton. Outre le thé en briques, de qualité inférieure, dont se contentent le Tibet et la Mongolie, une grande partie de la récolte était jadis vendue en Russie, par la route des caravanes qui partaient de Kalgan, puis par le Transsibérien. Ce n'est pas le seul marché que le thé chinois ait récemment perdu. Il y a quarante ans, la Chine fournissait le monde entier; aujourd'hui elle se laisse distancer par l'Inde et par Ceylan, elle est menacée par Java et par le Japon. Le recul provient en partie de ce que le goût de la clientèle s'est modifié et qu'elle préfère actuellement un breuvage plus chargé de tannin. Or le Chinois n'a pas su s'adapter à ce changement, et il continue à préparer les feuilles selon les habitudes de ses ancêtres, tandis qu'ailleurs cette préparation se fait dans de véritables usines.

LES CULTURES INDUSTRIELLES. — Le premier rang revient à celle du coton, qui procure le vêtement du peuple et qui est répandu à peu près partout. Jusqu'ici les grandes régions de production étaient localisées sur le bas Fleuve Bleu où il trouve à la fois de riches alluvions et un climat chaud, humide sans excès. Les principaux centres sont : 1° dans la zone littorale, près de Ning-po, surtout de Hang-tchéou, sur les bords du lac Tai-hou, sur la rive Nord de l'estuaire du Yang-tseu; — 2° dans le Ngan-houei, le long du Yang et du Houai; — 3° au Hou-pei, autour des lacs situés à l'Ouest de Han-keou; le *Gossypium* couvre ici les quatre cinquièmes du sol; il se vend surtout au Sseu-tchouan qui plante aussi sur ses collines le coton herbacé. Depuis plusieurs années, le coton se répand rapidement dans les provinces du Nord-Est, qui produisent un peu plus de la moitié du coton chinois; leurs fibres sont centralisées par Tien-tsin, qui les expédie au Japon, aux États-Unis, et qui a une importante manufacture chinoise. Malheureusement la culture est restée routinière, et on n'obtient que des qualités assez médiocres (fig. 28).

La sériciculture, qui est restée longtemps le monopole de la Chine et la base de ses relations avec l'Occident, est en honneur depuis la Mantchourie jusqu'à Hai-nan. En effet le mûrier est peu exigeant pour le climat et pour le sol, et partout la population est assez dense pour les soins minutieux qu'exige la production de la soie. Les régions où elle est le plus développée sont : 1° les plaines basses de Nankin, de Changhaï, de Hang-tchéou. Ici les cocons sont pour la plupart aussi bons que ceux de France et d'Italie; ils donnent les variétés belles et blanches appelées par excellence les « soies de Chine »; — 2° le Kouang-tong : les « soies de Canton » sont très appréciées pour les articles qui exigent un fil bon marché, régulier et brillant; — 3° le Chan-tong, qui envoie les « soies jaunes » les plus réputées du marché chinois, les deux Hou, le Bassin Rouge dont le mûrier est l'une des grandes richesses (districts de Kia-ting, de Pao-ning, etc.). Sa culture florissait au Yun-nan, mais la révolte musulmane l'y ruina. Ajoutons qu'il y a, dans les régions accidentées du Chan-si, du Chan-tong et du Midi, une production très considérable de « soies sauvages »; elles sont sécrétées par des chenilles vivant en plein air sur d'autres arbres que le mûrier, en particulier sur les chênes. Malheureusement pour la Chine, la sériciculture n'y est pas encore devenue une science. Ignorant tout de la lutte qu'il faudrait entreprendre contre les maladies du mûrier et du ver, négligeant la qualité pour obtenir la quantité, le paysan voit dégénérer les races de bombyx; les épidémies ont été assez meurtrières pour faire craindre que, devenu incapable d'exporter, il laisse l'industriel européen à la merci du marché japonais. De là l'intérêt des essais d'amélioration tentés à Changhaï, à Nankin, par des techniciens français et indigènes.

D'autres textiles sont très répandus, le chanvre, le jute, surtout la ramie; on commence seulement à les employer dans des usines modernes; c'est peut-être là le point de départ d'industries importantes. On peut aussi attendre beaucoup de la préparation des vernis végétaux, notamment avec une euphorbiacée, l'abrasin, qui pousse en quantité dans le Kouei-tcheou. Sur les montagnes du Sud et de l'Ouest chinois, l'anacardier renferme dans ses graines le « suif végétal » dont on fait des bougies; son latex, mélangé au vermillon, forme la laque.

Bien d'autres plantes pourraient être étudiées et propagées pour les besoins de l'industrie, lorsque la Chine, mieux pourvue de moyens de communication, n'aura plus à craindre la famine si elle restreint l'espace consacré aux cultures alimentaires, et lorsqu'elle commencera à tirer parti de ses régions montagneuses. Dans celles-ci, sans avoir à modifier complètement sa technique ni à renoncer à sa préférence pour les plaines, elle pourra développer les cultures arbustives et l'élevage. Actuellement il se restreint à celui des animaux de travail, d'ailleurs peu soignés, des porcs et des volailles. Or les plateaux de la Terre Jaune et du Yun-nan pourraient nourrir d'énormes troupeaux de moutons et de bovidés qui se vendraient bien dans les villes de tout l'Extrême-Orient [1].

Fig. 28. — La récolte du coton, d'après une gravure chinoise.
Paysage du bas Yang-tseu; bâtiments en argile et paille, disposés autour d'une cour (Extrait des *Variétés sinologiques*, n° 1 : L'île de Tsong-ming, par le P. H. Havret).

En somme, l'agriculture chinoise compte relativement peu dans le commerce mondial. Une très grande partie de sa production est retenue par le marché intérieur, en raison de la densité d'une population dont elle n'arrive même pas à

1. A signaler, comme indice de ce qui pourrait être fait ailleurs, que l'élevage du mouton se développe rapidement au Chan-tong le long de la voie ferrée par laquelle on expédie les laines au Japon.

satisfaire les besoins régulièrement, sans disettes. Elle ne vend guère au dehors que la soie, le coton et le thé, mais ces produits sont souvent d'une qualité médiocre qui diminue leur débit à mesure que d'autres nations asiatiques lui font une concurrence plus âpre grâce à une technique plus rationnelle. C'est seulement à la condition d'adopter cette technique que la Chine pourra maintenir, puis accroître ses exportations agricoles.

III. — L'INDUSTRIE

Jusqu'à nos jours, l'industrie de la Chine ressemblait à celle de l'Europe médiévale : plus variée, en raison de la diversité des matières premières, admettant par là une certaine spécialisation régionale, elle était aussi généralement associée à la culture, aussi nettement domestique. Dans le Hou-pei, le grand centre de tissage pour le coton, toutes les familles le cultivaient, le filaient et le tissaient; de même, dans le Sud du Tche-li. A Tcheng-tou, l'un des principaux marchés régulateurs de la soie, chaque fabricant n'avait chez lui qu'une dizaine de métiers, mais tous les paysans du Bassin Rouge faisaient des tissus, des rubans, des broderies. Cette petite industrie, qui transformait sur place les produits du sol, était asservie à la routine; elle employait des instruments grossiers, des méthodes primitives, et son travail, très lent, n'obtenait en général que des qualités médiocres. Cependant, certaines soieries, le papier, l'encre du Ngan-houei, les bronzes et les laques, les céramiques faisaient exception; il y avait, notamment au Kiang-si, des usines qui façonnaient jadis des porcelaines réputées pour leur finesse et l'éclat de leurs couleurs. Mais une concentration de ce genre était rare. L'industrie était d'ordinaire largement dispersée, parce que les communications étaient difficiles, et aussi parce que, n'employant guère de machines, elle n'était pas liée aux forces motrices (fig. 29).

Ce type archaïque survit encore dans la majeure partie de la Chine, dans toutes les régions d'accès difficile, où ne pénètre pas la concurrence du machinisme. Celui-ci entraînera sans doute à la longue une crise sociale analogue à celle qui sévit dans l'Inde, où les cotonnades de Manchester et de Bombay ont réduit à la misère le tisserand de village. Déjà le conflit de l'artisan et de la machine a éclaté sur le bas Yang-tseu, et c'est, parmi bien d'autres, un signe de l'évolution industrielle qui transformera la Chine une fois pacifiée.

Ses débuts ont été tardifs, bien sporadiques et bien lents, si on la compare à celle qui se précipitait au Nippon vers la même époque. Elle ne date que de la guerre de 1895 et fut d'abord l'œuvre exclusive des étrangers. Les premières manufactures furent montées avec les capitaux et sous la direction des Européens ou des Japonais, sur les concessions de Changhaï, à Tsing-tao, en Mantchourie. L'industrie indigène est née à Han-keou, vers la fin du régime impérial, d'un mouvement patriotique analogue à celui du parti swadeshi dans l'Inde, de la volonté de se passer de l'Europe, en produisant sur place ce qu'on lui achetait. Puis, après la proclamation de la République, l'enthousiasme redoubla pour les entreprises industrielles, auxquelles le nouveau régime chercha à intéresser les puissantes corporations de négociants chinois. Cette même ferveur patriotique se manifesta encore par le boycottage des marchandises japonaises; elle suscita alors les fabrications similaires : bonneterie, savons, bougies, allumettes, etc. Puis, comme dans tous les pays neufs, l'industrie locale se développa d'une façon inespérée, pour couvrir le déficit des produits européens pendant la Grande guerre. Nombre d'articles, jadis achetés à l'étranger, furent fabriqués dans le pays, et il y a bien peu d'industries susceptibles d'être créées dans ces conditions nouvelles dont on n'ait fait l'essai. Naturellement, on n'en est guère qu'à la période des débuts. Sur les 25 749 manufactures recensées en 1915 par le ministre chinois du Commerce, 18 212 n'employaient que de sept à trente ouvriers; 363 seulement disposaient d'une force motrice, avec une consommation de charbon de 537 833 tonnes par an. Toutefois, on comptait déjà 181 manufactures employant de cinq cents à mille ouvriers, 54 plus de mille

Fig. 29. — Le tissage à domicile (bas Yang-tseu), d'après une gravure chinoise (Extrait des *Variétés sinologiques*, n° 1 : L île de Tson-ming, par le P. H. Havret).

ouvriers, et ces chiffres ont certainement augmenté dans d'assez fortes proportions. Changhaï s'entoure d'usines, pour développer sa fonction de port industriel; de même, quoique à un moindre degré, Han-keou. Parmi les principaux centres de l'industrie nouvelle, le Tche-li et le Chan-si viennent en tête, l'un, à cause des nombreuses entreprises gouvernementales, l'autre, grâce à ses riches banques indigènes, tous deux aussi à la faveur de leurs mines. Le Chantong les suit dans cette voie, bien qu'un peu menacé par l'activité que les Japonais ont su donner à leurs entreprises en Mantchourie.

Les textiles. — L'industrie du coton est peut-être celle qui a réalisé les progrès les plus marqués, particulièrement depuis la guerre. En 1925, on comptait 3 461 000 broches, dont 1 982 000 à des Chinois, 1 275 000 à des Japonais; 23 000 métiers, dont 13 400 à des Chinois. Les usines les plus importantes sont groupées autour de Changhaï, qui compte vingt-deux filatures chinoises, trente-deux japonaises, quatre anglaises. Sans doute, la Chine continue à envoyer au Japon une grande partie de sa production en coton brut, pour la recevoir ensuite sous forme de filés et de tissus. Mais déjà on sent réussir l'effort pour éviter de payer ce tribut aux industriels nippons. Ceux-ci ont été obligés d'améliorer la qualité de leurs articles pour conserver leur clientèle. D'autre part, celle des États-Unis est actuellement très diminuée par le fait que les tissages chinois se spécialisent dans les grosses toiles, les coutils, que fournissait précisément l'Amérique. Le seul obstacle au développement de l'industrie cotonnière, en dehors de la situation politique, est dans la qualité de la matière première : si la Chine occupe le troisième rang parmi les pays producteurs, immédiatement après les États-Unis et l'Inde, toute sa production consiste en fibres grossières qui ne peuvent donner de fils très fins. Il est vrai que l'immense clientèle populaire, vêtue de coton, se contente d'étoffes plus grossières encore que celles des tissages de Changhaï.

L'industrie de la soie, bien loin d'égaler les progrès de celle du coton, est menacée dans l'un de ses principaux centres, Tche-fou, et cela parce que les procédés d'élevage, de dévidage ne se sont pas améliorés selon l'exemple que donnaient les Japonais dans les provinces soumises à leur influence. Autour de Tsing-tao où ils ont créé, avec nombre d'autres usines, une grande filature de soie, ils ont distribué aux paysans du Chan-tong des plants de mûriers sélectionnés, ils leur ont enseigné les procédés modernes. Et surtout la Mantchourie méridionale est devenue sous leur direction une grande région séricicole, dont Ngan-tong tend à devenir le marché et l'usine, grâce à sa proximité des mines de charbon et de fer. Plusieurs filatures viennent de s'y construire, et plusieurs négociants de Tche-fou sont en voie d'y transporter la fabrication des pongées. A l'étroit dans leurs îles, les Japonais se hâtent de donner à leurs entreprises une base plus large sur le continent, et l'on voit quelle concurrence en peut résulter pour la jeune industrie chinoise (fig. 27).

LES MINES. LA MÉTALLURGIE. — L'une des voies où l'avenir est le plus assuré et le plus beau est dans l'exploitation du sous-sol. Que sa richesse ait été exagérée lors des premières explorations géologiques, c'est ce qui semble démontré aujourd'hui, au moins pour le Yun-nan, dont Leclère n'a pas vu la structure troublée, même pour le Chan-si, où les estimations de Richthofen paraissent trop fortes pour le fer et peut-être pour la houille, surtout pour le Chan-tong, où les espérances des Allemands ont été un peu déçues. Mais, d'autre part, la Commission japonaise d'études géologiques a récemment découvert un vaste bassin houiller dans le Kiang-si, un autre dans la Mongolie intérieure, contenant plus de deux billions de tonnes. Des évaluations qui semblent modérées attribuent à la Chine près de cent milliards de tonnes de houille, soit bitumineuse, soit sous forme d'anthracite. En 1925, l'extraction atteignait déjà 20 500 000 tonnes, dont une moitié dans des fosses d'agencement moderne, l'autre dans des dizaines de milliers de petites fosses primitives. Or il n'y a guère de mine un peu importante que dans le voisinage des voies de communication : on devine leur essor le jour où celles-ci seront améliorées. Ajoutons que le fer existe en quantités énormes : un milliard de tonnes a été reconnu, dont près de cent millions de tonnes sur les rives mêmes du Fleuve Bleu, et la production annuelle atteint 1 500 000 tonnes. Le Japon est venu chercher ici le fer que lui refusèrent parfois les États-Unis, et il contrôle les neuf dixièmes des gisements chinois. Sur les statistiques de la production mondiale, la Chine arrive avec 75 p. 100 pour l'antimoine, 50 p. 100 pour le tungstène. Le massif de Ko-kieou, au Yun-nan, produit à lui seul 17 000 tonnes d'étain grillé, et ce chiffre pourrait être doublé, car, en dehors d'une installation moderne montée par une société chinoise, les procédés sont restés tout à fait primitifs. Les grandes régions sidérurgiques semblent devoir être plus au Nord : 1º le Chan-si, qui détient encore le premier rang pour l'extraction de la houille; 2º la région si riche et relativement accessible qui borde la mer de Tien-tsin à Moukden, avec son annexe du Leao-tong; 3º le Hou-nan, où le charbon, le fer, le plomb, l'antimoine abondent non loin de ce lac Tong-ting dont les rives se couvriront certainement de fours à coke et de fonderies; 4º le Hou-pei, grâce au charbon de Ping-yang et au fer de Ta-yeh. De puissantes usines chinoises, notamment à Han-yang, vont produire près d'un million de tonnes de fonte; mais la Chine doit encore importer l'acier. Sans doute, de vastes entreprises de ce genre rencontrent un milieu peu favorable dans la Chine d'aujourd'hui. Pourtant il en est où l'on ne croyait pas qu'elle dût s'engager de sitôt, et que la guerre a fait naître : ainsi les constructions navales, favorisées alors par la rareté du fret, les demandes des Alliés. Les tôles de Han-yang sont utilisées à Han-keou dans des chantiers exclusivement chinois; d'autres steamers sont montés à Changhaï et à Hong-kong.

L'AVENIR. — Le seul obstacle à l'essor industriel de la Chine est dans sa situation politique. Une circulaire présidentielle, bien significative, prescrivait, en 1916, aux préfets du Fou-kien et du Kouang-tong de ne pas molester les négociants chinois qui, après avoir fait leur fortune à l'étranger, reviennent habiter ces provinces : on pourrait ainsi les décider à subventionner les industries régionales, tandis que, jusqu'ici, ils préfèrent placer leur argent au dehors, craignant les exactions des mandarins. S'ils perdaient cette crainte, en effet, ce serait tout simplement la transformation de l'économie nationale, à laquelle ils apporteraient et leurs capitaux et leur esprit d'initiative et leur habileté commerciale. Aujourd'hui ils les emploient à exploiter toute l'Indochine et l'Insulinde; c'est à eux qu'appartiennent les grandes rizeries de Cholon, de Bangkok, avec des lignes de navigation. Que feraient-ils dans leur patrie une fois pacifiée et réorganisée? Elle possède en quantité le combustible, le fer et d'autres métaux, les matières premières, la main-d'œuvre à des prix exceptionnellement bas : on sait depuis longtemps qu'elle arriverait à l'un des tout premiers rangs parmi les nations industrielles, sans les vices de son gouvernement. Le fait nouveau, c'est que, malgré ceux-ci, elle s'est montrée capable de créer des usines qui prospèrent, qui se multiplient, qui restreignent déjà pour quelques articles le tribut payé à l'étranger. Il y aura certes des surprises, peut-être des reculs, dans leur développement ultérieur qui dépend de tant d'inconnues [1]. Mais, dès à présent, on ne peut plus parler de l'immobilité chinoise; les nations de race blanche ne peuvent plus compter sur on ne sait quelle fatalité ethnique qui ferait à perpétuité d'un pays aussi peuplé, doté d'une telle richesse virtuelle, le client de leurs industries. Il peut arriver à se passer d'elles, à conserver ses matières premières en quantités de plus en plus grandes, pour les manufacturer lui-même.

---

1. La guerre civile a été désastreuse en 1927 pour les industries, surtout dans la région du Yang-tseu, ainsi que pour le commerce des ports. Les troubles récents ont achevé la ruine du matériel ferroviaire.

IV. — LE COMMERCE EXTÉRIEUR

Si l'on aperçoit tout de suite les raisons de l'essor économique du Japon pendant la guerre, on aurait pu croire, par contre, que celui de la Chine pouvait être arrêté par les conséquences de la crise européenne et l'insécurité qui se prolonge depuis la Révolution de 1911. Pourtant, comme le dit M. E. F. Taylor, secrétaire des Douanes chinoises, « la guerre a démontré que le commerce extérieur est ici une plante robuste, demandant peu d'encouragement, et prête à s'adapter aux circonstances les moins favorables ». Ainsi, on constate une plus grande puissance d'achat dans la classe aisée, — sinon dans la masse du peuple, puisque la moyenne des achats à l'étranger par tête d'habitant n'est encore que de 8 francs. L'argent nécessaire paraît venir, en grande partie du moins, des achats du Japon et des États-Unis qui s'enrichissent (achats de soie pour l'Amérique) et qui ont besoin des matières premières chinoises pour le prodigieux développement de leur industrie. Cependant la prolongation de la crise a ralenti les affaires; la balance se solde en déficit, bien que le marché chinois se ferme, faute de ressources, aux produits étrangers.

Les listes des produits exportés comprennent la soie, le thé, les tourteaux vendus au Japon comme engrais, les huiles, la houille, les métaux, notamment l'étain et l'antimoine. Les objets manufacturés, jadis absents de ces listes, y apparaissent pour des quantités notables : shirtings, coutils, briques, ciments, sacs et autres articles d'une industrie naissante dont la presque totalité des produits est d'ailleurs réservée au marché intérieur. Par contre, on remarque peu de progrès pour les produits traditionnels du sol chinois, la soie et le thé, parce que le paysan s'obstine dans des procédés défectueux qui le mettent en état d'infériorité sur les marchés d'Europe et d'Amérique. Ainsi la production de la soie grège ne dépasse guère 8 000 tonnes, alors que le Japon, dont l'exportation, il y a cinquante ans, atteignait seulement 17 p. 100 des ventes chinoises, arrive aujourd'hui à exporter 23 000 tonnes. La soie de Canton est pourtant meilleure à plusieurs égards, mais elle est mal préparée, et la science séricicole, qui fait la fortune de son rival, est ignorée du Chinois. Pour le thé, la vente de 1925 n'a été que de 49 980 tonnes, alors que la moyenne de 1872-1881 était de 111 240 tonnes.

Les importations consistent encore en produits manufacturés, à part le riz et les poissons secs expédiés surtout par l'Indochine. Ce sont en majeure partie les fils et tissus de coton, pour lesquels le Japon a dépassé comme fournisseur les États-Unis; il n'est pas favorisé seulement par la proximité, mais aussi par le caractère de son industrie qui vise avant tout au bon marché, élément essentiel de succès auprès du peuple chinois. Les articles de qualité supérieure restent fournis par l'Europe et par l'Amérique; parmi eux, on voit augmenter chaque année le matériel d'électricité, les machines, les automobiles, le matériel d'impression et de lithographie : cette énumération ne montre pas seulement l'esprit de progrès, le désir d'imiter la civilisation occidentale, elle met aussi en évidence la création d'un outillage pour l'industrie indigène.

BIBLIOGRAPHIE

AGRICULTURE. — E. BOERSCHMANN, Baukunst und Landschaft in China (*Zeitschrift Ges. für Erdkunde zu Berlin*, 1912, p. 321-365); Beobachtungen über Wassernutzung in China (*Ibid.*, 1913, p. 516-537). — F. H. KING, *Farmers of forty centuries or permanent agriculture in China, Korea and Japan*, Madison, 1911. — C. B. MALONE, J. B. TAYLER, *The study of Chinese rural economy*, Pékin, 1924. — R. P. G. M. STENZ, Der Bauer in Shantung (*Anthropos...*, Salzbourg, I, 1906, p. 435-453, 839-857). — W. WAGNER, *Die chinesische Landwirtschaft*, Hambourg, 1926 (l'ouvrage le plus important sur cette question).

INDUSTRIE ET COMMERCE. — CH. CHENET, Le mouvement industriel et minier de la Chine (*Bull. économique de l'Indochine*, XXII, 1919, p. 402-456; XXIII, 1920, p. 573-624). — G. G. CHISHOLM, The resources and means of communication of China (*Geogr. Journal*, XII, 1898, p. 500-519, carte). — CHONG SU SEE, *The foreign trade of China*, New York, Columbia University, 1919. — E. J. DINGLE, *The new atlas and commercial gazetteer of China*, Changhaï, 1924. — Inland communications in China (*Journal of the China branch of the R. Asiatic society*, new ser., XXVIII, 1893-1894; liste des routes). — JULEAN ARNOLD, China, a commercial and industrial handbook (dans *U. S. Department of Commerce, Trade promotion series*, nº 38, 1926). — ED. DE LABOULAYE, *Les chemins de fer de Chine*, Paris, 1911 (pour leur développement ultérieur, voir *Bull. Comité Asie fr.*). — J. LEVAINVILLE, L'industrie sidérurgique en Chine (*Annales de Géogr.*, XXXIV, 1925, p. 67-69). — FR. OTTE, China. Wirtschaftspolitische Landeskunde (*Petermanns Mitteil. Ergh.* 194, 1927), — F. VON RICHTHOFEN, Chinas Binnenverkehr (*Mitteil. des F. von Richthofentages*, 1912, p. 1-18). — C. A. M. SMITH, *The British in China and Far Eastern Trade*, Londres, 1920. — WILFRED SMITH, *A geographical study of coal and iron in China*, Londres, 1926. — H. M. VINACKE, *Problems of industrial development in China*, Princeton, 1926. — E. I. WILLIAMS, The open ports of China (*Geogr. Review*, IX, 1920, p. 306-334).

CHAPITRE IX

LE PEUPLE ET L'ÉTAT CHINOIS

I. — LA POPULATION DE LA CHINE

Il n'y a pas d'État dont la démographie nous soit aussi peu connue que celle de la Chine. Déjà, sur le chiffre de la population totale, nous rencontrons les évaluations les plus divergentes. Les voyageurs se contredisent; cependant la plupart ont tendance à l'exagérer, car les habitations qui s'alignent souvent en interminables « villages de rues » leur ont dissimulé les vastes étendues vides qui s'intercalent entre les routes. Pour les recensements, quand on sait la part d'erreurs, volontaires ou non, qui subsistent dans ceux de l'Europe, on devine ce que peuvent être ceux de la Chine. W. W. Rockhill était arrivé, en élaborant les données du dénombrement par familles de 1910, qui paraît plus sûr, à un total de 330 millions pour l'ensemble de l'Empire, de 311 millions pour les dix-huit provinces de la Chine propre. Ces chiffres sont bien inférieurs aux 400 millions que l'on attribue d'ordinaire à la Chine, mais non pas, semble-t-il, à la réalité. Cependant celui de 421 millions pour les dix-huit provinces a été donné en 1922 par le *China Continuation Committee,* dont les missionnaires ont contrôlé les documents fournis par les fonctionnaires provinciaux; vers la même époque, l'Administration des postes chinoises arrivait à un résultat analogue (411 millions). Le Comité lui-même reconnaît que ses évaluations sont un peu élevées; nous pensons, avec le Père Dugout, qu'elles le sont beaucoup[1], et nous préférons nous en tenir à celles de Rockhill : la population n'a pas dû augmenter, loin de là, depuis la Révolution de 1911.

Certes on s'attendrait à un rapide accroissement, du moins en temps normal. Dans une grande partie de la Chine, le sol produit par an deux récoltes. Le culte des ancêtres, pour assurer sa perpétuité, encourage la précocité des mariages et leur fécondité. Dans les plus petits hameaux bourdonnent des nuées d'enfants. Seulement, beaucoup disparaissent en bas âge; un médecin assurait qu'à Pékin la mortalité des enfants dépasse de beaucoup 50 p. 100 des nais-

---

1. Quelques recensements faits par des organisations privées, selon les méthodes modernes, ont trouvé dans plusieurs grandes villes des chiffres inférieurs de plus de moitié à ceux des statistiques officielles récentes. Pékin n'a que, soit 811 000, soit 836 000 habitants (le prétendu recensement de 1920 lui donnait 3 014 000 hab.); Canton n'a que 675 000 habitants, alors que le Comité indique de 1 500 000 à 2 millions. Ses chiffres sont supérieurs à ceux de tous les recensements chinois antérieurs; or l'on ne peut admettre que la population se soit accrue depuis vingt ans, dans une période aussi troublée. Nous reconnaissons d'ailleurs que son enquête fournit de précieux renseignements démographiques.

sances. Celle des adultes est aussi très élevée, au moins dans le peuple : qu'on songe à la misère si fréquente dans les basses classes, au travail épuisant des coolies, au mépris de l'hygiène, à l'usage de l'opium, à l'effrayante mortalité des femmes en couches; qu'on se rappelle comment la difficulté des transports empêche de lutter contre les famines, accompagnées des épidémies qui se propagent dans la promiscuité et la saleté des agglomérations chinoises. Al. Hosie a calculé que, de 620 à 1643, il n'y eut pas moins de cinq cent quatre-vingt-trois années de sécheresses meurtrières, dans l'une ou l'autre des dix-huit provinces, particulièrement dans celles du Nord, qui sont à la limite de la mousson pluvieuse. Ainsi la mort décime ces fourmilières humaines, même en temps normal. Dans les chrétientés indigènes voisines de Changhaï, la moyenne de la vie ne dépasse pas vingt-sept ans et demi; le taux d'accroissement est bien inférieur à 1 p. 100 par an. Or il a chance de dépasser sensiblement celui des populations païennes, qui négligent et même suppriment souvent les fillettes, inutiles au culte des ancêtres; dans les grandes villes, il y a deux hommes pour une femme, et le nombre des hommes l'emporte de beaucoup même dans les campagnes : d'où réduction de la natalité. Ainsi, normalement, la population pourrait bien ne pas augmenter avec l'effarante rapidité que l'on croit. Et, d'autre part, elle est exposée à de fréquentes calamités : typhons, séismes (celui du Kan-sou, en 1921, aurait tué 300 000 personnes), sécheresses, inondations (en 1888, le Fleuve Jaune en engloutit 2 millions dans le seul Ho-nan), et surtout ces troubles qui abondent dans l'histoire chinoise. Les révoltes des musulmans, qui ont désolé vers 1860 le Kan-sou, le Chan-si, le Yun-nan, ont coûté plus de 2 millions d'existences; les ravages des Tai-ping, au moins 30 millions, et ils ont transformé en broussailles pour de longues années quelques-uns des districts les plus plantureux du Fleuve Bleu. On comprend que, d'après Rockhill, la population de la Chine n'ait pas dû augmenter au cours du xixe siècle. Or, depuis 1911, les troubles de la Révolution ont réveillé la piraterie, comme dans chaque période de misère; les soldats mal payés pillent les campagnes, souvent même les grandes villes; les paysans affamés viennent grossir leurs bandes; on répare les enceintes des villages, les vieux fortins, comme aux pires époques du moyen âge.

La Chine est donc dans la situation de l'Inde avant les Anglais : un pays où la mort pullule comme la vie, où celle-ci, précaire, gaspillée, n'a pas encore réalisé les conditions politiques et économiques qui lui assureraient un développement continu. Leclère remarquait qu'au Yun-nan « la population varie très rapidement selon la récolte, par le jeu d'une natalité et d'une mortalité très élevées ». On peut généraliser cette facilité extrême à fléchir et à se reconstituer.

En acceptant les chiffres de 311 millions d'habitants et de 4 044 800 kilomètres carrés pour la Chine propre, la densité serait de 76. Mais cette moyenne ne montre pas comment la population se concentre jusqu'à étouffer dans certaines régions et comment elle en laisse d'autres au désert (fig. 30). Il y a d'immenses espaces vides dès que le relief s'accidente, et, par contre, l'île de Tchong-ming, à l'embouchure du Fleuve Bleu (720 km²), n'a pas moins de 1 475 habitants au kilomètre carré, d'après les calculs très sûrs du Père Havret. Les cartes du *China Continuation Committee* montrent comme régions très denses : 1° le centre de la Grande Plaine vers le coude du Fleuve Jaune, avec des prolongements dans la cuvette de Si-ngan et le long de la voie ferrée Tsi-nan–Tsing-tao. Ici, comme dans

les deux régions suivantes, la densité atteindrait 400 habitants au kilomètre
carré. Mais le reste de la Grande Plaine a une densité modérée ou même faible :
à côté des alluvions lœssiques, qui forment le meilleur sol, il y a des sols alcalins,
des sables stériles, répandus par les divagations des fleuves. Vers le Houai,
de vastes districts marécageux furent longtemps le refuge des barbares et sépa-

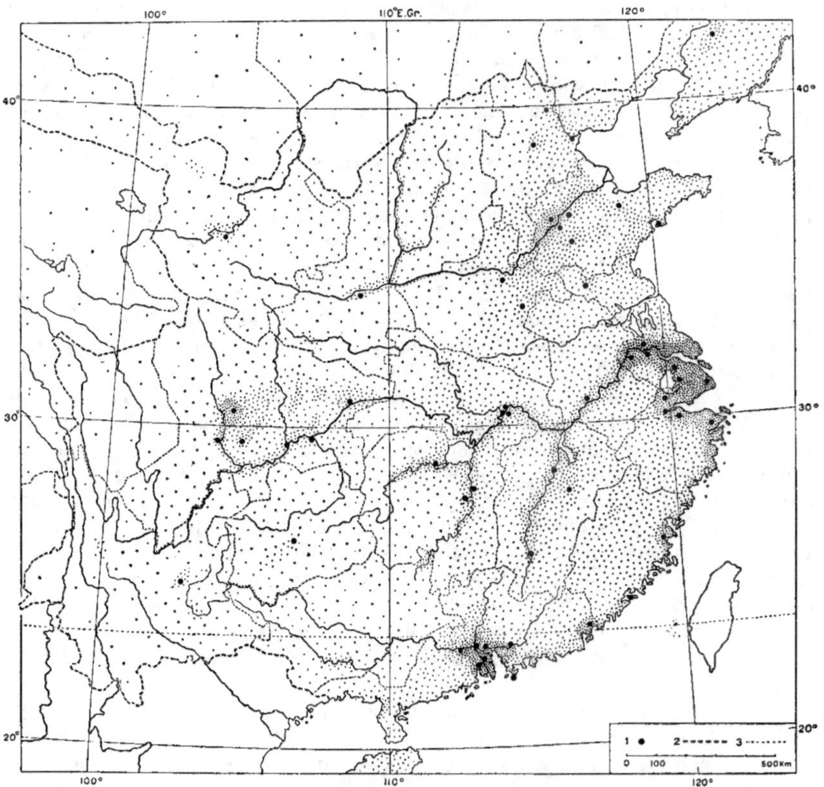

Fig. 30. — Densité de la population en Chine.

1, **Villes comptant plus de 100 000 habitants**; 2, Limite d'États; 3, Limite de provinces. — On s'est inspiré de la **carte**
de Roxby, mais les points ne correspondent pas à un nombre déterminé d'habitants. — Échelle, 1 : 20 000 000.

rent encore ce noyau du suivant. La région de forte densité est vraiment surpeuplée : la population est souvent dans la misère; dès l'annonce d'une mauvaise
récolte, la famine la force à émigrer. De là viennent les coolies de Pékin, les
colons et les travailleurs temporaires de la Mantchourie et de la Mongolie. —
2° Le delta du Fleuve Bleu en aval de Nankin, surtout à l'Est du Tai-hou. Ici,
la population, quoique aussi nombreuse, est mieux en équilibre avec les ressources du pays. La mousson est moins aléatoire, les occupations plus diverses,
car il y a plus de villes, et plus actives. Les usines attirent tout un prolétariat qui se
détache des règles anciennes, de même qu'à Han-keou. — 3° Le delta de Canton,

où s'observe cette concentration de la population vers les voies d'eau, qui est si caractéristique de la Chine centrale et méridionale. — 4º Le Bassin Rouge, qui contraste avec sa ceinture de montagnes par une population qui atteindrait 640 habitants au kilomètre carré dans la plaine irriguée de Tcheng-tou, sûrement 175 dans le reste de la cuvette. Cette région paraît « congestionnée »; elle est

Fig. 31. — Carte politique de la Chine.

1, Limite d'États; 2, Limite de la Chine propre; 3, Limite de provinces; 4, Capitales de provinces; 5, Voies ferrées; 6, Canaux; 7, Grande Muraille. — Les noms des ports ouverts sont soulignés. — Échelle, 1 : 20 000 000.

moins exposée aux famines que le Nord, mais elle n'est point soulagée par l'émigration. — 5º Les cuvettes des Hou et du Kiang-si, avec des bandes de forte densité le long du Han, du Siang et du Kan-kiang. — 6º Sur la côte du Yang au Si-kiang, une frange étroite, discontinue, bien délimitée par les collines souvent peu peuplées de la Chine méridionale. Il y a sursaturation, surtout dans le Fou-kien; de là et de Canton partent en foule les émigrants vers l'Indochine et l'Insulinde.

Il faut remarquer la faible densité des plateaux lœssiques[1]; le Chan-si n'a

1. Les chiffres qui suivent sont donnés par M. H. Brenier, d'après Rockhill; M. Grenard les juge trop élevés, et déclare que ces régions sont moins peuplées, moins prospères que la haute Asie Mineure.

que 45, le Chen-si que 33 habitants au kilomètre carré. Sans doute il faut se rappeler l'étendue qu'y occupent les montagnes et les ravages de l'insurrection musulmane. Mais les plateaux eux-mêmes sont peu habités et d'ordinaire misérables : la culture y dépend de puits, souvent profonds et cependant quelquefois taris; elle est exposée à des trombes de poussière dévastatrices; aussi la population se rassemble plutôt dans les vallées, où le lœss se prête à l'aménagement de terrasses irriguées, et surtout dans les cuvettes lœssiques; remarquons la faible influence qu'exercent les bassins houillers.

La Chine méridionale a un peuplement d'oasis, assez fort dans quelques vallées, insignifiant sur les hauteurs, et très peu élevé dans l'ensemble : Kouang-si, densité, 25; Yun-nan, 20. La faute en est évidemment au relief, mais aussi à des facteurs historiques. Le Sud du Ngan-houei est moins habité que le Nord, pourtant moins fécond, car la richesse accumulée dans les cités du Fleuve Bleu a valu au Sud d'être plus dévasté par les Tai-ping. Dans les régions de frontières, la piraterie est endémique. Le Yun-nan était sensiblement plus habité avant les massacres de la rébellion islamique. Et, si tout le Sud de la Chine est relativement vide, l'une des causes en est qu'il fut atteint beaucoup plus tard par l'expansion chinoise.

Quand on répète que la Chine est très peuplée, ou même surpeuplée, ce n'est donc vrai que de quelques plaines, sur une étendue assez vaste sans doute. Des paysans munis de la technique européenne trouveraient largement à s'établir en exploitant les hauteurs, ou même les dépressions par un meilleur aménagement des eaux fluviales. Les Chinois qui émigrent laissent derrière eux, parce qu'ils se refusent à modifier leur technique, une œuvre colossale et fructueuse de colonisation intérieure. D'autre part, des dizaines de millions d'hommes pourraient s'employer dans une industrie qui disposerait de tant de matières premières et de force motrice. Un nombre égal serait sauvé chaque année par le moindre souci de l'hygiène. La population de la Chine, si considérable soit-elle, peut augmenter sur place dans d'énormes proportions, mais à condition d'avoir la paix et le désir des réformes nécessaires; sinon, il n'est pas invraisemblable qu'elle reste stationnaire, ou même qu'elle décline par des hécatombes semblables à celles de la Soviétie.

II. — *HABITATION, NOURRITURE*

Les villes. — Le rapport de la population urbaine à la population totale est certainement faible : 6 p. 100 vivraient dans des villes de plus de 50 000 habitants, 6 p. 100 dans des villes de 10 000 à 50 000, 88 p. 100 dans les bourgades et les campagnes. Ces chiffres sont ceux du *China Continuation Committee*; encore a-t-il exagéré la population des grandes cités. Ce fut la tendance de nombreux voyageurs, qui jugeaient d'après le grouillement des passants dans les rues principales et d'après les vastes enceintes comme celle de Nankin. On n'avait pas observé que la plupart des maisons n'ont pas d'étages, et que ces remparts enferment souvent d'immenses espaces vides. La plupart des grandes villes se trouvent sur le Fleuve Bleu et sur la côte méridionale; le noyau de forte densité situé dans la plaine en compte relativement peu, car cette région, restée toute agricole, fait beaucoup moins de commerce.

La Chine est peut-être le seul pays civilisé où les groupements humains n'ont pas encore eu la liberté de s'adapter aux conditions du milieu local actuel, en recherchant les sites qui conviennent le mieux aux besoins économiques. Alors que la plupart des cités européennes sont depuis longtemps descendues de leurs acropoles et n'étouffent plus dans leurs remparts, celles de la Chine portent encore la marque de l'insécurité qui les éprouva à tant de reprises, dans des périodes de guerres civiles et de piraterie, comme celle qui s'est ouverte en 1910. Les cités où résident les administrations locales, généralement anciennes (Si-ngan, Ho-nan-fou, etc., remontent aux premières dynasties), ont conservé leurs enceintes de terre ou de briques, qui embrassent souvent de vastes terrains vagues, des quartiers en ruines, des jardins, même des champs nécessaires en cas de siège. Les villes sont souvent divisées en quartiers murés, munis de portes qu'on clôt tous les soirs, ainsi que celles de l'enceinte commune. Chaque rue s'isole de sa voisine par des barrières fermées la nuit; des veilleurs ambulants font leur ronde, comme dans les cités européennes du moyen âge. Parfois cette division en quartiers reflète les diversités ethniques, comme dans quelques parties des Balkans. Au Kan-sou, au Yun-nan, les Musulmans sont souvent relégués dans des quartiers séparés. Partout la ville chinoise est distincte de la ville mantchoue où les garnisonnaires tartares traînaient leur oisiveté.

Ces clôtures entravent la circulation et gênent le commerce. Aussi celui-ci déserte-t-il les cités où s'érige le *yamen* des mandarins, d'autant plus que le voisinage de ces derniers est souvent onéreux. Dans certains cas, il se réfugie dans de simples marchés. Ainsi, à l'Est du Sseu-tchouan, la préfecture est Kouei-tcheou, mais la ville la plus prospère est Wan, port très fréquenté sur le Fleuve Bleu, à l'origine de la grande route vers Tcheng-tou. Richthofen prétendait même que les centres de négoce les plus actifs ne sont pas les grandes villes, confinées dans leur rôle administratif et industriel. D'ordinaire, cependant, elles le combinent avec leur fonction commerciale, mais sans les confondre. La ville officielle a souvent des faubourgs commerçants qui forment une agglomération distincte, protégée par son enceinte propre, aussi animée que la première paraît morte.

Dans la position, dans la forme des villes se marque ainsi le souci de défense. L'empreinte de la religion n'est pas moins nette. Les Chinois recherchent le site qui conciliera à la cité les faveurs des génies du ciel et de la terre, selon les règles compliquées du *fong-chouei*. Ainsi Wan est à leurs yeux parfaitement située, parce qu'une saillie rocheuse dans le lit du fleuve ressemble au dragon tutélaire, qu'à son abri les jonques peuvent s'ancrer, et aussi parce qu'en aval une gorge parée de pagodes empêche le Yang-tseu de « porter trop vite vers la mer la prospérité de la ville ». On devine que le *fong-chouei* n'ignore pas les avantages géographiques.... Mais la religion a fixé depuis longtemps la forme idéale dont toute cité, comme toute maison doivent se rapprocher, et se rapprochent souvent en fait. L'une comme l'autre doivent être, à l'imitation des anciens temples, des carrés ou des rectangles, percés de quatre portes vers les points cardinaux. Ces prescriptions ont été fidèlement suivies dans une foule de villes, des plus petites jusqu'aux énormes agglomérations de Pékin et de Tcheng-tou. Fréquemment, les rues se croisent à angle droit; dans le Sud, beaucoup n'ont que deux à trois mètres de largeur; dans le Nord, elles sont plus larges, car on n'y redoute pas la chaleur, et, d'autre part, les rues doivent admettre la circulation des voitures, ignorées au delà du Yang-tseu. Presque partout elles sont en terre battue, trouées d'ornières, souvent spécialisées chacune dans un corps de métier, et généralement immondes. Aucun édifice ne se distingue des voisins par sa hauteur. Les maisons riches sont dans des ruelles écartées, et rien n'annonce du dehors leur opulence; les façades n'ont d'autre ouverture que les portes : de là, en partie, l'extrême monotonie des rues. Jamais un caractère monumental, même dans les palais des mandarins; ce ne sont que des cours nombreuses, entourées de constructions basses. Rien de fait pour durer : la tradition n'apparaît pas dans la solidité des constructions, mais dans la persistance du type antique.

Les villes bâties sur les grands fleuves de la Chine méridionale comprennent souvent une « population flottante », dans toute la force de ce terme. Près de leurs remparts s'amarrent des flottilles où les bateliers naissent, vivent et meurent, entassés dans l'étroite cabane ménagée à l'arrière des jonques. Souvent les cités murées ont un faubourg temporaire sur les rives, couvertes, dans l'intervalle des crues, de cabanes où grouille une population qui vit du trafic fluvial. Même les agglomérations rurales peuvent ainsi se dédoubler près des fleuves sujets à de fortes inondations; presque toutes les localités s'écartent du Han inférieur, et l'on ne devine les plus importantes que par les villages d'hiver, en argile et en roseaux; de même sur les bords du lac Po-yang. Quelquefois, si elles sont bien situées, les bourgades temporaires peuvent s'accroître et donner naissance à des villes permanentes et prospères. Telle serait l'origine de Cha-che, le « marché sur le sable » du Hou-pei.

LES GROUPEMENTS RURAUX. L'HABITATION. — Les villages agglomérés prédominent dans la plupart des dix-huit provinces. Ils sont entourés d'arbres formant un rideau, souvent assez mince, de saules et de grêles peupliers dans le Nord, de vergers, de bambous dans le Sud (pl. XVII, A, et XXXIII, E). Ces villages apparaissent comme des îles de verdure dans les campagnes septentrionales, si dénudées, évoquant de façon inattendue un aspect caractéristique de la Picardie. Comme ceux des plateaux limoneux du Nord de la France, les bourgs du Kan-sou ont dû creuser des puits, souvent profonds de plus de 30 mètres. Ici la concentration des habitations est sûrement en rapport avec la rareté des points d'eau sur le lœss, mais aussi, sans doute, avec la nécessité de se protéger contre les nomades. Dans la plaine du Tche-li, les eaux surabondent au contraire, mais le danger des inondations impose encore la concentration : les innombrables et riches villages, dont on peut toujours apercevoir quinze à vingt sur l'horizon aux environs de Tien-tsin, se ramassent sur des éminences artificielles ou s'étirent le long des digues. Le « village en rue » semble fréquent dans les régions alluviales, les pays de rizières, où il suit volontiers les levées qui bordent les canaux. Mais c'est à condition que la sécurité soit assurée. Sinon, et c'est malheureusement fréquent, les paysans restent assemblés dans des bourgs, souvent entourés de fossés et de remparts de terre, bâtis sur les terres qui les protègent à la fois contre les brigands et contre les crues. Dans d'autres cas, la concentration traduit la force du groupement familial. Dans le Hou-nan, où le pouvoir paternel s'est conservé intact, on voit de nombreux clans de trente à cinquante personnes abritées par un groupe de maisons très rapprochées, ou même par une seule maison, comme en Indonésie. Et partout le village aggloméré convient à cet esprit grégaire des Chinois qui aiment à vivre entassés, qui pratiquent encore l'entr'aide pour les travaux de la terre.

Cependant on trouve de curieuses variantes, où il nous est difficile de distinguer dans quelle mesure les habitudes locales sont déterminées par une véritable nécessité géographique. Pourquoi, dès l'entrée au Hou-pei, ne voit-on plus, comme dans le Ho-nan, des bourgs importants, mais de simples hameaux, composés en moyenne d'une douzaine de huttes en boue? La raison en serait-elle dans une différence de richesse ou de sécurité? Et pourquoi les fermes isolées prédominent-elles dans le Bassin Rouge? Ici le propriétaire préfère vivre au milieu de son exploitation, et, dans les régions purement rurales, les villages sont remplacés par des hameaux minuscules, entourés de cyprès et d'orangers. Pour subvenir à leurs besoins, se sont créés des organismes particuliers, des bourgs exclusivement peuplés de commerçants; on voit, en pleine campagne, des rues de boutiques, de maisons de thé, toutes fermées et abandonnées hors des jours de marché. C'est là que les cultivateurs affluent tous les cinq ou sept jours et que se forme l'opinion publique parmi cette poussière humaine. Cette dissémination est d'autant plus singulière que les ravages des Tai-ping forcèrent les habitants à se retirer sur les sommets tabulaires des collines, où se dressent encore de nombreux fortins pittoresques. Mais ces lieux de refuge ne sont pas devenus des villages permanents, à la différence de bien d'autres pays, peut-être parce que celui-ci était particulièrement plantureux dès qu'il recouvrait la sécurité, peut-être simplement par suite de traditions locales.

Quelques-uns des types de construction les plus curieux, vraisemblablement très anciens, s'observent sur les plateaux lœssiques (fig. 32). On connaît ces habitations souterraines, souvent superposées, pénétrant parfois à 30-60 mètres de la façade. Les Chinois les creusent de préférence au bord des vallées profondes, ou sur les parois des entonnoirs où commencent les ravins; ils y ménagent des terrasses, et ainsi les villages montent comme sur les degrés d'un amphithéâtre. Il y a des régions du Kan-sou, du Chen-si septentrional, etc., où tous les ruraux vivent sous terre; pourtant, en général, ils préfèrent construire à la surface dans les régions qui possèdent des bois; les cavernes habitées apparaissent parfois comme liées au début du peuplement ou du repeuplement (p. 67, 75; pl. XIV, A).

Il y aurait à rechercher si ce type, en se transformant, a pu conduire au type de la maison subaérienne. Des termes de transition paraissent exister. Au Chen-si, là où la coupure du Fleuve Jaune leur livre d'excellents maté-

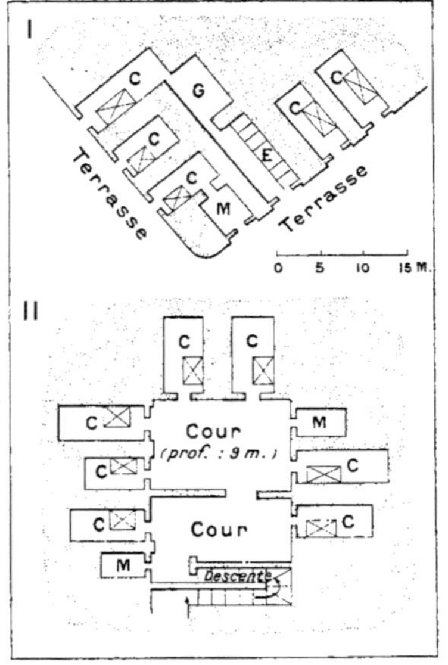

Fig. 32. — Habitations souterraines dans le lœss au Chen-si, d'après Myron L. Fuller.

I. Dans un ravin. — II. Sur le plateau, dans une excavation artificielle. — C, Chambre avec *kang* (plateforme sur laquelle on dort); M, Magasin; G, Grange; E, Étable. — Hauteur des pièces, 4 m. 50.

riaux, les habitants reproduisent avec des pierres le plan de la cave lœssique. Au Chan-si, on voit des édifices bâtis chacun sur un palier, utilisant comme verandah le toit de la maison située plus bas, selon un style qui fait songer à l'Italie et qui paraît dérivé des demeures souterraines en amphithéâtre. Il y a aussi, sur ces plateaux, des dépressions rectangulaires aux parois raides, dont un côté est occupé par l'escalier, et les trois autres, par des logements souterrains prenant jour sur l'excavation centrale qui sert de cour. On peut se demander s'il n'y a pas quelque rapport entre cette disposition et le plan des maisons à ciel ouvert, ce « type en cour » qui paraît général dans toutes les provinces de la Terre Jaune.

Au Sud-Ouest du Kan-sou comme au Chan-si et au Chan-tong, très souvent les bâtiments de la ferme s'ouvrent vers une cour carrée, dont ils forment trois côtés; le quatrième consiste en un mur, avec une porte cochère sur laquelle se trouve parfois un échafaudage pour remiser la paille. Comme matériaux, l'argile, seule ou mêlée à de la paille hachée, ou, dans les habitations plus cossues, les briques et les tuiles. Le bois est rare, et l'on perce peu d'ouvertures dans les parois pour ne pas compromettre leur solidité; surtout vers la rue, on ne pratique guère de fenêtres. Et ainsi la ferme du lœss chinois ressemble étrangement à la ferme du limon picard par son aspect, sa disposition, ses murs de torchis, son groupement en villages compacts entourés d'arbres [1]. Elle offre la même adaptation au milieu naturel et aux besoins de la culture, puisque ici encore nous sommes dans un pays de céréales. Les différences semblent être dans l'absence fréquente de granges, les gerbes étant battues et conservées au milieu de la cour, et dans la séparation plus nette, au moins pour les paysans aisés, entre les bâtiments d'exploitation et les logements; ceux-ci, au Tche-li comme au Kan-sou, donnent souvent sur une cour plus petite, éloignée des fumiers. A mesure que la famille augmente, on ajoute quelques chambres basses sur les côtés ou sur une nouvelle cour, ce qui finit par produire un labyrinthe de constructions basses.

Le type imaginé sur la Terre Jaune s'est naturellement modifié lorsque le peuple chinois s'est répandu dans des pays tout différents. Cependant certains traits semblent s'être conservés grâce au traditionalisme chinois.

Sur les bords du Yang-tseu et dans le Sud, on retrouve fréquemment la cour intérieure, carrée, parfois abritée, parfois découverte, toujours bordée de bâtiments bas. Au Bassin Rouge par exemple, les constructions sont rangées sur trois faces; au-devant, c'est un mur percé d'une porte que recouvre une triple toiture; de même souvent dans le Tcho-kiang. Quelquefois cette disposition a été rendue nécessaire par l'insécurité (Sud-Ouest du Ngan-houei); les bâtiments qui entourent la cour n'offrent qu'une porte unique vers le dehors et de rares meurtrières en guise de fenêtre. Mais ce souci de se mettre à l'abri des regards indiscrets, derrière un mur d'enceinte, semble bien général en Chine, et dérive plutôt d'antiques conceptions familiales.

Peut-être est-ce aussi par une survivance de l'époque où les fils de Han vivaient dans les steppes du lœss qu'il faut expliquer leur curieuse préférence pour l'emploi, dans les constructions, de l'argile crue ou en briques, même dans les pays où ils rencontrent des matériaux plus solides. Il est vrai que c'est le

---

1. Ce type a été introduit en Mantchourie par les colons chinois (fig. 15, p. 87).

Phot. H. B. Davies.

A. — PAYSAN DU TCHE-LI.
Costume d'été.

Phot. H. B. Davies.

B. — PAYSAN DU KIANG-SOU.
Costume d'hiver.

Phot. H. B. Davies

C. — PAYSANS DU CHAN-TONG.
Maisons d'argile et de chaume.

Phot. H. B. Davies.

D. — PAYSANS DU KIANG-SOU.
Groupe de femmes et d'enfants.

Phot. Lua fong.

E. — UN VILLAGE DANS LE DELTA DE CANTON.
Rizières préparées pour le repiquage. Maisons assez ornées, entourées d'arbres.

Phot. Tupoxi.

A. — PÉKIN. UN PAVILLON IMPÉRIAL AU PALAIS D'ÉTÉ.

Phot. Commandant J. Lartigue.

B. — TCHENG-TOU. BATIMENT ARRIÈRE DU TEMPLE DU BÉLIER.

Phot. Hartung.

C. — PÉKIN. LE PALAIS IMPÉRIAL.

moins cher de tous; mais dans les régions humides il est facilement détrempé, et les murs fondent vite sous les pluies de la mousson. Plus solides, plus élevées, plus gaies apparaissent les maisons rurales dans le Bassin Rouge, le Kiang-si et en général dans les provinces qui ont conservé quelques restes de leurs forêts. Des pièces de bois constituent parfois la carcasse, dont les interstices sont garnis de briques en bas et de pisé en haut, sous la couverture de chaume ou de tuiles. Les poutres peintes en brun se détachent sur les murs passés à la chaux, comme dans les fermes normandes; ce qui donne un aspect chinois, c'est seulement la courbure du faîte, retroussé aux deux extrémités, et souvent des angles de la toiture avec leurs volutes. Sauf çà et là dans le Sud, la pierre n'est pour ainsi dire pas utilisée, même dans des régions où elle abonde, comme aux environs de Han-tchong, de Tcheng-tou, au Yun-nan. Il semble que ce soit une habitude prise dans les pays du lœss, où le roc affleure si rarement. Dans les Alpes du Sseu-tchouan, on a remarqué souvent que les Chinois ne tirent nul parti de très belles pierres de taille; nouveaux venus dans ces vallées, ils continuent, comme dans leurs plaines originelles, à construire en roseaux, en chaume, tout au plus en bois pour les plus aisés. Dans les villages voisins de Ta-tsien-lou, les Chinois conservent leurs baraques en bois au toit recourbé, alors que les Tibétains possèdent des maisons carrées plus solides, en pierres, surmontées de terrasses, mieux en harmonie avec le climat. Cependant, sur le Min supérieur, Mrs. Bishop constate que, lorsque le Chinois bâtit, c'est à la manière du pays, la seule appropriée, par l'épaisseur des murs, à la violence terrible du vent. Ici les colons occupent souvent les villages des Man-tseu, après le départ de ceux-ci, et probablement ils ont imité ce type qui convient au climat comme à l'insécurité de ces montagnes : ce sont des bourgs haut perchés sur des pitons ou accrochés jusqu'à 2 700 mètres aux flancs des rochers, des maisons en pierres, de trois à cinq et même sept étages, percées de fenêtres seulement à 5 ou 6 mètres du sol, et terminées par un toit plat qui sert d'aire, de lieu de réunion. Dans tout le Kien-tchang, en dehors des cités, les immigrants chinois sont obligés de s'enfermer dans des maisons-blockhaus en terre battue, s'élevant en tronc de pyramide à 6-12 mètres; on n'y accède que par des échelles, comme dans les *koula* de l'Albanie, qu'elles rappellent. Ainsi le souci de la défense a parfois obligé le Chinois à abandonner son type traditionnel. Mais c'est à la dernière extrémité, semble-t-il. Il y aurait à étudier comment les nécessités locales triomphent çà et là de ses habitudes, et si ce ne sont pas souvent les indigènes qui l'ont initié au travail du bois et de la pierre.

L'aménagement intérieur des maisons rurales a été l'objet de jugements très divergents selon la prospérité des régions. Dans des provinces stériles, ou surpeuplées comme le Nord du Ngan-houei, « le mobilier est réduit à des proportions telles qu'on se croirait chez les plus misérables peuplades d'Afrique ». Au Tche-li, au Chan-tong, par contre, de bons observateurs y remarquent un air d'aisance, un sentiment d'art qui pénètre toute la vie courante. Mais en général il ne faut rechercher en Chine ni le confort, ni la propreté la plus élémentaire. Les portes qui donnent accès aux appartements, souvent séparés, des hommes et des femmes laissent passer le vent et le froid; de même, les fenêtres, béantes ou closes seulement par du papier. La moitié de la pièce principale est prise par une banquette haute de deux coudées, le *kang*, qui sert de lit, de table pour manger et pour travailler. On y accumule couvertures, coussins, et on le chauffe par des tuyaux intérieurs qui répandent une épaisse fumée dans une atmosphère souvent infecte.

Le vêtement. La nourriture. — Partout l'hiver est assez rigoureux pour imposer alors des vêtements chauds, que les moussons estivales et leur atmosphère de serre rendraient intolérables. A ce contraste thermique les Chinois ont trouvé une adaptation originale. Ils portent en toute saison le même genre d'étoffe, mais en épaisseurs variables. Leur costume se compose de pièces amples, ne s'ajustant pas au corps; ils en ajoutent ou en enlèvent selon la température, et ces épaisseurs superposées qui emprisonnent l'air leur permettent, même quand soufflent les vents glacés de la Sibérie, de porter seulement des soieries ou des cotonnades. Par là le coton peut être le principal textile d'une région déjà froide. Peu de lainages, de fourrures : ainsi le Chinois utilise beaucoup plus sa flore que sa faune.

De même, pour sa nourriture, restée essentiellement végétarienne. Sans doute, il est gourmand de lard et de graisse de porc, de volaille, particulièrement de canards, qui pullulent en troupes de plusieurs milliers. Mais la viande coûte très cher, et c'est un luxe que le paysan se permet seulement au Nouvel An. Il ne demande aux bovidés ni leur chair ni leur lait pour lequel il a une singulière répugnance. Près des rivières et des étangs, il consomme beaucoup de poissons, qu'il pêche avec des engins ingénieux ou à l'aide de cormorans dressés. Pourtant ce n'est pas un ichthyophage au même degré que le Japonais; l'azote nécessaire à son régime lui est fourni en très grande partie par maintes variétés de pois, haricots, etc. Son jardin, qu'il soigne avec prédilection, lui procure une multitude de légumes. Surtout les céréales forment le fond de son alimentation. Le riz est le mets essentiel sur les tables aisées. Mais la masse doit y ajouter, ou y substituer, des céréales moins à son goût. Dans le Nord, pendant la majeure partie de l'année, elle vit de millet, d'avoine; plus au Sud, de maïs. Le blé est beaucoup moins apprécié que le riz; pourtant la nécessité a développé récemment sa consommation, et la Chine est devenue un gros client pour les minoteries de l'Ouest des États-Unis. Comme boisson, les riches seuls connaissent le vin, si l'alcool de riz et de millet est assez répandu. Le thé est considéré comme le breuvage national, et cependant le peuple doit souvent le remplacer par des infusions moins coûteuses. En somme, le Chinois, malgré son ingéniosité, est loin d'avoir tiré parti de toutes les ressources naturelles. A cause de cela, de la surpopulation et des difficultés de transports, la masse n'a pas régulièrement une alimentation suffisante. Il serait intéressant, pour un médecin, de rechercher l'influence de ce régime et de l'usage de l'opium, si difficile à abolir, sur le tempérament du coolie chinois, capable d'une activité prolongée, mais si pauvre en force nerveuse, merveilleux comme porteur, ouvrier d'usine, parce que lui-même est une mécanique.

Tel est le genre de vie chinois. On l'a dit d'une extrême uniformité quels que soient la classe sociale et le milieu géographique. Il a souvent donné l'impression de s'être constitué très anciennement, d'avoir peu évolué, de s'être maintenu avec une extrême ténacité, malgré la diversité des régions où il se propageait. Peut-être ce jugement devrait-il être nuancé, comme nous l'ont montré l'histoire des plantes cultivées, l'étude de l'habitation dans certaines provinces. Et la Chine, nous allons le voir, n'a pas toujours été une nation immobile, figée dans sa routine.

III. — L'ÉTAT CHINOIS : GÉOGRAPHIE POLITIQUE

Nous ne savons aujourd'hui presque rien des origines chinoises. Les textes sont imprécis ou tendancieux; les recherches archéologiques sont à leur début. Le Paléolithique semblait manquer; or il vient d'être découvert par le Père Licent dans l'Ordos. Les fouilles d'Andersson dans le Ho-nan et le Tche-li ont révélé pour le Néolithique une industrie agricole très perfectionnée, avec des squelettes mongoloïdes. D'autres indices semblent confirmer que les Chinois occupent cette région depuis très longtemps; mais ils ne l'occupèrent pas seuls. Sous la couche mongoloïde dominante, il y aurait des éléments blancs analogues à ceux de l'Europe préhistorique, et, suivant le Dr Legendre, des éléments négroïdes.

A maintes reprises on a cherché, d'après des coïncidences de vocabulaire, d'astronomie, etc., le berceau des Chinois dans les pays des plus anciennes civilisations, la Chaldée et l'Égypte. On ne peut songer à la moindre similitude de race. Mais il reste probable que la Chine archaïque fut en rapports avec des pays situés bien loin vers l'Ouest. Les poteries du Ho-nan ressemblent à des céramiques du Turkestan russe et, par cet intermédiaire, de l'Ukraine, de la Méditerranée, de la Chaldée. La zone des steppes qui prend l'Asie en écharpe a été suivie au Quaternaire par des migrations animales; elle se prêtait aussi, par ses espaces découverts, aux migrations humaines, et ainsi s'expliquerait l'unité que l'on croit remarquer, dans le Néolithique, du Fleuve Jaune à l'Asie antérieure. Il se peut que, au moins en partie, les Chinois aient appartenu à ce monde des steppes et des oasis asiatiques, qui fut en relations très anciennes avec l'Europe orientale. Il y a sans doute beaucoup de vrai dans la tradition qui fait suivre aux migrations chinoises vers l'Est la ligne des oasis turcomanes sur le rebord septentrional du plateau tibétain jusqu'à la vallée du Wei, affluent du Fleuve Jaune[1]. Ici, semble-t-il, leur civilisation put s'épanouir. En effet, dans les oasis de l'Ouest, elle avait dû se resserrer sur les minces bandes de sols irrigables. Mais, arrivée sur la Terre Jaune, elle trouva à s'étendre largement; elle se fonda sur une base plus ample, moins fragile à mesure que la charrue défrichait les plaines fertiles capables de nourrir un grand peuple. Elle s'affermit lentement pendant des siècles, en conservant pour centres des terrasses et des vallées lœssiques, généralement fécondes malgré quelques marécages : celles du Wei, du Fen-ho, dans ce Sud-Ouest du Chan-si qui semble avoir été occupé bien avant le bas Fleuve Jaune et resta longtemps le siège d'un État puissant; celle, ensuite, du Lo-ho qui formait, moyennant un court portage, la meilleure voie vers le Fleuve Bleu. Ce fut le cœur de la vieille Chine que ces régions avoisinant le coude du Fleuve Jaune, aujourd'hui dépeuplées et frustes par suite d'un curieux déplacement d'influences (fig. 31).

Plus à l'Est, la conquête ne progressa que très lentement. Le pays était

---

1. Voir, en sens contraire, G. MASPERO, Les origines de la civilisation chinoise (*Annales de Géogr.*, XXXV, 1926, p. 135-154). Pour lui, la civilisation chinoise s'est cristallisée dans la Grande Plaine, d'où serait issue l'expansion vers l'Ouest comme vers le Sud. Il admet d'ailleurs, comme ses devanciers, que les Chinois ont recherché dès le début les sols de lœss; mais il s'agirait des terres basses, voisines des fleuves. On est un peu surpris de voir ainsi les régions humides occupées avant les régions plus sèches qui se prêtent mieux aux débuts de la culture. D'autre part, les abords du bas Houang-ho offraient des conditions de vie très précaires, à cause de l'irrégularité des pluies, des caprices des rivières; dès qu'on cessait d'y entretenir les canaux et les digues, ces pays retombaient toujours dans la barbarie. En somme, la zone la plus favorable est bien celle des terrasses, vers le coude du Fleuve Jaune, où serait née la civilisation chinoise selon la tradition suivie par la grande majorité des sinologues.

occupé par des populations aujourd'hui refoulées en Indochine, Chan, Birmans, etc. La charrue et le char de guerre des immigrants durent s'arrêter aux limites des cantons accidentés ou marécageux qui formèrent longtemps des enclaves non assimilées. Même la colonisation de la Grande Plaine, avec ses puissants fleuves vagabonds et ses immenses étangs, posait de tout autres problèmes que celle des terrasses lœssiques, et l'un des faits les plus curieux de l'histoire chinoise, c'est cette adaptation à un milieu si différent. Elle se fit sans doute à l'imitation des indigènes, quand les Chinois des pays secs, cultivateurs de millet et de légumineuses, entrèrent en rapports avec les gens des alluvions submersibles, les peuples du riz et peut-être du mûrier. Dans la formation de la civilisation chinoise, le rôle de ces peuples a été trop négligé au profit des émigrants de l'Asie centrale : il y eut là, de très bonne heure, des États maritimes, comme le Tsi (Chan-tong), par lesquels s'exercèrent des influences méridionales bien avant la conquête du Midi chinois.

Vers le milieu du premier millénaire avant J.-C., au moment où sont attestés les premiers rapports entre les riverains des fleuves Jaune et Bleu, les terres chinoises étaient divisées en une multitude de principautés minuscules, isolées au milieu des « barbares » qui étaient parfois de même race, mais qui n'avaient pas voulu accepter l'organisation urbaine très développée à cette époque. Les luttes de ces principautés finirent par l'absorption des plus faibles. Les plus fortes, ce furent les pays de Tsin et de Tchou, l'un et l'autre des marches, excentriques par rapport à la Chine du Ho-nan, aguerris par leurs combats contre les étrangers. Le premier, né dans le Chen-si au contact des nomades, annexa peu à peu toutes les cités du Fleuve Jaune et le Sseu-tchouan; son nom, seul connu des Occidentaux, est devenu celui de la Chine. Le second, parti du Hou-pei, abattit les principautés maritimes de l'aval. Alors ils se trouvèrent face à face. La ténacité toute romaine de Tsin repoussa son rival vers la côte et l'absorba; puis ce fut le tour du Chan-tong encerclé. Bientôt la dynastie des Han, les vrais fondateurs de l'unité impériale, entreprit la conquête du Sud, dont les régions maritimes n'avaient jamais été soumises complètement par Tchou, trop éloigné. En 108 avant J.-C., tout le Sud était réduit à merci, sauf le Yun-nan qui forma un État indépendant jusqu'en 1680. A cette exception près, l'unité chinoise était donc achevée un siècle avant notre ère.

Cette conquête du Midi ouvrait un nouveau champ à l'expansion du peuple chinois. Elle lui proposait cette œuvre de colonisation intérieure qui n'est pas encore achevée, puisqu'elle a laissé subsister des tribus non assimilées, Miao, Si-fan, etc., et qu'elle s'étend encore dans les confins de l'Asie centrale. Dans les régions frontières, nous voyons des colonies militaires analogues à celles qui, dès le IIe siècle avant J.-C., ont été créées dans le Nord du Chan-si et au Kan-sou. Les soldats défrichent, règlent le cours des eaux, tirent leur subsistance de la terre qu'ils sont chargés de défendre. Ils épousent des femmes indigènes; leurs enfants adoptent la religion, les coutumes chinoises, et il est possible que, dans le Sud, une grande partie de la population provienne de métissages analogues. Si de nombreuses tribus indigènes sont encore peu soumises, beaucoup d'autres cèdent à l'attrait d'une civilisation supérieure. Parfois les deux populations coexistent côte à côte; les immigrants laissent aux autochtones toutes les régions montagneuses ou d'accès difficile, ne recherchant que les rizières. Là où ils sont moins nombreux, les mandarins maintiennent leur autorité par la possession des grandes routes, surveillées par des fortins, et par celle des marchés où se ravitaillent les « barbares ». Les Tibétains résistent mieux à cette emprise, parce qu'ils sont mieux encadrés par leurs lamas, et surtout parce que la rigueur de leur climat ne permet guère aux fils de Han d'affluer en grand nombre à leurs confins. Dans le Sud et l'Ouest du Yun-nan, c'est, au contraire, la chaleur humide qui empêche ceux-ci de disputer aux Chan la plupart des vallées inférieures à 1 200 mètres. A l'extrême limite de leur expansion, ils viennent comme colporteurs, commerçants, avant de prendre de la terre à cultiver. Ainsi ils poursuivent méthodiquement leur travail de colonisation intérieure, aussi puissant que leur émigration au delà de leur territoire [1].

Ce travail est d'autant plus remarquable qu'à bien des reprises il fut gêné ou interrompu par de longues périodes d'insécurité. Bien des dynasties se sont succédé, débutant chacune par de vrais chefs, dont la postérité amollie suscitait par ses fautes la révolte ou les invasions. Celles-ci furent nombreuses, car la prospérité du sédentaire chinois tentait les nomades qui erraient dans les steppes mantchoues ou mongoles. Plusieurs fois, malgré la Grande Muraille, ils pénétrèrent par les trouées historiques de Jehol (Tche-li), de Tai-tong (Chan-si Nord), ou par la gorge du Fleuve Jaune, que garde la forteresse de Tong-kouan. Il fallait alors quitter cette région du moyen Fleuve Jaune où si longtemps a battu le cœur de la Chine, près des vieilles capitales de Si-ngan, de Ho-nan, de Kai-fong illustrées par les poètes et les peintres. Au XIIe siècle, le gouvernement se reporta à Hang-tcheou, qui devint aussi l'une des terres saintes de l'art chinois; d'autres fois, ce fut à Nankin, à l'abri derrière le Yang-tseu qui est une ligne stratégique de première importance, avec son cortège de lacs, avec les vastes lagunes de son embouchure où vinrent souvent s'embourber les cavaleries ennemies. La Chine du Sud conservait d'ordinaire son indépendance, alors que celle du Nord subissait le joug des nomades. Terre de colonisation récente, le Midi tendait à devenir le refuge des traditions. C'est du moins l'opposition que Marco Polo décrit entre le Manzi (Sud) et le Cathay (Nord), celui-ci devenu la Chine militaire, celui-là resté commerçant et lettré. A deux reprises seulement, les conquérants étrangers purent réaliser à leur profit l'unité de la Chine : en 1257, lorsque Gengis-khan tourna les défenses du bas Fleuve Bleu par une longue randonnée à travers le Sseu-tchouan et le Hou-nan; en 1651, quand les Mantchous triomphèrent de la dernière dynastie nationale, les Ming, pour établir celle qui gouverna jusqu'à la Révolution républicaine de 1911.

Maintes fois vaincue, la Chine eut toujours ce bonheur de séduire et de transformer ses vainqueurs les plus farouches, sitôt sortis de leurs steppes. Ainsi une peuplade de race mantchoue ou toungouse, les Toba, qui s'installa au IVe siècle après J.-C. dans le Nord, s'assimila rapidement la civilisation de ses sujets et la défendit contre l'arrière-ban des Barbares, à la façon des Francs en Occident; peu à peu la ressemblance devint complète entre les Toba de Ho-nan et les Chinois de Nankin. Au Xe siècle, les Turcs Khitaï, qui ont donné leur nom au Cathay, acceptèrent intégralement la culture des sédentaires. Au XIIIe, les Grands Khans mongols pacifièrent le pays, firent réparer les routes et achever le canal Impérial. Au XVIIe siècle, dès la chute des Ming, les Mantchous confirmèrent les mandarins dans leurs charges et remirent les belles-lettres en hon-

---

1. Sur l'émigration chinoise, voir la Conclusion, à la fin du deuxième volume.

neur. Ainsi la civilisation chinoise s'est conservée malgré tant d'orages, depuis plus de quatre mille ans, tandis que toutes les civilisations antiques se sont effondrées, de la Chaldée à l'Hellade. Elle le doit sans doute en partie à ce qu'elle avait une base beaucoup plus large dans l'étendue du territoire agricole et dans le nombre, la ténacité d'une robuste population rurale.

Les dynasties étrangères ne se montraient pas moins jalouses que les dynasties indigènes, dès leur avènement, non seulement de restaurer dans son intégrité la Chine proprement dite, mais encore d'assurer sa domination en Extrême-Orient. La majeure partie de l'Asie centrale semble, par son aridité, dévolue aux pasteurs. Mais, au moins sur leur bordure, ces steppes tentent le paysan chinois; elles sont traversées par d'antiques routes de commerce, et surtout leur possession seule pouvait mater l'éternelle convoitise des nomades. Aussi, dès le IIe siècle avant J.-C., les troupes des Han traversèrent le Gobi, soumirent le Turkestan oriental, rendirent tributaires le Sud de la Mantchourie et la Corée. Dès cette époque la conquête chinoise avait son caractère essentiel, cette liaison avec la colonisation par la charrue, qui fit la solidité de son expansion. Bien des fois depuis, la Chine a perdu ces possessions lointaines, qui lui échappaient dès que faiblissait le pouvoir central. Bien des fois aussi elle a su les reconquérir, soit par ses propres forces, par ses légions d' « hommes des frontières », frustes, mais endurcis aux combats, soit par les cohortes qu'elle levait parmi les nomades. Son gouvernement a toujours allié à la force les ruses d'une politique informée et cauteleuse; il les a souvent préférées aux armes, mais il y a eu — rarement sans doute — une Chine guerrière, qui se réveillera peut-être. Les Mantchous de sa dernière dynastie rendirent à leurs sujets la primauté dans l'Asie orientale. Aux XVIIe et XVIIIe siècles, ils accomplirent à nouveau et assurèrent définitivement la conquête de la Mantchourie, de la Mongolie, du Turkestan oriental. Les Tibétains, jadis si redoutés, restèrent soumis à leur théocratie bouddhique, mais le Dalaï-Lama fut lié à l'Empereur, comme Napoléon Ier aurait voulu s'attacher le pape, et la Chine devint maîtresse des routes commerciales qui traversent les hauts plateaux. Elle envoya ses armées jusqu'au delà de l'Himalaya, dans le Népal qui dut reconnaître sa suzeraineté, ainsi que la Birmanie, l'Annam, la Corée. Si lâche que fût ce lien, il donnait des garanties aux émigrants et aux marchands chinois. L'Empire n'avait plus rien à craindre en Asie. Entouré de hordes soumises, de principautés feudataires ou d'États endormis, comme le Japon, c'était bien réellement la « Terre du Milieu », et l'on comprend l'orgueil des Fils du Ciel (pl. XXXIV, A, B, C).

Brusquement il fut abattu au XIXe siècle, lorsque la Chine se heurta aux puissances qui avaient suivi l'évolution du monde moderne. Le premier choc eut lieu en 1840, dans la triste guerre de l'opium. Elle eut du moins ce mérite de mettre en rapports deux civilisations qui s'ignoraient, d'ouvrir la Chine à l'influence des étrangers en lui faisant accepter leur établissement dans certains ports. Peu à peu, la liste des « ports ouverts » s'allongea; les privilèges consentis d'abord aux Anglais furent étendus aux autres nations. Mais une incompréhension réciproque provoqua plusieurs expéditions de l'Angleterre et de la France qui dut envoyer la flotte de Courbet pour obtenir la cession des droits de la Chine sur l'Annam (1885). Puis le Japon imposa le traité plus onéreux et plus humiliant de Shimonoseki (1895). Alors commença la grande curée : les puissances se firent céder à bail quelques territoires d'une importance capitale, stratégique comme économique. La fin du Céleste Empire semblait si proche qu'on crut le temps venu de se partager ses dépouilles, d'y tailler des « sphères d'influences » où les visées de la politique s'associaient à celles des financiers pour arracher des concessions d'emprunts et de travaux publics. Et cela semblait d'autant plus facile que les régions les plus riches, les plus tentantes sont généralement les plus faciles à détacher par leur position périphérique (Mantchourie, Chan-tong, Fou-kien, Yun-nan, Sseu-tchouan). « L'homme malade » fut sauvé, en Extrême-Orient comme dans le Levant, par la guerre mondiale.

La fragilité d'un empire qui formait le plus vaste État de la Terre n'est pas surprenante. Il n'avait jamais eu qu'une unité nominale, sauf sous quelques souverains énergiques. Et au xixe siècle il était tombé dans cette décadence dont les voyageurs ont signalé tant de marques sur le sol même : chaussées non entretenues, ponts croulants, remparts tombant en ruines. Lors de l'attaque européenne, l'administration étalait les vices qui ont marqué le déclin de chaque dynastie : cupidité, insouciance de l'intérêt général, surtout routine.

On connaît tant de preuves de cette routine qu'on est porté à y voir un trait permanent, essentiel de la Chine. C'est oublier son passé. Non seulement l'humanité doit nombre d'inventions à l'esprit ingénieux et pratique de ses navigateurs, de ses artisans, de ses paysans; mais encore la Chine a su parfois faire siennes les découvertes et les idées des autres peuples, non, il est vrai, sans bien des lenteurs. Les recherches récentes nous la montrent jadis en rapports beaucoup plus fréquents et plus intimes qu'on ne le supposait avec l'étranger. Lorsqu'elle eut conquis la Kachgarie, elle se trouva aux portes de ce Ferghana où les négociants romains venaient chercher la soie. Cette route de la soie qui aboutissait en Chine, la Sérique de l'antiquité classique, à travers les oasis égrenées sur le rebord du Tibet, fut souvent coupée par les révoltes des nomades. Mais, à chaque réveil de la force chinoise, celle-ci se tournait vers l'Occident; la politique des Khans mongols visa à assurer la sécurité de cette voie continentale. Une autre route conduisait par mer vers l'Inde, le golfe Persique, la mer Rouge, l'Abyssinie. Elle ne fut suivie que plus tard, car, si les anciens Chinois ne furent pas exclusivement les terriens que l'on dit et s'ils eurent un cabotage actif, la navigation lointaine dut se développer surtout après la conquête du Midi riche en ports. La Chine connut le monde de l'Inde et celui de l'Iran, vestibule de la Méditerranée. Elle laissa se propager une hérésie chrétienne, le nestorianisme, qui recruta de nombreux adeptes dès le viie siècle, bien avant l'époque où les missionnaires catholiques furent si bien reçus par la cour impériale que, sans l'affaire des rites, ils auraient gagné une partie de la Chine à l'Évangile et à la civilisation occidentale. Surtout, dès le iie siècle de l'ère chrétienne, commença la propagation du bouddhisme, destiné, il est vrai, à se modifier complètement. Du ive au viie siècle, un mouvement ininterrompu porta les moines hindous, par la Kachgarie, le Tibet ou l'Annam, vers le Céleste Empire; les pèlerins chinois, vers les docteurs qui interprétaient la doctrine de Çakya-mouni. Ce va-et-vient fit de la Chine et des États voisins les élèves de la sagesse aryenne et de ce curieux art gréco-bouddhique du Gandara (région de Péchaver), qui donne à certaines sculptures chinoises un reflet de l'Hellade. Il est probable que le bouddhisme apporta aussi de l'Inde bien des progrès matériels. De même, les Jésuites du xviie siècle furent fêtés pour leurs connaissances en astronomie, en optique, voire en artillerie. La Chine s'est donc montrée relativement assimilatrice pendant les périodes où elle fut en contact avec l'Inde et avec l'Occident. Elle ne commença à se replier sur elle-même qu'aux époques où des empires barbares coupèrent ses communications avec le reste de l'Eurasie, et surtout après la conquête mantchoue de 1651 : c'est de celle-ci seulement que date l'hostilité contre l'étranger, jusqu'alors bien accueilli et souvent imité. Sans doute, il y a dans la mentalité chinoise, et dans le Confucianisme qui lui a donné sa forme, un instinct puissant de la tradition, un respect du passé, une préoccupation de la règle et de l'ordre, qui aboutissent aisément à un esprit conservateur très étroit. Mais l'isolement de la Chine, lorsqu'elle en fut arrachée par l'Europe, était de date récente dans un pays qui compte par millénaires. La routine, si durement secouée, ne l'a pas si profondément desséchée qu'elle ne puisse redevenir capable d'évoluer, d'absorber ce qui lui convient dans la civilisation occidentale, et par là de recouvrer sa force. Reste à savoir si l'orgueil de la Chine lui permettra de se mettre à l'école de l'Occident le temps nécessaire pour s'initier à ses techniques et pour s'assimiler leur principe vital, cet esprit scientifique si différent de ses habitudes intellectuelles.

IV. — *UNITÉ OU MORCELLEMENT? L'AVENIR DE LA CHINE*

L'histoire de la Chine nous fait deviner que son peuple ne peut prétendre à l'unité de race. Le type originel lui-même, dès la colonisation de la Terre Jaune, devait être assez composite. *A priori*, on penserait volontiers qu'il a dû se conserver, mieux qu'ailleurs, dans les régions du bas Fleuve Bleu qui échappèrent à la plupart des invasions; qu'il s'est fortement altéré dans le Nord au contact des nomades, Mantchous ou Mongols, et, dans le Sud, par l'assimilation de bien des tribus aborigènes, parentes des Indochinois et des Indonésiens actuels. Mais il n'y a presque pas encore de vérifications anthropologiques précises, même pour des théories classiques comme celle qui oppose le Chinois du Nord et celui du Midi. Que les facteurs ethniques ne soient pas tous identiques, rien de plus vraisemblable; mais comment faire, avec une telle rareté de mesures somatiques, le départ entre l'influence de la race et celle du milieu? Le type septentrional est celui de paysans; le type méridional a presque toujours été décrit d'après des citadins, puisque la vie urbaine est beaucoup plus développée dans le Sud. Sous ces réserves, on peut retenir cette impression de diversité qu'ont notée tant de voyageurs. L'homme du Tche-li est plus grand, plus vigoureux, avec le teint plus clair, la face souvent plus allongée; il a communément un caractère plus ferme, plus sérieux, plus conservateur. L'homme de Canton, plus intelligent, mais souvent plus amolli, meilleur marchand, a l'esprit plus mobile et plus entreprenant. Les dialectes du Nord (dont le « mandarin ») diffèrent beaucoup de ceux du Sud. Dans les provinces du Sud-Est, peu sinisées il y a encore cinq cents ans, se sont constituées des langues aussi différentes du mandarin que le hollandais de l'allemand (pl. XXXIII, A, B, C, D).

Non seulement nous retrouvons dans la géographie humaine l'opposition fondamentale entre le Nord et le Sud, mais encore les diverses provinces ont chacune leur originalité très accusée. Certaines correspondent à des régions naturelles bien individualisées, comme le plateau du Chan-si, les polders du Kiang-sou, le Fou-kien adossé au faîte d'où les rivières descendent vers les rias, le Sseu-tchouan avec sa féconde dépression entourée de montagnes, le Hou-nan et le Kiang-si entourant chacun une cuvette lacustre. Plusieurs ont été long-temps des principautés féodales ou des États indépendants. Aussi ont-elles déve-loppé leur vie propre. Richthofen a pu noter que parfois, dès qu'on quitte une province pour une autre, on remarque un autre dialecte, un autre type de con-struction, une autre mentalité. A la frontière du Sseu-tchouan et du Yun-nan, — celui-ci beaucoup moins bien administré que celui-là, — Gervais-Courtellemont découvrait un changement à vue : ici, des terres nues et ravinées, là, des terrasses bien entretenues et cultivées. A la frontière du Ho-nan et du Kiang-sou, le consul Mayers entrait dans une sorte de marche, où se réfugiaient les *outlaws* dans des villages fortifiés. L'autonomie si large accordée aux pouvoirs locaux a laissé subsister ces originalités provinciales, qui s'accusent plus vivement encore dans les périodes de troubles.

Pendant celle que vient de traverser la Chine, les chefs militaires ont souvent établi leur fief dans le cadre des provinces. On a pu penser que l'autonomie de celles-ci irait jusqu'à l'indépendance. Puis on a vu se constituer une Chine du Sud en face d'une Chine du Nord : c'est de Canton, puis de Nankin qu'est parti le mouvement du *Kouo-ming-tang*, qui s'est donné pour but de régénérer la Chine et de l'arracher à toute ingérence étrangère. Après une avance lente et progressive, il a fini par triompher, en 1928, du gouvernement nordiste[1]. Le « Gouvernement national » se dit convaincu que « dans une période très prochaine la paix et l'unité de la Chine seront réalisées ». Il doit cependant redouter encore les oppositions régionales et les dissensions des chefs militaires, voire même l'hostilité de certains généraux peu pressés de licencier leurs troupes et de se soumettre au pouvoir civil. Sans doute l'opinion publique, qui com-mence à compter, combat leurs ambitions égoïstes; mais il faudrait, pour qu'elle fût assurée de les contenir, qu'elle eût une plus large prise sur les masses. La situation actuelle peut évoluer vers l'établissement d'un pouvoir régulier, unissant les provinces tout en respectant leur autonomie —- et il ne faut pas se dissimuler que tout gouvernement de ce genre sera préoccupé d'éliminer le plus possible l'influence et les privilèges des étrangers. Elle peut tout aussi bien redevenir ce qu'elle était dans ces dernières années, semblable à la situation de la France du xv⁰ siècle, dévastée par les Grandes Compagnies. Il est moins pro-bable aujourd'hui, mais il n'est pas exclu que l'État chinois sorte de la crise actuelle disloqué et morcelé. Cependant les patriotes chinois font remarquer que si, dans le passé, il a plusieurs fois succombé à des dangers analogues, il a tou-jours su refaire son unité, garantie par des liens qui paraissent encore solides.

La diversité des éléments ethniques qui entrent dans sa composition n'em-pêche pas qu'il n'y ait un peuple chinois, parce qu'ils ont été cimentés par le même genre de vie, les mêmes idées. Si l'unité politique est en Chine un idéal récent et fragile, l'unité de civilisation est vraiment profonde[2]. Tous les dia-lectes attachent le même sens à chacun des caractères idéographiques que les lettrés lisent dans leur langue propre, non seulement en Chine, mais au Japon et en Indochine. Les caractères constituent ainsi une langue commune, comprise

---

1. La victoire des Sudistes entraînera sans doute le transfert de la capitale à Nankin.
2. Elle est menacée aujourd'hui dans deux classes encore peu nombreuses, mais très actives : 1⁰ les travailleurs des entreprises modernes, où la révolution économique entraîne une rapide évolution intel-lectuelle; 2⁰ les étudiants, dont beaucoup tentent la critique des règles traditionnelles. La société chi-noise est beaucoup plus démocratique, moins conservatrice que celle de l'Inde avec ses castes; il se peut qu'elle se transforme beaucoup plus rapidement.

dans toute la Chine. Et, comme ils s'apprennent dans les écrits des anciens, tous les Chinois instruits reçoivent la même formation intellectuelle, l'héritage de la vieille sagesse confucéenne, de sa morale avisée, pratique, peu soucieuse de l'au-delà, le même respect pour les traditions et pour le gouvernement de leur pays. Au positivisme de Confucius s'ajoutent des emprunts au taoïsme et au bouddhisme, mais surtout le culte des ancêtres, le seul qui aille au fond de l'âme chinoise. C'est sur lui, comme dans la Cité antique, que reposent la famille et la société, avec une constitution de la commune qui groupe étroitement tous ses membres par un lien religieux et matériel; peut-être une partie de sa forte cohésion lui vient-elle de l'union que nécessitent les travaux d'irrigations et de l'habitude de vivre en villages agglomérés? Grâce à la décentralisation de l'ancien Empire, elle conservait assez de vie pour résister, même quand celui-ci s'écroulait : c'est la cellule indestructible d'où sont partis les efforts de rénovation après chaque tourmente. Le Chinois a l'esprit grégaire; il aime à s'unir en guildes, en sociétés commerciales ou politiques. Certains de ces groupements élargissent aujourd'hui leur horizon jusqu'à embrasser l'ensemble de la Chine et à la concevoir comme une patrie. Très fiers de sa civilisation millénaire, ils réveillent le souvenir de son antique puissance, et le contraste leur rend plus amères encore les atteintes portées par l'étranger à son intégrité ou à son prestige. Ces idées se répandent peu à peu même dans le peuple, comme l'ont montré les accès de xénophobie et les boycottages des marchandises étrangères. Les périls du dehors tendent à créer — très lentement sans doute — un sentiment national, qui s'appuiera peut-être sur l'aristocratie économique, les grands marchands et banquiers du Sud, les négociants et les étudiants instruits par leur séjour à l'étranger. Peut-être sera-ce la Chine extérieure qui guidera la métropole dans les débuts de son émancipation, en lui fournissant les capitaux et les exemples des méthodes administratives modernes?

Sans doute, il y a bien des difficultés : la routine du caractère chinois, l'incompréhension des masses pour les intérêts généraux, leur pauvreté accrue par les troubles récents, la puissance des chefs militaires, les brigandages de leurs bandes. L'étendue même de la Chine et sa variété, principes de force dans la paix, ralentissent les efforts que peut tenter une élite pour l'unifier et la régénérer. Une rénovation comme celle du Japon en 1868 demanderait plus de temps. De bons observateurs n'osent l'espérer de sitôt. Du moins, la Chine ne paraît plus menacée par la politique des partages. Au moment où elle tombait dans l'anarchie, les puissances blanches s'entre-déchiraient, et la rivalité des États-Unis arrêta les ambitions japonaises. C'est peut-être à la guerre mondiale et à la situation où elle a laissé l'Europe que la Chine devra d'avoir conservé son indépendance. Peut-être ce répit lui permettra-t-il de retrouver sa paix et sa prospérité, en s'adaptant aux conditions du monde moderne? Que la Chine ait son réveil, comme le Japon de Meiji, comme la Turquie d'Angora, c'est possible, mais nul ne peut l'affirmer, pas plus qu'en prévoir les conséquences formidables pour l'humanité.

BIBLIOGRAPHIE

HISTOIRE, ANTHROPOLOGIE, DÉMOGRAPHIE. — C. WH. BISHOP, The geographical factor in the development of Chinese civilization (*Geogr. Review*, XII, 1922, p. 19-41). — *The Christian occupation of China*, Published by the CHINA CONTINUATION COMMITTEE, Changhaï, 1922 (beaucoup de renseignements économiques et démographiques). — H. CORDIER, *Mélanges d'histoire et de géographie orientales*, Paris,

1914-1920, 2 vol.; Contribution à la bibliographie ethnographique de la Chine (*Revue d'Ethnographie*, 1920, p. 295-305; 1921, p. 56-61); *Histoire générale de la Chine et de ses relations avec les pays étrangers*, Paris, 1921, 4 vol. — H. DUGOUT, La population de la Chine (*Études, Revue catholique...*, 1923, p. 459-468). — E. LICENT, P. TEILHARD DE CHARDIN, Le paléolithique de la Chine (*L'Anthropologie*, XXXV, 1925, p. 201-234; voir, sur le néolithique, *Ibid.*, p. 63-74, et XXXVI, 1926, p. 117-124). — J.-J. MATI-GNON, *L'Orient lointain. Chine, Corée, Mongolie, Japon*, Paris, 1903; *Superstition, crime et misère en Chine*, Paris, 1902. — E. H. PARKER, *China, her history, diplomacy and commerce*, Londres, 1901. — W. W. ROCKHILL, Inquiry into the population of China (*Smithsonian Miscellaneous Collection*, XLVII, 3, 1904, p. 303-321); The 1910 Census of the population of China (*Bull. Amer. Geogr. Soc.*, XLIV, 1912, p. 668-673). — P. M. ROXBY, The distribution of population in China (*Geogr. Review*, XV, 1925, p. 1-24). — H. SCHMITTHENNER, Ist China übervölkert? (*Geogr. Zeitschrift*, XXXII, 1926, p. 505-515). — S. M. SHIROKOGOROFF, Anthropology of Northern China (*Royal Asiatic Society, North China Branch*, 1923 et 1924). — A. H. SMITH, *Chinese Characteristics*, Londres, 1900; une traduction allemande, Wurzbourg, 1900. — E. TIESSEN, Die chinesische Stadt (*Deutsche Geogr. Blätter*, XXXV, 1912, p. 1-19). — SIR H. YULE. *Cathay and the way thither*, Londres, 1913-1916, 4 vol. (édition revisée par H. CORDIER; voir aussi, de celui-ci, *Ser Marco Polo*, Londres, 1920).

SITUATION POLITIQUE. — *Bull. Comité Asie Française*, et G. DUBARBIER, *La Chine contemporaine, politique et économique*, Paris, 1926. — A. DUBOSCQ, *L'évolution de la Chine : politique et tendances*, Paris, 1921; *La Chine en face des puissances*, Paris, 1926. — LAO-PONG-YO (Général BRISSAUD-DESMAILLETS), *La Chine nouvelle, Le double dragon chinois*, Paris, 1927. — A.-F. LEGENDRE, *La civilisation chinoise moderne*, Paris, 1926. — G. MASPERO, *La Chine*, Paris, 1925, 2 vol. — A. MAYBON, *La République chinoise*, Paris, 1914. — G. SOULIÉ DE MORANT, *Exterritorialité et intérêts étrangers en Chine*, Paris, 1925. — E. TH. WILLIAMS, *China : Yesterday and to-day*, Londres, 1924.

RENSEIGNEMENTS STATISTIQUES [1]

PROVINCES OU PAYS VASSAUX	SUPERFICIE en kilomètres carrés	POPULATION EN 1910 en millions d'habitants	POPULATION VERS 1920
Tche-li.	321 200	22 970	27 312
Kan-sou.	428 400	3 808	6 084
Chen-si	203 700	6 726	9 087
Chan-si	198 600	9 423	10 892
Ho-nan	172 300	22 375	32 547
Chan-tong	147 500	25 814	30 955
Sseu-tchouan.	546 800	54 506	61 445
Hou-pei	179 600	21 256	28 574
Hou-nan.	205 400	20 583	29 519
Kiang-si.	173 300	16 254	24 491
Ngan-houei.	143 900	14 078	20 002
Kiang-sou	104 000	15 379	33 679
Tcho-kiang.	97 800	13 943	22 910
Fou-kien.	117 600	8 557	17 067
Kouang-tong (avec-Hai-nan) .	226 500	23 696	35 195
Kouang-si	173 300	5 426	10 872
Kouei-tcheou.	184 200	9 266	11 470
Yun-nan.	371 500	8 050	8 824
Les 18 Provinces	4 044 800	311 300	420 933 (?)
Mantchourie		12 600	19 999
Sin-kiang (Turkestan chinois).		1 768	1 750
Mongolie intérieure		1 800	6 743
Mongolie extérieure			1 037
Tibet		2 000	2 200
TOTAL		329 468	452 662 (?)

La vraie Chine compte dix-huit provinces. Néanmoins, dans l'organisation administrative actuelle, la Chine proprement dite comprend, outre les dix-huit vieilles provinces, la Mantchourie divisée en trois provinces (Cheng-king, Ghirin, Hei-long-kiang), le Sin-kiang ou Turkestan chinois (une province), le

1. Les chiffres publiés dans le tableau ci-dessus ont été arrondis pour tenir compte des décimales. Les totaux, également arrondis, ne correspondent donc pas exactement aux chiffres partiels.

Chuan-pien, province récemment créée avec une partie du Tibet et du Sseu-tchouan, encore insoumise. Sont considérés comme pays vassaux, bien que l'autorité chinoise y soit aujourd'hui quasi nulle, le Tibet et la Mongolie, divisée en Mongolie intérieure et Mongolie extérieure, celle-ci devenue une république soviétique. Sur le Sin-kiang, le Tibet et la Mongolie, voir le tome VIII, Haute-Asie.

La superficie est indiquée d'après les mesures de O. Israel (*Petermanns Mitt.*, LXVIII, 1922, p. 185), tandis que les calculs de Wagner donnaient 3 970 100 kilomètres carrés; nos cartes fournissent d'ailleurs une base peu précise, et les limites des provinces sont sujettes à varier, surtout aux confins de la Mongolie et du Tibet. — Les chiffres de 1910 proviennent des estimations de Rockhill; ils ne comprennent pas, dans les diverses provinces, les enfants au-dessous de six ans, qui ont été ajoutés pour former le total de la Chine proprement dite, ainsi que la population des Marches tibétaines, du Sseu-tchouan et du Yun-nan (195 000). — Les chiffres de 1920 sont ceux du *China Continuation Committee*; ils nous paraissent moins sûrs que ceux de Rockhill.

LE JAPON

CHAPITRE X

LA NATURE JAPONAISE

I. — LE RELIEF

La forte densité et l'essor économique du Japon sont d'autant plus remarquables qu'il est essentiellement un pays de montagnes, aux flancs abrupts et très boisés, souvent désertes. L'île de Kiou-siou fut la première occupée par le peuple nippon[1]; pourtant il y a dans le Sud de vastes massifs en futaies, inconnus même des indigènes. Dans la province de Satsouma, le berceau d'un clan qui joua un rôle capital dans l'histoire, le relief rend incultes les neuf dixièmes du territoire.

Si la structure rappelle çà et là les plissements qui ont dessiné la forme en arc de l'archipel, le relief a surtout été déterminé par de grands effondrements, jalonnés par les séismes et par les nombreux volcans où l'on trouve les points culminants du pays. Une érosion intense a été accélérée par les mouvements récents du sol (fig. 33 et carte hors texte en couleurs).

Le principal de ces fossés tectoniques est parallèle à la direction générale de Hondo, le long de l'épine dorsale de cette île. Çà et là, ce fossé médian est croisé par des fractures transversales, qui amènent des élargissements des aires volcaniques, et c'est seulement dans ces élargissements qu'il y a encore des manifestations éruptives. Éteints ou non, les cratères ont fait surgir des masses énormes de roches ignées qui interrompent parfois la continuité de la dépression axiale. Elle apparaît cependant très nette, entre le détroit de Tsougarou et Tokyo, dans une suite de vallées longitudinales où il a été facile de poser le rail. A l'Ouest de ces vallées se pressent de nombreux cratères, généralement ébréchés par de formidables éruptions toutes récentes : l'Azuma-yama, le Bandaï-san, le Shirané-san (3 150 m.) qui domine Nikko. La plaine de Tokyo est bornée à l'Ouest par un autre groupe, plus imposant encore, auquel appartiennent l'Asama-yama (2 542 m.) et le Fouji-yama (3 778 m.). Le premier fait songer au Vésuve par la pyramide tronquée de son soubassement,

---

1. Nous avons laissé aux grandes îles leurs noms habituels en français, au lieu des transcriptions plus exactes : Honndo, Shikokou, Kyoushou.

son cône adventif, son épaisse colonne de fumée qui se déploie en parasol. Du second, inactif depuis 1708, le cône si régulier, aux courbes si pures, est un des motifs préférés de l'estampe japonaise (pl. XXXV). L'un et l'autre sont nés dans un effondrement qu'on a appelé la Fossa Magna, transversal au fossé médian suivant une direction Sud-Est, et recoupant l'arc plissé de la partie Ouest de Hondo qui se termine par la chaîne de Hida (mont Ontaké, 3 185 m.)[1]. A ce point où convergent des éléments tectoniques divers, se dressent les montagnes les plus hautes et les plus sauvages; c'est un des pays les plus bouleversés du Japon. La dépression axiale de Hondo se continue ensuite par la vallée du Kiso-gawa, par le lac Biwa, long de 60 kilomètres avec un ombilic de plus de 90 mètres, par la plaine d'Osaka, par la Mer Intérieure elle-même. Elle se prolongeait dans l'intérieur de Kiou-siou, mais elle y a été comblée par de vastes massifs de laves et de tufs hauts de 1 600 à 1 800 mètres.

A l'Est du grand fossé médian, s'étend un pays de structure plissée, régulière, pauvre en manifestations éruptives malgré les effondrements qui ont échancré cette « zone externe » : détroit de Tsougarou, baie de Sendaï, golfes et plaines de Tokyo, de Tsourouga, d'Owari, détroits de Kii et de Boungo. Malgré ces coupures, il est encore très visible, ne serait-ce que par le dessin des promontoires, que les chaînes plissées de Kii se prolongent par celles de Sikok (2 242 m.) et de l'Est de Kiou-siou. Les terrains primaires, qui jouent le rôle principal dans toute cette zone externe, sont en général fortement redressés. Les chaînes sont entaillées par des gorges rocheuses, très ramifiées entre des faîtes parfois aigus, qui conservent longtemps une altitude uniforme. Comme les couches sont de résistance inégale, les rivières zigzaguent à travers une alternance de bassins riants et de cluses où elles bondissent de cascade en cascade.

On retrouve souvent les mêmes aspects dans la « zone interne », à l'Ouest du fossé médian, où les terrains paléozoïques constituent aussi la plupart des massifs; parfois des calcaires s'opposent par leurs cimes déchiquetées aux croupes doucement arrondies des schistes cristallins qui sont, eux aussi, largement représentés. Aux fortes altitudes des « Alpes Japonaises », vers 37° latitude Nord, le granite se profile en sierras qui atteignent de 2 400 à plus de 3 000 mètres sans laisser entre leurs dents de cols praticables (pl. XXXVI, A). Dans l'ensemble, cette zone apparaît comme plus élevée, souvent plus sauvage et plus morcelée que la précédente. Peut-être a-t-elle été plus disloquée par les effondrements. En tout cas, les volcans sont aussi nombreux à l'Ouest du fossé médian que rares à l'Est. Ils forment plusieurs des promontoires par lesquels Hondo se termine en face de Hokkaido et de la Corée; ils parsèment tout le Nord du plateau qui s'étend entre la Mer Intérieure et la mer du Japon. Dans Kiou-siou, c'est leur juxtaposition qui a dessiné certaines des presqu'îles, si bizarrement recourbées, voisines de Nagasaki (fig. 31); la baie de Kagoshima renferme dans une de ses îles le Sakoura-shima qui, en 1913, lança une quantité de cendres et de laves suffisante, d'après un calcul, pour recouvrir d'une couche épaisse de 31 mètres l'immense cité de Tokyo (80 km²).

On devine les ravages produits par ces éruptions, d'autant que plusieurs

---

1. On a trouvé dans cette chaîne des cirques, dont le fond est à l'altitude presque uniforme de 2 550 mètres, qui doit correspondre à la limite des neiges à l'époque quaternaire. Celle-ci semble n'avoir été marquée au Japon que par des glaciers suspendus, peu importants. Aujourd'hui aucun sommet n'atteint la limite des neiges éternelles, malgré les fortes précipitations de l'hiver.

des régions les plus prospères sont justement limitées par les alignements volcaniques. La riche plaine de Tokyo a souvent souffert de la proximité de
l'Asama-yama, le plus actif des appareils japonais et l'un de ceux dont les éruptions sont les plus violentes. Celle de 1783 coûta la vie à douze cents personnes,

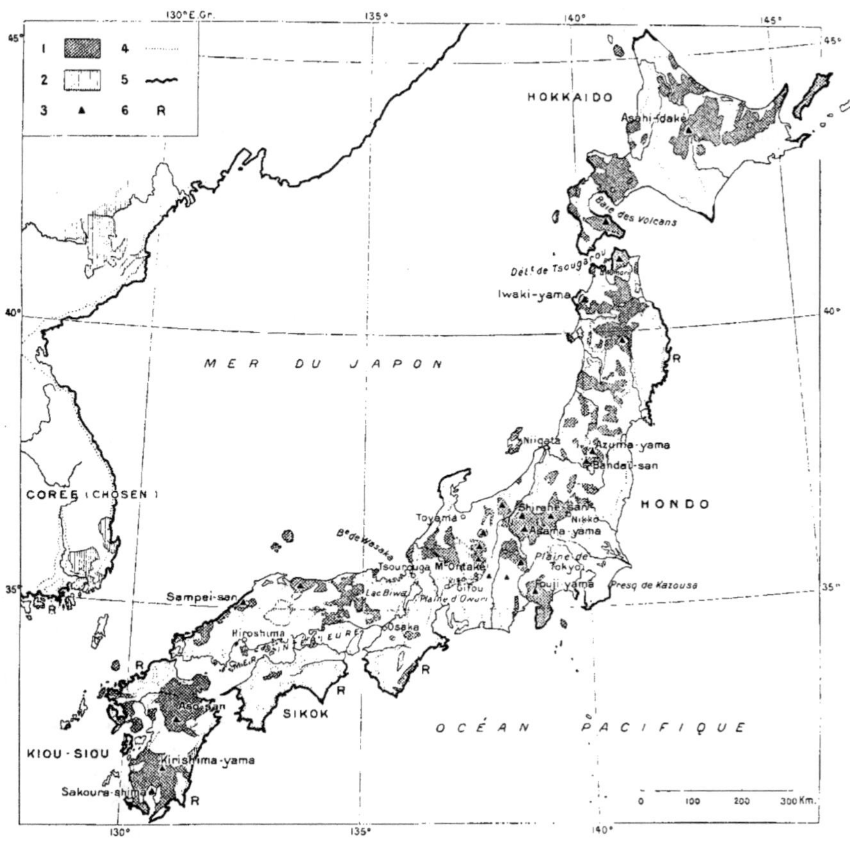

Fig. 33. — Le relief du Japon.

1, Terrains volcaniques récents; 2, Terrains volcaniques anciens; 3, Volcans; 4, Courbe hypsométrique de 200 mètres;
5, Côtes rocheuses élevées; 6, Côtes à rias. — Échelle, 1 : 11 500 000.

et les cendres s'étalèrent sur plus de 10 000 kilomètres carrés. Vers 1912, il lan-
çait des blocs de 50 mètres cubes, et des constructions furent endommagées à
15 kilomètres du cratère par le seul mouvement de l'air. Les lapilli rejetés par
le Fouji ont souvent atteint la capitale. A maintes reprises, des pluies de cendres
ont dévasté les cultures et rendu les champs absolument stériles pour de longues
années.

Les régions volcaniques sont souvent ébranlées par des séismes en liaison
avec l'activité éruptive. Ils deviennent plus nombreux et plus violents avant

chaque crise et les annoncent souvent à temps. Mais ils n'ont jamais l'intensité des tremblements de terre tectoniques, de ceux qui affectent un vaste bloc mal équilibré de l'écorce terrestre. La région la plus éprouvée est celle qui borde le Pacifique, dont la grande fosse paraît l'origine des séismes les plus étendus. La plaine de Tokyo est très exposée à ces chocs. Celui de septembre 1923 fit périr près de cent mille personnes; il détruisit trois cent soixante-dix mille maisons dans la seule capitale. La station séismologique de Gifou, près du lac Biwa, n'enregistre pas moins, année moyenne, de cinq cent seize secousses. Dans la même région, celle de Nagoya en compte annuellement deux cent quarante. Une autre zone très instable correspond aux rivages Ouest de Kiou-siou (Koumamoto, cent cinquante et une secousses). Toutes les plaines littorales du Japon, surtout à l'Est, sont en outre fréquemment désolées par des vagues séismiques, les *tsounami*, sorte de raz-de-marée, dont l'un, en 1896, balaya plus de 250 milles de côtes et fit plus de trente mille victimes. Ainsi la position du Japon le long d'une des lignes les plus instables de l'écorce terrestre, au delà de laquelle commencent les abîmes du Pacifique, lui vaut un désastre séismique tous les six ou sept ans, d'après des statistiques remontant à l'an 416 de l'ère chrétienne. On renonça longtemps à construire en maçonnerie : la maison typique est faite de bois et de bambous, de matériaux légers qui peuvent s'effondrer sans trop de danger.

Naturellement les reliefs hardis abondent dans les districts volcaniques : pitons aigus, montagnes aux silhouettes de castels, de tours, de dents, de cônes plus ou moins émoussés; les coulées retiennent les eaux des lacs ou occasionnent ces multiples cascades qui sont l'une des beautés du Japon (pl. XI, B, et XXXVI, B). Mais on trouve aussi des cimes déchiquetées dans les granites et les couches paléozoïques. Partout les formes de jeunesse sont fréquentes, dans les vallées sinon sur les faîtes. L'érosion est en effet très active : les fortes variations de température, le gel la préparent sur les sommets; l'abondance des pluies et l'inclinaison des pentes, souvent très proches de la mer, font de la plupart des fleuves des torrents, tantôt presque à sec, tantôt gonflés au point d'arrêter les communications pendant des semaines. Ils roulent surtout des alluvions grossières, des galets, qui tombent en masse à la rupture de pente qui sépare la plaine de la montagne. Près d'Osaka, les torrents coulent sur des lits surélevés que la voie ferrée franchit en tunnels et qui dominent dangereusement les rizières. Les chutes et les rapides qui interrompent la plupart des fleuves, au profit de leur utilisation par l'électricité, manifestent encore une érosion en pleine activité. Aussi le ravinement est-il très poussé, et souvent les voyageurs signalent, comme à l'Est du lac Biwa, des collines dénudées, très disséquées, analogues aux Bad Lands du Dakota (pl. XLII, A).

Il n'en est que plus curieux de constater la fréquence des surfaces usées dans les massifs non vulcanisés. Ce que Fesca et Harada décrivent comme le modelé typique du granite et des schistes cristallins aux altitudes moyennes, c'est celui que prennent ces roches lorsque l'érosion a presque achevé son œuvre : des sommets réguliers, couverts d'une épaisse couche d'arène, des plateaux jonchés de petits tertres arrondis. Autour de la cuvette tectonique en partie occupée par le lac Biwa, les crêtes présentent une remarquable constance d'altitude partout où ne se sont pas surajoutés des cônes volcaniques. De même les blocs faillés dont les escarpements en facettes dominent la plaine d'Osaka sont bien aplanis à leur faîte. Il semble que l'on trouve souvent, entre les falaises,

GÉOGRAPHIE UNIVERSELLE . TOME IX , 1

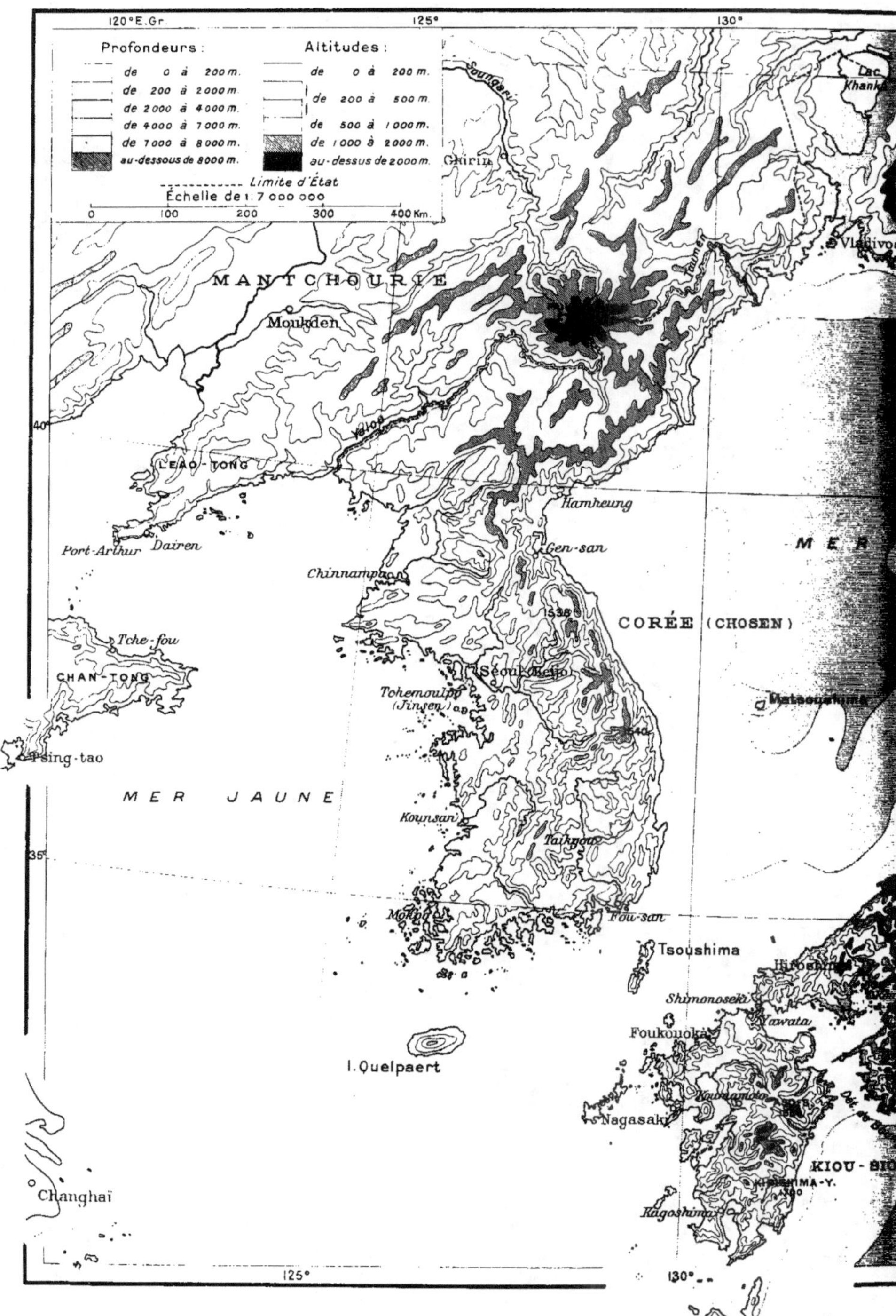

C. Soya
135°
140°
145°
HOKKAIDO
8066
Otarou
Sapporo
Mororan
C. Yerimo
Hakodaté
Dét. de Tsougarou
B. d'Aomori
40°
JAPON
ASAHI
2259
HONDO
Sado
Nügata
Sendaï
.91
BANDAI-S
1819
B. de Nanao
Toyama
Kanazawa
HIRANESI
3050
ASAMA
1592
Tokyo
.7223
B. de
Wakasa
Yokohama
35°
Tsourouga
FOUDJ-YAMA
3778
Kyoto
Nagoya
Hakone
Osaka
Nara
Kobe
B. de Owari
Sakaī
Wayama
B. de Sourouga
Awa
Schitchi-to
Dét. de Kii
OX
OCÉAN   PACIFIQUE
135°
140°

les vallées jeunes et les cimes aiguës, d'ordinaire volcaniques, l'équivalent de
ce modelé sénile décrit par Bailey Willis dans la Chine du Nord. Ici, comme sur
le continent, la pénéplaine aurait été relevée en certaines régions, et ce rajeu-

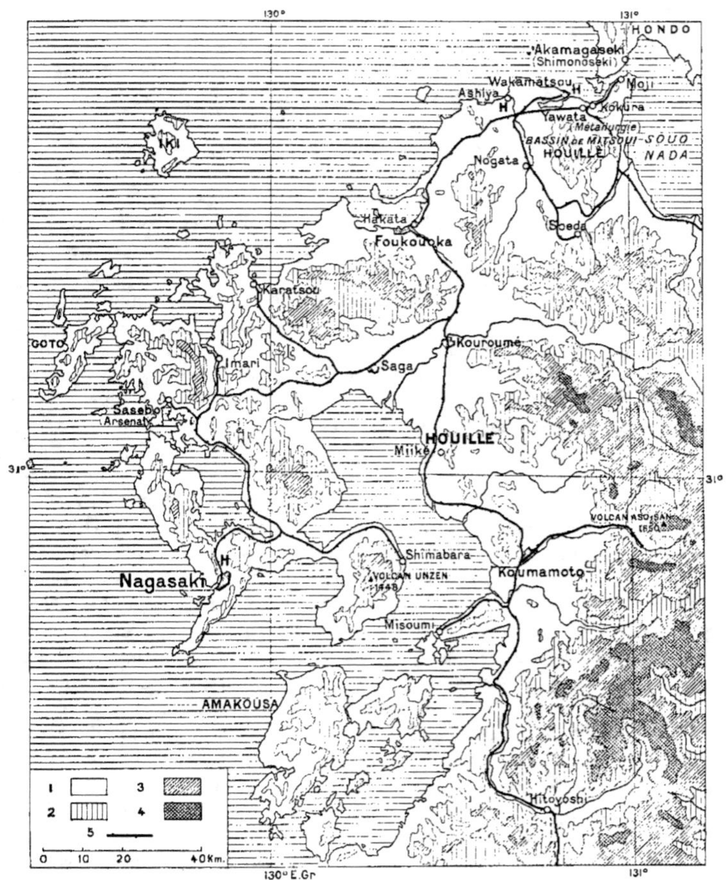

Fig. 34. — La région de Nagasaki (Kiou-siou).

Altitudes : 1, De 0 à 200 mètres; 2, De 200 à 500 mètres; 3, De 500 à 1 000 mètres; 4, De 1 000 à
2 000 mètres. — 5, Voies ferrées; H, Ports exportateurs de houille. — Échelle 1 : 1 500 000.

nissement expliquerait les cluses qui entaillent très souvent les massifs cristallins
dont la surface est le plus monotone. Ce soulèvement n'est pas douteux en plusieurs points, où il est attesté par le profil des vallées ou par la présence de
terrasses marines (à 20 et 30 mètres dans la presqu'île de Kazousa, à 50 et
100 mètres près de Tsourouga). Par contre, en d'autres points, parfois très voisins,
il y a des preuves non moins évidentes que le sol s'est abaissé très récemment, par

exemple sur les côtes à rias. Il semble que les différentes régions du Japon aient été affectées par des mouvements en sens contraire, hâtant ici l'érosion, la ralentissant ailleurs. C'est là un nouveau principe de diversité pour les paysages japonais.

LES PLAINES MÉRIDIONALES. — L'analyse des formes de terrain, qui commence à peine, nous aide déjà à comprendre le relief et l'occupation du sol dans ces plaines, d'Osaka à Tokyo, où se concentrent les forces productives de l'Empire. Ces dépressions paraissent creusées par effondrements dans une pénéplaine, dont les blocs restés en place constituent un pays peu habité, couvert de forêts et de maigres cultures en terrasses. De ces montagnes, parfois finement découpées, aux flancs souvent très ravinés, sortent par des chutes des rivières travailleuses, dont les apports ont commencé à combler les cuvettes lacustres et les golfes. Ils furent légèrement soulevés à deux reprises : d'où naissance de deux plaines côtières, ancienne dans l'intérieur, et récente un peu plus bas. La première a déjà été trop disséquée pour offrir beaucoup de ces surfaces planes qui conviennent au riz : d'où nécessité d'y ménager des terrasses. Elle est assez élevée (20-25 m. dans la région de Tokyo) pour qu'on ne puisse guère utiliser pour l'irrigation les fleuves qui s'y encaissent. Rarement assez d'eau ; des cultures sèches, comme le blé, le riz de montagne ; des plantations de thé, d'orangers, de mûriers. Sur les routes accidentées, moins de voitures que de porteurs. Cette suite de terrasses, parsemées de larges cônes torrentiels, finit sur la plaine basse par des éperons d'une altitude uniforme, des promontoires et des pitons d'où la vue s'étend au loin ; presque tous sont parés de temples et d'arbres vénérables. Au contact des deux pays se sont établis de grandes villes, Yokohama, Tokyo, ainsi que de nombreux et gros bourgs. Situées sur les plaines basses, Osaka et Hiroshima sont tellement sillonnées de canaux que ces villes rappellent la Hollande. Les plaines d'alluvions modernes, très plates, sont soumises à une culture des plus intensives : presque partout, des rizières, où l'on sème, en saison froide, l'orge et le blé. La terre y est d'une extrême richesse là où les hauteurs voisines lui ont fourni des particules sablonneuses pour rendre le limon moins compact. Ces régions fertiles ne sont guère étendues. Mais elles nourrissent des populations serrées dont la densité atteint 400 habitants au kilomètre carré dans la plaine d'Owari, d'un aspect néerlandais avec ses polders endigués. Ce sont également des paysages de polders qui se déroulent à l'Est de Tokyo, près de Niigata et de Toyama sur la côte Ouest de Hondo, près de la Mer Intérieure, sur le rivage Nord de Kiou-siou.

Ces plaines fécondes ont condensé la population japonaise en petites unités, séparées par des montagnes où l'on s'aventurait peu jadis et par de vastes forêts désertes. Un trait essentiel est le morcellement en nombreux « pays », sévèrement isolés, où le régime du clan et de la féodalité s'implanta solidement, où la vie archaïque a pu parfois persister jusqu'en plein XXe siècle. Aucune région n'était préparée à centraliser l'existence nationale. La plaine de Tokyo semble convenir à ce rôle par son étendue, sa richesse, ses libres relations vers le Nord grâce au fossé médian. Mais son horizon est limité par les chaînes d'Akaïshi et de Hida, par le massif du Fouji ; c'était là une barrière qui diminuait son influence sur tout l'Ouest du Japon. Il est vrai que cette plaine, comme beaucoup d'autres, est en bordure de la mer. Ce fut la mer qui assura l'union des « pays » japonais ; de tout temps son rôle a été capital dans la vie politique et économique.

Phot. Francis Buellan.

LE FOUDJI-YAMA, VU DU COL DE MISAKA.

Lac de Kawogouti. Noter la régularité des pentes et le ravinement des hauteurs au premier plan.

A. — LES ALPES JAPONAISES.
Cultures de riz et de mûrier dans la vallée du Matsou-gawa (rivière des Pins).
Village de Warabi-daira (département de Nagano).

B. — LE LAC ASHINO.
A 62 kilomètres Sud-Ouest de Yokohama. Sur les rives de ce lac pittoresque
se trouve la ville de Hakoné, lieu de villégiature.

II. — *LES MERS ET LES COTES*

MERS BORDIÈRES ET PACIFIQUE. — On a indiqué la différence de structure entre les mers qui baignent le Japon à l'Ouest et celles qui le baignent à l'Est (p. 58). Il n'est séparé de l'Asie que par des « mers bordières » relativement peu profondes. Entre Vladivostok et Tsourouga, la sonde ne descend presque jamais à plus de 3 500 mètres (on vient de découvrir une traînée Sud-Ouest—Nord-Est de bancs couverts de 260-400 m. d'eau); elle n'atteint nulle part 1 000 mètres dans la mer de Chine orientale. Par contre, les rives Sud-Est du Japon et les Riou-kiou sont étroitement bordées par les courbes bathymétriques de 3 000 à 4 000 mètres, qui enferment la cuvette marine des Philippines. Puis, au delà du faîte qui porte les îles Bonin et Mariannes, commencent les longues fosses étroites du Pacifique Nord-Ouest, qui vont des abords de Yokohama à ceux de l'Alaska, avec un sillon dépassant 8 000 mètres, à peu de distance des rivages de Hondo (voir la carte hors texte en couleurs).

Ainsi l'archipel principal du Japon, les Riou-kiou et les Kouriles marquent l'extrême limite orientale des terres asiatiques, qui se terminent par de gigantesques cassures ou par des fosses synclinales sur les abîmes du Pacifique. Sans doute, des effondrements se sont aussi produits entre Hondo et les rivages de la Corée, de la Sibérie. Mais, dans l'ensemble, ces mers bordières n'interrompent pas le socle continental qui porte le Japon. Vers Sakhaline et le Nord de Hokkaido, vers Formose, surtout vers la Corée à laquelle ils seraient unis si la mer s'abaissait de 128 mètres, ses archipels se soudent à l'Asie par des seuils faiblement immergés. Il est d'ailleurs probable que cette immersion est récente sur plusieurs points, comme le montrent les ressemblances de la flore et de la faune nipponnes avec celles du continent. Le détroit de Corée, large seulement de 180 kilomètres, avec l'escale des îles Tsoushima, offrait un passage facile vers la péninsule, et permit, dès la plus haute antiquité, l'expansion des races jaunes et de la civilisation chinoise. Vers l'Est au contraire, c'était l'immense Océan sans points de relâche, sans une « côte d'en face » qui attire les navigateurs.

Les eaux qui baignent le Japon sont relativement chaudes. Leur température à la surface est de 22° à 27° en août entre le Nord de Hondo et le Sud de Kiou-siou; c'est à peu près celle de la côte sénégalienne. En février, elle est de 15° à Yokohama, soit sensiblement supérieure à celle de la Méditerranée; il est vrai que, sur l'autre rive, elle descend à 10° dès la péninsule de Noto. Si le littoral Est, au moins au Sud du 38ᵉ parallèle, est plus tiède, il le doit à ce qu'il est mieux protégé contre les vents froids du continent, et aussi, dans une certaine mesure, à ce qu'il est longé par un courant marin chaud, plus puissant que celui de la côte Ouest. C'est le Kouro-shiwo, qui exerce sur le climat du Japon une influence analogue à celle du Gulf Stream dans l'Europe atlantique, bien qu'actuellement discutée et sûrement plus faible. Issu du courant Nord-équatorial, il se recourbe devant Formose vers le Nord-Est. Son cours principal, qui va en s'élargissant de 100 milles marins près de cette île à 300 près de Yokohama, passe légèrement au Sud du Japon, suit le littoral Est jusqu'à 38° latitude Nord l'hiver, 41° l'été; puis il traverse le Pacifique d'Ouest en Est. Sa limite polaire est très reconnaissable à sa couleur sombre (Kouro-shiwo signifie « eaux noires »), à ses bois flottés, à sa faune, à sa houle puissante que les vents du Sud et de l'Est poussent l'été tout près des côtes qu'assaillent d'énormes vagues. Il contribue sans doute aux fortes pluies de l'été. Entre lui et la côte Nord-Est de Hondo,

s'intercale un courant froid qui vient de longer les Kouriles et Hokkaido, l'Oya-
shiwo, qui descend jusqu'à 37° latitude Nord, abaissant la température des terres
voisines. Il est remarquable par la nébulosité qui l'accompagne, par sa richesse en
poissons, comme le courant du Labrador près de Terre-Neuve. Une branche secondaire du Kouro-shiwo, le courant de Tsoushima, entre par le détroit de Corée,
longe la côte Sud de cette péninsule, puis la côte Ouest du Nippon, et retourne
dans le Pacifique par le détroit de Tsougarou l'hiver, par le détroit de La Pérouse
l'été. Il se peut qu'elle réchauffe les côtes Ouest du Japon et leur vaille une
partie de leurs pluies hivernales. En tout cas, elle les sépare du courant froid
que la mer d'Okhotsk envoie sur la côte continentale jusqu'à Vladivostok.
Tandis que cette rade et celle de Tien-tsin sont souvent bloquées par les
glaces, les ports du Japon sont toujours libres. Si les icebergs encombrent les
eaux des Kouriles et descendent jusqu'à Hakodaté, le Japon, y compris même
Hokkaido et Sakhaline, est soumis à un climat beaucoup plus favorable que
celui des côtes du continent à latitude égale (voir fig. 6, p. 17).

La Mer Intérieure. — La Mer Intérieure, ou Séto-no-outchi, constitue
un monde à part, où les navires n'accèdent que par des détroits très resserrés,
en luttant contre des courants très violents. Le détroit de Shimonoseki n'a que
700 m. de largeur; aussi le courant y dépasse-t-il 13 km. à l'heure. Entre Sikok et
l'île d'Awaji, c'est la « porte du tonnerre », où le bruit des tourbillons s'entend à
plusieurs lieues. Dans ces défilés se creusent, jusqu'à plus de 150 m., des cavités
dues sans doute aux remous des puissants courants de marée. Mais, dans l'intérieur du Séto-no-outchi, la sonde ne descend pas à plus de 40 m. Il représente
donc une mer de transgression peu profonde, préparée au Néogène par un affaissement le long du fossé médian. De là, les rias des détroits de Boungo, de Shimonoseki et leurs pédoncules évidés par le rongement des tourbillons. Mais souvent
ces formes de jeunesse ont été déjà oblitérées par les apports des torrents et des
volcans; aussi la côte Nord est-elle généralement plate, et de même, souvent,
celles de Sikok et de Kiou-siou. Ces deux îles se terminent en général vers le
Nord par des plaines de roches granitiques nivelées, surmontées de collines
arrondies qu'une faible submersion isolerait, donnant à tout le pays l'aspect du
Séto-no-outchi avec ses îles. A Kiou-siou, ces plaines s'étagent en plusieurs
niveaux, qui montrent un relèvement du littoral par saccades. D'autre part,
beaucoup d'îlots sont nettement sculptés en terrasses. Après l'affaissement qui
permit l'invasion de la pénéplaine par la mer, il semble donc qu'il y ait eu un
soulèvement tout récent, mais en certains points seulement, tandis qu'ailleurs
les rias conservaient toute leur fraîcheur. De là, en partie, les formes si variées
du littoral : tantôt des polders, tantôt de hautes montagnes, des volcans aux
flancs abrupts. Parmi les innombrables îlots, derrière lesquels s'abritent les
jonques, les uns sont couverts de superbes forêts, les autres surgissent brusquement comme des rocs dénudés. Une foule de petits ports desservent les provinces
voisines, qui sont parmi les plus riches et les plus peuplées (leur densité varie de
150 à 520 habitants au kilomètre carré). Avec ses eaux tranquilles et l'abondance
des « reposoirs » pour les barques, cette Mer Intérieure fut, dans l'histoire primitive du Japon, ce qu'a été la Méditerranée pour l'Occident. Elle mit en relations
des pays que le relief isolait, et la civilisation implantée dans Kiou-siou se
répandit aisément dans les autres terres nipponnes (pl. XXXVII, A et B).

LES CÔTES. LA VIE MARITIME. — Les rivages tournés vers le Pacifique et vers le continent présentent des aspects plus variés encore. Ceux de la mer du Japon sont d'un dessin relativement simple. Peu de larges échancrures, sauf les baies de Wakasa, de Nanao et d'Aomori; peu ou point de rias. Çà et là, de hautes falaises; vers Tsourouga, elles enferment des ports excellents (pl. XLI). Dans l'ensemble, prédominent les plages rectilignes, sablonneuses, les dunes amoncelées par le vent du Nord qui souffle l'hiver (pl. XXXIX, A). La plus grande étendue est donc inhospitalière; il est vrai que la côte Est de Corée, bordée par la Cordillère, incite peu aux transactions. Par contre, en face des rias qui découpent l'extrémité Sud de cette péninsule, s'offrent les multiples articulations de Kiou-siou, avec les singulières digitations recourbées voisines de Nagasaki : excellent emplacement pour un *emporium* à l'extrémité du Japon la plus proche de la Chine et la première atteinte par les marins de l'Europe (fig. 34; pl. XXXVIII,C). Peu de ports, sur les rives Est de Kiou-siou, Sud de Sikok, ainsi qu'au Sud des chaînes de Kii : tantôt des rebords élevés de terrasses tertiaires ou de plateaux, tantôt des promontoires effilés; aucune ville ne pouvait d'ailleurs s'y développer, car le pays est montagneux et pauvre. De la baie d'Owari à celle de Tokyo, on trouve au contraire d'excellents ancrages et surtout des golfes qui s'avancent dans l'intérieur vers des plaines fertiles. Celle de Tokyo est limitée à l'Est par des dunes, les plus élevées du Japon (50 m.), qui retiennent les eaux dans de vastes lagunes. Puis, c'est une côte basse jusqu'à la baie de Sendaï, au Nord de laquelle les chaînes tombent brusquement sur la mer (pl. XXXIX, B).

En somme, les rivages du Japon vers le Pacifique, comme ceux de la Mer Intérieure, sont beaucoup plus articulés que ceux de l'Ouest, grâce aux effondrements, grâce aussi à la transgression marine qui créa les rias et le commode couloir du Séto-no-outchi. Cependant, même dans ces sections favorisées, la nature n'avait point préparé les amples bassins, facilement reliés à l'intérieur, qu'exige la navigation moderne. Les rivières, obstruées par des rapides dans les montagnes, par leurs alluvions dans les dépressions, terminées par des deltas, sont très peu utilisables par le trafic, et la pénétration économique est étroitement limitée par le relief. Les vastes baies méridionales aboutissent à des rivages sans profondeur, où jadis les navires devaient ancrer au large, exposés sans défense aux vents du Sud et à la forte houle du Pacifique. A Kobé, ils étaient à peu près protégés par des flèches de sable, et ce fut la raison du choix de ce site par les étrangers qui voulaient commercer avec les populeuses cités voisines. Mais cet avantage eût été loin de suffire sans de coûteux travaux de dragages et de jetées. Yokohama a dû aussi approfondir ses bassins à très grands frais. Ainsi les deux premiers ports du Japon se trouvent dans de très médiocres conditions locales. Si le littoral japonais ne se prête qu'en peu de points aux besoins de la navigation moderne, il offre, par contre, à la petite batellerie, du moins au Sud et à l'Est, une multitude de rades excellentes dont tout le défaut est de s'insinuer entre des montagnes sans ressources, d'anfractuosités rocheuses, de plages où l'on tire les jonques sur le sable à l'abri de quelque écueil. Dans le vieux Japon, dont la vie se concentrait autour des échancrures si nombreuses de Shimonoseki à Tokyo, la fine articulation du littoral invitait à l'activité maritime dès les temps les plus anciens. N'y a-t-il pas là une analogie avec la Grèce, dont les ports innombrables, mais en général minuscules et sans hinterland, sont taillés à la mesure, non de nos vapeurs et de notre commerce, mais des barques antiques?

Comme la Méditerranée, les eaux japonaises contribuent largement à l'alimentation populaire, grâce à l'abondance de leur faune, à son extrême diversité qui correspond à celle des températures marines. Le Kouro-shiwo entraîne le long des côtes méridionales des thons, des bonites, des soles, des dorades. Des espèces plus septentrionales sont amenées par l'Oya-shiwo : le hareng, la morue, le maquereau, la sardine; et la *Balaena japonica* suit fréquemment leurs bancs pressés jusqu'aux environs de Tokyo. Les poissons pullulent vers 38º Nord, à la rencontre des deux courants, — comme à Terre-Neuve, — ainsi que dans les parages de Hokkaido, de Sakhaline, des Kouriles, dans toute la mer d'Okhotsk. Le hareng et la sardine, surtout, se prennent en telles quantités que les pauvres seuls s'en nourrissent et que la majeure partie servait jusqu'ici à fabriquer de l'engrais. Aussi les Japonais font-ils une consommation prodigieuse de poissons, comme aussi de langoustes, de crevettes, de coquillages, de ces multiples « fruits de mer » qui entrent dans la préparation des soupes ou des condiments. Des algues, soumises parfois à une sorte de culture, on tire l'iode ou une fumure très employée. C'est encore la mer, principalement la Mer Intérieure, qui fournit presque tout le sel du Japon. Sans doute ces ressources si variées ne sont pas inépuisables : on a observé récemment que le poisson, très pourchassé, diminuait, que les algues se faisaient çà et là plus rares à cause des apports torrentiels. Mais, jusqu'à présent, cette richesse explique en partie la fertilité des plaines littorales et la concentration de la population sur celles-ci. La pêche et la navigation permettent à des régions rurales, assez accidentées, d'atteindre les densités étonnantes de 266 habitants au kilomètre carré dans la péninsule de Kazousa, voire de 420 au Nord-Est de Sikok. Encore aujourd'hui, un vingtième de la population nipponne vit de la pêche.

III. — *LE CLIMAT ET LA VÉGÉTATION*

Le climat. — Baigné par des mers tièdes, longé sur la majeure partie de ses côtes par des courants chauds, le Japon leur doit quelques-uns des heureux traits de son climat; la douceur relative de sa température, l'abondance des pluies assez régulièrement réparties au cours de l'année, la longueur des saisons intermédiaires, la chaleur humide de l'été conspirent pour lui donner une végétation très riche et très variée.

Pendant la mauvaise saison, les influences de l'Océan luttent avec celles du continent voisin pour en adoucir la rigueur. Grâce à son passage sur la mer du Japon, la mousson d'hiver, qui s'établit dès septembre par des vents violents d'Ouest et Nord-Ouest, n'apporte pas ici les grands froids de la Chine septentrionale. Pourtant, elle abaisse la température très au-dessous de ce qu'on attendrait d'après la latitude. En janvier, la moyenne est seulement de 3º à Tokyo, sous le parallèle d'Alger (12º). Plusieurs arbustes continuent à fleurir : l'*Aralia japonica* en novembre, le thé en décembre, plusieurs espèces de *Daphné* en janvier-février, ainsi que le *Camelia japonica* dont les corolles s'épanouissent parfois sur des branches chargées de neige. Néanmoins, la plupart des plantes se reposent. Le froid est assez vif pour paraître pénible aux voyageurs venus de Singapour ou de Californie. La plupart des rizières sont gelées; les montagnes les moins élevées disparaissent sous la neige qui persiste jusqu'en juillet au sommet du Fouji (pl. XLII, B). A Tokyo, le figuier ne mûrit pas tous les ans, et le citronnier ne donne que des fruits aigres. Hondo a des hivers plus durs que ceux de la

A. — LA BAIE DE YASIMA.

Près de Takamatsou, à l'Est de Sikok. Vue prise de la plaine de Sinouki

B. — LA MER INTÉRIEURE.

Presqu'île et petite ville de Tomo. Côte Sud de Hondo, à l'Ouest d'Okayama.

Phot. commu. par M. L. Aubert

A.   CRYPTOMERIAS SÉCULAIRES DE NIKKO.
Escalier conduisant au temple shinto.

Phot. Francis Ruellan.

B.   LE PARC DE NARA ET SES BICHES.
Pelouses et bosquets des basses collines.

Phot. W. D. Jones, Cop. Univ. of Chicago Press.

C.   LA VILLE ET LA BAIE DE KAGOSHIMA (KIOU-SIOU).
La ville est disposée en damier sur une baie en voie de dessèchement.
A l'arrière-plan, coulées et cônes volcaniques.

Méditerranée, capables d'interrompre la végétation cinq ou six mois, mais aussi de tonifier l'organisme humain.

Au printemps, la température ne se relève que lentement, comme dans la plupart des climats maritimes. En mars, il gèle encore une nuit sur trois ou quatre, et les prairies jaunies par l'hiver ne reverdissent guère qu'en avril. Alors débute la mousson marine, avec ses vents chauds et humides qui viennent du Sud-Ouest sur la mer du Japon, du Sud sur le Pacifique. Légers et variables, ces vents sont interrompus fréquemment par des périodes de calmes : c'est l'époque favorable pour la navigation. C'est aussi celle où les fleurs éclosent de toute part et où débute la culture du riz. On profite, pour transplanter les jeunes tiges dans les terres détrempées, des grandes pluies qui tombent presque chaque jour de la mi-juin à la mi-juillet; ce sont les « pluies des prunes », qui arrivent à la maturité de ce fruit. Les nuages obscurcissent le ciel entier; le temps est déprimant, d'une chaleur moite. Août est un peu moins humide que le début de l'été; puis les averses reprennent avec plus de force encore en septembre. Ces pluies de saison chaude sont dues à une succession d'aires cycloniques qui se déplacent lentement des parages de Formose et de Changhaï vers Kiou-siou et Hondo. Elles amènent de véritables trombes d'eau. Le total annuel des précipitations, dans le vieux Japon, n'est presque nulle part inférieur à 1 mètre, tandis qu'il s'abaisse au-dessous de 500 millimètres dans le Nord de Hokkaido. Il dépasse 2 mètres en nombre de stations. A Tokyo, 28 p. 100 des pluies correspondent à l'été, 34 p. 100 à l'automne. Or la température est alors élevée. Dans la capitale, la moyenne d'août est de 25°,4, et le maximum absolu, de 36°,6. C'est à cette coïncidence de l'humidité et de la chaleur que le Japon doit sa parure de fleurs et un peu de l'exubérance tropicale (fig. 35).

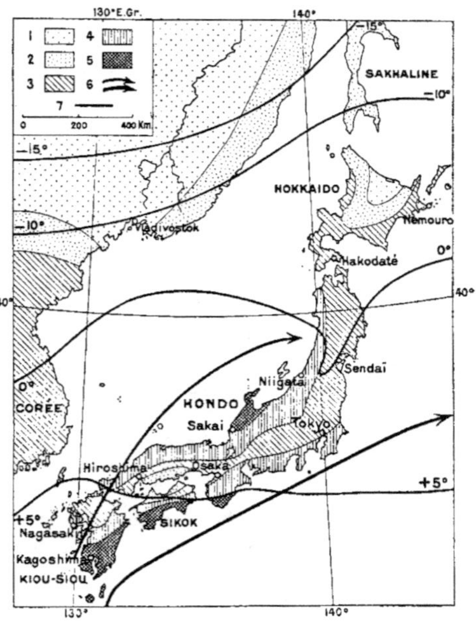

Fig. 35. — Le climat du Japon.

Importance des précipitations : 1, Moins de 750 millimètres; 2, De 750 à 1 000 millimètres; 3, De 1 000 à 1 500 millimètres; 4, De 1 500 à 2 000 millimètres; 5, Plus de 2 000 millimètres. — 6, Trajectoire ordinaire des dépressions cycloniques; 7, Isothermes de janvier. — Échelle, 1 : 22 000 000.

En octobre, les pluies sont encore très fortes, mais la chaleur diminue. Les gingko des temples perdent leurs feuilles jaunies; les forêts d'érables s'empourprent en novembre. Le riz est moissonné, suivant les variétés, de la fin d'août à la fin de novembre. Malheureusement, le début de la récolte correspond au moment où les typhons sont les plus fréquents et les plus violents. Ils balaient

de préférence les riches plaines du Sud-Est, et nulle part en Extrême-Orient ils
ne causent plus de sinistres.

Tel est le cours ordinaire des saisons, très variable d'ailleurs d'une année à
l'autre, selon l'intensité des moussons, le nombre des dépressions cycloniques, et
aussi, a-t-on pu penser, selon la force de l'Oya-shiwo, qui dépendrait de l'abondance des glaces dans la mer de Béring. Avec sa chaleur humide, la majeure
partie du Japon nous apparaît ainsi comme un prolongement de la zone subtropicale. Mais le relief et surtout la latitude introduisent bien des diversités.

La côte Ouest de Hondo se distingue nettement des côtes Sud et Est de la
grande île, surtout par le régime des pluies. A Tokyo, les mois les plus humides
sont ceux de la saison chaude, et plus spécialement ceux où surviennent le plus
de dépressions cycloniques : mai et septembre. Mais, sur la côte Ouest, la
mousson d'été n'arrive que déjà relativement appauvrie; les pluies cycloniques
y sont encore considérables, mais inférieures à celles qu'apportent les vents du
Nord-Ouest, qui se sont chargés d'humidité sur la mer du Japon. Aussi Niigata
a-t-il son maximum principal en décembre; en hiver, pas de jour sans pluie ou
sans neige. Les montagnes voisines s'enveloppent sous 5-6 mètres de neige. Dans
les Alpes Japonaises, vers 37° latitude Nord, la neige détermine la forme du toit,
dépassant de beaucoup les murs, chargé de lourdes pierres; souvent, on est
obligé de se rassembler dans les étages supérieurs et de ménager des galeries
tout le long d'une rue pour aller d'une maison à l'autre. Tandis que, sur tout ce
versant Ouest, le paysage est alors caché sous d'épaisses nuées, qu'arrêtent
les montagnes, des sommets de celles-ci, on découvre la plaine de Tokyo
sous un ciel clair et ensoleillé. D'autre part, les régions littorales de l'Ouest
ont un total annuel de précipitations plus élevé, si l'on compare, à latitudes
égales, Sakai (1 m. 922) à Tokyo (1 m. 500); Niigata (1 m. 793) à Nobirou
près de Sendaï (0 m. 866). Elles sont en effet plus près des montagnes conden-
satrices, que des plaines séparent de la côte Est. Le rôle du relief apparaît
comme essentiel dans ce fait et dans le suivant. Si les bords de la Mer Intérieure ne sont certes pas une région sèche, ils ont cependant des pluies moins
abondantes que ceux des mers extérieures, parce que des hauteurs font
écran de tous côtés. Moins torrentielles, les pluies n'y risquent pas autant de
compromettre les cultures; les vents y sont moins redoutables, la température
plus égale; ainsi le climat, comme le sol ont préparé là une région féconde
(fig. 36).

Mais le principal facteur de diversité, dans un pays si allongé dans le sens
du méridien est naturellement la latitude. La température moyenne de janvier
est de 6°,1 à Kagoshima, 3° à Osaka, —3°,1 à Hakodaté. La gelée, assez rare
dans les plaines de Kiou-siou, visite celle de Tokyo 67 jours par an, contre 120 à
150 au Nord du 38° parallèle. (Peut-être celui-ci marque-t-il une limite climatique, comme étant la ligne extrême atteinte l'hiver par le principal courant
du Kouro-shiwo?) Avec la température, les précipitations décroissent en
général vers le Nord, à mesure que la mousson passe sur des mers moins chaudes.
Nagasaki reçoit 2 m. 039; Hiroshima, 1 m. 461; Hakodaté, 1 m. 142; Nemouro,
0 m. 826. La côte Nord-Est de Hondo est la partie la plus sèche, et l'une des
plus froides, du vieux Japon; Kiou-siou est la plus humide, la plus chaude.
Entre son climat semi-tropical et celui des provinces septentrionales qui rap-

pellent les pays tempérés d'Europe, la transition est insensible à travers les mille nuances locales créées par le relief.

La végétation. — Ces diversités se retrouvent dans la végétation, dont l'abondance et la variété étonnent tout nouveau venu. Sauf au Nord, c'est partout un splendide décor de verdure, une vie intense qui rappelle celle des tropiques, mais qui, bien loin d'être, comme celle-ci, une menace pour la civilisation, lui fournit une foule de plantes utiles. Les formes végétales les plus hétéroclites voisinent dans le même paysage. Des pins semblables à ceux de l'Europe centrale croissent à côté de bambous et même de palmiers chargés d'orchidées. A droite, une rizière, à gauche, un champ de blé, parfois près d'un camphrier géant dont le pareil ne se reverrait que dans la chaude Formose. « On croirait qu'on a mis dans un coin de France des plantes de serre apportées des cinq parties du monde. » Un nombre d'espèces prodigieux : deux mille sept cent quarante-trois actuellement déterminées, sans compter les mousses, lichens, etc. Dans les seules forêts, il y a cent soixante-huit espèces d'arbres, contre quatre-vingt-cinq seulement en Europe. Naturellement, la plupart sont apparentées à celles du continent voisin, en particulier de la Corée et de la Mantchourie ; mais le Japon possède en commun avec l'Amérique du Nord environ deux cent cinquante espèces, jadis répandues sur un vaste domaine que morcelèrent les événements géologiques.

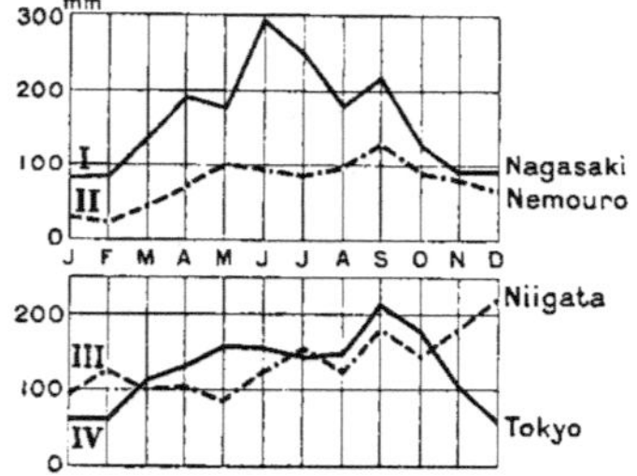

Fig. 36. — Régimes pluviométriques au Japon.

I. Régime du Sud-Ouest, à fortes pluies d'été. — II. Régime de Hokkaido, à faibles pluies et à double maximum de saison chaude. — III. Régime de l'Ouest de Hondo, à maxima d'hiver et d'automne. — IV. Régime de l'Est de Hondo, à maxima d'été et d'automne.

La végétation spontanée, au moins dans la partie Sud occupée depuis si longtemps, a été très éclaircie par la culture. Il en reste cependant assez pour nous faire reconnaître dans le vieux Japon tout entier un pays de forêts. On y a distingué deux grandes zones de végétation, l'une subtropicale, l'autre tempérée. La limite serait le 37e parallèle, avec ces réserves que l'on retrouve au Nord bien des oasis de la première, et que la seconde englobe les massifs montagneux du Sud.

Dans la zone subtropicale, il faut mettre à part l'extrémité Sud de Kiou-siou, surtout autour de la baie de Kagoshima. Cette région bien abritée, très chaude, possède en propre vingt-huit espèces d'arbres, dont dix-sept toujours vertes, parmi lesquelles des fougères arborescentes et la seule cycadée indigène du Nippon. La canne à sucre y produit pendant cinq ans, tandis qu'elle devient une plante annuelle dans le reste du Japon. Les autres cultures sont à peu près les mêmes, mais elles se distinguent par une opulence qu'on est loin de retrouver dès la plaine de Koumamoto.

Les autres parties de la zone subtropicale étaient jadis occupées par des forêts d'arbres à feuilles persistantes. Ces forêts primitives se sont conservées dans les montagnes presque désertes de Kiou-siou et de Sikok. Elles comprennent surtout de hauts chênes à feuilles persistantes, dont les nombreuses espèces sont associées à des essences toujours vertes, d'affinités tropicales : le cinnamome-camphre et autres lauracées, les magnolias, les camélias qui sont des arbres hauts de 10 mètres. Beaucoup de familles indo-malaises atteignent ici leur limite Nord. Les arbrisseaux, les grandes herbes forment un sous-bois épais. Des orchidées, des loranthacées parasites, des fougères épiphytes s'accrochent aux troncs qu'enlacent une multitude de lianes, comme la « rampante de fer » qui les relie par des câbles si solides qu'ils peuvent servir à soutenir des ponts; des glycines grimpent jusqu'à 30 mètres. C'est, en été, une profusion de fleurs, une variété de formes, une note toute exotique. Dans la moitié méridionale de Hondo, ces superbes forêts n'ont subsisté que près des temples, en bosquets qui voisinent avec les plantations de cryptomerias (pl. XXXVIII, A). Ailleurs, elles sont mêlées d'espèces à feuilles caduques et de conifères, ou elles ont cédé la place à des « forêts secondaires ». Quand elles ont été attaquées par la hache, le feu, ou encore ruinées par les éruptions volcaniques ou par les typhons, les arbres toujours verts sont très menacés par la concurrence des essences à feuilles cadu-ques, chênes, charmes, etc.; ils peuvent repousser à l'ombre de ceux-ci, mais, si l'attaque continue, ils se font plus rares, puis disparaissent. De même, les feuillus ont été souvent éliminés par les pins rouges; à leur tour, ceux-ci, très exploités comme bois à brûler, sont remplacés par les bambous, dont on compte plus de cinquante espèces. Ainsi les bambous, en touffes parfois hautes de 20 mètres, si caractéristiques du paysage japonais, se sont substitués à des forêts de plus en plus dégradées.

C'est dans cette zone subtropicale que les cultures typiques du Japon trouvent en majorité les meilleures conditions pour leur développement et atteignent leur plus grande extension. C'est le pays de grande production pour le riz, le thé, le coton, la canne à sucre. Celle-ci demande dix mois pour sa croissance; aussi ne dépasse-t-elle guère vers le Nord le 35e parallèle.

La végétation de la zone tempérée s'annonce déjà dans les montagnes subtropicales, à 1 100 mètres sur le Kirishima (dans Kiou-siou), vers 600 mètres sur le Fouji. Elle couvre presque tout le Nord de Hondo, et c'est là que l'on trouve encore les forêts les plus vastes du vieux Japon. Elles se distin-guent de celles du Sud par la chute des feuilles l'hiver. Les arbres caractéris-tiques de cette zone sont le hêtre, l'érable dont onze espèces empourprent les flancs des montagnes à l'automne. Ils sont généralement mêlés à d'autres feuillus : plusieurs chênes, le peuplier, le bouleau, le châtaignier, le frêne, l'aulne, le saule, les magnolias sont encore assez fréquents. Dans les clairières, une multitude d'arbrisseaux : le *Syringa*, l'*Evonymus*, la viorne; les chevaux dispa-raissent parmi des *Petasites* géants, des ombellifères, des fougères. Des lianes plus grosses que le bras s'élancent jusqu'à 25 mètres sur les dernières branches, chargées de fougères épiphytes. Il y a encore ici une exubérance de plantes grimpantes, une puissance du sous-bois tout à fait exceptionnelles dans les régions à hiver froid. Elles dénotent l'abondance des pluies et la haute tempéra-ture pendant la période végétative. On ne les retrouve nullement dans les forêts de conifères, dont les plus fréquents sont les *Chamæcyparis*, les *Thuya*, les *Tsuga*, les cyprès, les *Cryptomeria*, l'*Abies firma* qui s'élève en magnifiques colonnes hautes de 46 mètres avec un diamètre de 2 mètres, le *Pinus densiflora* qui envahit les boisements dévastés, de même que les bouleaux, les aulnes, les bambous nains. A la différence des hêtres et des chênes, qui recherchent la chaleur humide, les conifères prospèrent surtout dans les montagnes élevées, exposées aux vents du Nord.

Les champs et les vergers ont un aspect plus septentrional qu'au Sud-Ouest de Tokyo. Nous ne sommes plus au pays des camélias et du thé. Sans doute, on revoit des oasis de la zone précédente dans les vallées et dans les plaines bien abritées. On y sème le riz dans le Nord de Hondo et même, çà et là, dans le Sud de Hokkaido. L'arbre à laque, le *Diospyros kaki*, le châtaignier sont plantés sur les versants de ces rizières et caractérisent la partie méridionale de la zone tempérée. C'est celle-ci qui produit le plus de soie de tout le Japon : le mûrier pousse partout dans le Sud, mais il est surtout répandu en cette zone, dans les montagnes au Sud, dans les plaines au Nord. C'est encore le domaine principal des arbrisseaux dont les fibres fournissent le papier. Par contre, le coton ne dépasse guère 38° latitude Nord; au delà, la période végétative n'est plus assez longue, ni la chaleur assez forte. Dès le 38e parallèle, les champs ressemblent souvent à ceux de France : du millet, du maïs, de l'orge, des haricots, le soja surtout. Le blé et les pommes de terre, gênés par les pluies sur le versant Ouest, prospèrent au Nord-Est de Hondo. La limite supérieure de la zone tempérée coïncide souvent avec celle de l'agriculture. Sur le versant Est des Alpes Japonaises, vers 37° latitude Nord, le riz et la pomme de terre montent à 1 200 mètres, l'orge à 1 260, le sarrasin à 1 500. Mais il n'y a plus guère d'habitations permanentes au delà de 1 000 mètres.

La zone suivante, caractérisée par l'*Abies Veitchii*, existe seulement dans les montagnes : au-dessus de 2 000 mètres à Sikok, de 1 800 à 2 800 mètres sur les volcans voisins de Tokyo, de 1 070 à 1 600 mètres dans l'extrémité Nord de Hondo. Les conifères prédominent, avec plusieurs sapins, le tsuga, le picea, le mélèze; beaucoup de bouleaux dans le Nord-Est, avec des tilleuls et des rosacées. Sur les montagnes de cette zone, des rocs abrupts sont battus violemment par des vents glacés; aussi les arbres y sont souvent chétifs; toutefois, dans les endroits protégés, on découvre de magnifiques forêts de sapins encore intactes. Au delà de sa limite supérieure, on rencontre, sur les plus hauts sommets, la zone alpine. Sur le Fouji, la végétation monte jusqu'à 3 000 mètres au Nord et 3 220 mètres au Sud; les forêts, de feuillus d'abord, puis de conifères, commencent vers 1 000 mètres au-dessus de vastes prés-bois constellés de fleurs; elles s'arrêtent à 2 600-2 800 mètres et sont drues surtout vers 2 000 mètres, au niveau où se condensent en majeure partie les nuages qui encerclent si souvent ce volcan.

Des forêts qui le couvraient jadis, le Japon a conservé une grande étendue, presque 59 p. 100 de son territoire, — au lieu de 18 p. 100 en France. Plusieurs ont été dégradées, mais, à la différence du Chinois, le paysan replantait à mesure qu'il abattait. Souvent les faîtes qui séparent les thalwegs portent des bois qui ont isolé jusqu'à nos jours les communautés rurales des divers bassins fluviaux. Les montagnes de Kiou-siou, au Nord, sont encore parées d'immenses silves; l'État en tire un revenu important. C'est aux forêts que l'habitation, généralement en bois, emprunte tous ses matériaux, depuis le gros œuvre jusqu'aux meubles les plus délicats. Les poutres et les planches sont fournies surtout par les conifères : cèdres, pins, cryptomerias, cyprès, ceux-ci utilisés à la fois pour édifier les temples shintoïstes et pour fabriquer les objets à laquer; deux espèces d'ormes sont fameuses pour leur bois presque impérissable, qui résiste à l'humidité de la contrée. Le chêne est très employé pour l'ébénisterie; il est peu estimé toutefois, et on le transforme surtout en charbon de bois, qui est resté le moyen de chauffage ordinaire. Pour les meubles finement travaillés, on recherche le kaki, le santal blanc, le *Zelkowa* au bois très dur, le magnolia, le camphrier aux fibres soyeuses et résineuses avec lesquelles on fait des coffrets qu'évitent les insectes, si destructeurs là-bas. Les chênes à feuilles persistantes conviennent à la construction des vaisseaux; les hêtres, aux instruments agricoles; les kakis, aux sandales ou *geta*; les cerisiers, aux blocs entaillés pour l'impression des textes et des estampes. Diverses espèces, surtout le mûrier, sont cultivées pour la fabrication du papier. On sait les multiples usages du bambou. Les Japonais ont d'abord porté des vêtements de chanvre, puis de coton et de soie sécrétée par les vers qui vivent sur le mûrier, le chêne, le noyer. Leur nourriture est restée essentiellement végétale. On voit la place tenue dans le matériel de leur civilisation par une végétation aux ressources si variées.

IV. — LES PAYSAGES DU JAPON

Les voyageurs sont unanimes à reconnaître la beauté du Japon, au moins hors des villes qui sont parfois trop européanisées : une beauté infiniment diverse, parfois grandiose, parfois aussi menue à l'excès, mais d'ordinaire gracieuse comme l'art qu'elle inspira.

Le littoral. — Ce charme lui vient d'abord de la mer, de ses rivages aux aspects si variés, et partout bordés de ces pins piqués sur les grèves comme sur les rocs; les troncs et les branches se tordent, se renversent jusqu'aux vagues. On les admire, par exemple, à Ama-no-hashidate, près du port très commerçant de Miyatsou, sur la mer du Japon : entre une lagune toujours tranquille et les lames furieuses du large, s'allonge une mince flèche littorale fleurie de petits œillets roses, de buissons de camélias, sous l'ombre légère des pins (pl. XXXIX A). C'est l'un des *San-kei*, des « trois paysages » les plus visités, les plus célébrés par la poésie, les plus vraiment japonais. Le second est Matsoushima, l'archipel qui protège la baie de Sendaï. « On arrive à la mer sans s'en douter, sans que rien l'annonce comme souvent chez nous, déboisements, marais salins, falaises, dunes; elle est ici particulièrement intime, pénétrant profondément dans les terres, s'insinuant en de longs golfes compliqués, abritée des vents du Pacifique par ces centaines d'îles et d'îlots qui font à la terre une ceinture de hauts brisants où vient mourir la fureur du flot » (G. Migeon). Ces écueils de tufs volcaniques, surmontés de pins, sont évidés à leur base par les vagues, aiguisés en crocs, amincis en éperons; ils se hérissent sous un ciel gris, comme les « cailloux » voisins de Bréhat (pl. XXXIX, B). On a aussi une impression de Bretagne quand on traverse la Mer Intérieure pour aller voir, près de Hiroshima, l'île sainte de Miyajima, le plus fameux des *San-kei*. C'est le paysage exquis, doux et un peu languissant du Morbihan, ses eaux apaisées, son labyrinthe de promontoires, de baies, d'îles ramifiées et serrées; on croirait qu'il y a à peine le passage du vapeur qui croise des multitudes de jonques massives, à l'arrière très relevé, aux voiles carrées faites de nattes jaunes. On circule surtout par eau entre les innombrables villages de cultivateurs et de pêcheurs, qui blottissent leurs chaumières dans chaque anse. Souvent, autour de ces bourgades, des rizières s'ordonnent en gradins, comme un théâtre antique; au-dessus de ces terrasses étagées, — disposition fréquente au Japon, — les champs de blé et d'orge parsèment de taches irrégulières le flanc des montagnes. On accède à Miyajima par un de ces *torii*, de ces portiques en bois aux cornes relevées, qui sont la préface ordinaire des temples. A marée haute, il est envahi par les vagues qui viennent baigner le temple shinto, bâti sur pilotis et peint en rouge vif (pl. XL, A). Les montagnes escarpées de l'île disparaissent sous les pins convulsés, les cryptomerias; le vert sombre des conifères fait ressortir les fleurs des cerisiers ou, en automne, le feuillage embrasé des érables.

La variété du littoral japonais apparaît encore, avec quelques-uns des paysages classiques du pays, lorsqu'on suit le Tokaido, « la route orientale de la mer », qui s'étire durant 500 kilomètres entre Tokyo et Kyoto, sur la bande étroite laissée entre la base des montagnes et la mer. Une double rangée de grands pins et de cryptomerias encadre les dalles usées; de chaque côté, des boutiques, des maisons de thé, des auberges, où jadis grouillait une vie bigarrée que nous représentent tant d'œuvres de Hokousaï et de Hiroshigé[1]. A deux ou trois journées de marche de Tokyo, on gravit le défilé de Hakoné entre de grands arbres et des rocs basaltiques tourmentés. Du faîte, on découvre la baie de Sourouga, ses côtes presque désertes, trop ouvertes aux houles du Pacifique pour abriter les pêcheurs, ses marécages, et les aspects accoutumés des rizières, leur ton d'un vert clair au printemps, d'un jaune fauve à l'automne, leur damier de diguettes, leurs touffes de bambous, les toits bas de leurs villages. Entre les premiers plans les plus divers, on voit la silhouette neigeuse du Fouji et la grâce pure de ses courbes symétriques. La vieille chaussée pierreuse unit les rades de ce littoral si finement ciselé : tantôt des lagunes, tantôt des criques rocheuses où l'on répare les filets, des promontoires qui terminent des montagnes brunes où s'érigent encore les forteresses féodales qui surveillaient la grande route. Enfin, après les montagnes d'Omi, on débouche sur la conque où le lac Biwa étale ses eaux bleues entre de pittoresques massifs boisés. De tout temps, le vieux Japon s'est arrêté sur ses bords pour admirer ses huit beautés traditionnelles : la lune d'automne vue de Ishiyama, la cloche du soir au temple de Miidéra, les bateaux rentrant de Yabasé, etc.

LES MONTAGNES. — Les montagnes n'inspirent guère moins de vénération que les sites du littoral et les sanctuaires des villes anciennes, Kyoto, Kamakoura, Nara. On y apporte le souvenir des mille légendes populaires qui s'attachent aux sommets, aux volcans surtout; on honore les divinités bouddhistes qui y siègent ou les forces dont il faut prévenir le réveil par la prière, et en même temps on sent le désir profane de voir de belles choses. Les montagnes japonaises, sauf au Nord de Hondo, sont, d'après Rein, moins grandioses et sauvages que gracieuses, verdoyantes, riches en détails heureux (pl. XL, B). Sans doute, elles ont leurs chaos de pierrailles, leurs cratères souvent ébréchés, leurs solfatares et leurs murailles de cendres. Sans doute aussi, Richthofen a pu noter, au Nord du Kisogawa, le romantisme de ces sommets boisés, de ces cañons, de ces entassements de blocs énormes, de cette verdure parsemée de chalets semblables à ceux de la Suisse; on se croirait dans les Alpes bavaroises, disait-il, et jamais ces souvenirs

---

1. Depuis la construction de la voie ferrée, beaucoup de ces petites villes périclitaient; la route d'automobiles, qui s'achève, va sans doute les ranimer.

d'Europe ne s'imposent à l'esprit dans les montagnes si dénudées de la Chine. Mais ce sont des Alpes sans glaciers, sans neiges éternelles, dont peu de sommets dépassent 2 500 mètres. En dehors des districts volcaniques ou de quelques sierras, dominent les aspects de la moyenne montagne, des faîtes aplatis entre les sillons profonds creusés par l'érosion. C'est dans ces rainures qu'il faut chercher le pittoresque : les rivières grondantes à la saison des pluies, dévalant en rapides où se heurtent les trains de bois; les cascades et les lacs si fréquents dus au volcanisme, les parois à pic où les arbres se suspendent sur les précipices. Mais la grande beauté de ces montagnes semble être leurs vastes forêts où les essences les plus diverses se mêlent dans un fouillis de plantes grimpantes. Le relief chaotique des régions volcaniques voit sa rudesse atténuée par le manteau des forêts dont se dégagent seules quelques cimes noirâtres. Les jolis lacs qui s'égrènent au pied du Fouji sont frangés de silves épaisses qui viennent mourir à leur bord, et les troncs d'arbres se désagrègent à la place même où la vieillesse les a renversés (pl. XXXVI, B).

L'une des originalités du Japon est précisément ce respect de l'arbre, qui contraste si heureusement avec les dévastations barbares de la Chine et même avec les habitudes des paysans d'Europe. Nul peuple au monde n'a éprouvé à ce point l'amour de la forêt, n'en a tellement imprégné son art, non seulement par le choix des motifs picturaux, mais aussi en incorporant son architecture aux futaies. Les tombeaux des shogoun à Nikko, les monastères du Koya-san, perdus dans les montagnes du Yamato, n'étonnent point par le caractère imposant ou original de leurs constructions, loin de là; mais leurs perspectives s'harmonisent avec celles d'arbres centenaires, de cyprès, de cèdres, surtout de ces superbes cryptomerias aux fûts droits qui dressent des nefs de verdure sombres et muettes. Dans les provinces les plus peuplées, les temples s'entourent d'un bois sacré; souvent on y accède par de larges escaliers monumentaux, des files de *torii* rouges, des avenues qui percent une futaie où la religion a conservé la flore primitive. Au premier plan de l'ensemble architectural, c'est un paysage ordonné, parfois aussi important, pour l'impression produite, que les constructions mêmes; souvent celles-ci paraissent minuscules au milieu de ces arbres géants, dont les racines soulèvent les pierres des escaliers et des tombeaux, attestant la puissance de la végétation (pl. I et XLIII, B).

A une hauteur variable, de 300 à 1 500 mètres, les forêts ont souvent cédé la place à des prés-bois, où les arbrisseaux et les touffes de plantes se détachent çà et là sur un tapis de graminées légères (pl. XXXVIII, B). C'est dans ce « grand champ de fleurs », comme les Japonais appellent quelquefois cette zone, que se déploie dans toute sa splendeur la richesse de la flore. On y reconnaît quelques espèces semblables à celles d'Europe, les violettes, les campanules, les gentianes, beaucoup de composées, les anémones aux teintes discrètes. Mais, sur ce fond familier aux Européens, les azalées mettent leurs taches rouges, les deutzias et les patrinies leur blancheur. Jusqu'à 1 000 mètres, les lis du pays ouvrent leurs immenses corolles blanches, bleues, roses, orangées, diaprées. Aux arbres se fixent les orchidées, les lianes tropicales aux fleurs éclatantes et bizarres, les glycines qui laissent tomber, de 20 à 30 mètres de hauteur, leurs draperies violettes. Ces merveilles ont valu aux fleurs une particulière dévotion. Il y a un art des bouquets, un art des jardins, régis par un code compliqué, et que les Japonais égalent à la peinture ou à la sculpture (pl. XLIII, A). Les fêtes vraiment popu-

A. — LA PRESQU'ÎLE D'AMA-NO-HASHIDATE.
Près de Miyatsou, sur la mer du Japon.

B. — LES ÎLES DE MATSOUSHIMA.
Près de Sendaï, côte orientale du Japon.

Phot. Francis Ruellan.

A.   LE TEMPLE DE MIYAJIMA.
Sur la Mer Intérieure (département de Hiroshima).

Phot. Tonnelat.

B.   VALLÉE DE YOSHINO.
Environs de Wakayama, à 50 kilomètres au Sud-Ouest d'Osaka.

laires célèbrent l'apparition de certaines fleurs. On déserte en foule les villes pour aller admirer, dès février, celles des pruniers; en avril, celles des cerisiers, emblème des samouraï; au début de mai, les azalées et les glycines; les lotus à la canicule; en novembre, les chrysanthèmes et le feuillage rougi des érables.

Le charme de cette nature fit des Japonais un peuple de visuels, habitués à vivre en plein paysage et à en jouir délicatement. Jusque dans ses couches profondes, la population sait en apprécier la beauté gracieuse, les couleurs changeantes d'un ciel tantôt doux comme le ciel parisien, tantôt zébré par les averses de la mousson, tantôt nettoyé par les vents du large et d'une pureté cristalline. Elle suit des yeux les lignes nettes, élégantes et capricieuses du relief, rehaussées de mille détails qui accrochent et amusent le regard : rocs aigus, ramures des pins, frêles ponts de bambous, coins retroussés des toits. Aussi le souci esthétique se manifeste dans la disposition de l'habitation, dans la vie quotidienne du plus menu peuple, — autre différence avec la Chine. De quelle façon très originale le Japonais sent la nature, c'est ce que M. Louis Aubert[1] a finement analysé et que nous ne pouvons redire ici. Indiquons seulement sa préférence pour les sites traditionnels, ceux où l'on est venu en pèlerinage depuis des siècles, qui ont inspiré plusieurs générations d'artistes et de poètes : l'émotion religieuse et ces multiples souvenirs s'unissent au plaisir des yeux pour rendre plus chère cette nature humanisée, si intimement mêlée au passé de la race, accueillante malgré ses caprices, qui rend l'effort nécessaire, mais fructueux. D'où le patriotisme si vif, qui est essentiellement l'amour d'un beau pays, où il faisait bon blottir sa vie dans le même coin que les aïeux. D'où, aussi, cet attachement si tenace au sol natal. Le Japonais s'est toujours plu à le parcourir, et il y voyage encore beaucoup, en touriste autant qu'en pèlerin. Mais, avant notre époque, il a beaucoup moins visité l'étranger que le Chinois. Celui-ci s'expatrie volontiers et s'adapte vite aux milieux nouveaux; encore aujourd'hui, le Japonais est retenu par un lien beaucoup plus solide à ses îles. Il lui faut leur climat, leurs habitudes de vie, leurs paysages accoutumés. On n'émigre qu'assez rarement, poussé par l'ambition ou par la misère. La rapidité étonnante avec laquelle le Japon s'est transformé ne doit pas nous faire oublier la force qu'y ont conservée les traditions : elle provient surtout de la religion, de la morale familiale, mais aussi du culte de cette nature aimable et des idées, des mœurs qu'elle a marquées de son empreinte.

BIBLIOGRAPHIE

CARTOGRAPHIE. — La carte du Japon est scientifiquement dressée par les soins du SERVICE GÉOGRAPHIQUE JAPONAIS créé en 1888. Les mesures de bases et la triangulation sont à peu près terminées dans tout l'Empire. Les levés sur le terrain sont très avancés. Ils sont exécutés à l'échelle de 1 : 50 000 (1 : 25 000 et 1 : 10 000 pour les régions les plus importantes). Les cartes à 1 : 50 000 publiées comprennent à peu près la moitié du Japon proprement dit. 92 feuilles ont été publiées à l'échelle de 1 : 20 000 primitivement adoptée; elles sont actuellement ramenées à 1 : 25 000. Le Service a publié en outre des cartes à 1 : 200 000 pour le Japon propre et la partie méridionale de Hokkaido, une carte générale à 1 : 2 000 000 (1926, noms en caractères latins), comprenant le Japon propre, la Corée et les parties voisines des côtes de Chine (cartons à plus petites échelles pour Sakhaline, Formose, les Kouriles, les Riou-kiou, les îles Bonin et Mariannes). En préparation, cartes à 1 : 1 000 000, de l'Asie orientale.

OUVRAGES D'ENSEMBLE SUR LE JAPON. — H. CORDIER. *Bibliotheca japonica. Dictionnaire bibliographique*, Paris, 1912. — FR. VON WENCKSTERN, *Bibliography of the Japanese Empire*, Tokyo, 1895-1907, 2 vol.

1. *Les Maîtres de l'estampe japonaise*, 2ᵉ éd., 1922, Librairie Armand Colin.

— F. CHALLAYE, *Au Japon et en Extrême-Orient*, Paris, 1905; *Le Japon illustré*, Paris, 1915. — BASIL HALL CHAMBERLAIN, *Things Japanese*, 5e éd., Londres, 1905 (plein de faits et d'idées); BASIL HALL CHAMBERLAIN et W. B. MASON, *A Handbook for travellers in Japan*, 9e éd., Londres, 1913 [Collection des guides Murray]. — IMPERIAL JAPANESE GOVERNMENT RAILWAYS, *Official guides to Eastern Asia*, II, III, *Japan*, Tokyo, 1914, 2 vol. — G. MIGEON, *Au Japon. Promenades aux sanctuaires de l'art*, Paris, 1908. — *Pan-Pacific Science Congress*, A. *Australia*, 1923, *Proceedings*; B. *Japan*, 1926. Ces congrès ont été l'occasion de nombreuses publications intéressantes pour le Japon, dont une série de guides d'excursions scientifiques et une précieuse synthèse : *Scientific Japan, Past and Present*, Tokyo, 1926. — J. J. REIN, *Japan nach Reisen und Studien*, Leipzig, 1905 (essentiel). — F. VON RICHTHOFEN, Aus seinen Tagebüchern in Japan (*Mitteil. des F. von Richthofen Tages*, 1912, p. 19-195). — Y. TAKENOB, *The Japan Year book*, 17th annual publication, Tokyo, 1923. — *Unser Vaterland Japan. Ein Quellenbuch geschrieben von Japanern*, Leipzig, 1904. — Voir les analyses des travaux japonais dans la *Bibliographie Géographique* de l'ASSOCIATION DE GÉOGRAPHES FRANÇAIS.

DESCRIPTIONS, GÉOGRAPHIE PHYSIQUE. — IS. BIRD, MRS. BISHOP, *Unbeaten tracks in Japan*, Londres, 1880 et 1900. — *Bulletin of the Imperial Earthquake Investigation Committee*, Tokyo. — S. W. CUSHING, Coastal plains and block mountains in Japan (*Annals Ass. of Amer. Geographers*, III, 1913, p. 43-61). — CH. DAVISON, The Japanese Earthquake of 1923 (*Geogr. Journal*, LXV, 1925, p. 41-61). — TOYOKITSI HARADA, *Die Japanischen Inseln. Eine topographisch-geologische Übersicht*, Berlin, 1890. — B. HAYATA, *The vegetation of Mt. Fuji*, Tokyo, 1911. — S. HONDA, *Description des zones forestières du Japon*, Paris, 1900. — *Japanese Journal of geology and geography*, Tokyo, Vol. I, 1922 (surtout géologique). — MINISTRY OF AGRICULTURE AND FORESTRY, *Forestry of Japan*, Tokyo, 1926 (zones de végétation). — M. REVON, La végétation au Japon (*Annales de Géogr.*, XIV, 1905, p. 52-63). — E. M. SANDERS, The climate of Japan and Formosa (*Monthly Weather Review*, XLVIII, 1920, p. 404-408). — AK. TANAKA, Archipel du Nippon (*Bull. Soc. Roy. Belge de Géogr.*, 1894, p. 502-525; 1895, p. 24-34; vaut surtout pour le littoral). — W. WESTON [Exploration des Alpes Japonaises] (*Geogr. Journal*, VII, 1896, p. 125-149; XXVII, 1906, p. 18-35; XLVI, 1915, p. 188-200); *A wayfarer in unfamiliar Japan*, Londres, 1925. — N. YAMASAKI, Morphologische Betrachtung des Japanischen Binnenmeers Setouchi (*Petermanns Mitteil.*, XLVIII, 1902, p. 245-253); Physiographical studies of the great earthquake of the Kwanto district, 1923 (*Journal Faculty of Sciences, Imperial University of Tokyo*, section II, II, 1926). — THE HYDROGRAPHIE DEPARTMENT, IMPERIAL JAPANESE NAVY, On the form of the Japan trench (*Records of Oceanographic Works in Japan*, Tokyo, Vol. I, mars 1928, p. 25-26).

LE LITTORAL DE LA MER DU JAPON, VU DES HAUTEURS DE KANAZAWA, D'APRÈS UNE ESTAMPE JAPONAISE.
Côte extrêmement découpée : îlots, presqu'îles, cordons littoraux, etc. Nombreux pêcheurs.

A. — LE MONT HIRA COUVERT DE NEIGE.

Versants très ravinés. Village de pêcheurs sur le lac Biwa. — Estampe de Hiroshigé.

B. — PAYSAGE D'HIVER SUR LA ROUTE DU TOKAIDO.

Reliefs volcaniques. Village de montagne, aux toits en forte pente. — Estampe de Hiroshigé.

CHAPITRE XI

LE JAPON. LA VIE TRADITIONNELLE

I. — FORMATION DU PEUPLE ET DE L'ÉTAT JAPONAIS

ORIGINE DU PEUPLE JAPONAIS. — C'est l'un des problèmes les plus délicats de l'anthropologie. Ce peuple, uni par un sentiment national si vif, est formé de races très diverses. Parmi les squelettes de l'âge de pierre, on trouve un type très proche de la race européenne de Cro-Magnon, et deux qui correspondent aux variétés actuelles de ces Aïnou aujourd'hui refoulés dans Hokkaido. Il semble établi que ceux-ci ont jadis occupé tout l'archipel, mais à côté de populations étrangères. Puis des invasions venues de la Corée apportèrent une culture supérieure, les métaux, la charrue. La masse des nouveaux venus était mongoloïde. Mais, parmi les peuples qui ont recouvert le substratum préhistorique, il y avait aussi des éléments divers. Il est de tradition de distinguer chez les Japonais deux éléments très différents. Celui que l'on rencontre dans l'aristocratie est fin, élancé; le visage est allongé, ovale, le front bombé, les pommettes peu saillantes, le nez fin et parfois busqué, la bouche mince, parfois enlaidie par le prognathisme. Dans le peuple prédomine un type plus petit et trapu, à la face ronde, au nez aplati (pl. XLIV, A). L'un et l'autre se retrouveraient en Chine, et l'on a supposé une double invasion de Mongoloïdes distincts. Mais d'autres pensent qu'ils se sont mêlés à des populations maritimes, malaises ou polynésiennes. Beaucoup de Nippons ressembleraient plutôt aux Javanais qu'aux Chinois. Si la grammaire paraît d'origine mongole, c'est à des populations plus méridionales que font songer bien des traits de mœurs, des conceptions religieuses très répandues encore, bien qu'ignorées du shintoïsme officiel, comme le culte de la fécondité sur les côtes méridionales. Certaines coutumes matrimoniales du moyen âge se retrouveraient à Formose. La barque nipponne, très légère, est plus proche du *prahou* malais que de la jonque chinoise. Beaucoup de faits peuvent traduire seulement des influences, mais si profondes qu'elles indiquent des rapports fréquents et anciens avec les archipels du Pacifique. Rien de plus naturel, si l'on songe aux migrations de ces insulaires, dont le Kouro-shiwo entraîne quelquefois les barques vers Kiou-siou. On a cherché, il est vrai, l'origine de cet élément méridional, dont l'importance est indéniable, parmi les populations qui occupaient le littoral de la Chine centrale et méridionale avant la conquête chinoise et qui eurent des thalassocraties capables de rayonner dans l'archipel. En tout cas, il semble avoir contribué à former ce tempérament du Japonais, si différent de ses plus proches voisins, le Coréen et le Chinois du

Nord, avec cette souple intelligence, cet amour de la nature, ce goût de la propreté si rare chez les Mongols du continent[1]. Mais ce caractère montre aussi l'influence de l'histoire, où la lutte contre les aborigènes développa l'esprit guerrier et fondit des races si diverses, tandis que la nation trouva dans l'isolement relatif de l'archipel le loisir de développer son originalité.

HISTOIRE. — Sous les mythes par lesquels les Japonais ont divinisé leurs origines, on entrevoit ce que furent les débuts de leur expansion nationale. Le petit-fils de la divinité solaire, dont la dynastie impériale actuelle affirme descendre, s'établit sur le Kirishima-yama, dans le Sud-Est de Kiou-siou. C'est en effet par cette île, comme le montre l'archéologie, que les Mongols passèrent de la Corée dans l'archipel, vers le début de l'âge des métaux, et c'est là que commença le travail d'organisation qui donna son caractère au peuple en formation, peuple de pêcheurs, de riziculteurs, qui sans doute, dès cette époque lointaine, se concentrait sur les côtes. Au viie siècle avant l'ère chrétienne, le fondateur de la dynastie impériale, le premier « Roi du Ciel », quitta Kiou-siou pour venir, après une longue navigation dans la Mer Intérieure, comme une sorte de Viking, s'établir dans la région d'Osaka et au Sud-Est de celle-ci, dans la province du Yamato, qui porte le nom d'une des premières tribus vraiment japonaises. Bien plus tard fut définitivement soumise la grande plaine alluviale comprise entre la baie de Tokyo et les montagnes voisines de Nikko aux temples fameux. A cette époque (i[er] siècle après J.-C.), cette région était encore appelée Yéso, c'est-à-dire « le Pays sauvage ». Elle était habitée, d'après les récits japonais, par des *outlaws* et surtout par des sauvages à la chevelure inculte, sans doute les ancêtres des Aïnou. Ainsi cette race primitive occupait encore l'un des pays les plus fertiles de Hondo. Elle ne recula vers le Nord que très lentement. Longtemps elle inquiéta les colons nippons, les massacrant ou les réduisant en captivité; elle ne fut vraiment domptée, dans le Nord de Hondo, qu'à la fin du xie siècle.

La soumission des Yéso fut tardive, parce qu'ils tenaient les montagnes, où les Japonais durent s'avancer avec peine, comme aujourd'hui les Chinois aux confins du Tibet. On imagine les conquérants progressant le long des côtes, prenant pied dans les presqu'îles, dans les plaines qu'ils durent dessécher, puis cernant les montagnes et, semble-t-il, protégeant parfois leurs conquêtes par des barrières analogues à la Grande Muraille. Les sauvages soumis recevaient des terres à cultiver; les mikado paraissent avoir pratiqué à leur égard une politique de large assimilation. Ils laissèrent leur marque dans la population de tout le Japon, et nombre de samouraï, aux traits peu mongols, descendent des Aïnou enrôlés.

Le véritable centre du pays nippon, ce que l'on appelle les cinq provinces originelles, le berceau de la nationalité japonaise, c'est le pourtour de la baie d'Osaka et les montagnes boisées qui forment, vers l'Est, le Yamato, l'un des coins restés les plus archaïques, celui où Lafcadio Hearn recueillit la plupart de ses charmantes légendes : région pittoresque et fertile, en relations commodes avec le bassin du lac Biwa et le littoral occidental, surtout toute proche de cette Mer Intérieure dont les côtes riches et découpées conviaient à la culture comme à la navigation. C'est dans ces provinces que les Rois du Ciel établirent leurs

---

1. D'après les mensurations d'Al. Matsumura, les Japonais diffèrent sensiblement des Coréens et des Aïnou; ils s'apparenteraient surtout aux peuples de la Sibérie orientale, du Sud de la Chine, de l'Indochine.

capitales successives. Les Annales n'en comptent pas moins de soixante. Jadis la place où était mort un homme paraissait funeste, et ses fils construisaient une nouvelle maison; de même, l'héritier du mikado défunt créait une nouvelle capitale. Mais cette coutume disparut au viiie siècle, peut-être parce que l'accroissement de la population laissait moins de terres vacantes. Après avoir séjourné à Nara, où les architectes japonais apprirent de leurs confrères coréens à bâtir de merveilleux temples bouddhiques, près d'une aristocratie éprise d'art et d'élégance luxueuse, la cour du mikado se fixa à Kyoto en 794 : elle devait y rester jusqu'en 1868.

Il est curieux de constater combien cette brillante civilisation doit à l'étranger et combien les Japonais furent longtemps en retard sur leurs voisins : ils ignoraient encore l'écriture au ive siècle de l'ère chrétienne! Sa position insulaire à l'extrémité du monde asiatique préservait le Japon des invasions et de leurs ravages; il échappa à la domination chinoise et à la conquête mongole; mais, en même temps, elle faisait de lui l'*Ultima Thule* de toute culture. Celle qui fit sa beauté qui est venue de la Chine, par l'intermédiaire de la Corée. Divisée en principautés rivales aux premiers siècles de l'ère chrétienne, la péninsule offrait de fréquents prétextes d'intervention, dont profitèrent les souverains de Kiou-siou. A plusieurs reprises, des Coréens vaincus ou exilés vinrent s'établir au Nippon, qui attirait volontiers ce flot précieux d'immigrants et joua ainsi le rôle de refuge souvent dévolu aux îles. Au iiie siècle, on fit venir des métallurgistes et des tisserands. Au ive siècle, débuta la sériciculture; jusque-là les vêtements étaient faits de chanvre ou d'écorce de mûrier; le véritable bombyx et l'espèce de mûrier qui le nourrit ne sont pas indigènes ici. Alors aussi les mikado favorisèrent l'introduction du Confucianisme, la religion ou plutôt la philosophie chinoise qui recommande l'obéissance au souverain: ils en profitèrent pour chercher à imposer à leur peuple une monarchie centralisée comme celle de la Chine. Au viie siècle, le bouddhisme se propagea, et, avec lui, ce fut tout un apport, non seulement d'idées et de formes d'art, mais de civilisation matérielle. Des bonzes coréens apprirent aux Japonais à préparer le papier, l'encre de Chine, à construire des moulins. La culture du riz semble originaire de la péninsule plutôt que de la Chine; elle se fait, non avec le buffle, mais avec un bœuf identique à celui de la Corée. Le thé semble avoir été introduit vers l'an 800 par un saint bouddhiste, et sa culture ne prit vraiment d'extension que lorsqu'un abbé bouddhiste, au xiie siècle, fit venir des semences de la Chine. Alors aussi apparut le coton, qui ne devait, il est vrai, se répandre que beaucoup plus tard. On devine l'étendue de la transformation qui s'opéra dans les cultures et les genres de vie. Et presque toujours, à l'origine de ces progrès, on trouve la Corée aujourd'hui si endormie. Sa possession ne fut jamais sûre; elle fut toujours disputée au Japon, jusqu'au moment où la Chine la lui ravit (1598). Mais ces luttes contribuèrent à unifier la nationalité japonaise. Et ces relations incessantes firent pénétrer dans un peuple resté longtemps barbare la culture de la Chine et, par delà, celle de l'Inde.

Il sembla, au xvie siècle, que la culture de l'Europe allait s'implanter avec la même facilité. Attirés par la réputation de prodigieux Eldorado que Marco Polo avait faite à *Cipangu*, les Européens avaient abordé sur ses côtes en 1542. Les seigneurs du Sud avaient encouragé leur commerce, pour se procurer les armes perfectionnées qui leur donneraient l'avantage dans leurs querelles; plusieurs s'étaient convertis au christianisme, qui fit de très nombreux adeptes dans Kiou-siou. Puis les shogoun qui mirent fin à l'anarchie féodale firent bon accueil aux Espagnols. Ceux-ci s'intéressaient forcément à l'archipel, et pour ses richesses légendaires, et parce que leurs navires partis de Manille et emportés par le Kouro-shiwo passaient en vue de Hondo avant de se lancer dans le Grand Océan vers le Mexique. Les shogoun voulurent rendre plus étroites ces relations; ils appelèrent des mineurs de la Nouvelle-Espagne et tâchèrent de créer un commerce régulier. Dès la fin du XVIe siècle, des Japonais prenaient part au trafic du Pacifique. On put croire que les civilisations de l'Europe et de l'Extrême-Orient allaient se fondre dans le pays du Soleil Levant.

Toutes ces espérances furent ruinées par le zèle maladroit de missionnaires; ils donnèrent à penser que leur prédication préludait à une conquête qui asservirait les Japonais, comme les Philippins et les Péruviens. Pour prévenir ce danger, les shogoun prirent une mesure extrême : séparer absolument leurs sujets du reste du monde. En 1621, il fut interdit de quitter le Nippon et même de posséder des barques capables de longs voyages. Ainsi fut détourné de la mer un peuple qui semblait fait pour elle. De très bonne heure, les Japonais avaient été des marins audacieux, à l'occasion des pirates, si bien que, dans les légendes de la Chine, même de la Chine du Sud, le corsaire japonais joue encore le rôle de Croquemitaine; pendant quelque temps, les Chinois durent laisser sur les côtes une bande de terre déserte, comme une marche protectrice. En 1624, le sol japonais fut interdit à tous les étrangers, sauf aux Chinois et aux Hollandais : encore ces Européens privilégiés étaient-ils confinés dans un îlot minuscule voisin de Nagasaki et n'en sortaient que pour des ambassades solennelles. Le Japon devenait terre fermée, et il resta tel jusqu'en 1868. Sans doute, cette rigoureuse réclusion n'empêchait pas totalement les relations intellectuelles; elle n'arrêta pas l'influence des philosophes et des artistes chinois, ni même celle de certains savants hollandais ou allemands. Mais elle atteignit son but politique : le Japon échappa aux convoitises de l'Europe. Pendant plus de deux siècles, son isolement lui permit de poursuivre son développement comme si le monde extérieur n'existait pas. Ainsi fut préservée jusqu'à nos jours, dans toute son originalité, l'une des civilisations les plus séduisantes que la terre ait portées.

L'ÉTAT JAPONAIS. — Cette civilisation était devenue, lors de l'intrusion européenne, celle d'un État fortement centralisé, arraché à l'anarchie féodale par ses nouveaux maîtres. Vers le XIIIe siècle, le mikado, toujours vénéré comme un dieu, avait été privé de tout pouvoir réel par le shogoun, sorte de maire du palais, qui avait d'abord établi sa résidence à Kamakoura (au Sud de Yokohama; pl. I), puis, après l'incendie qui anéantit cette énorme cité de plus d'un million d'habitants, à Yedo, le Tokyo d'aujourd'hui. Ainsi le centre politique du Japon n'était plus dans les vieilles provinces.

Autour de la capitale des shogoun s'étendait le Kouanto, le « Pays à l'Est » par rapport à la passe de Hakoné que domine le cône élancé du Fouji : plaine fertile, protégée vers l'Ouest par des massifs épais et escarpés, accessibles seulement par des cols rares et faciles à surveiller. Des routes, dont certaines auraient été construites dès les IIIe et IVe siècles de l'ère chrétienne, assuraient l'autorité des souverains, du Nord de Hondo au Sud de Kiou-siou. Elles étaient pourvues de services de courriers officiels, de maisons de poste où l'on changeait de chevaux ou de porteurs, d'hôtelleries destinées aux cortèges pompeux des grands seigneurs, les *daïmyo* : toute une organisation semblable à celles que créèrent, dans un même but d'unité politique, les empereurs de la Perse et de la Chine, la République romaine et la royauté française. Les daïmyo possédaient toujours leurs fiefs et leurs châteaux. Ceux-ci étaient souvent édifiés sur les éminences, aux passes qu'ils surveillaient ou rançonnaient. Entourée de larges fossés pleins d'eau, une haute muraille cyclopéenne supportait, sur un étagement de terrasses, leurs maisons de bois. Tout autour, c'étaient les demeures des *samouraï*, les nobles de classe inférieure, qui vivaient au service des daïmyo ; en dehors des fossés étaient relégués les quartiers des commerçants et des artisans attirés par cette cour. A Kagoshima, une cité officielle avoisinait ainsi le château ; ses rues, larges de 12 à 15 mètres, tracées en damier, étaient bordées de jardins et très propres ; un pont conduisait dans la ville plébéienne, au contraire laide et sale. Le paysage japonais portait donc l'empreinte féodale. Mais cette féodalité était assujettie par une habile politique dont un trait nous intéresse, puisqu'il explique l'un des aspects du vieux Tokyo. Le shogoun, dès le xviiie siècle, força tous les daïmyo à y demeurer une année sur deux, et à y laisser, l'autre année, une partie de leur famille en otage. Ainsi le palais du prince était entouré par les hôtels et les parcs des daïmyo, comme la résidence de ceux-ci par les maisons des samouraï. Ces fréquents voyages assurèrent l'unité du Japon, en rapprochant, du moins par leur aristocratie, les habitants des diverses provinces. En outre, d'innombrables pèlerins visitaient les sanctuaires et les sites fameux de tout l'archipel (pl. XLIII, B).

Sans doute, chacune de ces régions maintenait son originalité, parfois encore très marquée, d'autant plus nette que jusqu'à nos jours se sont perpétués certains clans locaux. Au Sud-Ouest de Kiou-siou, la province de Satsouma, avec sa population de samouraï très nombreux, fortement enracinés au sol, dressés à suivre toutes les règles de leur ascétisme militaire, a joué dans l'histoire contemporaine un rôle hors de proportion avec sa faible étendue ; même après la révolution, son particularisme résista au mouvement unitaire moderne. Mais, dans l'ensemble, celui-ci était préparé par la centralisation des shogoun. Résultat d'autant plus remarquable que, au jugement de certains Japonais, le relief chaotique de leur pays semblait l'incliner vers le morcellement. La mer, qui les isola longtemps du monde extérieur, reliait les régions les plus peuplées et les plus influentes. Une civilisation uniforme put se répandre de Kiou-siou au Nord de Hondo, et fut sans doute l'un des principes d'une conscience nationale. Ce peuple, où s'amalgamèrent des éléments ethniques si divers, est pourtant devenu une nation, orgueilleuse de son passé et de son pays, possédant un trésor commun de souvenirs et d'ambitions. Par là il se rapproche de l'Europe et diffère profondément de la Chine, de l'Inde où le sentiment de la solidarité nationale naît à peine dans une minorité d'intellectuels ; jusqu'ici, c'est le seul peuple asiatique qui se soit créé une patrie.

II. — VIE MATÉRIELLE

L'HABITATION. — Dans l'agencement de la vie matérielle, habitation, vêtement, nourriture, on découvre çà et là des emprunts aux autres peuples de l'Extrême-Orient, mais bien plus souvent une curieuse originalité. Ainsi les

Chinois et les Coréens construisent en briques, en pisé, en pierre; les Japonais, en bois, en bambous, en roseaux; la pierre n'apparaît que dans les soubassements des forteresses, par exemple dans les assises cyclopéennes des châteaux d'Osaka et de Nagoya. L'architecture montre peu de variété et n'a réalisé aucun progrès depuis plusieurs siècles. Elle s'est arrêtée à un style partout identique, qu'il s'agisse d'une demeure riche ou pauvre. La maison n'est jamais complètement entourée de murs. Elle est bordée, au moins en grande partie, de vérandas. La nuit, ou en cas d'averse, on clôt celles-ci avec des volets de bois, ou seulement avec des cadres de bois, recouverts de papier à demi transparent; quand on allume, chaque maison ressemble ainsi à une grosse lanterne carrée. Ces écrans sont la seule clôture pendant les journées d'hiver; en été, on les enlève, et toute la demeure s'ouvre librement à la lumière. D'autres, glissant dans des rainures, séparent les diverses chambres, qu'on peut ainsi subdiviser ou réunir à volonté. De place en place, des piliers de bois s'appuient sur le sol, sans fondations; ils supportent le toit, fait en paille ou en tuiles, en bardeaux dans les montagnes, généralement plat, sauf dans les pagodes et les vieux châteaux, où il se retrousse à la chinoise. Les maisons des villes ont généralement un étage, presque jamais deux jadis; on y accède par un escalier qui mériterait souvent le nom d'échelle. Les pièces, toujours d'une propreté exquise, couvertes de nattes immaculées épaisses de deux doigts, frappent par leur nudité : pas un meuble, ni table, ni chaise, ni lit. Les meubles n'apparaissent que lorsqu'on a besoin d'eux; le reste du temps, on les enferme dans les placards. Un hôte arrive : on lui présente un coussin sur lequel il s'agenouille; et, s'il fait froid, un brasero, le seul moyen de chauffage, car la maison n'a pas de cheminées, et le Japonais ne connaît pas le calorifère (*kang*), pourtant si répandu dans la Chine du Nord et la Corée. Au moment du repas, on apporte à chacun un plateau chargé de bols et de soucoupes; pour dormir, des couvertures et de minces matelas qu'on étend à même sur les nattes et qu'on enlève le matin. En autre temps, rien qui rappelle la vie ménagère dans ce clair décor d'une simplicité raffinée; rien n'encombre ces pièces où le regard ne s'arrête que sur quelques objets d'art, des vases, des bronzes, des laques, des peintures sur soie (*kakemono*), placés d'ordinaire dans une sorte d'alcôve où se célèbre le culte des ancêtres (pl. XLIII, A, et XLV, B).

D'où vient ce curieux type d'habitation dont on ne retrouve l'analogue nulle part au monde? Chamberlain y voit le développement de la hutte préhistorique, construite en jeunes troncs d'arbres reliés par des cordes ou des joncs. Mais il faudrait suivre ce développement et montrer pourquoi il s'est fait dans ce sens. Ce type a, certes, ses avantages : l'air y pénètre partout, et la propreté y est facile; les matériaux coûtent peu dans ce pays de forêts, et chaque famille peut avoir sa maison, même dans les villes; surtout sa légèreté réduit les accidents, les écroulements qu'entraînent les tremblements de terre. Mais, d'autre part, il manque de solidité, et l'on n'y a guère l'intimité du *home*; il est souvent la proie d'incendies, comme celui de 1657, qui dévora Tokyo sur une surface supérieure à celle de Paris; un autre, en 1899, consuma à Yokohama plus de trois mille maisons. Il est rare qu'on puisse passer sa vie entière dans la même maison. De plus, on n'y est guère protégé de la pluie, — à moins de mettre les volets et de s'enfermer dans l'obscurité, — ni du vent qui passe par les fentes, ni du froid. Sans doute, on rencontre des constructions plus solides dans le Nord et, dans certaines montagnes, des chalets semblables à ceux des Alpes. Mais déjà à Osaka ou à

Phot. Francis Ruellan

A. — LE JARDIN RITSOURIM, A TAKAMATSOU (SIKOK),

Un des trois fameux jardins du Japon. Au fond, type d'habitation de riche Japonais.

Phot. Francis Ruellan

B. — LE TEMPLE TOSHOGOU, A NIKKO.

L'association harmonieuse de l'architecture avec le paysage est l'un des traits caractéristiques du Japon

Phot. Francis Buellan.

A. — COSTUME JAPONAIS.

Femmes d'Okara (au Nord de Kyoto).

Phot. *Illustration.*

B. TOKYO. LE QUARTIER DES BANQUES.

Constructions de type européen ou américain. Costumes traditionnels et européens,
pousse-pousse et automobiles.

Tokyo l'hiver n'est pas moins rigoureux qu'à Paris, et, bien que le système des cloisons mobiles permette sans doute de ménager un matelas d'air, on doit grelotter dans ces maisons de papier. Peut-on penser que, mal adaptées au climat de Hondo, elles conviennent à celui de Kiou-siou? qu'elles sont une survivance de l'époque, déjà lointaine, où la masse du peuple japonais demeurait dans la région subtropicale? ou même, comme on l'a quelquefois supposé sans preuves sérieuses, que ce type proviendrait de la Malaisie, avec certains détails d'ameublement? Dans quelle mesure traduit-il les besoins, les goûts, la constitution de la famille? Comment a-t-il évolué, et comment varie-t-il suivant les régions? L'étude de l'habitation est à peine amorcée; il serait pourtant fort intéressant d'y analyser les influences ethniques et l'action du milieu naturel.

La NOURRITURE. — Encore aujourd'hui, elle diffère essentiellement de celle des Européens. Il y a plus de mille ans, l'introduction du bouddhisme fit renoncer à la viande et contraria ainsi le développement de l'élevage. La base de l'alimentation est le riz, qui remplace le pain, relevé par des morceaux de poissons, des œufs, des légumes. Au lieu de riz, on consomme, dans les districts pauvres, l'orge et le millet. L'usage du thé ne se répandit guère dans le peuple avant le xviie siècle, mais il devint alors absolument général; le vin, la bière, le café étaient ignorés avant notre époque. Au début du repas, on sert chaud l'alcool de riz, le saké. Pas de laitages; ni graisse animale, ni huile. Ce régime si sévèrement végétarien, dont le riz et le poisson composent le fond, est pauvre en azote, mais riche en carbone; il paraît favorable à la santé, mais à la condition que l'on fasse beaucoup d'exercice pour digérer. Chamberlain explique ainsi la vigueur des gens du peuple, par opposition avec la faiblesse corporelle des classes supérieures. Vigueur toute relative d'ailleurs. Le Japonais est d'ordinaire peu musclé et petit; la taille moyenne de l'homme ne dépasse pas 1 m. 59, celle de la femme, 1 m. 47. Les patriotes japonais insistent sur la nécessité de développer la force physique pour la lutte économique et militaire. Ils comptent, pour ce progrès, sur l'adoption d'une alimentation plus substantielle, sur la pratique des sports, grâce auxquels, selon certains observateurs, on rencontrerait déjà bien plus qu'autrefois des jeunes gens vigoureux et de belle taille.

Le VÊTEMENT. — Les Japonais n'ont adopté qu'assez récemment le vêtement sous lequel nous nous les représentons. Les sépultures des dolmens renferment une quantité de bracelets, de colliers; or l'on ne porte jamais aujourd'hui un bijou. Le costume montre la même évolution du goût vers la simplicité. Dans les palais de Nara, vers le viiie siècle, les seigneurs avaient, à l'imitation de la Chine, une sorte de tunique fixée par une ceinture, un pantalon, des souliers de cuir. Dans cette époque de luxe qui suivit l'installation de l'empereur à Kyoto, du viiie au milieu du xiie siècle, le costume devint très ample, souvent en soie, avec des manches immenses et de vastes pantalons pour l'homme, avec vingt robes superposées, de couleurs diverses, pour la femme. Il ne faut donc pas regarder comme une adaptation fatale au climat, ni comme un signe ethnique, le kimono de coton aux couleurs sobres qui est, aujourd'hui encore, le vêtement ordinaire des deux sexes. A la campagne, on se protège de la pluie par un manteau de paille; les paysans, les pèlerins ont un large chapeau de paille rond (pl. XLII, B). Aux pieds, on a des chaussons bifides; dehors, on met des sandales ou des *geta* : ce sont des patins montés sur deux pieds hauts de 4 à 12 centimètres; on se déchausse en entrant dans la maison, pour ne pas souiller les nattes toujours propres. La propreté est l'une des plus aimables caractéristiques du Japon et de celles qui l'opposent le plus avantageusement à la Chine. Les plus pauvres économisent sur leur nourriture pour se baigner au moins une fois par jour; il n'est pas de maison qui n'ait son installation de bain.

Richthofen remarquait que, même dans de misérables villages de montagne, les habitants avaient des vêtements décents, usagés, mais soigneusement cousus, qu'ils étaient propres, polis, sans la curiosité gênante des foules sordides des villes chinoises. Il observait partout comme un air de confort. Cependant le Japon venait de traverser plusieurs décades de mauvaise administration et de disette. Mais, depuis que les shogoun avaient assuré la paix, le goût du bien-être et du beau avait passé de l'aristocratie dans les classes moyennes et même inférieures. Ce qui fait le « miracle japonais », ce n'est pas seulement cet art raffiné, resté profondément original malgré ses perpétuels emprunts; c'est, plus encore, que les élégances de la civilisation étaient devenues un besoin pour le peuple entier et que, sauf dans les périodes de crises, il menait une vie douce, cultivée, vraiment humaine — comme jadis les Grecs.

III. — *ACTIVITÉ ÉCONOMIQUE*

L'Agriculture. — Elle est extrêmement intensive, plus encore peut-être que celle de la Chine. C'est une nécessité dans un pays où la population est très dense et les terres arables très restreintes : elles n'occupent que les quinze centièmes de la surface du Japon proprement dit, proportion inférieure à celle de tous les pays d'Europe, sauf la Scandinavie. En effet, si la nature a favorisé le Japon d'un climat relativement doux l'hiver, permettant une longue période végétative, et de pluies abondantes qui coïncident avec de fortes chaleurs, d'autre part, les conditions de sol et de relief sont souvent mauvaises.

L'agriculture concentre tout son effort sur les plaines, et encore ce ne peut être sur toute leur surface. Parfois les dunes retiennent l'eau en grands marais; près du rebord montagneux, les torrents coulent généralement sur un lit surélevé d'où ils sortent en inondant le voisinage. Ces étendues trop humides, où le coton et le mûrier ne réussissent guère, devaient être très vastes jadis, puisque, dans les vieilles légendes, l'un des noms les plus fréquents du Japon est « le pays de la luxuriante plaine de roseaux ». Or, si ces roselières ont été réduites par la culture, le paysan ne continue guère aujourd'hui cette œuvre de desséchement : il n'accomplit pas les travaux de drainage nécessaires, mais rendus difficiles par le morcellement excessif des propriétés. Ailleurs, le sol a souvent été détérioré par le volcanisme. Sans parler des champs récemment ensevelis sous plusieurs mètres de scories, on trouve d'épais dépôts de tufs dans les bassins tertiaires et les alluvions quaternaires, par exemple dans le Sud de Kiou-siou et le Nord-Est de Hondo. Ces cendres ont les pires propriétés physiques. Humectées d'eau, elles se coagulent en une masse trop compacte; desséchées, elles deviennent pulvérulentes et trop perméables. Les trachytes donnent aussi un sol médiocre. Par contre, les basaltes et les andésites, les plus répandues des roches volcaniques, sont appréciées pour l'abondance de leurs principes nutritifs, pour l'aisance avec laquelle l'eau et l'air circulent dans leurs fentes : encore est-ce à condition que leurs laves soient assez décomposées. Une porosité analogue, ainsi que la facilité à absorber les engrais, fait la valeur des arènes issues du gneiss et du granite. Dans beaucoup de régions, les sols granitiques sont considérés comme les meilleurs pour les plantes industrielles comme pour le riz, témoin les célèbres plantations de thé d'Ouji, près de Kyoto; sur les bords de la Mer Intérieure, on les recherche pour le coton, la canne à sucre, le chanvre, etc. Presque tous les sols japonais manquent de calcaire et d'acide phosphorique; il est vrai que celui-ci

est fourni facilement par les engrais animaux qu'on va chercher sur les plages ou, surtout, près des habitations.

L'extension de la culture est contrariée moins encore par la fréquente stérilité du sol que par le relief accidenté. La proportion des terres cultivées par rapport à la surface totale dépend du relief bien plus que de la latitude. Elle est surtout élevée dans les plaines côtières de formation récente, tandis que les plaines littorales anciennes, trop disséquées, restent souvent en friche. Le maximum est atteint autour des golfes du Sud de Hondo, grâce aussi à l'action des centres urbains : près de Osaka, Nagoya, Tokyo. On remarque encore une utili-

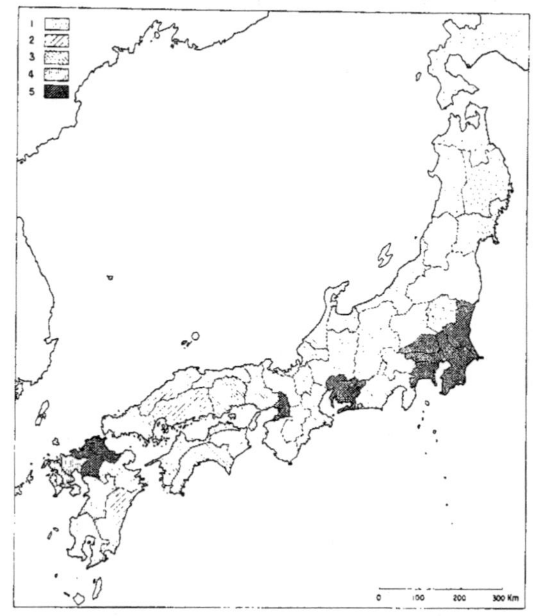

Fig. 37. — Carte de la superficie cultivée au Japon (en 1925).

Rapport de la superficie cultivée à la superficie totale : 1, Moins de 10 p. 100; 2, De 10 à 15 p. 100; 3, De 15 à 20 p. 100; 4, De 20 à 30 p. 100; 5, Au-dessus de 30 p. 100. — Échelle, 1 : 14 000 000.

sation intensive du sol dans les dépressions, assez exiguës il est vrai, des provinces septentrionales, et surtout en bordure de la Méditerranée, au Nord-Ouest de Kiou-siou, au Nord-Est de Sikok, en corrélation avec une population particulièrement dense (fig. 37 et 38).

Entre ces plaines, où pas un pouce de terre n'est perdu, s'étendent de vastes massifs montagneux dont on ne tire aucun parti. Sans doute, la culture prend possession des premières pentes, découpées en terrasses qui montent d'autant plus haut que la région est plus peuplée (pl. XLV, A). Mais elle s'arrête souvent à la limite supérieure du riz; elle cesse généralement, ainsi que les établissements sédentaires, entre 700 et 900 mètres, bien que, dans les Alpes Japonaises, on trouve jusqu'à 1 100 mètres des villages, vivant, non plus de riz, mais de millet et de sarrasin. A ces hauteurs, l'élevage pourrait prospérer. Parfois, il est vrai, la forêt a été remplacée par des bambous nains, aux spinules nuisibles, qui empêchent l'introduction des plantes nourricières. Mais, sur le bas de tous les massifs, il y a des centaines de kilomètres carrés de belles prairies naturelles. Elles restent inutilisées, parce que le Japonais ne donne aucun soin à l'élevage. Il possède très peu de bétail, surtout ovin et caprin; les bœufs et les chevaux, qu'on emploie pour labourer, pour traîner ou, plus souvent, pour porter les fardeaux, vivent sur la lande, sans qu'on se soucie de leur préparer du fourrage. Pourtant ce serait à eux de fournir l'engrais nécessaire aux champs des dépressions : ce rapport rationnel entre la culture et l'élevage a échappé aux Japonais comme aux Chinois.

La technique chinoise est suivie dans toute sa minutie, avec les soins constants que permet le régime de la petite propriété. C'est un vrai jardinage, avec des sarclages continuels. Pendant toute la durée de la période végétative, on apporte des engrais à chaque pied, ce qui suppose des semis en ligne. On fume les rizières avec les détritus des villes, les herbes des prairies, les rameaux cueillis dans les forêts : c'est aux dépens des espaces incultes que doit se faire la fumure. On irrigue partout où le relief le permet. Malgré l'humidité de l'été, l'irrigation est en effet nécessaire; des semaines de sécheresse peuvent alterner avec des semaines de pluies ininterrompues, et elles arrivent surtout en juillet-août, à une époque décisive pour la vie des plantes; or le soleil de cette saison dessèche en un ou deux jours le sol saturé pendant dix. Aussi, même avant l'ère chrétienne, les empereurs créèrent des canaux qui, maintenant, sillonnent partout les plaines, des digues pour régler le cours des fleuves souvent si irréguliers, et, dans les régions les moins pluvieuses, sur le pourtour de la Méditerranée par exemple, des réservoirs analogues aux *tanks* de l'Inde. Entre Nagasaki et Saga, des étangs recueillent sur le flanc des montagnes, entre 100 et 250 mètres, les eaux des pluies, qu'un système de rigoles répartit dans les vallées où s'étagent les rizières. Ces ouvrages d'irrigation, bien conçus et soigneusement entretenus, sont placés sous le contrôle officiel.

Du fait qu'ils sont irrigués ou non, les champs se classent en deux grandes catégories : 1º les champs humides, ou *Ta* (52 p. 100 de la surface cultivée), sur les premières pentes et dans les plaines; celles-ci, même quand la pente est insignifiante, sont divisées en terrasses pour assurer la circulation des eaux; 2º les champs secs, ou *Hata* (48 p. 100), sur les hauteurs, où l'on sème des variétés de riz de qualité inférieure, des céréales de pays tempérés, à côté de cultures arbustives. Dans ceux-ci, tout le travail se fait au hoyau. Dans les Ta, on emploie parfois le bœuf et le cheval, attelés à une charrue primitive qui pénètre peu profondément et oblige à éviter les sols compacts. Mais la population est si dense, la main-d'œuvre à si bon marché que, jusqu'ici, on recourt rarement à ces animaux pour les façons. Souvent les Ta produisent des céréales sans interruption : le riz ou le millet, l'été, l'orge ou le blé, l'hiver; parfois même le riz ne cède la place à aucune autre plante. Mais on épuise ainsi la couche superficielle, on laisse s'y multiplier les parasites qui trouvent toujours le genre de provende qui leur convient. Pourtant les assolements sont faciles, d'autant plus que les espèces cultivées sont nombreuses et que plusieurs peuvent accomplir leur cycle l'hiver. Très anciennement on a compris l'avantage de cette rotation. On fait souvent alterner avec les graminées des légumineuses, les haricots soja par exemple, qui enrichissent le sol en azote et utilisent les engrais descendus dans des couches plus profondes. Ou bien on plante le coton après une céréale d'hiver. Toutefois, ce n'est guère que sur le tiers environ des champs que l'on peut faire ainsi deux récoltes en une année.

Le riz couvre la majeure partie des terres arables; avant la Rénovation, il était défendu de consacrer les rizières à d'autres cultures, pour ne pas diminuer les subsistances. Parmi les centaines de variétés introduites au Japon, il fut aisé de choisir les mieux adaptées au milieu. Le riz ordinaire est semé fin avril, repiqué au début de juin et moissonné en octobre. Il est ici d'excellente qualité; aussi le paysan n'en mange que rarement : il le vend, pour acheter à l'étranger des qualités inférieures, ou encore il se nourrit d'orge, de millet surtout. Malheureusement le riz atteint ici sa limite Nord, et, comme la température de l'été japonais diffère beaucoup d'une année à l'autre, le rendement est exposé à de fortes variations dans les provinces septentrionales. Le climat ne convient guère au blé ni à l'orge : leur récolte, en mai-juin, risque d'être compromise par la mousson pluvieuse. Pourtant ce sont des cultures à développer dans le Nord-Est de Hondo, où l'été est relativement sec. Celle de la canne est cantonnée presque exclusivement sur la côte Nord de Sikok et dans le Sud-Ouest de Kiou-siou, dans des régions chaudes et bien abritées; elle augmente peu, parce qu'elle exige trop de façons, d'engrais, et que le sucre de Formose ou de l'étranger lui fait une dure concurrence. Le coton semble n'être venu de Chine que très tard. Ses conditions d'habitat se trouvent particulièrement bien réalisées sur les côtes de Hondo et de Sikok qui bordent la Méditerranée (et c'est là, grâce surtout à l'égalité de la température dans ces régions, que l'on trouve le meilleur coton de l'Empire), puis dans les plaines de Nagoya et de Tokyo, qu'il ne dépasse guère vers le Nord. Tandis que le riz, la canne, le coton recherchent les dépressions, le thé convient plutôt aux terrains accidentés; il lui faut en effet un sol dont l'humidité s'écoule vite, aussi perméable que possible. On plante le thé, comme aussi le mûrier, sur les pentes trop rapides où les transports deviennent par trop pénibles. Au Japon, sa limite coïncide avec celle de la zone subtropicale; elle atteint 36° latitude Nord à l'Est et 38° sur le rivage occidental dont les neiges protègent l'arbuste en hiver. Le domaine du mûrier s'étend beaucoup plus loin vers le Nord, car cet arbre exige moins de chaleur et d'humidité, moins aussi de principes nutritifs, et il pousse même sur des sols très pauvres comme les pentes Nord-Est du Fouji. Aussi prend-il, dans le centre de Hondo, la place laissée libre par le thé. Tandis qu'il se rencontre assez peu dans l'Ouest, et presque pas dans les deux îles méridionales, il occupe au moins le dixième des terres cultivées dans les collines qui entourent le lac Biwa et surtout dans les montagnes qui dominent la plaine de Tokyo. C'est ici le vrai pays de la soie. Par suite du relief très heurté, des difficultés de relations, il y faut un produit cher sous un petit volume, qui supporte les frais du transport (comme l'opium en Chine). C'est la principale ressource du paysan dans ces massifs où le mûrier est planté jusqu'à 1 000 mètres, à une hauteur où il n'y a plus que quelques terrasses de haricots et de maïs. Du printemps à l'automne, le ver à soie exige toute l'attention, et il est alors malaisé de trouver des guides sur le pourtour des Alpes Japonaises, où des filatures s'installent dans les moindres hameaux.

On voit la variété des cultures, auxquelles il faudrait ajouter le millet, — qui remplace le riz si la récolte s'annonce mal, — le sarrasin dans les montagnes, de nombreuses variétés de légumineuses, les patates douces qui forment le fond de la nourriture dans le Sud de Kiou-siou, les arbres à papier, à cire, à laque. Cette multiplicité de ressources, la fertilité des terres bien irriguées expliquent l'extrême morcellement du territoire agricole surpeuplé. Le sol est devenu si précieux qu'il a fallu tirer parti des moindres coins. Les digues qui divisent les plaines en damier n'ont en général que 0 m. 30 de large; pourtant elles sont ensemencées en soja ou plantées en mûriers. La moindre surélévation est un verger. Le même souci de faire rendre à la terre le plus possible explique aussi la prédominance, dans tout le haut pays non irrigué (Hata), de la culture mixte, analogue à la *coltura promiscua* de la Toscane : dans le même champ, on prépare des récoltes différentes en lignes alternantes; des mûriers s'intercalent çà et là; on varie les combinaisons de façon que les semailles, puis la récolte n'aient pas lieu en même temps pour toutes les plantes. On arrive à faire produire au même champ jusqu'à quatre récoltes en un an. Naturellement ce n'est possible qu'à la condition de faire tout le travail à la main; on ne peut même pas se servir de faux; chaque plante doit être traitée isolément. On obtient ainsi l'utilisation intensive du sol, à un degré inconnu en Europe, mais ce n'est qu'en gaspillant le travail. Un paysage de ce genre dénote une région où la terre manque à l'homme.

Les produits de la culture n'auraient pas suffi à nourrir les populations des campagnes, s'ils n'avaient donné naissance à de nombreuses industries rurales : préparation des feuilles de thé, du sucre de canne, tressage des nattes, fabrication du papier, surtout filature et tissage du coton et de la soie. Ces industries se retrouvaient aussi dans les grandes villes, toujours avec ce caractère familial. C'était le régime des petits ateliers, des corporations, qui avaient leur quartier distinct dans chaque cité; travail patient, fait de traditions et de conscience méticuleuse, auquel nous devons les merveilles de l'art industriel japonais : les peintures sur soie et les estampes, les bronzes, les laques, les ivoires, les grès, les porcelaines de Séto (province d'Owari), de Kyoto, de Satsouma.

CIRCULATION ET COMMERCE. — Au début du xixᵉ siècle, Siebold notait l'activité de la circulation sur les routes, dont le réseau était serré surtout dans le Sud, de Tokyo à Kyoto et Nagasaki. Elles étaient assez médiocres. Parfois larges, ombragées de pins ou de cyprès, elles reposent trop souvent sur un sol sans consistance, cendres volcaniques ou argiles détrempées après les pluies de la mousson. Elles gravissent les massifs montagneux par les marches basses et larges d'escaliers inaccessibles aux voitures. Celles-ci sont en petit nombre, encore aujourd'hui, sauf les *jinrikisha*, ou pousse-pousse, dont l'usage s'est généralisé depuis 1868 aux abords des villes. Quant aux marchandises, elles ont été de tout temps transportées, pour la plupart, à dos de cheval ou de bœuf, ou sur la tête des coolies. Dans les régions de montagne, on emploie souvent encore l'antique palanquin, le *kago*, sorte de panier où le voyageur recroquevillé est secoué comme un simple colis. Ces véhicules primitifs convenaient à un pays de relief accidenté, de population dense, où la force humaine était à bas prix. Les rivières ne sont navigables que sur une faible section de leur cours inférieur, et les canaux servaient à la fois à la navigation et à l'irrigation. Beaucoup plus actif était le cabotage. Depuis les interdictions du xviiᵉ siècle, les Japonais avaient dû démolir leurs belles galères mues, comme celles de la Méditerranée, à la rame et à la voile. Mais d'innombrables petites rades étaient toujours fréquentées par une foule de navires. On voyageait naturellement bien plus par eau que par terre, surtout sur les rivages si peuplés de la Mer Intérieure, où chaque village avait sa « marine ».

Grâce à ces facilités, le commerce intérieur témoignait d'une exceptionnelle activité, excitée par la variété des climats et des produits. La célèbre chaussée du Tokaido, les vieilles rues des cités japonaises sont encore bordées d'une infinité de minuscules boutiques où la moindre transaction s'accompagne de ces politesses interminables qui montrent le peu de valeur du temps. Il y avait bien, déjà, quelques grosses maisons de négoce aux relations étendues. Osaka était déjà une ville d'affaires. Mais les progrès du grand commerce étaient gênés par les monopoles, les lois somptuaires, les barrières de douanes dont chaque daïmyo entourait son fief. Ainsi, vers 1860, presque toute relation économique était interdite entre le reste du Japon et le clan de Tosa, au Sud de cette île de Sikok qui a rarement, dans son histoire, subi l'influence de Hondo. Le commerce avec l'étranger se réduisait presque à rien : dix à douze jonques seulement par an faisaient le voyage de la Chine; les négociants hollandais ne vendaient que quelques objets d'art, quelques tissus de luxe, et l'Europe n'achetait, par leur intermédiaire, qu'un peu de cuivre et de camphre.

Le plan des shogoun s'était réalisé : le Japon s'était isolé presque complètement du monde extérieur. Cette sécession eut ses avantages économiques. Elle le força à fabriquer tout ce que lui apportaient jadis les étrangers, à imiter leurs produits sans servilité, en les adaptant au génie original de la race. Cependant l'industrie nationale, réduite au marché intérieur, sans l'aiguillon de la concurrence, se développa insuffisamment pour occuper les multitudes de bras qui ne trouvaient pas leur emploi dans une agriculture routinière. La colonisation intérieure ne progressait pas; le paysan ne pouvait quitter le fief de son daïmyo, et seules des migrations auraient permis d'augmenter la superficie des terres cultivées. L'interdiction religieuse de toute alimentation carnée réduisait la nourriture, en dehors du poisson et des légumes, au riz dont l'irrégularité des moussons peut faire manquer la récolte, amenant la disette. Vers la fin de l'ancien régime, le pays était surpeuplé. La population, qui s'était élevée dans le premier tiers du XVIIIe siècle à environ 30 millions, restait stationnaire; dès qu'elle dépassait ce chiffre, elle y était ramenée par la famine. Elle avait atteint le maximum que comportait le genre de vie traditionnel. Sans nier l'importance des causes morales, il paraît certain que ce déséquilibre démographique a, par l'esprit de révolte que suscitaient ces disettes périodiques, rendu nécessaire et presque fatale la Révolution de 1868, d'où devait sortir le Japon nouveau.

BIBLIOGRAPHIE

C. W. Bishop, The historical geography of early Japan (*Geogr. Review*, XIII, 1923, p. 40-63). — Katsouro Hara, *Histoire du Japon*, Paris, 1926. — Lafcadio Hearn, *Le Japon*, Paris, 1904; *Japan, an attempt at interpretation*, Londres, 1905. — H. Matsumoto, Notes on the stone age people of Japan (*American Anthropologist*, XXIII, 1921, p. 50). — Al. Matsumura, A contribution to the physical anthropology of Japan (*Journal Faculty of Sciences, Imperial University of Tokyo*, section V, I, 1, 1925). — Mis de la Mazelière, *Le Japon. Histoire et civilisation*, Paris, 1907-1923, 8 vol. — G. Montandon, Notice préliminaire sur les Aïnou (*Archives Suisses d'anthropologie générale*, IV, n° 3, 1921, p. 233). — J. Murdoch, *A history of Japan*, 3 vol., Londres, 1926. — O. Nachod, *Geschichte von Japan*, Gotha, 1906. — E. Ch. Semple, Influence of geographical conditions upon Japanese Agriculture (*Geogr. Journal*, XL, 1912, p. 589-607). — Ph. Fr. von Siebold, *Nippon. Archiv für Beschreibung von Japan*, Wurzbourg et Leipzig, 1897, 2 vol.

CHAPITRE XII

LE JAPON. LA VIE MODERNE

L'un des effets de la retraite où le Japon avait été maintenu par ses gouvernants, c'est qu'il n'avait aucune idée de la force des étrangers; cette ignorance risqua de lui devenir funeste. Depuis l'annexion de la Californie, les États-Unis, ayant pris pied sur les rives du Pacifique, commençaient à connaître et à désirer exploiter les richesses de l'Extrême-Orient. En 1853, ils envoyèrent l'escadre du commodore Perry dans la baie de Yedo pour demander l'ouverture du marché japonais. Le gouvernement du shogoun, incapable de résister, accepta. Mais alors tout ce qui comptait au Japon ressentit vivement cette offense à la fierté nationale; on rendit le régime du shogounat responsable de cette humiliation et de la faiblesse qui l'avait rendue possible. Dans cette effervescence, le rôle décisif fut joué par les clans du Sud, qui conservaient mieux le vieil esprit samouraï. Ils prirent l'ascendant sur le nouvel empereur, Moutsou-hito, et combattirent sous son nom les partisans de l'ancien régime en même temps que les clans du Nord. Vainqueur des troupes du shogoun, le mikado supprima le shogounat, transféra la capitale de Kyoto, la ville du passé, à Yedo qui prit le nom de Tokyo, la « Capitale de l'Est » (1868). Alors commence l'ère nouvelle, celle de *Meiji*, qui signifie « clarté », « gouvernement éclairé », pendant laquelle devait s'opérer, sous le règne de Moutsou-hito, la rénovation du Japon.

La révolution, qui avait été suscitée par une explosion de nationalisme xéno-phobe, se continua par l'ouverture du Japon à l'étranger, et cela sans abdication aucune. Quand le mikado décida de détruire « les coutumes contraires à la civi-lisation » et d'emprunter au monde entier les réformes indispensables, au point que le continuateur de la dynastie solaire promit un gouvernement représentatif, ses conseillers, les *genrô*, qui ont vraiment dirigé le Japon jusqu'à ces derniers temps, avaient une vue nette de ce que devaient être le but et les limites de cette révolution : il fallait prendre beaucoup aux étrangers, mais pour se mettre en état de leur imposer respect. Le Japon nouveau, pas plus que l'ancien, ne croyait à la supériorité de leur culture morale, mais il avait dû reconnaître la supériorité de leur civilisation matérielle, et c'est celle-ci seulement qu'il voulait imiter. Il lui fallait, pour assurer contre eux son indépendance, une armée, une flotte de guerre; donc, il lui fallait s'enrichir en exploitant ses ressources par les mêmes moyens que l'Europe. Ce que le Japon a pris à l'Europe, ce n'est point son idéal, mais sa technique.

La transformation économique de Meiji consista d'abord dans la destruc-

tion des entraves qu'y opposait l'ancien régime, le système féodal, les guildes, etc.
Tous reçurent le droit d'acheter le sol, d'exercer toutes les professions, de commercer librement. Mais, loin d'abandonner à elles-mêmes ces libertés nouvelles,

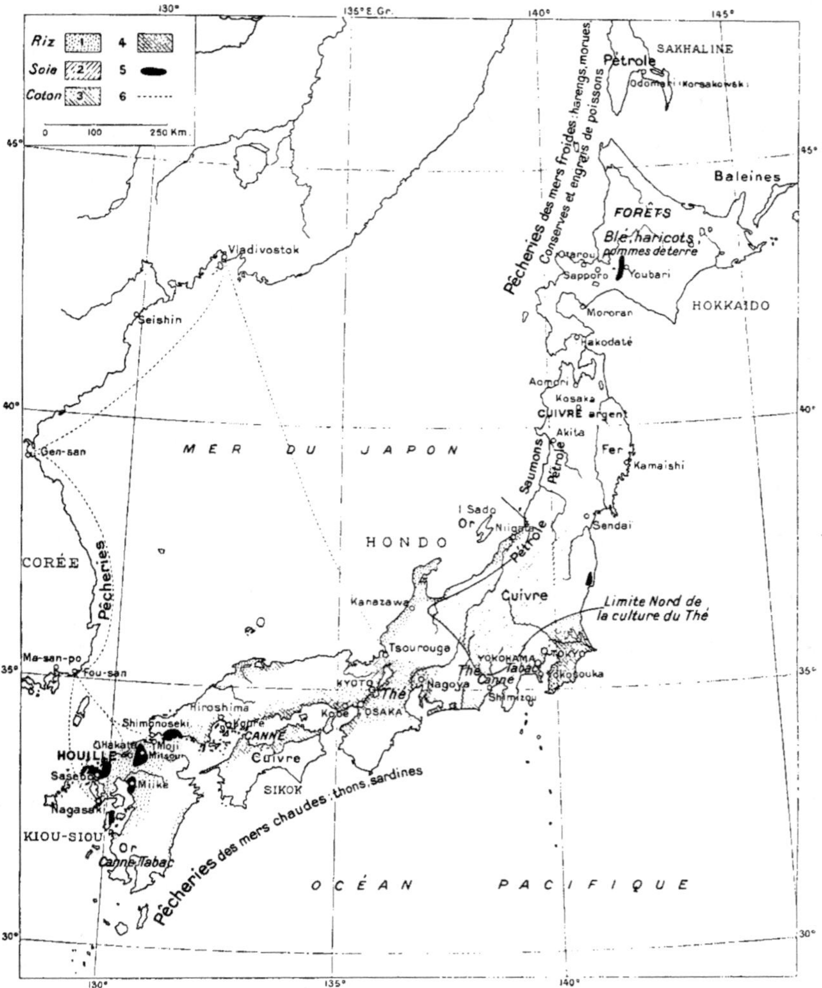

Fig. 38. — Carte économique du Japon.

1, Grande production du riz; 2, Grande production de la soie; 3, Grande production du coton; 4, Grande
production du riz et du coton; 5, Bassins houillers; 6, Lignes de navigation. — Échelle, 1 : 12 000 000.

l'État en prit la direction, comme il était nécessaire dans un pays encombré de pré-
jugés et de routines. Il créa de toutes pièces les institutions économiques selon
un plan systématique : sociétés commerciales de type moderne, bourses de com-

merce, banques, syndicats de producteurs, qu'il rendit parfois obligatoires afin de pouvoir veiller à la qualité des produits vendus à l'étranger. Dans la grande industrie, tout était à créer, et d'abord ce fut l'État qui fit tout : il fonda les usines nécessaires aux services publics (arsenaux, hôtels des monnaies, poudreries, etc.), puis des filatures et des tissages; il établit les premières fabriques d'acier, de machines, de ciment, de verre, de papier. Puis, vers 1880, il céda la majeure partie de ces entreprises pour laisser agir l'industrie privée. L'impulsion qu'il avait donnée était suivie. Les progrès, d'abord ralentis par l'absence de capital, s'accélérèrent lorsque les premiers succès économiques et l'indemnité chinoise produisirent ce capital; ils se précipitèrent pendant la guerre mondiale, dont le Japon fut l'un des principaux bénéficiaires (fig. 38).

I. — LES TRANSPORTS

Pour instaurer de toutes pièces un État équipé à la moderne, il fallait d'abord lui donner des moyens de transport. Dans cet archipel, il s'agissait surtout de transports maritimes : or, c'était le saut dans l'inconnu, puisque les shogoun avaient supprimé la navigation au long cours. On concentra les subventions sur un petit nombre de ports pour les rendre capables de recevoir les plus forts navires. Celui de Yokohama présente, sur les deux tiers de sa surface (326 ha.), une profondeur de 6 à 10 m. 50 au-dessous du niveau des plus basses marées; en le restaurant après le séisme de 1923, on a considérablement accru ses quais et son outillage; on le relie par canal à Tokyo, destiné à se fondre avec lui en un gigantesque organisme économique, future zone franche où les marchandises destinées aux réexpéditions seront manufacturées. Pour Kobé, un programme qui s'achèvera en 1933 lui donnera une surface de 17 millions de mètres carrés, bien protégée contre les vents du Sud et de l'Est, avec vingt-huit postes d'arrimage pour les navires calant 11 mètres. Ces deux ports sont complémentaires, et non rivaux. Yokohama vit des exportations, surtout de la vente de la soie et des soieries aux États-Unis. Kobé est l'avant-port du grand centre industriel d'Osaka, dont les bassins, également en voie d'agrandissement, sont plutôt destinés aux navires de faible tonnage; sa principale fonction est de procurer à Osaka des matières premières, coton, machines, etc. Le groupe Kobé-Osaka fait face à l'Asie, tandis que le groupe Yokohama-Tokyo tourne son activité vers l'Amérique; celui-là obtient la primauté quand ce sont les importations du Japon qui dominent, et celui-ci, quand ce sont les exportations. Dans l'intervalle, Shimizou, sur la baie de Sourouga, est devenu le principal vendeur de thé; Nagoya, au débouché d'une région très riche en riz et en soie, entouré de fabriques de machines, pourra recevoir des navires de 5 000 tonnes. Entre Moji, sur le détroit de Shimonoseki franchi par un ferry-boat, bientôt par un tunnel, et Nagasaki qui expédie la houille de Kiou-siou, on adjoint à l'industrieuse Hakata, près de l'ancienne ville seigneuriale de Foukouoka, un port moderne en vue de développer les relations avec la Corée.

En même temps, le gouvernement a encouragé la constitution d'une marine nationale. Dès 1869, il invita les particuliers à acheter des bâtiments étrangers; puis il favorisa la naissance de puissantes sociétés de navigation, auxquelles il distribue de grosses subventions. Le développement si rapide de la flotte commerciale est donc en grande partie son œuvre.

De 177 000 tonneaux en 1893, le tonnage des vapeurs passa à 1 528 000 en
1913; puis le grand effort de construction qui accompagna et suivit la guerre le
porta à 3 565 000 en 1924, avec 237 navires de plus de 5 000 et 11 de plus
de 10 000 tonneaux, et à 4 140 000 en 1928. La marine japonaise, qui arrivait au
sixième rang avant les hostilités, se place aujourd'hui immédiatement après celles
de l'Angleterre et des États-Unis. Elle a de beaux navires de plus de 15 nœuds
sur les lignes de Seattle et de San Francisco, de Melbourne, de Hong-kong, de
Londres; des services réguliers sont assurés également vers la Sibérie, la
Mantchourie, les ports chinois et sur le Fleuve Bleu jusqu'au Sseu-tchouan;
vers Java et le Siam. Cependant elle n'a pas réussi, comme elle pouvait
l'espérer pendant la guerre, à évincer de l'Extrême-Orient ses rivales des deux
mondes; ce n'est pas sans difficultés qu'elle conserve sa place parmi les grands
rouliers du Pacifique, et le pavillon anglais a repris sa primauté en Chine.

Le Japonais voyage beaucoup dans son archipel. Pourtant, en raison peut-
être de l'importance que conserve le cabotage, les routes sont restées souvent négligées et impraticables aux voitures, et c'est seulement au voisinage des grandes
villes que l'automobilisme a pu rayonner jusqu'ici. Ce pays est passé directement
de l'âge de la piste à celui du rail. Le réseau ferré est relativement très serré,
bien que sa construction ait été laborieuse dans une contrée aussi accidentée :
3 km. 1 par kilomètre carré (France, 9). On a commencé en 1922 la réalisation
d'un vaste programme avec l'électrification de la ligne de Tokyo à Kobé.

II. — L'INDUSTRIE

Conditions de l'industrie japonaise. — Servie par les progrès des
transports maritimes, l'industrie fut encore aidée par certains traits du milieu
local, — du moins jusqu'ici, car peut-être vont-ils s'atténuer (fig. 38).

Le Bureau des Mines évalue les réserves houillères de l'Empire à 8 milliards
de tonnes, soit 2 933 millions pour Kiou-siou (mines de Miiké, Mitsoui), 2 675 millions pour Hokkaido (Youbari), 1 362 millions pour Sakhaline, 614 millions
pour Hondo, 385 millions pour Formose, 81 millions pour la Corée. Actuellement, les trois quarts de l'extraction sont fournis par le Nord de Kiou-siou,
qui semble devoir être le grand centre sidérurgique. En 1925, la production
totale approcha de 31 500 000 tonnes. Le Japon trouve donc sur place la plus
grande partie du combustible nécessaire à ses usines, à sa marine, et celle-ci a
le précieux avantage d'en exporter dans tout l'Extrême-Orient. Après un fléchis-
sement, l'exportation s'est relevée à 2 695 000 tonnes en 1925, mais, en même
temps, l'importation est passée de 308 000 tonnes en 1912 à 1 741 000 en 1925.
En effet, le vieux Japon n'a presque que des charbons gras; il doit acheter beaucoup d'anthracite et de charbon à coke, surtout en Chine. D'autre part, la consommation est encore assez faible : 0 t. 5 par habitant, moins du tiers de la
moyenne française (1 t. 8); mais elle s'accroît rapidement, et l'on craint que,
d'ici un siècle au plus, elle ne dépasse la production locale. Aussi le gouvernement
multiplie-t-il les prospections; il engage les maîtres de forges à s'intéresser aux
gisements chinois. Pour économiser le combustible, on recourt au pétrole (les
bassins d'Akita et de Niigata ont livré, en 1925, 2 956 000 hectolitres, ceux de
Sakhaline paraissent riches) et à la houille blanche. Grâce à la pente et au débit

assez régulier des rivières montagnardes, le Japon possède 5 000 000 CV, dont
1 500 000 déjà aménagés; la force électrique, qui convient aux usines textiles, est
de plus en plus utilisée et permet la diffusion de l'industrie dans les campagnes.

Si le Japon est assez riche en houille, de même qu'en cuivre et en manganèse,
il est très pauvre en fer (ses réserves ne dépassent pas 40 millions de tonnes) :
il doit en demander à la Corée et à la Chine; pauvre aussi en coton, il s'adresse
à l'Inde, aux États-Unis et surtout à la Corée où la métropole tâche de se fournir
le plus possible. Par contre, il est le grand producteur de soie grège pour l'industrie mondiale. Ainsi une seule des principales matières premières se trouve sur
place, et l'apport des colonies ne semble pouvoir combler qu'en partie ce déficit.

Les frais de ces achats lointains ont été jusqu'ici largement compensés par
la faiblesse des salaires; ce fut peut-être la raison essentielle de l'expansion
industrielle et commerciale. Il est vrai que le rendement d'un bon ouvrier
étranger égale deux ou trois fois celui d'un Nippon; mais la main-d'œuvre
abondait, conséquence peut-être du surpeuplement des campagnes japonaises et d'une crise agraire, peu connue, mais capitale : la culture ne suffisant
pas à les nourrir, les paysans acceptent une tâche supplémentaire, même
mal payée, ou viennent gagner un pécule à la ville; beaucoup, accablés d'impôts
et d'hypothèques, ont dû vendre leurs terres trop morcelées. Les revendications
ouvrières furent longtemps timides et inefficaces. Le nombre des ouvriers s'est
élevé de 422 000 en 1900 à 854 000 en 1914 et à 1 789 000 en 1925; mais beaucoup
d'entre eux travaillent encore dans de petits ateliers et sont restés des semi-
ruraux sans cohésion; la classe ouvrière naît à peine. En outre, plus de la moitié
sont des femmes, dont 221 000 de moins de seize ans, soit que la misère les
oblige à compléter les bas salaires du mari, soit qu'elles aient été louées par leurs
parents à des recruteurs qui, récemment encore, les cloîtraient pour cinq ans
dans les usines où elles travaillaient douze à quatorze heures par jour. Un
correspondant du *Times* écrivait en 1914 que le Japon sacrifiait beaucoup plus
d'existences dans ses fabriques qu'il n'en a jamais perdu sur les champs de
bataille. Ce gaspillage des forces nationales commence à être combattu par un
début de législation du travail; les grèves, bien qu'énergiquement réprimées,
ont eu pour conséquence un relèvement considérable des salaires (est-ce dans
la proportion du prix des denrées?). De ce chef, les manufacturiers nippons
ont vu diminuer l'avantage qu'ils avaient sur leurs rivaux. Et l'on peut penser
que cet écart se réduira de plus en plus. A mesure que la classe ouvrière augmentera en nombre et prendra conscience de son rôle, il sera plus difficile, même
si l'État reste aussi peu démocratique, de la maintenir dans cette misère,
base fragile sur laquelle repose la grandeur du Japon moderne.

Comme la main-d'œuvre rurale est toujours moins chère et plus docile,
la concentration industrielle ne s'opère que lentement. Le gouvernement s'y
oppose là où elle n'est pas indispensable, de crainte qu'elle ne précipite l'exode
vers les villes et la transformation des mœurs. Aussi la principale industrie,
celle de la soie, est encore dans l'ensemble une industrie familiale; dans le centre
de Hondo, presque chaque ménage a son métier[1]. Même dans les villes, elle est
répartie en une multitude de petits ateliers; Kyoto a son quartier de canuts, le
Nishijin. Beaucoup des apprêts qu'exige l'industrie textile sont aussi dispersés;

---

1. Les économistes de l'Inde insistent sur cette vitalité de l'industrie domestique, alors que celle-
ci est frappée à mort dans leur pays.

de même les industries secondaires, comme les tresses de paille, le papier, la porcelaine, les boutons de nacre, la bonneterie dont les produits sont envoyés tout autour du Pacifique. Toutefois, la proportion des ateliers qui emploient une force motrice s'est beaucoup accrue, surtout grâce à la guerre. En 1900, il y avait 2 084 usines à vapeur, d'une puissance de 83 581 CV; les chiffres pour 1914 sont 5 745 et 428 520; pour 1925, 8 782 et 1 237 872. S'il n'y a guère de grandes usines pour la soie, ce sont au contraire des établissements considérables, occupant chacun plusieurs milliers d'ouvriers, qui prédominent dans la filature et le tissage du coton, la métallurgie, l'industrie chimique. A Osaka et Tokyo, dans les arsenaux de Yokosouka, Kouré, Sasebo, le Japon a déjà ses cités noires.

La guerre a précipité l'évolution industrielle du Japon, avec ses conséquences économiques et sociales. Il se vit délivré en Extrême-Orient et dans l'Inde de la concurrence européenne; la décroissance des importations européennes eut pour lui les mêmes effets toniques que pour les autres pays neufs; l'or qu'il reçut en abondance, au point de pouvoir en prêter à l'Angleterre, lui permit de compléter ou de moderniser son outillage. Puis survinrent la crise de 1920 et celle que provoqua le séisme de 1923. Elles éprouvèrent d'autant plus le Japon que son industrie ne s'était point corrigée, bien loin de là, de ses défauts traditionnels : direction inexpérimentée, défiance du technicien blanc; spéculation par trop audacieuse; mauvaise foi légendaire dans les procédés commerciaux; surtout, tendance à produire une camelote qui ferait regretter celle de l'Allemagne. Après les énormes progrès que le Japon dut à son abstention presque totale des hostilités, l'industrie est dans une période de tassement, et tout récemment encore elle fut éprouvée par de graves difficultés financières.

LES PRINCIPALES INDUSTRIES. — La principale industrie est restée celle des textiles, qui occupent 52 p. 100 de la main-d'œuvre. A elle seule, la filature de la soie, dispersée dans presque toutes les provinces, emploie 326 000 ouvriers. Malgré l'usage croissant du coton et de la laine, l'habillement indigène réclame encore beaucoup de soieries. Les tissages sont maintenant outillés pour satisfaire à cette demande. L'intérêt du pays serait de travailler toute la soie qu'il produit, au lieu d'en envoyer la majeure partie en Europe comme soie grège. Il en est loin. Sauf pour certaines spécialités comme les pongées, les étoffes sont étroitement adaptées au goût japonais et ne peuvent guère suivre les variations de la mode européenne.

L'industrie du coton, de développement beaucoup plus récent, porte moins la marque du pays. Elle n'utilise guère les fibres indigènes, trop courtes et trop jaunes; elle travaille en grande partie pour l'exportation, surtout quant aux filés; c'est le type de la grande industrie capitaliste. En 1926, le Japon possédait 5 573 000 broches, et se classait aussitôt après les États-Unis et l'Angleterre; tandis que la consommation de l'Europe était seulement les deux tiers de celle d'avant-guerre, la consommation du Japon s'était augmentée de 129 p. 100. L'industrie de la laine est l'une de celles qui ont le plus progressé pendant la guerre. Les usines textiles exercent une influence considérable sur le peuple et sur le gouvernement : « dans le Japon moderne, ce sont souvent les filateurs qui ont remplacé les daïmyo ».

Le milieu local était moins favorable à la métallurgie, en dehors même de la rareté du fer : l'ouvrier n'était pas habitué aux gros efforts musculaires qu'elle exige, ni préparé, comme le tisserand, par ses occupations antérieures. L'industrie de l'acier dut être créée de toutes pièces par l'État, et ses progrès furent lents jusqu'à l'essor subit qu'elle prit pendant la guerre. La production de la fonte fut presque quadruplée; celle de l'acier augmenta plus encore : 15 000 tonnes en 1914, 370 000 en 1917. Depuis, elle a baissé, loin d'atteindre les 5 millions escomptés par l'État-Major. En effet, la fin de la guerre, la convention de Washington ont ralenti l'activité des chantiers de construction navale, qui s'étaient multipliés après 1914; l'industrie est obligée d'importer, non seulement des minerais chinois et coréens, mais beaucoup de fonte des États-Unis, de l'Angleterre, de la Chine. Elle tend à concentrer son effort sur les aciéries, pour économiser le combustible, et à construire les usines nouvelles près des minerais qui l'alimentent, en Corée, en Mantchourie, en Chine. Malgré ces difficultés, elle exporte plus d'acier en Chine que la Grande-Bretagne; elle fabrique une grande partie du matériel de chemin de fer, des machines à tisser, des moteurs électriques qu'elle exporte jusqu'en Indochine et en Australie. Peut-être son avenir est-il dans l'union de la fonderie continentale et de l'usine de transformation insulaire.

L'industrie chimique n'était jadis représentée que par le camphre, spécialité de Formose, et les allumettes, si répandues de Port-Saïd à la Californie, grâce aux forêts et au soufre des volcans. La guerre l'obligea à s'ingénier pour fabriquer les produits dont l'Allemagne avait le monopole : colorants, produits pharmaceutiques, engrais, etc.

La pêche est devenue une véritable industrie, comme en Norvège. De temps immémorial, le poisson formait une part importante de l'alimentation, mais les pêcheurs ne s'éloignaient guère des côtes sur leurs petites barques non pontées. Les procédés anciens ne suffisent plus, car la facilité des communications a permis de vendre le poisson dans tout l'intérieur et même à l'étranger. Aussi la flottille comprend, à côté d'un demi-million de barques à voiles, plus d'un millier de barques à moteur. Elles vont jusqu'aux Philippines, au Tonkin et dans l'extrême Nord, si poissonneux, du Pacifique. Leurs prises sont si abondantes que jusqu'ici une grande partie servait seulement comme engrais; aujourd'hui prospère l'industrie des conserves à destination de l'Europe et de l'Amérique. Deux millions de Japonais vivent de la pêche, seule ou combinée avec la culture.

III. — LA CULTURE

Elle occupe encore 60 p. 100 de la population. Malgré les encouragements officiels, elle s'est moins transformée que les autres modes d'activité. Une des causes de cette stagnation, avec les difficultés des transports sur route, est l'extrême morcellement de la propriété foncière, qui s'oppose aux mises de fonds. Plus de la moitié des familles cultivent moins de 1 hectare, et 1 p. 100 seulement plus de 5. Elles sont incapables d'entreprendre le défrichement des terres incultes, que tentent seulement des capitalistes, des compagnies de colonisation. Aussi l'extension des terres exploitées n'a pas suivi, il s'en faut, l'accroissement de la population : elles n'occupent encore que 35 p. 100 de la surface totale, soit 1 hectare par habitant. L'outillage agricole ne semble guère s'être amélioré; le progrès technique le plus marqué paraît être l'emploi plus large des engrais, sulfate d'ammoniaque indispensable pour les cultures irriguées, nitrates de soude chiliens; de plus en plus on emploie les résidus de la pêche, les algues, qui donnent lieu à une industrie importante le long des côtes. Mais l'élevage ne s'est pas encore assez développé pour fournir l'engrais aux champs. Le bétail japonais reste peu nombreux : pour 1 000 habitants, il n'y a que 243 bovidés; aussi la viande reste d'un prix élevé. Le riz est toujours la principale culture, celle qui nourrit la masse, bien que le paysan vende souvent l'excellent riz nippon pour se contenter de céréales inférieures. La production moyenne est de 104 millions d'hectolitres. Son prix « influe directement, souverainement sur la capacité d'achat de la population ». Les autres céréales occupent une surface moitié moindre, mais se répandent dans le Nord, ainsi que les pommes de terre; le Japon commence à exporter beaucoup de farine et de bière. Le coton, l'indigo reculent, et même le thé. La sériciculture s'est étendue dans Hondo, surtout autour de Yokohama, où elle fait gagner au paysan autant que le riz; elle est très encouragée et surveillée par l'État, qui cherche à donner aux cocons japonais la qualité de ceux de l'Italie. Très nombreux sont les paysans dont la terre serait trop petite pour nourrir leur nombreuse famille, mais dont le ver à soie double le revenu. Le Japon est aussi devenu récemment un grand producteur de fruits et de légumes, qu'il exportait en masse dans l'Asie Russe avant la Révolution. Les forêts, qui couvrent plus de la moitié du territoire, sont l'objet d'une sollicitude toute spéciale depuis que l'on craint les torrents et que le prix du bois s'est accru. La Chine, la Mantchourie en manquent, et l'industrie forestière est devenue rémunératrice.

La culture nipponne a donc conservé ses caractéristiques : prédominance du riz et de la soie, négligence de l'élevage. Ce n'est pas sans de graves inconvénients. La monoculture du riz dans les plaines fait dépendre la vie économique d'une récolte fort aléatoire et ne dispense pas d'achats à l'étranger; le déficit fut en moyenne de 5 400 000 hectolitres de 1921 à 1926. Les agronomes officiels recommandent de varier les assolements et de créer des prairies, ce qui permettrait, par l'utilisation de la montagne, d'accroître considérablement les ressources du pays et sa population. Mais ces progrès se heurtent à la pauvreté et à la routine du paysan, aux habitudes des consommateurs, qui commencent à accepter le blé, les pommes de terre, la viande, mais dont beaucoup restent fidèles au riz; ces lentes transformations ne réagissent encore que faiblement sur la production.

IV. — LE COMMERCE EXTÉRIEUR

La courbe du commerce extérieur montre un progrès suivi, mais assez lent jusqu'à la guerre avec la Chine, plus rapide ensuite jusqu'en 1915; puis viennent quatre années d'ascension brusque, après lesquelles se manifeste l'influence de la crise de consommation mondiale. Mêmes variations de la balance commerciale : presque toujours défavorable jusqu'à 1915, puis quatre années de grande exportation, et maintenant les importations dominent[1]. Remarquons que, en 1925, le commerce extérieur ne s'élevait qu'à 404 francs par habitant : on voit par là, comme par la faible consommation de charbon, que le

---

1. En 1926, 2 045 millions de *yen* aux exportations, 2 377 millions aux importations. En 1927, 1 992 aux exportations, 2 179 aux importations. Valeur théorique du *yen* : 12 fr. 72, avec des variations allant de 13 fr. 60 en 1918 à 10 fr. 46 en 1925.

Japon, malgré tous ses progrès, n'égale pas encore les grandes puissances économiques de l'Europe. Cependant il leur ressemble par le caractère de ses relations avec l'étranger, que détermine le développement de l'industrie. C'est le seul État asiatique où la première place revienne, pour l'exportation, aux objets manufacturés; pour l'importation, aux matières premières.

Parmi les premiers, l'industrie textile fournit 62 p. 100 des exportations : d'abord les tissus et filés de coton, vendus surtout en Chine, mais avec un fort recul sur 1920; les soieries, principalement les pongées, destinées aux États-Unis et à l'Angleterre; la bonneterie, expédiée dans toute l'Asie. Puis vient l'industrie métallurgique; moins active qu'en 1918, elle continue cependant à exporter des machines, des navires, des fils téléphoniques. Ensuite la porcelaine, le papier, les allumettes. Parmi les matières premières (7 p. 100 des exportations totales), la soie grège est la principale exportation du Japon[1], qui donne les quatre cinquièmes de la production mondiale. La presque totalité est expédiée par Yokohama aux États-Unis, un peu en France; l'état de la récolte et du marché américain provoquent des variations du simple au double d'une année à l'autre. La houille est destinée surtout à la Chine et aux grands dépôts de charbon dans les ports du Pacifique. Parmi les produits alimentaires, le sucre de Formose et les poissons sont consommés en Chine; le thé, en Amérique. Dans l'ensemble, les statistiques montrent une grande diversité de produits, dont beaucoup y figuraient à peine en 1914, mais aussi la prépondérance de la soie, des tissus et filés. Or la soie est un article de luxe exposé à des crises de surproduction; les tissus et filés sont destinés à des pays neufs, dont le plus important, la Chine, commence à les fabriquer lui-même, et déjà leur vente dans l'Inde a beaucoup décliné depuis la fin de la guerre. On s'explique l'instabilité des exportations et de l'industrie.

Aux importations dominent les matières premières (60 p. 100) et surtout le coton brut dont les États-Unis et l'Inde se disputent la fourniture. La laine vient d'Australie; le lin, le chanvre et le jute, des Philippines, de la Chine et de l'Inde. On sait que le Japon est encore obligé de demander, surtout aux États-Unis et accessoirement à l'Angleterre et à l'Allemagne, une grande partie de ses fers à demi ouvrés et de ses machines. Les denrées alimentaires (14 p. 100) comprennent : le riz, qui vient, en quantités très variables selon la récolte et la prospérité japonaises, de l'Indochine française surtout, de la Birmanie et du Siam; le blé américain en quantités assez considérables; le sucre (de Java surtout) qui est réexpédié après raffinage (fig. 39).

IMPORTATIONS ET EXPORTATIONS (POURCENTAGE EN VALEUR)

	IMPORTATIONS			EXPORTATIONS		
	ASIE	EUROPE	ÉTATS-UNIS	ASIE	EUROPE	ÉTATS-UNIS
1890	35	50	9	30	29	36
1913	48	30	16	43	23	29
1921	41	18	35	49	6	40
1927	39	23	37	37	7	55

1. 1 879 057 yen en 1925.

On remarquera d'abord le déclin de la participation européenne au commerce japonais. Ce déclin, qui date de loin, a été précipité par la guerre ; on a vu, pendant les hostilités, les produits de l'industrie japonaise pénétrer en Europe et inquiéter les bonnetiers du Lancashire. Mais à la suite du réveil des fabriques européennes ils ont été évincés. En 1925, la France, acheteuse de soies brutes, figure au septième rang parmi les clients du Nippon, alors qu'elle reste au onzième parmi ses fournisseurs.

Grâce à leur besoin de soie brute, accessoirement de porcelaines et de thé, les États-Unis sont depuis un demi-siècle le principal débouché du Japon. Leurs importations au Nippon, longtemps assez faibles, s'étaient développées au

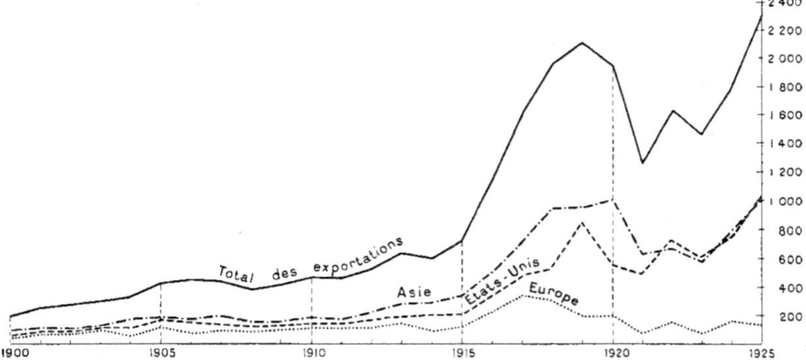

FIG. 39. — Exportations du Japon (en milliers de *yen* = 12 723 francs, sauf les variations du cours).

Ascension lente et progressive jusqu'à la Grande Guerre, très rapide ensuite jusqu'en 1919 ; chutes brusques de 1921 (crise mondiale) et de 1923 (séisme de Tokyo) ; amélioration dans les dernières années. Décadence relative du commerce européen, progrès des ventes en Asie et en Amérique.

point d'égaler, en 1913, celles de l'Angleterre. Ici encore, la guerre a précipité l'évolution. L'Amérique, avec son coton, ses bois, ses fers et ses machines, est à cet égard le grand fournisseur du Japon. Ainsi elle a enlevé à l'Europe la part du lion dans les bénéfices de l'ouverture du vieil empire, et, d'autre part, les deux rivaux pour l'hégémonie du Pacifique se trouvent dans une dépendance économique étroite.

Les relations avec l'Asie seraient certainement au premier rang, grâce surtout aux exportations, sans les troubles chinois. Le grand client du Japon industriel est la Chine, comme les États-Unis, du Japon agricole. Déjà, avant la guerre, les progrès du Nippon paraissaient redoutables pour l'Angleterre et l'Amérique. Il profitait de la proximité, de certaines ressemblances de mentalité et de langage ; ses voyageurs répandaient ses produits jusque dans les contrées les plus reculées, mais surtout dans le bassin du Fleuve Bleu. Aujourd'hui il doit lutter, devant l'hostilité indigène, qui s'est traduite par des boycottages, devant la concurrence des Anglo-Saxons et de l'industrie locale. Il lui sera bien malaisé de transformer la Chine, comme il le rêvait, en une colonie qui lui enverrait des matières premières contre des objets manufacturés. De même, parmi les fournisseurs de l'Inde, il est serré de près par les États-Unis et le cède à l'Angleterre. Il achète plus qu'il ne vend aux Indes Néerlandaises, à l'Indochine. Mais il cherche à développer ses affaires dans ces pays très peuplés et encore peu manufacturiers. En effet, il ne sait encore s'il peut compter sur les marchés lointains comme l'Amérique du Sud, l'Australie, le Cap, où son commerce fit pendant la guerre des progrès plus extraordinaires encore qu'ailleurs, suivis de reculs aussi rapides. La concurrence anglo-saxonne, le protectionnisme des possessions britanniques l'obligeront peut-être à concentrer ses ambitions entre Singapour et Vladivostok, dans un domaine déjà assez vaste pour l'occuper fructueusement.

Dans ces pays neufs, que l'Europe considérait comme des chasses gardées, le Japon est maintenant un concurrent redoutable, moins cependant qu'on le croyait en 1918, à condition que l'Europe puisse se remettre au travail dans la paix. Son rival sortira peut-être bientôt des difficultés présentes, qui cependant justifient l'impression déjà ancienne que l'admirable développement économique du Nippon a quelque chose d'artificiel et de fragile. Ce fut un tour de force de créer la grande industrie dans un pays sans fer, sans coton, dont les principaux avantages étaient un charbon qui va s'épuiser, une main-d'œuvre abondante, mais qui commence à vouloir être rétribuée. Aucun doute qu'il ne le cède de loin, en ressources comme en population, à une Chine régénérée. Les troubles actuels, il est vrai, laissent à celle-ci le rôle d'une bonne cliente et non, de sitôt, d'une concurrente ou d'une ennemie. Mais on voit ce que la prospérité future du Japon suppose : la continuation prolongée des crises européenne et chinoise. Or ses industries sont une machine montée pour l'exportation, car le marché national, restreint par la pauvreté populaire, ne peut leur suffire; d'autre part, elles créent, lentement, mais sûrement, un milieu favorable aux pires luttes sociales. L'avenir est aussi incertain pour le Japon que pour les vieilles nations.

V. — *LA POPULATION*

DENSITÉ. RÉPARTITION. — En 1925, la population des quatre grandes îles atteignait 59 737 000 habitants. Avec Sakhaline, la Corée et Formose, l'Empire comptait 83 458 000 sujets. Restée longtemps stationnaire, la population augmenta rapidement après la Rénovation. Vers 1914, le taux d'accroissement annuel était d'environ 15 p. 1 000, sensiblement égal alors à celui de la Russie et de l'Allemagne, très inférieur à celui de Java (22); il s'est réduit dans les dernières années (13,6 en 1924). Bien que la natalité soit considérable (31 p. 1 000) et que la mortalité ne dépasse guère celle de la France, la race ne pullule point comme on le dit parfois. L'étude de la densité donne la même impression. La densité du Japon proprement dit est de 157 et, abstraction faite de Hokkaido, de 184, chiffre considérable pour un pays surtout agricole, mais qui n'approche pas de celui de Java (274). Il n'en reste pas moins qu'en ce moment l'accroissement annuel atteint près d'un million. Aujourd'hui plus que jamais le Japon s'inquiète de savoir comment il pourra nourrir ce surplus. De bons observateurs affirment que la production pourrait augmenter dans la même proportion si l'on mettait en valeur les montagnes et les marais, si l'on développait la culture du blé, l'élevage et surtout l'industrie qui fait vivre une partie relativement faible de la population. D'autres croient ces remèdes insuffisants. En tout cas, ils ne vont pas sans bien des difficultés, des aléas, des changements profonds dans les habitudes du pays. Et le fait qu'on les discute si ardemment dans la presse nipponne, que certains préconisent même la restriction des naissances, si opposée aux mœurs du Japon moderne, montre la gravité du problème démographique.

La densité est très inégalement répartie, puisque les quatre cinquièmes du sol japonais ne sont pas cultivés. Une carte dressée par préfectures (fig. 40) montre des zones de forte densité au Nord-Ouest de Kiou-siou, sur les rivages de la Mer Intérieure, sur ceux de Hondo jusqu'à Tokyo. Partout la densité y dépasse 150 habitants au kilomètre carré, parfois même 300; elle va jusqu'à 434 au Nord de Sikok, pourtant dépourvu d'industrie. Dans cette zone, qui correspond à la grande dépression tectonique de l'archipel et qui est le cœur du vieux Japon, la culture a, de longue date, pris possession de plaines relativement vastes et fertiles; les produits s'échangeaient facilement par le cabotage, jusqu'à des cités populeuses; puis ce fut là que s'installèrent l'industrie et le commerce modernes. Autour de ces coins privilégiés, la population se raréfie rapidement dès qu'on pénètre dans la montagne, où elle n'occupe guère que les vallées. Toutefois le développement de la sériciculture dans le centre de Hondo y maintient des densités de 100 à 200 habitants, et la population de quelques-unes de ces provinces accidentées, de Tokyo à Kyoto, s'accroît rapidement. Dans les îles méridionales, on observe le contraste entre les régions tournées vers le Pacifique, de sol assez pauvre et de faible commerce, et les versants qui regardent, soit vers la Méditerranée, soit vers la Corée d'où vint la civilisation. Dans Hondo, le contraste est en sens inverse : les fortes densités suivent le littoral du Sud, non celui de l'Ouest, plus montagneux et tourné vers une partie du continent peu active. Au Nord de Tokyo, la population décroît rapidement et tombe à 59 habitants dans Iwaté, la pauvre province du Nord-Est : le pays est montagneux, de climat déjà rude, et les rizières se font rares. Cependant ces régions longtemps négligées attirent nombre de colons; ce sont celles dont la population augmente le plus après les districts urbains. La région subtropicale, où jusqu'ici la population japonaise s'est serrée à étouffer, semble se décongestionner assez vite au profit de la zone tempérée.

Groupement de la population. Les villes. — La plupart habitent des communes de 2 000 à 5 000 habitants, dont beaucoup ont été formées récemment par la réunion de centres distincts. Il s'est conservé nombre de petites villes, anciennes capitales de clans ou de féodaux, d'une vie factice et menacée par les grands centres économiques. Les villages agglomérés paraissent fréquents dans les plaines, tandis que les habitations se dispersent volontiers quand le relief devient accidenté : ainsi sur les montagnes de Satsouma, où chacune s'entoure de ses champs et de ses vergers. Au bord des routes, les maisons de campagnards, mi-cultivateurs, mi-commerçants, se joignent en rues interminables, comme celle qui suit tout le Tokaido.

Malgré l'hésitation des paysans à se fixer dans les villes, elles les attirent de plus en plus. Le Japon comptait seulement cinq villes de plus de 100 000 habitants en 1877, et, sauf Tokyo, aucune n'approchait des énormes cités chinoises. Aujourd'hui, il en possède vingt et une, presque toutes situées sur les rivages méridionaux, dans la zone des fortes densités. Mais il est remarquable combien, même ici, la formation des grandes agglomérations modernes a été tardive. Kyoto ne date que du viiie siècle; Nagasaki, du xvie, lors des premières relations avec l'Europe; Tokyo était encore, au xve, un simple hameau de pêcheurs; Yokohama, Kobé restèrent infimes jusqu'à Meiji. Par contre, des villes qui comptèrent leurs habitants par centaines de milliers, si importantes qu'elles marquèrent une ère de l'histoire intellectuelle, Nara, Kamakoura, n'ont conservé de leur grandeur passée que des temples ou des statues cachées dans des forêts. Longtemps les capitales se déplacèrent selon les caprices des souverains. Or leur choix pouvait hésiter entre divers sites presque également avantageux; ce fut toujours dans la plaine fertile entre la Méditerranée et le lac Biwa que s'éleva la résidence du mikado, mais rien n'y imposait de préférer Kyoto à Osaka, Nara, etc. Ces villes artificielles, empreintes géographiques d'une autorité politique singulièrement forte, étaient d'autant plus mobiles que l'on pouvait trouver partout les bois, les bambous, les arbres à papier, seuls matériaux employés à leur construction. Parfois même on les transportait de toutes pièces : en 1180, lors du transfert temporaire de la résidence impériale de Kyoto à Osaka, toutes les maisons furent démontées et chargées sur des radeaux. Dans ces capitales, comme dans celles des riches daïmyo, Kagoshima, Nagoya, Sendaï, Kanazawa, affluaient des foules de samouraï, de marchands, d'artisans. Mais ces cités factices n'avaient point de commerce extérieur ni de grande industrie; elles ne possédaient donc pas les éléments de prospérité et les garanties de fixité des *emporia* chinois. Une énorme agglomération comme celle de Tokyo n'avait pas fait naître près d'elle un port digne de ce nom. Ce fut seulement après Meiji qu'une sélection s'opéra parmi ces villes de résidence et que des organismes puissants furent créés pour assurer les relations du Japon avec l'étranger.

Tokyo est l'une de ces créations artificielles qui ont persisté et augmenté, parce que leur position satisfait aux nécessités présentes. L'ancienne capitale des shogoun, devenue en 1868 celle du mikado, fut fondée dans les mêmes conditions que Pétrograd un siècle plus tard, parmi les roseaux qui encombraient l'estuaire d'une petite rivière, la Soumida. Il fallut combler les marécages avec la terre prise sur le flanc des terrasses d'alluvions anciennes, que surmontent des palais et des temples au milieu des parcs. Dans la ville basse, les rues alternent avec des canaux où les jonques s'amarrent par milliers. Le milieu est occupé par la ville impériale, encore entourée des fossés qui la protégeaient. La centralisation du Japon moderne a fixé des milliers de nouveaux venus auprès de la cour, du parlement, de l'université. Tokyo est encore essentiellement une ville de résidence; cependant son rôle économique devient très actif, comme le montrent les usines récentes, les quartiers d'affaires construits depuis 1914 et si cruellement éprouvés par le séisme de 1923. A la suite de cette catastrophe, Tokyo a modernisé sa voirie, tracé 260 kilomètres de larges avenues, créé de vastes parcs où la population cherchera un refuge si la terre gronde encore; de rapides progrès ont été réalisés pour les transports en commun dans cette agglomération qui s'étend sur plus de 500 kilomètres carrés. Un canal et un boulevard, long de 30 kilomètres, préparent sa fusion avec celle de Yokohama. Yokohama reste le véritable débouché de la plaine la plus peuplée, le grand marché de la soie, le siège des puissantes compagnies de navigation et de la principale colonie européenne au Japon. Les villas anglo-saxonnes grimpent sur les collines qui terminent la

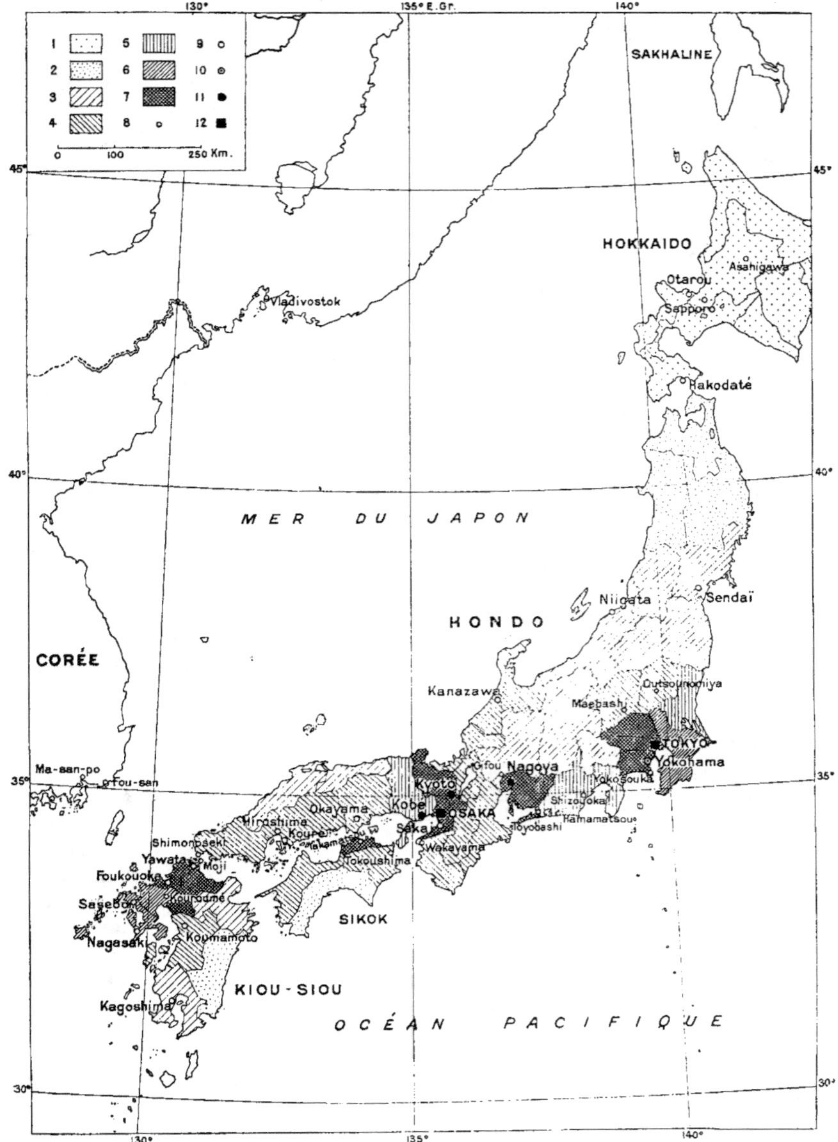

Fɪɢ. 40. — Densité de la population au Japon.

1, Régions comptant moins de 50 habitants au kilomètre carré; 2, De 50 à 100; 3, De 100 à 150; 4, De 150 à 200; 5, De 200 à 250; 6, De 250 à 300; 7, Plus de 300. — 8, Villes comptant de 70 000 à 100 000 habitants; 9, De 100 000 à 200 000 habitants; 10, De 400 000 à 500 000 habitants; 11, De 500 000 à 1 000 000 habitants; 12, Plus d'un million d'habitants. — Échelle, 1 : 10 500 000.

plaine côtière ancienne, tandis que les bureaux et les quartiers indigènes se sont étendus, au contact du Tokaido, sur les alluvions modernes et les déblais enlevés aux collines : c'est le même site que Tokyo. En suivant le littoral par le Tokaido, aujourd'hui élargi, rendu accessible aux automobiles, longé par la principale ligne de chemin de fer du Japon, on arrive à Nagoya, ville prospère et animée; puis on atteint cette extrémité orientale de la Méditerranée où il y eut toujours au moins une grande cité depuis les origines mythiques de l'Empire. Kyoto fut bâtie en damier, selon le type des capitales chinoises, sur l'émissaire du Biwa, la Kamo-gawa aux eaux irrégulières et souvent dévastatrices l'été. L'ancienne résidence impériale a conservé son caractère archaïque, ses quartiers endormis, sa ceinture de temples sur les collines boisées qui la dominent, ses traditions d'élégance raffinée. Au contraire, Osaka est par excellence la ville d'affaires, de progrès rapide, d'esprit quasi américain; c'est le Manchester du Japon, comme, dans le voisinage, Kobé en est devenu le Liverpool. Osaka a des rues droites, mais étroites, car on circule sur ses nombreux canaux, comme sur ceux de Venise. De hautes cheminées d'usines cotonnières s'élèvent à côté de l'antique château des shogoun; ainsi se manifeste plus brutalement encore qu'ailleurs le contraste entre la vie passée et la vie moderne du Japon.

En effet, la plupart des villes sont en pleine transformation : et elle est rapide dans un pays où les maisons durent peu, même quand les incendies et les séismes ne viennent pas faire place nette. Les anciennes cités comportaient souvent de larges avenues, soit qu'elles aient été bâties le long d'une route, comme Shimonoseki, soit que leurs rues se croisent à angle droit, selon une disposition très fréquente en Extrême-Orient. Mais, entre ces avenues, c'était un dédale de venelles, d'impasses, de passages tortueux parmi des maisons privées d'air. La « congestion urbaine » y était plus marquée que dans Londres même : à Osaka, chaque kilomètre carré porte 65 000 habitants, fait d'autant plus remarquable que, en général, les maisons japonaises ont un étage au plus, d'où l'immense espace occupé par les agglomérations. On profite des catastrophes pour établir un réseau d'artères bien aérées. Des avenues larges et droites sont percées à la place des ruelles, dont les multiples détours montrent qu'elles avaient été à l'origine des pistes contournant les rizières. Des maisons en pierre s'édifient à l'instar de l'Europe, et même de laides bâtisses administratives ou industrielles, parfois élevées en gratte-ciel (pl. XLIV, B). Depuis 1923, on a édifié à Tokyo une série de monuments, de banques, de grands magasins dans le style de la Renaissance ou du xviiie siècle anglais; certaines ont une allure byzantine ou ne dépareraient pas Chicago. D'autres architectes, mieux inspirés, ont su emprunter aux Occidentaux leurs procédés de construction, non leur esthétique, et bâtir des maisons solides, mais d'un aspect très japonais. D'ailleurs, dès que l'on quitte les quartiers d'affaires, on constate que la ville indigène est assez peu modifiée. Même dans les cités les plus européanisées, comme Tokyo, pullulent toujours les maisons traditionnelles en bois devenu gris avec le temps, couvertes de tuiles noires, toutes pareilles, composant d'immenses agglomérations monotones d'où seuls se détachent quelquefois les faîtes recourbés d'un temple ou d'un château féodal transformé en caserne : villes généralement aussi laides et tristes que la nature environnante est d'une grâce souriante.

Jusqu'ici les foules ont conservé le costume national, le commode kimono de teinte sobre, mais accompagné parfois d'un chapeau melon ! Le costume européen est considéré comme une tenue officielle. Souvent, dans les hautes classes, on meuble à l'européenne une pièce d'apparat, pour recevoir l'étranger; mais, dans le reste de la maison, ce sont les meubles ou plutôt l'absence de meubles du vieux temps. Même dans celles des maisons de Tokyo que, depuis 1923, on a bâties à l'image des maisons européennes, l'intérieur est généralement aménagé selon le goût classique, dans toute sa simplicité, et l'on y vit à la japonaise.

L'AVENIR. — Dans les premières décades de Meiji, lorsque le gouvernement donna pour mot d'ordre l'imitation de l'Europe, il ne fut que trop obéi, et l'on put craindre de voir disparaître sous la banale uniformité du monde moderne cette originalité restée intacte par miracle. Très vite les Japonais ont su choisir ce qui leur était utile et éliminer le reste. Ils ont conservé l'orgueil de leur passé, et celui-ci leur devient plus cher depuis leurs victoires. Après 1914, on a vu renaître des coutumes anciennes, des cérémonies déjà désuètes. Tout en cultivant notre science, souvent avec éclat, les Nippons recommencent à s'intéresser à leur art classique, à toute leur culture d'autrefois. Ils ne pécheront certes plus par excès d'admiration pour la culture européenne. Le danger serait plutôt dans l'influence exercée sur les mœurs par les transformations économiques. Ce n'est pas impunément qu'un peuple, dont l'état social et la mentalité se rapprochaient en 1860 de ceux de l'Europe médiévale, passe tout d'un coup à ceux du capitalisme, avec sa fièvre de production et de jouissance. Nous savons l'existence misérable menée dans les usines, en opposition avec les gains scandaleux des nouveaux riches. Il y a là des germes d'un mécontentement inquiétant, et aussi d'un individualisme que ne limitent plus toujours, parmi ces populations urbaines déracinées, les règles anciennes et le respect de la famille. Le vieux Japon ressemblait peut-être moins au pays du sourire bouddhique dessiné par Lafcadio Hearn qu'à l'Italie violente de la Renaissance; pourtant, à voir comment il risque de s'enlaidir sans que le peuple en soit plus heureux, on peut douter qu'il ait gagné à connaître l'Europe. Peut-être cependant les crises sociale et morale qui le menacent seront-elles conjurées grâce à la santé de ses masses rurales, à la renaissance de son culte pour ses traditions?

BIBLIOGRAPHIE

OUVRAGES D'ENSEMBLE. — J. DAUTREMER, *L'empire japonais et sa vie économique*, Paris, 1910. — — W. E. GRIFFIS, *The Mikado's Empire*, 11ᵉ éd., New York, 1906; *The Japanese Nation in evolution. Steps in the progress of a great people*, New York, 1907. — A. MAYBON, *Le Japon d'aujourd'hui*, Paris, 1924. - - L. NAUDEAU, *Le Japon moderne*, Paris, 1909. — W. WESTON, *Japan*, Londres, 1926 (la société moderne). — G. WEULERSSE, *Le Japon d'aujourd'hui*, Paris, 1904.

SUR LA VIE ÉCONOMIQUE. — *Agriculture au Japon (L')* (Exposition universelle de Paris, 1900), Paris, 1900. — H. BRENIER, Les progrès de l'exportation et de l'industrie japonaises depuis la guerre (*Bull. Comité de l'Asie fr.*, XVIII, 1918, p. 74-87). — DEPARTMENT OF AGRICULTURE AND COMMERCE, *Outlines of agriculture in Japan; Mining in Japan*, Tokyo, 1910, 2 vol. — M. FESCA, *Beiträge zur Kenntniss der Japanischen Landwirtschaft*, 2 vol., Berlin, 1890 et 1893. — IMPERIAL GEOLOGICAL SURVEY OF JAPAN, *Maps of applied geology [of Japan]*, compiled by K. INOUYE, Tokyo, 1922 (1 : 3 000 000). — MINISTÈRE DES FINANCES, *Annuaire financier et économique du Japon*, Tokyo, annuel (indispensable). Voir aussi BUREAU DE LA STATISTIQUE GÉNÉRALE, *Résumé statistique de l'Empire du Japon*, Tokyo (annuel). - - HIKITARO NISKI, Die Baumwollspinnerei in Japan (*Zeitschrift für die gesammte Staatswissenschaft, Erg. Heft*, XL, 1911; important). — K. OSEKI, The economic geography of Japan (*Scottish Geogr. Magazine*, XXXI, 1915, p. 449-465, 519-531). — J. W. ROBERTSON SCOTT, *The foundations of Japan*, Londres, 1922 (agriculture, classes rurales). — S. UYEHARA, *The industry and trade of Japan*, Londres, 1926.

SUR LA POPULATION. — M. JEFFERSON, The distribution of people in Japan in 1913 (*Geogr. Review*, II, 1916, p. 368-372, cartes). — J. E. ORCHARD, The pressure of population in Japan (*Geogr. Review*, XVIII, 1928, p. 374-401).

CHAPITRE XIII

L'EMPIRE COLONIAL DU JAPON

Dès qu'il fut sorti de son isolement, le Japon eut une politique d'expansion coloniale, ardente et réfléchie. Non seulement le gouvernement de Meiji s'attacha à la mise en valeur de la grande île du Nord, Hokkaido, si longtemps négligée que, dans les troubles de la Révolution, les révoltés purent essayer d'y instaurer un État indépendant; mais aussi il poursuivit le règlement des questions territoriales qui pouvaient donner prise à l'immixtion des étrangers. L'archipel des Riou-kiou fut annexé; en 1875, ce fut le tour des Kouriles, cédées par la Russie en échange du condominium sur Sakhaline. Puis, après deux décades de reconstruction intérieure où il créa les instruments nécessaires à sa politique coloniale, une armée et une marine, le Japon sortit de la guerre contre la Chine avec la possession de Formose et le désir de châtier la Russie qui s'était approprié le meilleur de son butin (traité de Pékin, 1895). Les victoires de Moukden, de Tsoushima, la prise de Port-Arthur lui valurent, au traité de Portsmouth (1905), l'acquisition de Sakhaline jusqu'au 50e parallèle, la reconnaissance de ses « intérêts prépondérants » en Corée qu'il devait annexer en 1910, le transfert du bail accordé par la Chine à la Russie pour le Sud de la péninsule du Leaotong. En même temps, la Russie lui cédait le tronçon Sud du Transmantchourien jusqu'à Chang-chun, à 740 kilomètres au Nord de Dairen, avec ses droits de police et d'occupation : c'était la possibilité d'exploiter, malgré les réclamations de Pékin, toute la moitié méridionale de la Mantchourie. Ainsi, en dix ans, le Japon avait reçu un territoire presque égal en étendue à celui de ses archipels. Ses acquisitions l'engageaient dans les affaires du continent, en même temps qu'elles lui livraient, sur presque toute leur longueur, les guirlandes insulaires de l'Asie, du 22e au 50e parallèle. La guerre mondiale lui permit de conquérir les possessions allemandes en Extrême-Orient, et la révolution russe, de devenir momentanément le maître de toute la Mantchourie, de la Transbaïkalie, du Nord de Sakhaline. Il dut rétrocéder ces dernières régions aux Soviets, et le Chantong, la Mantchourie à la Chine. Mais il conserve le mandat de la Société des Nations sur les anciennes possessions allemandes de la Micronésie : les Mariannes (sauf Guam), les Palaos, les Carolines, les Marshall. Et son bail sur la région voisine de Dairen, le Kouang-tong, a été porté à quatre-vingt-dix-neuf ans; grâce à la voie ferrée, il a gardé son influence dans le Sud de la riche Mantchourie (fig. 41).

Tout cet ensemble continue à graviter autour du vieux Nippon, qui en atteint facilement toutes les parties. Formose n'est qu'à deux jours de navi-

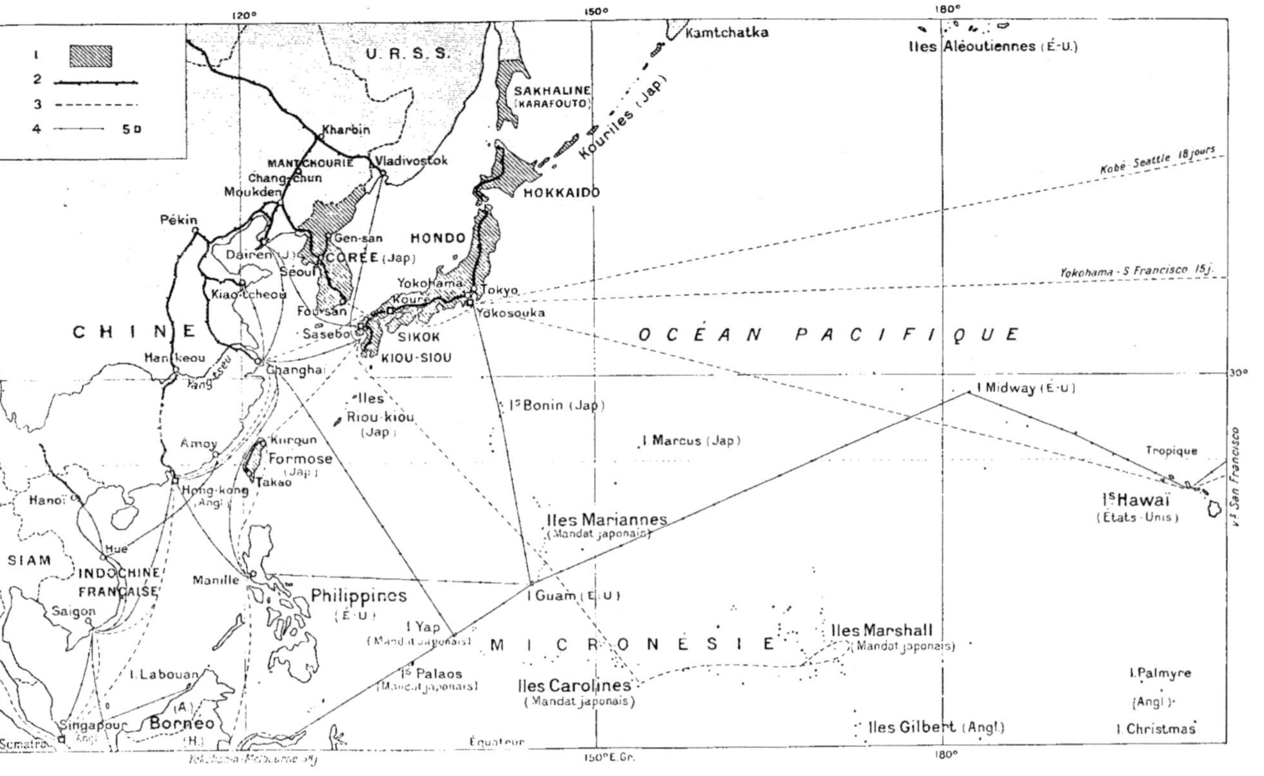

FIG. 41 -– Les possessions japonaises dans le Pacifique.

1, Empire du Japon et dépendances; 2, Voies ferrées; 3, Lignes de navigation; 4, Câbles sous-marins; 5, Arsenaux maritimes. — Échelle, 1 : 55 000 000.
Remarquer, au large du Japon, les possessions et les bases navales des États-Unis et de l'Angleterre.

gation de Yokohama, et Moukden, par le Transcoréen, à trois jours de Tokyo. C'est un empire colonial bien plus cohérent que celui des nations européennes, plus facile à dominer et à protéger, si les questions indigènes y sont çà et là plus redoutables encore.

En poursuivant cette politique d'expansion, si coûteuse pour un pays dont les forces productrices n'étaient pas encore pleinement développées, le gouvernement impérial eut-il pour but principal d'écouler le surplus de la population? Ce fut seulement, semble-t-il, dans certaines périodes de crise, pour se débarrasser des mécontents de la Rénovation ou des ouvriers en chômage. L'émigration n'a pas été spontanée; elle fut provoquée en 1886 par les encouragements officiels. Mais elle n'a jamais représenté un courant vraiment puissant, puisqu'elle ne dépassait guère le taux de celle de l'Allemagne vers 1910[1]. Sans doute, les vastes ambitions du Japon le poussent à assurer aux générations futures la possession d'immenses espaces qui puissent nourrir une forte population, capable de rivaliser avec celles des États-Unis, de l'Asie Russe, de la Chine. Il désire encore avoir des points d'appui pour toute intervention dans les affaires du Pacifique. Mais, avec un sens très juste des nécessités économiques, il tient peut-être surtout à son empire colonial comme à un marché privilégié, où il aura toujours des clients, même si le protectionnisme lui ferme les débouchés ordinaires de ses industries. Il veut aussi diminuer ses importations en tirant de ses colonies ce que le vieux Japon ne produit pas en quantité suffisante. Son but semble être de former un organisme économique capable de se suffire à lui-même, comme base d'un État fortement centralisé qui vise à la prépondérance en Extrême-Orient.

Pour réaliser ces desseins, le Japon a quelques-unes des qualités qui font un peuple colonisateur, avec des défauts assez graves, mais naturels dans un mouvement qui débute. Il ne manque pas d'hommes énergiques, d'esprits avisés et aventureux, désireux de voir du nouveau, ayant profité de l'instruction si largement répandue, ambitieux pour eux comme pour leur pays, au point qu'un Allemand leur attribuait, — et il croyait leur faire un éloge, — « la soif de domination et l'absence de scrupules ». Absence parfois trop réelle : car, au début du moins, ce furent les pires éléments qui partirent, pour exploiter et piller les indigènes. Aujourd'hui, par contre, l'émigration est très surveillée. Mais un trop grand nombre de ceux qui y prennent part ne consentent pas à s'expatrier définitivement : leur désir est de faire vite fortune, ou du moins de gagner un pécule grâce auquel ils reviendront jouir d'une existence plus douce dans leurs îles aimées dont ils conservent trop fidèlement les habitudes. Plusieurs économistes leur reprochent de manquer de sobriété et de ténacité, à la différence des Chinois, et de ne pas avoir la faculté d'adaptation de ceux-ci. Peut-être aussi le colon nippon compte-t-il trop sur l'assistance du gouvernement. Ici, comme dans le développement économique de la métropole, l'État s'est réservé un rôle qui étonne parfois l'individualisme anglo-saxon. Il suscite et contrôle les initiatives privées, avec un soin jaloux de les subordonner à l'intérêt général. Aucune nation moderne ne s'est réservé un tel pouvoir directeur sur l'activité des siens à l'étranger : cette émigration, provoquée, conduite par l'État, rappelle les conditions de la colonisation dans l'ancienne Grèce et dans Rome. D'ailleurs,

---

1. Sur l'émigration japonaise, voir aussi la Conclusion générale, à la fin du deuxième volume.

tous reconnaissent la valeur des administrateurs coloniaux, soigneusement choisis et maintenus longtemps dans les mêmes fonctions, leur activité, leur habileté à profiter des écoles faites dans l'expansion des autres nations. La géographie doit signaler comment, dès la prise de possession définitive, ils ont réprimé le gaspillage des ressources naturelles et réglé l'exploitation de celles-là mêmes qui paraissaient illimitées, comme les pêcheries de Sakhaline et les forêts de Formose. On a l'impression d'une œuvre extrêmement méthodique et prudente : les lots de terre, pourtant bien plus exigus que dans la plupart des pays neufs, ne sont accordés qu'à des cultivateurs expérimentés et aisés, avec un luxe de garanties qui contraste avec les pratiques courantes en Amérique. Un autre mérite, c'est d'avoir, sans théories préconçues, appliqué à chaque possession les procédés qui lui conviennent et d'avoir laissé aux administrations locales toute liberté d'agir suivant la diversité des problèmes.

Ce qui avait entravé jusqu'ici la colonisation, c'était l'insuffisance des capitaux, parce que la métropole les retenait, soit pour ses préparatifs de guerre, soit pour la création de son outillage économique. Mais il s'est formé de puissantes compagnies financières et industrielles pour l'exploitation de ces nouveaux domaines, et cette politique ne peut manquer de se développer maintenant que la guerre a fait affluer l'or au Japon. En somme, son expansion étonne par sa rapidité, par son caractère artificiel, comme tout le développement moderne du Japon.

I. — *HOKKAIDO (YÉSO)*[1] *ET LES ILES DU NORD*

HOKKAIDO. — Baignée l'hiver par un courant polaire qui entraîne des banquises jusque près de ses rivages orientaux, exposée en cette saison aux vents glacés du continent, Hokkaido a un climat semblable à celui de Terre-Neuve, avec d'épaisses nuées froides sur les côtes. Au Nord, le littoral disparaît tout l'hiver sous 1 mètre à 1 m. 50 de neige. Le climat de l'intérieur est singulièrement extrême pour une île : à Kamikawa, la moyenne d'août est de 20°, celle de janvier, de — 11°, et le minimum absolu, de — 41°. La végétation se repose six mois. Elle ne se réveille qu'en mai; elle se développe alors si rapidement que les cultures de la zone tempérée réussissent dans une grande partie de Hokkaido, surtout sur la côte occidentale qui est réchauffée en été par une branche du Kouro-shiwo. Cependant ce climat convient surtout à la forêt; elle est composée de conifères et principalement de chênes, de châtaigniers, de peupliers, d'aulnes, de saules, avec des ombellifères arborescentes comme dans le Kamtchatka, avec le même fléau, les myriades de moustiques. Ces immenses futaies sont relativement faciles à exploiter. Si les rivières ne sont pas navigables, beaucoup permettent de faire flotter les troncs jusqu'à la mer; le poisson y abonde, saumons, truites, de même que les côtes sont visitées par des bancs pressés de morues et de harengs : autre ressemblance avec Terre-Neuve.

C'était de la pêche que vivaient jadis les aborigènes, négligeant presque totalement la culture sur cette île où « l'eau était l'élément nourricier, et non la terre ». Quand les Aïnou furent chassés du vrai Japon, ils se réfugièrent dans

---

1. Le nom de Yéso, qui signifie « le pays sauvage », a été abandonné par les Japonais pour celui de Hokkaido, « le pays du Nord », depuis qu'ils mettent l'île en valeur. Administrativement, elle fait partie du Japon proprement dit.

Hokkaido et exterminèrent une population plus ancienne, parente des Esquimaux. Dès le xiie siècle, ils virent apparaître les Japonais, des exilés, des armées vaincues dans les luttes féodales. A la fin du xvie siècle s'installa un gouvernement régulier, mais dont l'organisation atteste la faible importance qu'attachaient alors les Japonais à la mise en valeur de cette région dont ils ignoraient presque tout. Hokkaido fut soumis à un daïmyo feudataire du shogoun. Bien loin d'appeler des colons, ce prince ne laissait venir que des marchands peu nombreux, seuls autorisés à entrer en relations avec les Aïnou et seulement pour leur acheter les produits de leur pêche. Défense était faite de s'établir parmi eux et surtout de les encourager à la culture, de peur que les aborigènes ne négligeassent la pêche, sur laquelle le daïmyo percevait des redevances. C'était donc un État fondé uniquement sur l'exploitation des primitifs. Il en fut ainsi jusqu'à la fin du xviiie siècle, lorsque le shogoun, inquiété par les entreprises des Russes aux Kouriles et à Sakhaline, prit en mains l'administration directe de l'île. Sa politique indigène fut infiniment plus humaine, plus rationnelle, et le mikado n'eut qu'à la continuer. Il s'efforça de faire accéder les Aïnou à la civilisation japonaise en les instruisant, en leur donnant les moyens de cultiver le sol. On comptait ainsi sur eux pour le défrichement de l'île. Ce fut une déception. Apathiques, routiniers, ils continuèrent à mener une vie de pêcheurs et de chasseurs, devenue bien précaire depuis que l'île s'est peuplée. Aussi leur disparition est-elle à craindre; aujourd'hui, ils ne sont plus guère que 17 000.

A défaut de main-d'œuvre indigène, il fallut provoquer l'immigration japonaise. De là, après la révolution de Meiji, de multiples tentatives de colonisation officielle, longtemps infructueuses. C'est ainsi que, à Sapporo, l'on essaya de fonder une ville de toutes pièces, en y transportant les habitants de provinces révoltées; que l'on voulut créer, avec les pauvres samouraï du Nord de Hondo, une milice de soldats-laboureurs analogues aux Cosaques. Mais Sapporo resta longtemps une ville morte, malgré sa situation dans la plaine la plus propice à la culture, et cette milice coûtait fort cher. D'autre part, la colonisation privée rencontrait de graves difficultés. La majorité des nouveaux venus n'avait aucune ressource, si bien qu'au début l'État dut leur donner le prix du voyage, du riz, du sel, de quoi subsister pendant les premières années. Surtout ils ne savaient pas s'adapter à ce nouveau milieu si différent du Japon semi-tropical. Comme le riz est à la base de la culture et de l'alimentation japonaises, les colons se préoccupèrent de semer du riz et de creuser des canaux d'irrigation. Or, si, dans les dépressions intérieures, le riz peut mûrir et s'il s'étend aujourd'hui grâce à la chaleur de l'été, il est là pourtant à son extrême limite, et d'autres cultures conviendraient mieux à cette latitude. De même, les prairies pourraient nourrir beaucoup de bétail; déjà la remonte de la cavalerie japonaise se fait presque uniquement à Hokkaido. Mais le paysan japonais n'est pas accoutumé à l'élevage; il le soigne peu et n'apprend pas à le combiner avec la culture. Autre exemple. Dans ce pays où l'hiver est si rude, il est rare qu'on bâtisse en pierre; même beaucoup de constructions officielles sont en bois; nombre d'habitations sont encore en roseaux ou en paille tressée. Il est curieux de voir avec quelle obstination les Japonais ont cherché à y maintenir leur genre de vie traditionnel. Aujourd'hui seulement on commence à profiter d'une expérience chèrement payée; on étudie ce qu'ont fait les Russes et les Américains dans des pays analogues; on adopte parfois le type de constructions du Canada; et peu à

Phot. W. D. Jones, Cop. Univ. of Chicago Press.

A. — CHAMPS DE RIZ EN TERRASSES, DANS KIOU-SIOU.

Végétation et cultures semi-tropicales, dans le Sud de cette île.

Phot. W. D. Jones, Cop. Univ. of Chicago Press.

B. — UNE FERME DANS LE SUD DE HONDO.

Type d'habitation du Vieux Japon : parois de bambous et de papier.

Phot. W. D. Jones, Cop. Univ. of Chicago Press.

C. — VILLAGE DE COLONS, DANS HOKKAIDO.

Constructions plus solides que dans le Vieux Japon, en raison du climat
et de l'influence exercée par les experts américains.

Phot. W. D. Jones, Cop. Univ. of Chicago Press.

D. — CHAMP DE HARICOTS, DANS HOKKAIDO.

Les nombreuses souches restées dans le sol indiquent que la forêt a été
récemment défrichée pour faire place aux cultures.

G. U., t. IX, Pl. XLV.

Phot. B. Kôto.

A. — L'ÎLE DU DAIM, VUE DE FOU-SAN (CÔTE EST DE CORÉE).

Cette île est une colline porphyrique détachée du continent. Le quartier japonais de Fou-san
a été transformé depuis que le chemin de fer venant de Séoul a atteint cette ville.

B. — VUE DE SÉOUL, CORÉE.

Ancienne capitale de la Corée, aujourd'hui siège du gouvernement de Chosen, Séoul (Keijo), a été
profondement transformé et modernisé. A l'arrière-plan, au pied des collines, le nouveau palais du
gouvernement ; au premier plan, à gauche, le grand bâtiment occupé par la Banque de Chosen.

peu on exploite de façon plus rationnelle les vraies ressources de Hokkaido (pl. XLV, C).

Les pêcheries n'emploient plus que 10 à 20 p. 100 de la population; mais, grâce aux usines de conserves, elles continuent à former le gros de l'exportation. Dans toutes les rivières sont tendus des filets pour les saumons. Les villages de la côte ne vivent que de la pêche; souvent on reconnaît leur approche, ou celle des campements établis l'été par des pêcheurs qui retournent l'hiver dans le Sud, à l'odeur du poisson sec, que l'on expédie en quantité à la métropole, ou à celle des algues, du « chou de mer », dont on prépare une sorte de gelée pour les Chinois. Les produits du sol sont en majeure partie consommés sur place. Les colons se décident enfin à remplacer le riz par les pommes de terre, surtout par les haricots, les pois, les céréales de la zone tempérée, que l'on exporte déjà. Ils ont de beaux vergers dont les fruits se vendent jusqu'en Chine. Le chanvre est soyeux et renommé. Le gouvernement encourage puissamment la culture de la betterave sucrière, de même que dans le Nord de Hondo, en Corée et en Mant-chourie. Mais la culture reste souvent primitive, faute de capitaux; elle est encore restreinte aux abords des fleuves et des voies ferrées, déjà très développées il est vrai. Quand on va dans l'intérieur, c'est encore la forêt sans routes, où il faut parfois se frayer un chemin avec la hache. Le défrichement est très pénible; aussi, le plus souvent, on met le feu à la forêt, et l'on sème dans l'intervalle des souches qui pourrissent lentement (pl. XLV, D). Mais on risque ainsi d'incendier des centaines d'hectares de ces superbes futaies qu'il est temps de protéger contre ces procédés dignes de l'Afrique centrale. Il y a d'importants gisements de houille[1], surtout à l'Est de Sapporo, la capitale politique et intellectuelle. Très peu de fer. Pourtant les sables ferrugineux de la baie des Volcans, joints aux minerais chinois, ont permis la création d'une aciérie anglo-japonaise à Mororan. Les principales industries sont restées celles de la pêche, des conserves et celles du bois : de grandes scieries, des fabriques importantes de papier, d'allumettes dont la préparation est terminée à Osaka. Elles ont fait naître un mouvement déjà actif dans les trois ports pourvus d'un outillage moderne : Mororan, Otarou, au débouché de la plaine la mieux cultivée, Hakodaté, la principale ville de l'île (fig. 38, p. 223).

Grâce à ses pêcheries, à ses forêts, à la fécondité du sol dans les plaines où, selon les agronomes officiels, l'accumulation séculaire des détritus a créé un sol bien plus fertile que celui de Hondo, cette terre, toute barbare il y a un demi-siècle encore, a déjà récompensé les efforts des Japonais. Mais il leur faudra s'adapter mieux à cette nature nouvelle pour eux, et, par exemple, se nourrir de blé, au lieu du riz qu'on doit importer. Il leur faudra aussi mettre un terme à cette culture extensive qui abuse de la fertilité d'un sol vierge. A ces conditions, Hokkaido pourra devenir une colonie de peuplement, du moins pour les éléments les plus énergiques du Japon, surtout pour les habitants du Nord de Hondo pour lesquels la transition est plus aisée; on a remarqué que les nouveaux venus, obligés de reprendre ce travail de défrichement oublié du vieux Japon, ont un peu la mentalité des immigrants du Far West américain. De 58 000 âmes en 1869, la population a passé à 813 615 en 1903, 1 650 000 en 1913, 2 500 000 en 1925, soit une densité de 28 au kilomètre carré. Selon un économiste japonais,

---

1. En 1925, Hokkaido a produit 3 171 000 tonnes de houille, dont 1 113 000 à Youbari.

Hokkaido peut nourrir de trois à cinq fois plus d'habitants. Mais déjà les progrès réalisés prouvent que le Japon sait coloniser, même dans des conditions difficiles.

SAKHALINE. — Par son climat et sa végétation, l'île de Sakhaline (en japonais, Karafouto) se rattache bien plutôt à la Sibérie qu'à l'archipel japonais. Elle présente des conditions de vie presque polaires. Même à Korsakowsk, dans l'extrême Sud, la température moyenne annuelle atteint à peine 3°, avec une moyenne de — 12° en janvier. Nulle part au monde, la toundra n'arrive aussi bas vers le Sud que dans cette île, où les Tongouses élèvent des rennes à la latitude de Venise. Elle s'étend largement sur les côtes peu échancrées et dans les larges vallées longitudinales, mal drainées, où la tourbe atteint des épaisseurs de 15 mètres. Par suite de l'inversion de température, qui est constante l'hiver, on trouve sur les pentes des espèces japonaises subtropicales, des bambous de la taille d'un homme. Plus haut, ce sont d'immenses forêts de conifères, avec des sous-bois presque impénétrables. Elles couvrent les deux chaînes (altitude maximum, 1 200 m.) qui forment l'ossature de l'île et laissent entre elles une vaste dépression médiane; de Susuy à Poronai, 70 p. 100 de la surface disparaissent sous ces forêts, à l'exploitation desquelles les Japonais attachent une grande importance. En 1926, des usines de pâte à papier fonctionnaient déjà dans sept localités, et ce sera sans doute l'une des principales industries. Les terres arables et les prairies sont plus vastes qu'on ne le croirait d'abord; les agronomes de l'État les évaluent à 430 000 hectares, et, en 1926, 8 755 familles de colons étaient déjà établies, cultivant 17 990 hectares (froment, orge, pommes de terre, beaucoup d'élevage). Mais on peut se demander si le défrichement de cette terre presque arctique tentera jamais beaucoup de Japonais, malgré les subventions officielles. Ce qui peut les attirer davantage, ce sont, avec l'industrie du bois, les affleurements de houille qui paraissent étendus, mais dont la qualité est très inférieure à celle de la partie russe où se trouvent les meilleurs charbons à coke de tout le Pacifique; ce sont aussi les gisements de pétrole, les sables aurifères, les pyrites de fer, surtout la chasse aux cétacés, la fabrication des conserves de crabes, la pêche du saumon, de la truite, d'une sorte de hareng si abondant que jusqu'ici on l'utilisait seulement comme tourteaux. Les Giliak ne vivent que de poisson, sans autre animal domestique que le chien. Avec les pâtres tongouses, les Aïnou du Sud, quelques hordes de chasseurs, le nombre des indigènes ne s'élève guère qu'à 2 000 ou 3 000 âmes. L'immigration japonaise est assez active : 9 834 en 1906, 65 000 en 1917. Mais la colonisation débute à peine, et on ne peut préjuger de ses résultats dans ce pays de toundras et de taïgas[1].

LES KOURILES. — L'archipel des Kouriles (en japonais Chi-shima) relie le Nord-Est de Hokkaido au Kamtchatka par une suite d'îles allongées qui bordent une fosse profonde de 8 000 à 9 000 mètres. Plusieurs volcans dressent à 1 500 et 2 000 mètres leurs cratères encore actifs sous les sombres forêts de pins et les neiges éternelles. Les côtes sont peuplées d'Aïnou, que visitent l'été les pêcheurs nippons de la mer d'Okhotsk.

---

1. Les Japonais, qui avaient occupé en 1920 la partie Nord de l'île, l'ont rétrocédée en 1925 à la Russie; mais celle-ci leur a concédé le droit d'y mettre en valeur la totalité des houillères et la moitié des nappes de pétrole, qui paraissent abondantes.

II. — LA CORÉE

LE PAYS. — Depuis Karl Ritter jusqu'au géologue japonais B. Koto, la comparaison est classique entre la Corée et l'Italie. Les deux péninsules ont à peu près la même direction générale, du Nord-Ouest au Sud-Est, la même longueur de 800 à 900 kilomètres, la même largeur. Toutes deux n'offrent vers l'Est qu'un rivage généralement inhospitalier, tandis que les ports, les cités, les fleuves, les bassins fertiles se succèdent à l'Ouest entre la mer et l'axe montagneux de la presqu'île. Aux Alpes correspond un épais massif boisé, les « Longues Montagnes Blanches » (Chyang-paik-san), qui a permis à la Corée de conserver son originalité dans le monde de l'Extrême-Orient. La position de Séoul ressemble singulièrement à celle de Rome. L'une et l'autre sont bâties sur plusieurs collines près d'un fleuve qui finit dans les marécages de la côte occidentale; surtout elles commandent l'issue de l'unique trouée qui traverse le faîte montagneux. Ce qu'est pour l'Italie la voie d'Ostie à Ancône par le Tibre, le défilé de Tchemoulpo à Gen-san l'est pour la Corée. C'est le seul passage aisé vers la mer du Japon. De même qu'à Rome se rencontrent les deux parties si différentes de l'Italie, le Nord et les provinces méridionales, la trouée de Séoul est une vraie limite naturelle. Le Nord de la Corée est plus élevé, moins entremêlé de plaines cultivables; le climat plus rigoureux convient mieux aux forêts qu'aux rizières; la population est plus énergique, plus rude. C'est le pays des premières dynasties nationales dont les possessions ne dépassaient guère la rivière de Séoul, le Han, tandis que le Sud de la péninsule n'entrait guère alors dans l'histoire. Ce fut seulement après le xe siècle que se compléta l'unité politique de la Corée — et cette lenteur, cette longue opposition entre le Nord et le Sud rappellent encore l'Italie (fig. 42).

Mais les différences sont à noter, après ces similitudes superficielles. La Corée n'a pas, au pied de ses Alpes, une vaste plaine populeuse analogue à celle du Pô. La dépression tectonique que suivent à sa frontière septentrionale le Yalou et le Toumen n'est qu'un étroit défilé boisé, interrompu en son milieu par les coulées de laves qui viennent du principal sommet des Montagnes Blanches, le Paik-tou-san (2 712 m.). Puis les dépôts récents, si abondants en Italie, manquent à la Corée. C'est une terre granitique, comme la Bretagne, divisée comme elle en un échiquier de compartiments désunis, de cuvettes et de massifs isolés, bien plus élevés toutefois et plus déchiquetés qu'en Armorique. Le littoral est échancré au Sud et à l'Ouest par une multitude de baies ramifiées; avec ses myriades de pointes rocheuses, d'îlots et d'écueils, c'est une côte à rias, comme celle du Trégorrois. Les courants de marée n'y sont pas moins violents; la différence entre le flux et le jusant dépasse 10 mètres. La navigation est rendue plus difficile encore vers le Sud par les épais brouillards de l'été. Bien que Séoul soit à la latitude de Messine, on a parfois l'impression de pays très septentrionaux. Sans doute, le bambou joue encore un rôle important dans l'économie domestique jusque près du 36e parallèle où s'arrête aussi le camélia du Japon; plus au Nord, on voit encore de vastes rizières, des citronniers, des kakis, et le tigre s'avance jusqu'à 50° latitude Nord dans des forêts couvertes de neige tout l'hiver. Mais le Nord est déjà occupé par des futaies de conifères, que fréquentent plutôt l'ours et la zibeline. A partir de 38°, la côte de la mer Jaune, balayée par les vents glacés du continent et longée par un courant froid, gèle régulièrement. Dans l'ensemble, le climat est plus continental, plus rude que celui du Japon.

Les contours actuels de la péninsule proviennent des dislocations de l'ère secondaire, qui succédèrent à des plissements très anciens. Depuis cette époque reculée, elle n'a plus guère subi les efforts orogéniques. Toutefois, pendant le Tertiaire et surtout pendant le Quaternaire, des coulées de basalte aplanirent d'immenses espaces dans le Nord, tandis que, dans le Sud, elles n'ont guère formé que les tables de l'île Quelpaert.

Dans le Sud, on retrouve le prolongement des plis de la Chine méridionale, suivant la direction Sud-Sud-Ouest–Nord-Nord-Est. Ces plis ont été très usés; leur axe correspond parfois à des lambeaux de pénéplaines granitiques, à des collines arrondies, sans arbres, alternant avec des vallées plates que remplissent leurs arènes : type de relief qui rappelle la Bretagne. Les plis siniens ont été recoupés par un système de failles alignées du Nord au Sud, le système coréen. Ce sont elles qui ont déterminé le tracé de la côte depuis Gen-san jusqu'à Fou-san (pl. XLVI, A). Elles limitent les gradins par lesquels s'abaisse vers la mer du Japon le massif du Thai-paik-san (1 500 m.). Au Sud-Est de Gen-san, il se termine par les pittoresques monts de Diamant, avec leurs sommets fantastiques, leurs cascades, leurs forêts touffues de pins et d'érables, où se cachent une foule de vieux monastères bouddhistes. Quant au dessin de la côte méridionale, il est dû à une autre série de cassures, dirigées Ouest-Est, qui rencontrent le système sinien presque à angle droit et obligent les rivières qui descendaient vers le Sud à s'infléchir vers l'Est. Dans l'ensemble, le Sud de la péninsule constitue donc un « horst » qui tombe à pic vers l'Est, où les montagnes les plus hautes bordent immédiatement le rivage, et qui descend graduellement vers la mer Jaune par un pays de collines entremêlées de dépressions fertiles. C'est de ce côté seulement qu'a pu se développer le réseau fluvial, fleuves rarement navigables sur plus de 20 ou 30 kilomètres, coupés de seuils et de rapides qui attestent sans doute un rajeunissement du relief et qui alternent avec des bassins où les rivières s'étalent pendant la saison des pluies, de juillet à septembre. Les alluvions sont rares devant les falaises de l'Est; les rias du Sud ont conservé leur fraîcheur originelle; par contre, à l'Ouest, les marées couvrent et découvrent d'interminables plages, surtout dans certaines mers intérieures analogues au Morbihan. Dans les provinces du Sud-Ouest de la Corée, la densité de la population atteint son maximum (120 à 150).

Au Nord-Ouest de la dépression Séoul–Gen-san, couloir effondré entre deux escarpements de failles et rempli de basaltes, s'étend une région de basses collines, d'une altitude moyenne de 300 mètres, berceau des anciennes dynasties coréennes. Elle a été morcelée, par des fractures alignées Ouest-Est et Nord-Sud, en une quantité de blocs de granite et de calcaires; quelques-uns de ces compartiments sont restés en place, d'autres se sont inclinés, d'autres se sont effondrés, si bien que cette vieille Corée est un labyrinthe de collines tabulaires, ou en gradins, et de dépressions comme la plaine de la capitale primitive, Phyeng-yang.

Tout ce pays est dominé par le plateau de Kaïma, qui commence par un escarpement de faille analogue à celui par lequel le Grand Khingan s'élève au-dessus de la Mantchourie. C'est une vraie frontière naturelle; jadis les princes coréens, en fortifiant les cols, y établirent leur ligne de défense contre les invasions venues de Mantchourie. Le plateau de Kaïma, haut en moyenne de 600 mètres vers l'Ouest, de 1 000 à 1 200 mètres vers l'Est, est sillonné par les dislocations du système du Leao-tong (Ouest-Sud-Ouest–Est-Nord-Est). Les deux chaînes méridionales tournent leur versant abrupt vers la vieille Corée; celle du

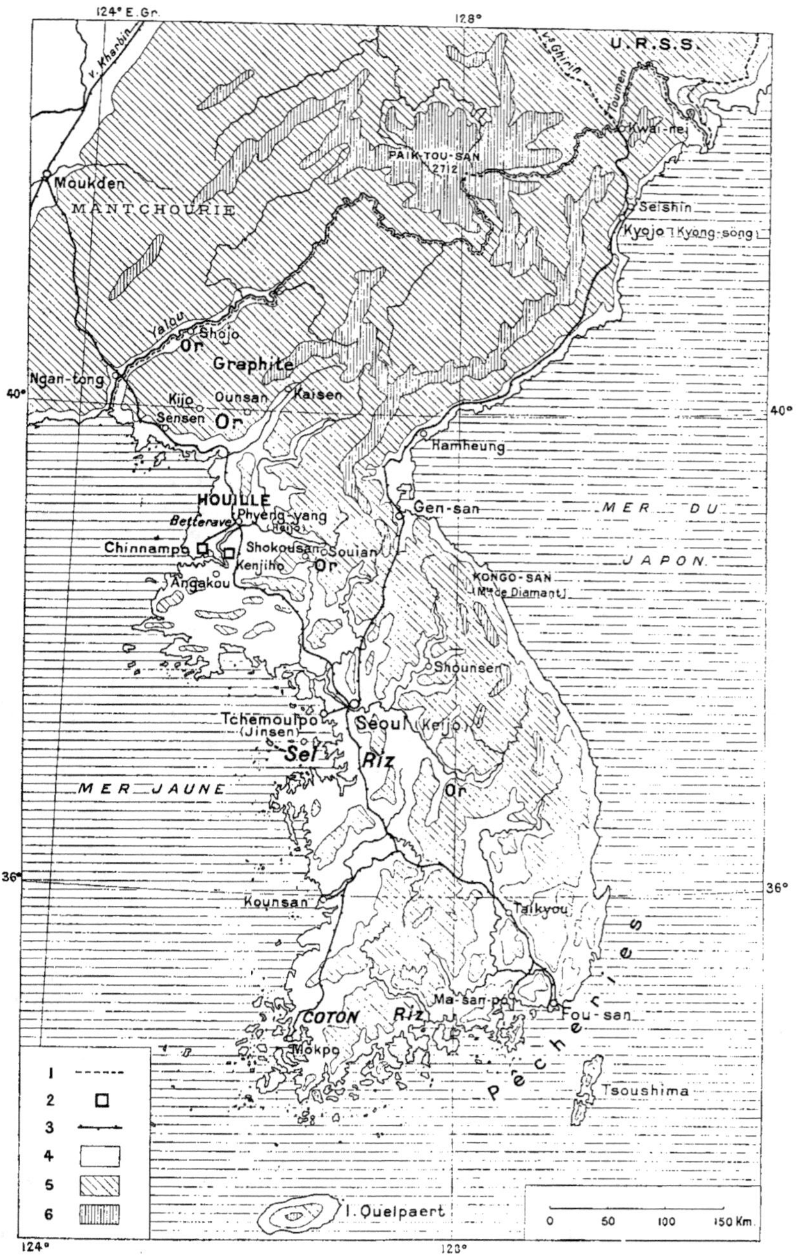

Fig. 42. — La Corée.

1, Frontières; **2,** Fonderies; **3,** Voies ferrées. — Altitudes : **4,** De 0 à 200 mètres; **5,** De 200 à 1 000 mètres; **6,** Plus de 1 000 mètres. — Échelle, 1 : 5 000 000.

Nord, vers le bassin tectonique suivi par le Yalou et le Toumen. D'autres chaînes
continuent approximativement la direction coréenne (Nord-Sud); c'est probablement l'une d'elles qui force le haut Yalou à se couder vers le Nord. Mais cette
région est encore très peu connue et peu accessible, même aux indigènes; vers
le cours supérieur du Toumen s'étend un immense plateau basaltique, couvert de
forêts absolument désertes.

Les habitants. — Péninsule séparée du continent par d'épais massifs
boisés, la Corée a conservé jusqu'à nos jours l'originalité de son type ethnique,
tout en subissant les influences chinoises et japonaises. Le Coréen se distingue
de ses voisins par sa haute taille, ses yeux non bridés, son abondante chevelure
et sa barbe d'un noir d'ébène. Les femmes sont élancées, de port souple et
robuste, le visage d'une gravité qui contraste avec l'insouciance des hommes.
C'est que les travaux les plus fatigants leur sont réservés : le broyage du riz,
l'entretien de la maison et de ces vêtements blancs dont l'éclatante propreté est
le luxe du plus pauvre. Une rue, une foule coréennes ne ressemblent à rien de ce
que l'on a pu voir ailleurs en Extrême-Orient : des maisons basses, en torchis, soutenues par le bambou plutôt que par le bois rare et cher, avec un toit de chaume ou
plus rarement de tuiles, sans autre ouverture sur la rue qu'une porte étroite et,
à quelques centimètres au-dessus du sol, des trous par lesquels sort une fumée
âcre; sous les dalles ou sous le sol de terre battue, circulent en effet des tuyaux
qui partent d'un foyer où l'on brûle des broussailles, du bois, des feuilles sèches;
pas de mobilier : ces dalles servent de table et même de lit avec de simples
couvertures de papier huilé (pl. XLVII, A). Le costume est moins bien adapté
aux rigueurs de l'hiver que ces maisons à chauffage central : il est en toile
blanche pour les hommes, azur ou rouge vif pour les femmes et les enfants.
Ces couleurs franches et gaies, dit M. Ducrocq, donnent tous les jours aux rues
de Séoul comme un air de fête (pl. XLVII, C); impression que fortifie l'aimable
nonchalance de la foule, jamais pressée, habituée à jouir du moment présent,
sans souci de l'avenir inquiétant. Sous les derniers souverains de sa race, le
peuple était en effet si bien accoutumé aux rapines des mandarins qu'il se con-
tentait de vivre au jour le jour, dans un paresseux fatalisme qui contrastait
avec son activité tenace dans les pays où il se sent protégé contre l'arbitraire,
dans les vallées mantchouriennes, par exemple, où il essaime depuis longtemps.

L'État coréen. — Si la Corée de l'ancien régime avait une sorte de
féodalité, corrompue et oppressive, le gouvernement ressemblait pourtant à
celui de la Chine. C'est de l'Empire du Milieu que vinrent plusieurs institutions politiques, comme aussi la langue officielle, la religion, la culture du riz,
la civilisation en général. De toute antiquité, les Fils du Ciel intervinrent dans
la péninsule, divisée d'abord en principautés rivales. Quand elle fut unifiée, ses
rois continuèrent à payer à la cour de Pékin un tribut, d'ailleurs léger. Malgré
ces marques de déférence pour le « Grand Pays », les Coréens restèrent en fait
indépendants. Depuis le xviie siècle, leur maxime constante fut de fermer le
pays à tous les étrangers, au point de mettre à mort la plupart des Européens
naufragés sur leurs côtes. Les relations avec les commerçants chinois et japonais n'étaient permises que dans certaines villes et jusqu'à un certain chiffre.
On avait même stipulé la conservation, près du Yalou, d'une « marche » déserte,

large de 40 à 80 kilomètres, où personne ne pourrait habiter ni défricher le sol, pourtant riche, ni même passer le fleuve, sauf les courriers de la poste impériale. Aucun rapport de part et d'autre, sauf dans une seule bourgade où se tenaient trois foires par an. Aucune frontière naturelle n'a isolé aussi complètement un peuple que cette marche aux confins du « Royaume-Ermite ».

Cette solitude si jalousement préservée ne pouvait durer parmi les convoitises du monde moderne. Un petit peuple pacifique, possesseur de terres fertiles et de bons ports tout proches de la Chine septentrionale, devait tenter ses voisins. De Hondo et de Kiou-siou à Fou-san, la distance est si courte (210 km. depuis Shimonoseki) que, dès les temps les plus anciens, les Japonais ont tenté de s'établir dans le Sud de la Corée, soit comme marchands, soit par les armes. C'est par la péninsule, nous l'avons vu, qu'ils ont reçu la civilisation chinoise, présent qu'ils payèrent par de sanglantes incursions dont les dernières, à la fin du xvie siècle, vivent encore dans les rancunes des Coréens. Lorsque, après Meiji, ils prirent conscience de leur force et de la faiblesse chinoise, ils voulurent faire valoir de prétendus droits historiques. La conquête de la Corée leur parut une nécessité stratégique et économique. Ils ne pouvaient laisser la Russie, alors maîtresse de la Mantchourie, étendre ses ambitions sur cette péninsule trop proche de leur archipel. Ils avaient besoin de son riz, et la cour de Corée en interdisait parfois l'exportation, les réduisant à la famine. Surtout, ils voyaient dans la Corée la colonie de peuplement rêvée. La Corée n'a que 19 523 000 habitants (1925) pour 220 750 kilomètres carrés, soit une densité de 88, relativement insignifiante quand on songe aux foules de l'archipel nippon. Même dans les provinces du Sud, plus peuplées, il reste beaucoup d'excellentes terres en friche. Il semblait que le Coréen, déprimé par la tyrannie, ne sût pas tirer parti de son sol, assez mal cultivé, de ses forêts et de ses mines. Aussi, dès que le traité de 1876 le leur permit, les Japonais émigrèrent en masse; bientôt ils formèrent le gros des *settlements* étrangers dans les ports ouverts. La colonisation spontanée précéda ainsi la prise de possession officielle dont nous ne pouvons ici que rappeler les principales étapes : condominium avec la Russie (1896); alliance contre elle avec la cour de Séoul (1904); convention de protectorat (1905); abdication de la dynastie nationale (1910). Aujourd'hui le Royaume-Ermite est purement et simplement annexé sous le nom de « Gouvernement général de Chosen ». La perte de son indépendance fut accompagnée pour la « pauvre et douce Corée » de souffrances qui réveillèrent les haines contre l'ennemi héréditaire. Les nouveaux venus la traitèrent d'abord en pays conquis. Il s'abattit sur elle une nuée d'émigrants arrogants et pillards, la racaille du Japon qui s'assainissait aux dépens de sa colonie. L'administration dut finir par rembarquer beaucoup de ces indésirables. Aujourd'hui les Japonais sont relativement peu nombreux[1]. Mais ils tiennent en main toute la vie économique du pays : possesseurs de rizières, de terrains à bâtir, pêcheurs, marchands, exportateurs, directeurs ou agents des grandes compagnies financières. Il faut d'ailleurs reconnaître que, tout en s'occupant surtout de ses nationaux, de ses desseins stratégiques, et en réprimant durement les velléités d'autonomie, le gouvernement impérial s'est efforcé d'appeler au progrès le peuple coréen.

---

1. 421 740 en 1925 (171 543 en 1920), dont seulement 39 030 dans la culture, contre 133 273 dans le commerce, 140 925 dans les fonctions publiques et les professions libérales.

Développement économique de la Corée. — Malgré ces encouragements, l'agriculture, qui nourrit plus des trois quarts de la population, est restée assez arriérée. Et cependant, si la majeure partie de la péninsule est trop accidentée, le sol des dépressions paraît très riche : limons sablonneux, laves décomposées, alluvions épaisses. Le paysan emploie des instruments très primitifs; ainsi il laboure parfois avec une simple bêche traînée par plusieurs hommes. Les champs, moins soignés qu'en Chine et qu'au Japon, sont mal sarclés, peu épierrés, surtout peu engraissés, bien que les animaux domestiques soient assez nombreux pour que la Corée vende déjà beaucoup de bétail au Japon et à la Mantchourie. Ce sont des bœufs de race renommée, qui labourent les rizières, portent au marché les charges de bois et de grains, tirent les carrioles; des porcs petits et noirs; des poneys pour les transports; presque pas de moutons. Les travaux d'irrigation avaient été négligés sous la mauvaise administration des mandarins et se réduisaient à des réservoirs qui emmagasinent les eaux de pluie. A vrai dire, celles-ci sont abondantes en général; mais, quand elles venaient à manquer, c'était la famine avec son cortège de désordres, le brigandage, l'envahissement des cités par les paysans affamés. Les inondations ne sont pas moins redoutables, puisque les fleuves ne sont pas endigués; aussi reste-t-il beaucoup de bonnes terres en friche, même dans les vallées. Le riz est la principale culture de la péninsule. Il passe pour y avoir été importé de la Chine, avec l'orge, en 1122 avant J.-C.; auparavant on ne connaissait que le millet, dont le peuple se nourrit encore dans le Nord[1]. Dans le Centre et le Sud, on fait souvent deux récoltes par an, l'une de riz en octobre, l'autre de blé, de seigle ou d'orge en mai. Depuis longtemps, la Corée exporte beaucoup de son riz, qui est d'excellente qualité, et cette exportation a été sextuplée depuis 1910 par le Japon qui voit dans la presqu'île son grenier à riz. Immédiatement après la production de cette céréale, vient celle des légumineuses, du soja surtout. Une autre plante plus spéciale à la Corée, c'est le *gin-seng*, dont la racine séchée est très employée par la médecine chinoise. Les Japonais ont essayé de propager ou d'améliorer certaines cultures, celles de la betterave, du tabac, du mûrier; mais leurs efforts se heurtent souvent aux défiances du paysan à l'égard de tout ce qui vient de l'administration. Toutefois, on constate le développement des vergers, dont les produits s'exportent; près de 500 000 familles s'appliquent à la sériciculture; près de 200 000 hectares, surtout près de Mokpo, viennent d'être plantés en coton américain qui s'est parfaitement acclimaté; c'est déjà une culture des plus florissantes et du plus grand intérêt pour l'industrie de la métropole. Les efforts de celle-ci n'ont pas été vains, puisque la surface cultivée a passé de 2 460 000 hectares en 1910 à 4 500 000 en 1925. Elle va être accrue par un vaste plan d'irrigation et de défrichement.

La Corée fut jadis couverte de forêts superbes. De Séoul à Gen-san, on voit encore de pittoresques bosquets de pins, de mélèzes, de chênes, de bouleaux, d'érables. Mais, sauf sur le faîte de partage, la futaie a été le plus souvent remplacée par des broussailles où abondent les fleurs, azalées, héliotropes. Aussi tout le Centre et le Sud sont réduits à importer du bois et subissent les ravages des torrents. Par contre, au Nord, le plateau de Kaïma a conservé ses épaisses

---

1. D'après Mrs. Bishop, le millet est presque aussi utile aux Coréens que le bambou aux Chinois : il fournit du combustible; il sert à faire des nattes, des palissades; parfois même les murs des maisons sont construits en gerbes dont les interstices sont remplis de boue.

A. — UN VIEUX QUARTIER A SÉOUL (CORÉE).

Type des maisons rurales de la Corée ; partie inférieure construite en pierre et argile ;
toit très bas, couvert d'un chaume épais, pour préserver de la pluie.

B. — LE PAVILLON KEI-KAI-KO, A SÉOUL (CORÉE).

Salle de banquets du Kei-fu-ku ou palais du Nord (1850). Comme au Japon, l'architecture s'harmonise
avec son cadre de jardins, de beaux arbres, de montagnes.

C. — UNE AVENUE MODERNE DE SÉOUL (CORÉE).

A droite, partie inférieure d'une des portes de l'ancienne enceinte détruite pour permettre
à la ville de s'étendre. Cortège accompagnant l'enterrement d'un évêque.

Torii, *Journal Coll. Sc. Imp. Univ. Tokyo.*

A.   FORMOSE. HABITATION DANS LA FORÊT.

Maison en bambou et magasin à vivres, riz, millet, etc. Indigènes de la tribu Taïyal.

Phot. R. Torii, *Journal Coll. Sc. Imp. Univ. Tokyo.*

B.   FORMOSE. INDIGÈNES DE LA TRIBU TAÏYAL.

Magasin à vivres élevé sur pilotis. Sur la paroi, crânes d'ennemis. La photographie date de 1910 ; depuis, les Japonais ont contraint presque tous les « sauvages » à abandonner la « chasse aux têtes ».

forêts, et l'on se rappelle dans les origines de la guerre russo-japonaise le rôle des sociétés fondées sur leur exploitation. Les fûts des pins flottent sur le Yalou jusqu'aux chantiers et aux scieries de Ngan-tong (Antong), d'où ils sont expédiés vers le Nord de la Chine, si pauvre en bois, parfois même jusqu'en Europe. Le gouvernement et les grandes maisons de négoce s'occupent activement de reboiser la Corée.

Les côtes sont très poissonneuses, surtout à l'Est; sur les routes on rencontre fréquemment des caravanes de poneys ou de coolies chargées de poisson salé ou séché au soleil. Mais les pêcheurs indigènes, pauvres et maladroits, n'ont que des jonques grossières, incapables d'affronter la pleine mer, et des instruments primitifs. Il leur est difficile de lutter contre les concurrents qui leur viennent du Japon. Ici encore, la pêche tend à devenir une industrie, d'autant plus que de vastes salines ont été créées aisément, le climat favorisant l'évaporation.

Les richesses minières de la Corée furent longtemps proverbiales. Plusieurs sociétés européennes et américaines se disputaient leur concession, en commençaient l'extraction, quand la conquête japonaise vint leur opposer les plus grandes difficultés. Tandis que les indigènes se contentaient de fouiller les alluvions aurifères, les Américains, les Français et les Anglais ont voulu attaquer les filons; les résultats semblent très satisfaisants et ont attiré l'attention des capitalistes nippons. Outre de l'or, on extrait du charbon (près de Phyeng-yang) et du fer exporté dans la métropole. L'industrie coréenne n'a guère tiré parti de ces richesses minérales. Sauf pour la fabrication du papier ou de ces admirables poteries que recherchent les collectionneurs, elle se réduit à ces toiles de coton, de lin, de soie que tissent les femmes de la campagne, aux sandales, aux nattes, aux multiples objets en osier ou en bois du mobilier coréen. Elle est restée toute familiale et rurale. Par contre, les Japonais commencent à créer d'importantes usines métallurgiques, textiles, agricoles.

La création des voies ferrées contribue à cet éveil économique. Mais, dans la pensée du gouvernement japonais, elles sont aussi, et peut-être surtout, destinées à assurer sa domination dans la péninsule et la Mantchourie. Tel est le but de la ligne principale, de Fou-san à Séoul (aujourd'hui nommé Keijo; pl. XLVI, B, et XLVII, A, B et C), qui se continue jusqu'à Moukden; par elle, les troupes débarquées à Fou-san peuvent gagner rapidement les positions stratégiques de la Mantchourie. Une ligne relie déjà Mokpo à ce Transcoréen qui constitue la voie la plus directe pour se rendre du Japon en Europe. Le programme nouveau prévoit, outre le tracé de nombreuses routes militaires, l'aménagement du port de Fou-san, pour le rendre digne de sa situation sur une voie mondiale, et le creusement de bassins éclusés à Tchemoulpo où les navires devaient s'ancrer à 3 milles de la côte. De plus, on acheva en 1914 la ligne Séoul–Gen-san, pour resserrer les relations de la capitale avec les régions du Nord-Est. On l'a prolongée jusqu'à Kwai-nei pour diriger vers ces contrées, modérément peuplées (40 hab. au kilomètre carré) et riches en terres arables, une partie de l'émigration japonaise. Les Japonais ont amorcé la construction d'une ligne de Seishin, excellent port situé près de la frontière russe, à la ville mantchoue de Ghirin, ce qui mettrait Kharbin à deux jours du Japon (fig. 16, p. 89). La réalisation de ce programme dans des régions montagneuses, dont certaines, celles du Nord, ne « paieront » pas avant de longues années, ne se fera sans doute que lentement. Mais ces projets montrent avec quelle activité les Japonais préparent l'accès de tout le pays à leurs soldats et à leurs colons.

L'AVENIR. — Cette activité alla jusqu'à l'exagération dans les premiers temps de la conquête. Il semblait que le gouvernement voulût faire en quelques années de la Corée une terre japonaise, en appelant le plus possible de ses nationaux et en soumettant les indigènes à une administration importée de toutes pièces, trop souvent autoritaire et brutale. Même sans ces erreurs, le nouveau régime ne pouvait éviter d'être pénible pour les Coréens, parce qu'il bouleversait brusquement la vie économique. Beaucoup émigrèrent, soit en Californie, soit à Vladivostok, soit en Mantchourie où ils sont déjà 531 000 (1927). Faut-il penser que la masse des indigènes va ainsi être refoulée par les nouveaux venus et qu'aucun accord n'est possible? Le problème est certes délicat, toute opposition nationale mise à part, puisque le rêve du gouvernement japonais est d'introduire une colonisation agricole dans un pays de petits cultivateurs. La situation ne paraît cependant pas sans issue. D'abord la majorité des Japonais est venue jusqu'ici non pour la terre, mais pour le commerce et les pêcheries. Sur 425 000, quelques milliers seulement se sont établis dans les campagnes. Les compagnies de colonisation qui achètent les terres les louent plus souvent à des Coréens qu'à des Japonais. Les cultivateurs japonais seraient-ils beaucoup plus nombreux que l'espace ne leur manquerait pas, avant qu'ils soient obligés d'entrer en compétition avec les indigènes. Le gouvernement estime à plus d'un million d'hectares les terres cultivables actuellement en friche; or, chaque famille ne travaille en moyenne que 90 ares; on voit qu'il reste de la place, surtout quand les travaux de reboisement et d'irrigation permettront de tirer tout le parti possible des dépressions alluviales. Les deux peuples peuvent donc vivre côte à côte sans se gêner. D'ailleurs, tout en surveillant de très près l'état des esprits, le gouvernement semble maintenant désireux de s'attacher ses sujets en respectant leurs traditions, en les faisant participer à la prospérité du régime nouveau. Il les encourage à perfectionner leurs cultures et leurs industries; il leur assure une sécurité qu'ils n'avaient jamais connue; il crée partout des écoles, et déjà la langue japonaise est répandue d'un bout à l'autre de la péninsule au point d'altérer profondément la langue nationale.

Les Coréens sauront-ils sortir de leur passivité, autrement que par l'action révolutionnaire de quelques étudiants, et les plus énergiques d'entre eux, ceux qui vont s'instruire à l'étranger, formeront-ils une élite capable de continuer au profit de leur patrie le développement économique inauguré par le conquérant? ou ce développement se fera-t-il tout entier par l'œuvre des Japonais et selon les besoins de la métropole? On n'ose espérer la première solution, bien qu'il se forme une classe de jeunes commerçants désireux de remplacer les intermédiaires étrangers. Toujours est-il que le Japon, après avoir reçu de la Corée la culture chinoise, est en train d'y introduire, de gré ou de force, la civilisation européenne.

III. — LA MANTCHOURIE [1]

En Mantchourie, le Japon n'administre que le Kouang-tong, la région prise à bail autour de Port-Arthur. Mais il exerce dans tout le Sud, jusqu'à la hauteur de Ghirin, une influence économique et même politique de premier

---

1. Voir ci-dessus p. 82 pour l'ensemble et pour la zone septentrionale de la Mantchourie. Carte économique, fig. 16, p. 89.

plan, grâce à la compagnie qu'il a créée pour le service du *South Manchuria Railway* (S. M. R.). Elle exploite la ligne principale du Transmantchourien, de Chang-chun à Port-Arthur, avec sa liaison vers la Corée, et les grands embranchements, déjà très avancés, qui doivent rayonner soit vers les régions pastorales de la Mongolie, soit autour de Ghirin dans des pays riches en soja, en blé, en bois. De Moukden à Dairen, la voie est double, fait à peu près unique en Extrême-Orient et qui atteste la prospérité de la Compagnie. En outre elle possède les mines de houille les plus importantes; elle a organisé des services de vapeurs vers le Japon et vers Changhaï; surtout, c'est elle qui continue les travaux gigantesques des Russes dans les ports du Leao-tong. Pour les Russes, Port-Arthur devait être le port militaire, bien protégé par les collines qui l'enserrent et par l'étroitesse de la passe; mais la rade était insuffisante pour abriter en même temps les navires de commerce. Aussi avaient-ils fait choix de la baie de Ta-lien-wan pour y établir le port marchand, Dalny (l'Éloignée), auquel les Japonais ont donné le nom de Dairen (203 000 hab. en 1925, dont 60 000 Japonais). Selon un plan grandiose, les Russes avaient commencé à élever une ville modèle où le quartier des affaires fût distinct de celui des habitations européennes, et tous deux bien séparés de la ville chinoise. La compagnie du S. M. R. a repris leur œuvre, approfondi la rade, construit un môle pour abriter celle-ci des vents du Sud et de l'Est, auxquels elle est très exposée. Grâce à ces efforts, à la transformation en zone franche du Kouang-tong, le mouvement du port a dépassé celui de Nieou-tchouang, qui a l'avantage de posséder une voie fluviale, mais dont les sables et les glaces gênent l'accès. Tandis que Port-Arthur n'a plus aucune importance économique, Dairen est devenue vraiment la porte de la Mantchourie, le centre d'où rayonne l'activité japonaise en exploitant les richesses du pays et en développant ses exportations[1]. Depuis 1920, elle est visitée régulièrement par de grandes lignes japonaises, américaines, anglaises. Pour cette raison et à cause de la situation politique, elle l'emporte de plus en plus sur Vladivostok, d'ailleurs gêné l'hiver par les glaces; aussi tend-elle à monopoliser le commerce de la Mantchourie septentrionale.

Comme dans le Nord, les principales cultures sont celles du millet, du blé (en proportion moins forte, il est vrai, que vers Kharbin) et surtout des légumineuses (pl. XVI, B). Ici encore, le soja est à la base de l'exportation et de l'industrie. Quelques rizières, dans les dépressions des montagnes orientales, où affluent les Coréens. Peu de coton, malgré les efforts des Japonais, mais beaucoup de « soie sauvage ». De belles forêts sont exploitées vers le Yalou, mais celles qui entouraient les plaines ont déjà été dévastées par la hache du Chinois. Les mines ont beaucoup excité les convoitises des Japonais. L'or a été reconnu dans les filons du Kouang-tong, non loin de Dairen, et les orpailleurs chinois le recherchent depuis longtemps dans les alluvions. Plus intéressantes sont les mines de fer d'An-chan, au Sud de Moukden; on sait, en effet, combien le fer est rare dans l'Empire japonais. Il y a de nombreux gisements de houille, dont un au moins très important, celui de Fou-chouen, près de Moukden, au centre du champ de bataille. Ses couches d'anthracite sont connues pour leur épaisseur, qui atteint souvent 127 mètres au total, et pour leur exploitation à ciel ouvert; en outre, elles sont recouvertes

---

1. Exportations en 1923: 4 423 000 tonnes, dont 62 p. 100 vers le Japon; constituées pour 50 p. 100 par les haricots et 30 p. 100 par le charbon.

de schistes bitumineux que l'on commence à distiller pour le pétrole. Les Japonais, qui sont déjà plus de 3 000 à Fou-chouen, outre une foule de Coréens et de Chinois, y ont créé une ville toute moderne ; ici ils ont su s'adapter au climat, abandonnant leurs cloisons légères pour des murs épais et des doubles fenêtres. En 1925, on a extrait 7 028 000 tonnes dans l'ensemble de la Mantchourie. Ainsi le combustible est assuré pour la compagnie du S. M. R., qui possède cette mine et approvisionne en grande partie le réseau du Nord-Mantchourien, pour les vapeurs qui abordent à Dairen et pour les industries déjà florissantes. Les principales sont les usines métallurgiques de Moukden, les manufactures de coton, qui, grâce au bon marché de la main-d'œuvre, s'accroissent rapidement (filatures de Dairen, Moukden, Leao-yang), et surtout les moulins à blé et à huile, qui attirent même une partie des récoltes de la zone septentrionale.

Si la Mantchourie du Nord est déjà l'une des régions les plus prospères de l'Extrême-Orient, la Mantchourie du Sud la dépasse de beaucoup, sinon en possibilités, du moins en richesse acquise, en activité, en densité. Elle n'a pas souffert comme sa voisine des troubles et de la crise qui ont suivi la révolution russe ; la compagnie ferroviaire qui est l'agent essentiel de son évolution, soutenue par le gouvernement de Tokyo, a pu mieux travailler. Les Japonais ont sans doute été les principaux bénéficiaires de cette transformation qu'ils ont puissamment aidée par leurs capitaux, leurs ingénieurs, leurs industriels, leurs négociants. Leurs entreprises s'étendent jusque dans la zone du Nord-Mantchourien, où ils ont pris des intérêts dans les usines et les concessions de forêts. Par contre, même autour du réseau qu'ils exploitent, ils n'ont pu créer la colonie de peuplement qu'ils rêvaient. Même dans le territoire affermé, ils n'étaient en 1926 que 91 000 contre 666 000 Chinois, et leur proportion est encore beaucoup plus faible dans les autres régions. Ils ne dépassent guère 200 000 dans l'ensemble de la Mantchourie. Leurs tentatives de colonisation agricole ont complètement échoué devant la masse des paysans venus du Chan-tong et du Tche-li. Or ces immigrants sont souvent énergiques, d'esprit ouvert, disposés à imiter la technique des étrangers et à acheter leurs produits. Ils deviennent des rivaux dangereux pour les Japonais, non seulement dans l'exploitation du sol et le petit commerce, mais même dans le grand négoce. Nombre d'entreprises japonaises végètent, en partie parce qu'elles ont voulu se passer de l'intermédiaire des Chinois. Et, d'autre part, il faut tenir compte du soin jaloux avec lequel les États-Unis surveillent ce marché et veulent y maintenir pour leur métallurgie contre les empiétements du Japon le régime de « la porte ouverte ». La concurrence américaine est à craindre ; voire même, pour certains produits, celle de l'Allemagne. Il n'en reste pas moins que le Japon accapare plus des deux tiers du commerce extérieur de la Mantchourie ; il pourra encore fortifier sa situation, s'il sait remédier aux improvisations du début. Actuellement, il étudie « une gigantesque entreprise d'industrialisation japonaise de la Mantchourie », avec une meilleure direction technique et financière. Elle profiterait du bas prix de la main-d'œuvre, de l'abondance des matières premières, qu'elle ferait venir non seulement de cette région, mais encore de la Mongolie et de la Sibérie. Tout cet effort, il est vrai, dépend de la situation politique de la Mantchourie. Le Japon aura à lutter, pour maintenir sa position, contre la xénophobie de la Jeune Chine, la rivalité de la Russie soviétique et de l'Amérique.

IV. — *FORMOSE ET LES ILES DU SUD*

LES RIOU-KIOU. — De Kiou-siou à Formose, l'archipel des Riou-kiou reproduit la disposition en guirlande des Kouriles et des Aléoutiennes (fig. 41). Il est constitué par deux rangées d'îles entourées de récifs coralliens. L'une, extérieure, tournée vers le Pacifique, est en général paléozoïque, tandis que la rangée intérieure contient plusieurs cratères actifs. Elles ont, depuis longtemps, été séparées du Japon, comme le montre l'originalité de leur flore; en outre, beaucoup d'espèces leur sont communes avec Formose. L'extrème humidité du climat, au voisinage du Kouro-shiwo, y entretient une végétation de serre (cycadées, fougères arborescentes). Très peu marins, les insulaires sont, par contre, d'excellents agriculteurs, très entendus à l'irrigation, qui obtiennent en deux ans, soit trois récoltes de riz, soit cinq récoltes de patate douce, la principale nourriture du peuple, avec une espèce de sagou. Ils n'exportent guère que le sucre. Leurs traits et leur langage attestent une affinité frappante avec les Japonais[1], tandis que, par le type d'habitation, le calendrier, le gouvernement, ils ont subi l'influence chinoise. Cette juxtaposition s'explique par la proximité des deux empires. Les princes de l'archipel, depuis le XVIIe siècle, leur payaient tribut à l'un et à l'autre. En 1872, il fut annexé au Japon et rattaché en partie à l'administration de Kiou-siou, qui depuis longtemps y envoyait des immigrants.

FORMOSE[2]. — Longue de 395 kilomètres, avec une largeur maximum de 123 kilomètres et une superficie de 35 970 kilomètres carrés, Formose s'élève vers l'Est par de hautes montagnes (mont Morrison, 4 150 m.), qui tombent vers le Pacifique par de hautes falaises à pic, presque sans échancrures, formant une côte grandiose et redoutée (fig. 27, p. 153). Vers l'Ouest, au contraire, elles s'abaissent en une région de collines, puis de plaines à peine accidentées par quelques buttes de calcaires coralliens. De ce côté, le rivage est bas, marécageux, souvent d'accès difficile. Et pourtant c'est là naturellement que s'est portée la colonisation partie du littoral chinois[3]. Elle abordait une région nettement tropicale, où les hivers sont courts, les étés longs et très chauds (moyennes mensuelles extrêmes : 27° et 21°,9 à Koshoun). La mousson d'hiver apporte de fortes pluies dans le Nord; en été, le vent du Sud-Ouest et les fréquentes averses des typhons font tomber parfois plusieurs décimètres d'eau par jour. Aussi Formose semble détenir le record des pluies en Extrême-Orient : 7 m. 338 à Kashoryo. Dans les plaines de l'Ouest, on voit des bosquets de figuiers où s'enlacent les rotangs et, dans le Sud, le bananier des Philippines, l'areca qui produit la noix de bétel, les palétuviers le long de la côte. Sur les pentes du massif intérieur, à partir de 1 000 mètres, c'est la forèt tropicale dans sa splendeur écrasante. On y rencontre surtout les fougères arborescentes, hautes de plus de 10 mètres, les bananiers des montagnes avec leurs feuilles géantes d'un vert clair et, çà et là, entre 500 et 1 800 mètres, le précieux camphrier, reconnaissable à ses feuilles luisantes et à son port semblable à celui

---

1. On observe la même diminution de la taille que dans beaucoup de petites îles : des hommes de 1 m. 30 à peine, des races naines de bœufs et de chevaux.

2. Le nom officiel est Taïwan.

3. Dans le détroit de Formose, l'archipel rocheux des Pescadores appartient au Japon depuis 1895. Il avait été occupé par l'amiral Courbet qui y voyait une excellente base d'opération dans les mers de Chine.

du chêne. Vers 2 000 mètres apparaissent les conifères, des arbres géants, *Tsuga,* *Chamæcyparis,* dont certains atteignent 60 mètres, et dont un seul fournit autant de bois qu'en France un hectare de beaux pins. Les résineux montent seuls jusqu'à la zone des broussailles, vers 3 000 mètres. Cette flore de montagnes ressemble beaucoup plus à celle du Japon qu'à celle de la Chine pourtant plus proche. Il y eut sans doute jadis une terre qui unissait Formose au Nippon; une flore littorale s'y répandit, distincte de celle de la Chine qu'occupèrent des espèces continentales. Mais cette connexion fut rompue depuis une époque géologique très reculée, comme le prouve le nombre d'espèces endémiques propres à Formose. Si le vieux Japon, atteint par les récentes migrations végétales parties de la Corée, compte plus d'espèces arborescentes que sa colonie, celle-ci, grâce à sa chaleur humide et constante, porte par contre des forêts plus belles et moins pénétrables.

Ainsi s'explique le rôle de refuge joué par ses montagnes. La silve tropicale y a préservé l'indépendance des peuplades chassées des plaines par la colonisation chinoise. Aujourd'hui encore, c'est le « pays sauvage », qui couvre toute la moitié orientale de l'île, avec une population de plus de 100 000 habitants. Malgré leur réputation de férocité, ces « sauvages » ne sont nullement des hordes misérables de chasseurs errants. La plupart de leurs tribus semblent provenir d'un afflux malais qui développa une certaine civilisation dans les riches plaines de l'Ouest. Refoulés dans les montagnes, ils y vivent en sédentaires, dans de curieuses cabanes souvent à demi engagées dans le roc. Ils pratiquent l'agriculture nomade et se nourrissent surtout de millet, de riz de montagne, de tubercules. Ils semblent même plus attachés au sol que les Moï de l'Annam. Mais ils avaient conservé la coutume, si fréquente dans l'Insulinde, de la chasse aux têtes, et ils n'entendaient pas laisser les envahisseurs pénétrer dans leurs retraites. Or, pour leur malheur, le camphrier y croît à la hauteur de leurs villages; c'est pour abattre cet arbre que les Japonais se hasardèrent à violer leur refuge que les Chinois avaient respecté. « La question des sauvages, c'est la question du camphre » (Davidson). Les montagnards ont su longtemps arrêter les bûcherons, les soldats nippons; il fallut longtemps se borner à les empêcher de ravager les tribus soumises, et reprendre, en le modernisant, le vieux procédé chinois de la frontière surveillée par une ligne de postes fortifiés. Actuellement, sauf dans deux districts, le besoin de se ravitailler a amené leurs tribus à se soumettre. La police japonaise, qui semble avoir pleinement réussi ici, les désarme; en retour, on leur donne le moyen de mieux cultiver leurs terres (pl. XLVIII, A et B).

La masse de la population est formée de Chinois venus des provinces littorales voisines. Jusqu'en 1683, Formose resta indépendante de l'Empire; aussi fut-elle l'abri des partisans de la dynastie Ming après l'invasion mantchoue, de milliers de proscrits, de pirates qui infestaient les mers du Sud et qui, plus d'une fois, y installèrent la capitale des rois de la mer. C'était une terre barbare où accouraient tous ceux qui désiraient une vie libre et aventureuse. Parmi ces réfugiés se distinguent, par leur nombre et leur énergie, les Hakka, population méprisée du Kouang-tong. Pour échapper aux exactions des mandarins, ils s'établirent sur les terres vacantes que la peur des sauvages laissait libres sur les pentes de l'Ouest et du Nord, et entrèrent en relation avec les tribus les plus redoutées. Beaucoup moins entreprenants sont les gens du Fou-kien, qui occupent la majeure partie de la plaine où ils essaimèrent après la conquête chinoise.

Aucun plan d'ensemble ne présida à cette colonisation. Les immigrés se bâtirent les mêmes villages malsains que dans leur pays d'origine, des maisons basses, entassées et presque sans ouvertures; ils cultivèrent le riz, le thé et firent le commerce du camphre. Bientôt ce fut le pullulement de tout pays chinois; à la fin du XIXe siècle, Formose comptait déjà plus de 2 millions de Célestes.

En face de tout ce peuple, il n'y avait pour ainsi dire pas de Japonais avant l'annexion (1895). Ils avaient paru à plusieurs reprises sur les côtes comme pirates ou comme négociants, tentés par la prospérité de l'île qui était devenue une sorte de marché franc entre la Chine, le Nippon et l'Insulinde. Mais ils ne réussirent pas à s'y installer, et leurs commerçants durent céder la place aux Chinois. Ce fut seulement en 1896 qu'on les vit réapparaître, d'abord dans les grandes villes, puis dans le plat pays, puis même dans les régions peu sûres. Et ils ne purent lutter contre les premiers occupants que parce que leur gouvernement leur donna tout son appui. Dès l'abord, il entreprit de grands travaux publics pour resserrer les relations entre la métropole et sa nouvelle colonie. Les anciens ports n'étaient que des rades ouvertes, où les navires restaient exposés à la mer très dure sur ce littoral et aux typhons si fréquents dans ces parages; aucun ne pouvait y séjourner sans danger pendant toute la durée de la mousson du Nord-Est. Deux ports sûrs et profonds furent aménagés, l'un au Nord dans la baie de Kiiroun (Keelung), l'autre au Sud dans celle de Ta-kao, et reliés par un chemin de fer qui traverse toute la région fertile; le réseau ferré est devenu très serré dans les régions de plantations. La colonie subventionne des services de navigation qui la relient aux ports de Nagasaki et Kobé. Elle a ainsi créé sur ses propres ressources l'outillage économique qui assure la mainmise du capitalisme nippon sur les richesses de l'île (fig. 27, p. 153).

Comment celles-ci sont-elles exploitées? Le sol de la plaine occidentale est partagé presque également entre le riz et la canne à sucre. Le riz ne vaut pas celui du Japon, et la culture de la canne à sucre est beaucoup plus rémunératrice; c'est sur elle que se concentre l'effort des compagnies japonaises. Elles ont introduit des variétés à grand rendement, originaires des Hawaï; elles ont construit cinquante-sept vastes usines, de type tout moderne, à chacune d'elles l'administration concède un district, et, dans ce district, le fermier chinois ne peut vendre sa récolte qu'à elle. Les moulins primitifs disparaissent devant ces grandes installations qui raffinent aussi des sucres de Java. La culture de la canne pourra être considérablement étendue quand on aura achevé le nouveau programme d'irrigation (plus de 2 500 km²). Mieux arrosées, beaucoup de rizières porteront deux récoltes au lieu d'une, et l'on pourra ainsi, sans diminuer les subsistances, donner plus d'espace à la canne. Le plus grand obstacle au progrès est dans le morcellement foncier et dans l'esprit conservateur du petit propriétaire chinois. Attaché à son champ, il refuse de le vendre aux sociétés nipponnes, qui auraient voulu créer autour de leurs usines de vastes plantations scientifiquement dirigées; il leur livre des produits de qualité variable et à dates irrégulières; le rendement moyen en sucre n'est que les 41 p. 100 de celui de Java. De même, il tarde à abandonner les vieilles méthodes employées au Fou-kien pour soigner les arbustes à thé, qui sont le principal produit du Nord, et pour préparer leurs feuilles. Cependant de grands progrès ont été faits dans la production et dans l'organisation commerciale, grâce à la demande américaine. Les eaux de la côte orientale, baignée par un courant chaud, sont très riches en poissons; la pêche est pratiquée par six cents barques à moteur, et l'on expédie le poisson en quantité au Japon. Les forêts de l'île représentent pour l'avenir une énorme richesse, en particulier celles de l'Arisan, d'où l'on tire déjà d'excellent bois de construction. En attendant qu'on puisse attaquer celles du pays sauvage, les grandes firmes japonaises exploitent les bambouseraies de la plaine et les futaies des premières pentes. Mais c'est surtout le camphrier qui attire les Japonais. La plupart des fours à camphre sont installés, de façon toute primitive, dans les solitudes des montagnes, sous la protection des stations de police. Les produits doivent être livrés aux agents du fisc qui s'est réservé l'achat et le raffinage. Une stricte réglementation préserve les arbres, et même, dans la crainte de voir la forêt s'épuiser, l'État a déjà commencé à replanter le bas pays. Le camphre forme la principale exportation de Formose, après le thé, le charbon et le sucre. Le Japon espérait devenir le seul fournisseur de cette matière première, mais on a réussi à la fabriquer par voie synthétique; de plus les plantations nipponnes ont des rivales dans celles de la Chine méridionale et d'autres pays tropicaux.

Le Nord de Formose contient de riches gîtes minéraux, dont l'exploitation se développe rapidement. C'est là que se trouve la mine d'or la plus importante de l'Empire japonais, non loin d'un vaste bassin d'une excellente houille tertiaire. Kiiroun devient un grand port charbonnier, qui pourra concurrencer dans ce rôle Hong-kong et Manille et qui permettra au Japon de continuer à exporter du combustible. En 1925, Formose a produit 242 kilogrammes d'or; — 47 tonnes de cuivre; on a découvert récemment de nouveaux gisements, grâce auxquels la production japonaise sera triplée; — 1 704 600 tonnes de houille; — 37 948 hectolitres de pétrole; ce dernier semble assez abondant (fig. 27).

Quel est le rôle des Japonais dans cette mise en valeur du pays? En 1925, ils n'étaient encore que 183 000 contre plus de 3 millions et demi de Célestes; il ne semble pas qu'ils doivent beaucoup augmenter. Formose n'est pas destinée à devenir pour eux une grande colonie de peuplement. L'avenir dira s'ils pourront s'acclimater dans une région nettement tropicale. Les premiers immigrants furent décimés par la malaria, les épidémies; mais on s'est efforcé d'assainir les villes et de les purger de la saleté chinoise; on bâtit pour les Nippons des maisons surélevées, bien aérées. Mais, surtout, c'est le pullulement de la race chinoise qui s'oppose à une forte immigration. Toute la plaine fertile est déjà occupée; sauf peut-être dans la montagne, où de vastes espaces s'offrent aux plantations de thé, il n'y a plus de place pour le cultivateur nippon. De même, le petit commerce est, et restera sans doute toujours, aux mains des boutiquiers et des colporteurs chinois. Restent les grandes entreprises industrielles et commerciales, les mines, les sucreries, l'exploitation du camphre, l'exportation : tout ceci a été accaparé par les firmes japonaises, mais elles ne salarient qu'un nombre restreint de leurs nationaux, et seulement comme ouvriers qualifiés, employés, courtiers. Le gros travail est fait par la population chinoise, manœuvres ou petits paysans, au profit de quelques grandes entreprises de la nation conquérante. Formose est, dans toute la force du terme, une colonie d'exploitation. Encore peut-on se demander si ces entreprises conserveraient cette prépondérance sans l'appui de l'administration. Celle-ci s'est manifestement proposé de détourner vers elles le courant commercial qui se dirigeait jadis vers la Chine. Si l'on a choisi comme ports Kiiroun et Ta-kao plutôt que les anciennes rades, ce ne fut pas seulement pour leur sécurité, ni parce que le premier est le plus proche du Japon et que le second devait devenir le débouché de la riche région sucrière du Sud. Ce fut aussi pour gêner le mouvement d'affaires qui se faisait jadis vers Tam-soui et Ampin (An-ping), au profit des négociants chinois et européens. De même, on n'a pas désigné comme capitale Tainan, parce que cette ville était toute chinoise, et l'on a préféré Taipé, où les conquérants ne sont pas gênés par le passé. Mais les faveurs systématiquement accordées aux nouveaux venus ne risquent-elles pas d'exciter un mécontentement dangereux parmi leurs sujets? Les Chinois du Sud sont une population énergique et turbulente, habituée à boycotter quiconque s'oppose à son gain[1]. Malgré les sévérités de l'administration nipponne, supporteront-ils toujours de travailler pour quelques milliers d'étrangers?

La Micronésie (Bonin, Marcus, Carolines, Mariannes, Marshall). — La majeure partie de la Micronésie japonaise est d'origine corallienne et recouverte de végétation tropicale. Le principal produit est le coprah, comme l'annonce le rideau de cocotiers qui surmonte tous les rivages; les administrateurs ont donné ordre d'en planter sur toutes les terres désertes; ils ont introduit l'industrie de l'huile et du sucre. Il y a environ 49 000 indigènes, 7 000 à 7 500 Japonais qui ont accaparé tout le commerce de ces parages. La valeur de ces petites îles tient surtout à leur position en bordure de l'Asie, sur la route entre San Francisco et Manille, et aux câbles océaniques qui y touchent. Lors de la conférence de Washington (1922), toute cette partie du Pacifique a été soumise à l'interdiction d'établir de nouvelles fortifications ou des bases navales; les Américains ont reconnu le mandat japonais, sous réserve d'avoir libre accès dans Yap et de pouvoir l'utiliser pour leurs câbles.

V. — CONCLUSION

Dans quelle mesure la colonisation japonaise a-t-elle déjà atteint les divers buts que le gouvernement lui proposait? Quelles sont ses perspectives d'avenir?

Malgré l'importance des travaux publics (réseaux de voies ferrées déjà considérables, aménagement de ports modernes, mesures sanitaires), les possessions du Japon ne grèvent plus guère le budget de la métropole. De plus, elles absorbent une part notable de ses exportations, part qui s'accroîtra avec les progrès du bien-être; elles lui fournissent plusieurs des produits qui lui manquaient; parfois même elles accroissent le chiffre de ses ventes à l'étranger. La Corée deviendra avant tout son grenier à riz; elle lui enverra une partie du riz de qualité inférieure, acheté jusqu'ici en Indochine, au Siam, en Birmanie, pour vendre les sortes supérieures. De plus, la péninsule et la Mantchourie livrent déjà en abondance les haricots soja, les fèves, le bétail, les peaux pour l'industrie de la tannerie qui naît à Osaka. Les plaines du Leao-ho et de Hokkaïdo sont largement cultivées en blé; le Japon trouvera donc chez lui la farine de froment le jour où la base de l'alimentation populaire ne sera plus uniquement le riz. Ses pêcheries commençaient à s'épuiser; mais celles de la Corée et surtout celles des mers froides ont des réserves qui leur laissent le temps de se rétablir et qui donnent lieu à une industrie des conserves rivale de l'industrie européenne. Avec le poisson,

---

1. Actuellement les paysans, obligés de céder leur récolte de canne à des prix trop bas, s'entendent pour remettre leurs terres en riz, au grand dommage des usines japonaises.

la principale richesse des possessions septentrionales est le bois : ressource précieuse, à proximité de la Chine qui en manque totalement, alors que les forêts américaines elles-mêmes doivent être ménagées. La pâte à papier pourra être fabriquée en quantité avec les conifères du Nord et avec les bambous de Formose. Cette île est, dès maintenant, l'un des fournisseurs de riz et la grande usine sucrière de la métropole, qui a pu, grâce à elle, diminuer ses achats de sucre à Java, augmenter sa vente en Chine. Elle détenait jusqu'ici le quasi-monopole du camphre. Le coprah sera bientôt fourni par les plantations qui s'étendent rapidement en Micronésie.

Ainsi, grâce à l'étirement de son empire colonial sur 40 degrés de latitude, le Japon réunit les denrées de la zone tropicale à celles de la zone subarctique. Parmi les produits agricoles, il lui manque le caoutchouc, et surtout le coton. Osaka, le Manchester de l'Extrême-Orient, doit faire venir presque toutes ses matières premières de l'Inde, des États-Unis, de la Chine. De là le soin apporté à étendre cette culture en Corée; les progrès sont assez rapides, mais il est douteux que, de longtemps encore, ils dispensent le Japon de recourir à l'étranger. De même pour le fer, et c'est l'une de ses grandes faiblesses économiques; à moins de découvertes peu probables, les quelques mines de Mantchourie et de Hondo ne suffiront jamais au développement pris par l'industrie métallurgique. Par contre, le cuivre est déjà activement exploité (Formose), ainsi que l'or (Formose, Corée), et l'on a signalé des poches de pétrole à Formose, à Sakhaline. Surtout les dépendances du Japon recèlent de vastes bassins houillers, évalués par le bureau des Mines, en 1918, à 2 675 millions de tonnes pour Hokkaido, 1 326 millions pour Sakhaline, 385 millions pour Formose, 81 millions pour la Corée; il faut y ajouter le bassin de Moukden, qui approvisionne le chemin de fer mantchourien. L'extraction, qui débute seulement, donne au Japon l'assurance de ne pas manquer de force motrice et de conserver sa prépondérance sur le marché du charbon en Extrême-Orient, où les vaisseaux brûlent de la houille japonaise jusqu'à Singapour. C'est pour la marine et les exportations du Nippon le même gage de prospérité qui a contribué si puissamment à l'essor de l'Angleterre. Le Japon dépendra donc de moins en moins de l'étranger pour les matières premières, sauf le fer et le coton, et les denrées alimentaires; par contre, il trouvera dans son empire une foule de produits à exporter, soit bruts, soit manufacturés.

Essaiera-t-il d'implanter l'industrie dans ses possessions? ou verra-t-il en elles seulement des clients, lui fournissant les matières premières, pour les recevoir ensuite après leur passage à l'usine japonaise? La dernière solution a longtemps paru la plus probable. Toutefois, en dehors même des raffineries et des fabriques de pâte à papier, qui devaient naturellement se fixer près des plantations de Formose et des forêts du Nord, on a vu, dans les dernières années, des usines s'installer en Mantchourie, en Corée, avec des capitaux considérables. On ne peut préjuger de l'avenir de ce mouvement. Peut-être les industriels nippons auront-ils avantage à se rapprocher des consommateurs du continent, à chercher parmi eux une main-d'œuvre abondante et docile. Mais actuellement encore il y a division du travail. C'est le labeur du paysan coréen, mantchou, formosais, qui nourrit le vieux Japon et lui permet de voir sans inquiétude l'exode de ses cultivateurs vers les villes d'usines. Nouvelle ressemblance avec l'Angleterre : il ne produit plus assez d'aliments, et il doit demander le surplus au dehors, à ses colonies en premier lieu. D'où la nécessité d'une flotte puissante.

Mais le parallèle se poursuit-il, et les Japonais iront-ils en assez grand nombre dans leurs possessions pour en faire l'analogue des Dominions? Dans celles du Nord, c'est vraisemblable. Il n'est peut-être pas exagéré de prédire à Hokkaido un avenir comparable à celui du Nord-Ouest canadien; il suffit que les immigrants sachent adapter au milieu leur genre de vie; beaucoup y répugnent, mais ceux du Nord de Hondo, qui forment la moitié de ces immigrants, ont prouvé qu'ils en sont capables. Ce qui facilite leur tâche, c'est qu'ils arrivent dans un pays vide, où les misérables Aïnou ne leur disputent point la place.

Il en est autrement dans les autres possessions, occupées depuis longtemps par des populations relativement denses et civilisées. Sans doute, il reste encore bien des terres libres en Corée, et le Coréen, passif, résigné, ne peut être un rival. Dans l'ensemble de la Mantchourie, il y a encore près de 10 millions d'hectares cultivables et non cultivés; à l'allure actuelle du défrichement (300 000 à 400 000 ha. par an), on peut prévoir que d'ici trente ans l'aire cultivée sera quatre fois supérieure à celle du Japon. Mais le Chinois, solidement implanté en Mantchourie et à Formose, forme une de ces populations rurales indestructibles, qu'on ne peut songer à éliminer; tout au plus peut-on créer dans son voisinage quelques rares colonies agricoles. A côté de lui, le Japonais n'est arrivé jusqu'ici que comme fonctionnaire, négociant (en lui laissant même généralement le petit commerce), directeur ou agent des grandes entreprises. Il est significatif qu'à Formose moins de 2 p. 100 des Nippons soient occupés à la culture, contre 40 p. 100 dans les professions libérales et les emplois du gouvernement. On peut se demander s'il ne viendra pas encore en Mantchourie quelques millions de paysans chinois, contre quelques milliers d'ouvriers et de contremaîtres nippons. Dans ces pays sinisés, les Japonais constituent le personnel dirigeant, tandis que le gros travail est fourni par les coolies. Source de profits, mais aussi de dangers : cette situation sera-t-elle toujours acceptée par les Chinois, qui se croient les égaux des insulaires? Quel péril possible en Mantchourie, si jamais ils s'unissent à un retour offensif des Slaves! Aussi le gouvernement, s'il paraît avoir renoncé à faire de la Mantchourie et de Formose les colonies de peuplement rêvées jadis, encourage l'immigration de ses nationaux en Corée. Cette péninsule est trop près du Japon et de Pékin pour qu'il ne s'applique point à y assurer sa domination et, dans ce but, à y établir sa race. Ajoutons que, depuis la fermeture de l'Amérique anglo-saxonne et de l'Australie à l'immigration jaune, celle des Japonais est obligée de se concentrer dans leurs colonies. Et remarquons combien ils y sont encore peu nombreux : 950 000 en 1925, Hokkaido mis à part.

Colonies de peuplement à Hokkaido et en Corée, colonies d'exploitation à Formose, en Mantchourie, dans les Kouriles et la Micronésie, les dépendances du Japon ont toutes un grand intérêt stratégique. Elles surveillent les routes de navigation dans tout l'Extrême-Orient au Nord de l'équateur; elles fournissent des bases navales dans d'excellentes rades bien pourvues de charbon; elles permettent d'intervenir partout en Asie orientale et constituent les points d'appui de l'impérialisme japonais si ardemment soutenu par le sentiment national. Quelles formes prendra-t-il : annexions, sphères d'influence ou simple expansion économique? On ne peut que marquer des directions possibles. Désormais le Japon ne peut plus convoiter ces rives du Pacifique peuplées par les Anglo-Saxons qui se sont mis en garde. Aucun indice sérieux, jusqu'ici, ne le montre à l'œuvre en Indochine. Par contre, il peut viser les riches colonies hollandaises de l'Insulinde, où il trouverait, à côté d'immenses terres vierges, les productions de la zone équatoriale qui lui manquent encore[1]. Il essaiera peut-être encore, comme vers 1918, de profiter des troubles de la Russie pour pénétrer dans le continent, beaucoup moins pour y chercher des espaces à peupler qu'en vue d'écarter le péril slave, d'accroître ses réserves minières, de faire de la Sibérie orientale une colonie d'exploitation, une autre Mantchourie : occasion de conflit, il est vrai, avec une Russie régénérée, et aussi avec les États-Unis qui surveillent déjà jalousement ses progrès ici et dans l'Amérique latine.

Une autre question grave sera celle de ses rapports avec la Chine, excellents en 1904 quand le Japon se prétendit le champion de la race jaune, souvent tendus depuis que les Chinois ont éprouvé son arrogance et son ambition. Par la possession de Port-Arthur, même en abandonnant celle de Kiao-tcheou, par ses entreprises en Mantchourie, il porte sa menace jusqu'au voisinage de Pékin. Sa politique semble être d'empêcher l'ancien Empire du Milieu de redevenir un État centralisé, puissant, et, en même temps, d'y arrêter toute ingérence européenne, d'y substituer ses financiers, ses ingénieurs, ses courtiers à ceux des Blancs[2].

Les capitaux que le Japon a drainés pendant la guerre, l'essor de sa navigation lui préparent une situation de premier plan dans la vie économique de l'Extrême-Orient et même du Pacifique entier. Mais un réveil de la Chine reste possible. Ce réveil serait dangereux, en raison de l'énorme supériorité de la population et de l'abondance des matières premières qui font toujours défaut à l'Empire du Soleil Levant : le coton et le fer. Et les États-Unis ont trop d'intérêts vitaux dans ces régions pour ne pas s'opposer à toute mainmise exclusive. Ils n'admettraient pas sans une lutte acharnée, où ils seraient aidés par tous les peuples anglo-saxons du Pacifique, la prépondérance d'une nation ambitieuse sur la rive occidentale de cet Océan.

BIBLIOGRAPHIE

GÉNÉRALITÉS. — L. AUBERT, *Paix japonaise*, Paris, 1906; *Américains et Japonais*, Paris, 1908. — F. CHALLAYE, *La Chine et le Japon politiques*, Paris, 1921 (voir surtout les chapitres sur l'impérialisme japonais). — IMPERIAL JAPANESE GOVERNMENT RAILWAYS, *Official guides to Eastern Asia*, I. *Manchuria and Chosen*, Tokyo, 1913. — ELL. CH. SEMPLE, Japanese Colonial Methods (*Bull. American Geogr. Soc.*, XLV, 1913, p. 255-275). — R. T. TURLEY, C. T. COLLYER, Southern Manchuria and Korea (*Geogr. Journal*, XXIII, 1904, p. 473-492). — FR. WERTHEIMER, *Die japanische Kolonialpolitik*, Hambourg, 1910.

HOKKAIDO, SAKHALINE. — W. D. JONES, Hokkaido (*Geogr. Review*, XI, 1921, p. 16-30). — R. LAZARD, La colonisation d'Hokkaido (*Revue du Pacifique*, IV, 1925, p. 1027-1031). — M. MÜLLER, Beiträge zur Kenntnis der Insel Hokkaido (*Zeitschrift Ges. für Erdkunde zu Berlin*, 1915, p. 601-624; 1916, p. 31-50, 95-111). — K. TAKAOKA, *Die innere Kolonisation Japans* [Hokkaido], Leipzig, 1904. — A. KRASNOV, Végétation de Sakhaline (*Annales de Géogr.*, II, 1892, p. 429-432). — P. LABBÉ, *L'île de Sakhaline*, Paris, 1903; voir M. FUNKE, *Sachalin*, Halle, 1906. — M. MÜLLER, Die japanische Kolonie Karafuto (Sachalin) (*Petermanns Mitteil.*, LXII, 1916, p. 175-178, 215-221).

CORÉE. — Is. L. B. BISHOP, *Korea and her neighbours*, Londres, 1898, 2 vol. — ÉM. BOURDARET, *En Corée*, Paris, 1904. — J. DENIKER, La Corée, d'après un récent ouvrage russe (*La Géographie*, V, 1902, p. 116-121). — G. DUCROCQ, *Pauvre et douce Corée*, Paris, 1904. — S. GENTHE, *Korea. Reiseschilderungen*, Berlin, 1905. — GOVERNMENT GENERAL OF CHOSEN, *Annual Report on administration of Chosen*, 1924-1926, Séoul. — W. E. GRIFFIS, *Corea, the Hermit Nation*, New York, 1907. — A. HAMILTON, *En Corée*, Paris, 1904 (très utile). — M. KEIR, Modern Korea (*Bull. Amer. Geogr. Soc.*, XLVI, 1914,

---

1. Les compagnies japonaises ont engagé 18 500 000 *yen* à Sumatra et Bornéo, 51 195 000 en Malaisie anglaise dans les plantations de caoutchouc (26 000 hectares en plein rendement en 1927).

2. On a évalué en 1927 le montant des placements japonais en Chine à 1900 millions de *yen*. En dehors de la Mantchourie, les intérêts du Japon sont concentrés dans le bassin du Yang-tseu (vers Changhaï, Han-keou, dans le Kiang-si). Il contrôle 50 p. 100 de l'industrie cotonnière chinoise grâce à ses prêts.

p. 756-769, 817-830). — B. Koto, An orographic sketch of Korea (*Journal College of Sc., Imp. Univ. Tokyo*, XIX, 1, 1903); Journeys through Korea (*Ibid.*, XXVI, 2, 1909; XXVII, 12, 1910) (essentiel pour la géologie). — J. H. Longford, *The story of Korea*, Londres, 1911. — L. Nocentini, Materiali per la geografia della Corea (*Rendic. Accad. Lincei*, V, 1896, p. 111-138, 234-249).

FORMOSE, RIOU-KIOU, MICRONÉSIE. — E. H. DE Bunsen, Formosa (*Geogr. Journal*, LXX, 1927, p. 266-287) (sur le « pays sauvage »). — W. Campbell, Formosa under the Japanese (*Scottish Geogr. Magazine*, XVIII, 1902, p. 561-576; encore utile). — J. W. Davidson, *The island of Formosa*, Londres, 1903 (important). — Ad. Fischer, *Streifzüge durch Formosa*, Berlin, 1900. — A. Hofmann, Aus Formosa (*Mitteil. kais. kön. Geogr. Ges. Wien*, LV, 1912, p. 600-638). — Imbault-Huart, *L'île Formose*, Paris, 1893. — G. L. Mackay, *From far Formosa*, Londres, 1896. — R. Torii, Études anthropologiques. Les aborigènes de Formose (*Journal College of Sc., Imp. Univ. Tokyo*, XXVIII, 6, 1910; XXXIII, 4, 1912). — N. Yamasaki,Unsere geographischen Kenntnisse von der Insel Taiwan (Formosa) (*Petermanns Mitteil.*, XLVI, 1900, p. 221-234, carte). — B. H. Chamberlain, The Luchu Islands and their inhabitants (*Geogr. Journal*, V, 1895, p. 289-319; 446-462; 534-545). — W. H. Hobbs, *Cruises along byways of the Pacific* (Micronésie), Boston, 1923.

RENSEIGNEMENTS STATISTIQUES

DIVISIONS POLITIQUES PROVINCES ET DÉPARTEMENTS [1]	SUPERFICIE EN KILOM. CARRÉS	POPULATION EN 1925	DENSITÉ PAR KILOM. CARRÉ
HOKKAIDO	88 279	2 498 679	28
HONDO	230 181	44 981 602	195
Tôhokou :			
Aomori	9 631	812 977	84
Iwaté	15 235	900 984	59
Miyagi	7 287	1 044 036	143
Akita	11 724	936 408	80
Yamagata	9 306	1 027 297	110
Foukoushima	13 720	1 437 596	105
Kouantô :			
Ibaraki	6 100	1 409 092	231
Tochigi	6 448	1 090 428	169
Gumma	6 315	1 118 858	177
Saïtama	3 804	1 394 461	367
Chiba	5 079	1 399 257	276
Tokyo	2 142	4 485 144	2 094
Kanagawa	2 352	1 416 792	602
Hokourokou :			
Niigata	12 594	1 849 807	147
Toyama	4 257	749 243	176
Ishikawa	4 198	750 854	179
Foukoui	4 019	597 899	149
Tosan :			
Yamanashi	4 455	600 675	135
Nagano	13 557	1 629 217	120
Gifou	10 462	1 132 557	108
Tokaï :			
Shizouoka	7 787	1 671 217	215
Aïchi	5 055	2 319 494	459
Miyé	5 702	1 107 692	194
Kinki :			
Shiga	4 051	662 412	164
Kyoto	4 559	1 406 382	309
Osaka	1 781	3 509 502	1 718
Hyogo	8 427	2 454 679	291
Nara	3 730	583 828	157
Wakayama	4 733	787 511	166
Chiugokou :			
Tottori	3 500	472 230	135
Shimané	6 618	722 402	190
Okayama	7 019	1 238 447	176
Hiroshima	8 448	1 617 680	191
Yamagoushi	6 087	1 094 544	180

1. Les divisions officielles sont les départements, *ken*; mais, pour Hondo, on continue à se servir, dans l'usage, des anciens noms de provinces. On a groupé, dans la première colonne, les départements à la suite du nom de la province dont ils font partie. Voir, pour ces divisions, la carte ci-contre, fig. **43**.

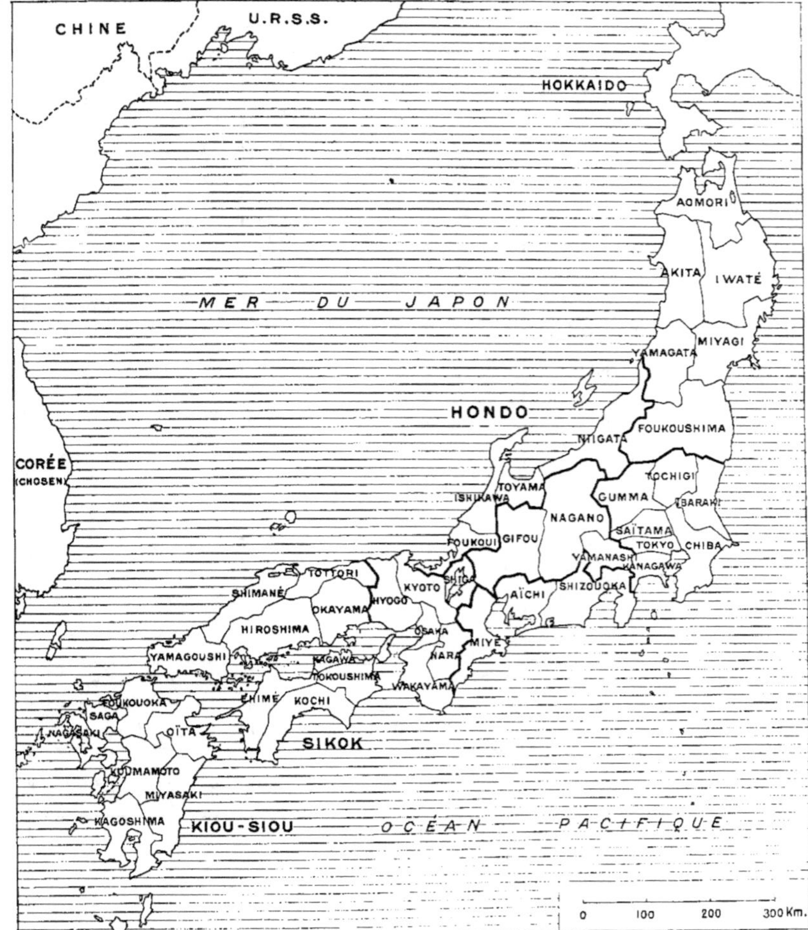

Fig. 43. — Carte politique du Japon. — Échelle, 1 : 14 000 000.

Les traits fins indiquent les limites des départements; les traits forts, celles des provinces, dans Hondo. — Se reporter également, pour la lecture des tableaux statistiques, à la carte de la densité de la population, fig. 40. p. 235.

DIVISIONS POLITIQUES DÉPARTEMENTS	SUPERFICIE EN KILOM. CARRÉS	POPULATION EN 1925	DENSITÉ PAR KILOM. CARRÉ
SIKOK	18 767	3 173 966	169
Tokoushima.	4 135	689 814	167
Kagawa	1 845	700 308	379
Ehimé	5 699	1 096 366	192
Kochi	7 088	687 478	97
KIOU-SIOU	41 961	8 524 953	202
Foukouoka.	4 922	2 301 668	468
Saga.	2 444	684 831	280
Nagasaki	4 116	1 163 945	283
Koumamoto.	7 432	1 296 086	174
Oïta	6 227	915 136	147
Miyasaki.	7 738	691 094	89
Kagoshima	9 081	1 472 193	162
OKINAWA (RIOU-KIOU[1])	2 387	557 622	234
VIEUX JAPON (Les quatre grandes îles et Okinawa).	381 577	59 736 822	157
KARAFOUTO (SAKHALINE) Partie japonaise[2]	38 167	203 754	5
CORÉE (CHOSEN)	220 750	19 522 945[3]	88
FORMOSE (TAÏWAN)	35 970	3 994 884	111
KOUANG-TONG (Territoire à bail).	3 724	1 054 074	283
ILES DU PACIFIQUE (Territoires sous mandat)	2 165	56 294	26
EMPIRE DU JAPON (Moins les territoires à bail et sous mandat).	956 462	83 458 405	87

1. Partie centrale et méridionale des îles Riou-Kiou. La partie septentrionale dépend de Kiou-Siou. — 2. Pas de statistique pour les Kouriles (Chi-shima). — 3. Population évaluée en 1925.

VILLES DE PLUS DE 100 000 HABITANTS (voir fig. 40, p. 234)

DIVISIONS POLITIQUES	POPULATION EN 1925	DIVISIONS POLITIQUES	POPULATION EN 1925
HOKKAIDO		KIOU-SIOU	
Hakodaté.	163 972	Foukouoka.	146 005
Sapporo.	145 065	Yawata	118 376
Otarou	134 469	Nagasaki	189 071
HONDO		Koumamoto	147 174
Sendaï	142 894	Kagoshima.	124 734
Tokyo	1 995 567		
Yokohama	405 888	CORÉE (CHOSEN)	
Niigata.	108 941	Séoul (Keijo).	302 000
Kanazawa.	147 420	Phyeng-yang (Heijo)	109 000
Nagoya.	768 558	Fou-san	103 000
Kyoto	679 963		
Osaka.	2 114 804	FORMOSE (TAÏWAN)	
Sakaï.	105 009	Taipé	195 555
Kobé.	644 212		
Okayama	124 521	KOUANG-TONG	
Hiroshima.	195 731	Dairen.	203 000
Kouré	138 863		

TABLE DES PHOTOGRAPHIES

HORS TEXTE

CARTE HORS TEXTE EN COULEURS

TABLE DES CARTES

ET FIGURES DANS LE TEXTE

TABLE DES MATIÈRES

LA CHINE

LE JAPON

ERRATUM

Page 187, ligne 26 (Tableau des Renseignements Statistiques, 3ᵉ ligne) :
    Au lieu de : « en millions d'habitants », lire : « en *milliers* d'habitants ».

8911. — Coulommiers. Imp. PAUL BRODARD. — 10-28.